高等院校工商管理类创新课程体系教材

政府与非营利组织会计

Accounting for Governmental and Nonprofit Organizations

（第二版）

毛淑珍 主编

东北财经大学出版社
Dongbei University of Finance & Economics Press
大连

图书在版编目（CIP）数据

政府与非营利组织会计 / 毛淑珍主编．—2版．—大连：东北财经大学出版社，2021.9（2022.11重印）
（高等院校工商管理类创新课程体系教材）
ISBN 978-7-5654-4293-3

Ⅰ．政…　Ⅱ．毛…　Ⅲ．单位预算会计-高等学校-教材　Ⅳ．F810.6

中国版本图书馆CIP数据核字（2021）第157685号

东北财经大学出版社出版
(大连市黑石礁尖山街217号　邮政编码　116025)
网　　址：http：//www.dufep.cn
读者信箱：dufep@dufe.edu.cn

大连东泰彩印技术开发有限公司印刷　　东北财经大学出版社发行

幅面尺寸：185mm×260mm　　字数：481千字　　印张：21.25
2021年9月第2版　　2022年11月第2次印刷

责任编辑：王　莹　周　慧　　责任校对：慧　心
封面设计：张智波　　版式设计：钟福建

定价：46.00元

教学支持　售后服务　　联系电话：(0411) 84710309

如有印装质量问题，请联系营销部：(0411) 84710711

第二版前言

政府与非营利组织会计是会计学科的两大分支之一。与营利性组织不同，政府与非营利组织不以营利为目的，其业务活动资金主要来自财政拨款或无偿捐赠等，因此政府与非营利组织需要有效使用业务活动资金，行使其行政职能或完成公共事业性活动，为社会的良好运转提供保障。对政府与非营利组织的业务活动进行会计核算是评价其资金使用效率、提供公共服务质量和国家治理的前提。

近年来，我国政府部门高度重视政府会计在监督财政资金合理有效运用中所发挥的重要作用。2013年11月，中共十八届三中全会提出要建立政府综合财务报告制度；2014年8月，新修订的《中华人民共和国预算法》正式颁布；2014年12月，国务院批转财政部《权责发生制政府综合财务报告制度改革方案》，要求加快推进政府会计改革；2015年11月，财政部颁布《政府会计准则——基本准则》；2016年7月至2019年12月，财政部陆续发布了存货、投资、固定资产、无形资产、公共基础设施、政府储备物资、会计调整、负债、财务报表编制和列报、政府和社会资本合作项目合同等10项准则；2017年10月，为了推进政府会计实务的操作性，财政部印发了《政府会计制度——行政事业单位会计科目和报表》。这一系列文件的发布标志着我国政府会计建设进入一个新的发展阶段。

本书根据政府与非营利组织会计改革的指导思想，结合最新修订和颁布的相关法律、准则和制度，将本书内容分为三篇。第一篇（第1~3章）主要介绍政府与非营利组织会计理论基础，为后续各章奠定理论基础。第二篇（第4~5章）是政府会计，主要包括财政总预算会计、行政事业单位会计。第三篇（第6章）是民间非营利组织会计。

本书的特点主要体现在以下方面：

（1）体现思政育人的理念。以思政课堂栏目的形式，帮助学生了解相关专业和行业领域的国家战略、法律法规和相关政策，引导学生深入社会实践、关注现实问题，培育学生诚信服务、德法兼修的职业素养。

（2）按照最新修订的准则和制度编写。自2013年中共十八届三中全会提出要建立政府综合财务报告制度以来，政府会计改革步伐明显加快。本书参照最新修订或颁布的《中华人民共和国预算法》《财政总预算会计制度》《行政单位财务规则》《行政单位会计制度》《事业单位财务规则》《事业单位会计准则》《行政事业单位内部控制规范》《政府会计制度——行政事业单位会计科目和报表》等进行编写与修订，尽可能与时俱进，保证教材内容与政府会计最新改革理念和内容相一致。

（3）理论与实务相结合。自20世纪90年代以来，我国的政府与非营利组织会计有了很大发展，已经形成了一套基本完善的预算会计理论，近几年来对政府财务会计重要性的认识也导致政府财务会计理论体系开始形成，这些理论推动了会计实务的进步。本书专门设有一篇内容介绍政府与非营利组织会计的基本理论和方法，此外在对各个单位的会计要素核算进行介绍的同时也涉及相关基础理论。理论与实务的结合有助于读者更好地理解和掌握政府与非营利组织会计的本质内容。

（4）内容覆盖全面。本书涵盖了政府与非营利组织会计体系的各主要组成部分：财政总预算会计、行政单位会计、事业单位会计、民间非营利组织会计。各部分内容具体包括学习目标、准则内容、小结以及思考与练习题。通过本书的学习，读者可以对我国政府与非营利组织会计有一个比较完整的了解。

（5）例题全面具体。政府与非营利组织会计包括不同领域和分支，且不同领域和分支的业务活动各不相同，导致其会计科目和核算方法各有差异且与企业会计存在很大差别。因此，对很多初学者来说，很容易混淆不同会计主体所用到的会计科目。为解决此问题，本书在编写过程中，对重要的或难以理解的会计科目的核算均有相应的例题来举例说明。

本书适用于会计学专业本专科教学使用，也可以作为MPAcc学生的参考教材，同时可供行政事业单位财务人员以及会计人员培训和自学使用。

本书由毛淑珍主编。具体编写分工情况如下：第1～3章由毛淑珍撰写；第4章由毛淑珍、邓宏超、杜文珺撰写；第5章由李莉、毛淑珍、李海桤、李晓玲、李晓梅撰写；第6章由毛淑珍、王一鸣撰写。

虽然几经修改，但由于目前我国正处于政府与非营利组织会计改革发展的关键时期，相应准则、制度不断发布或正处于完善阶段，因此本书中仍可能存在不妥甚至错误之处，敬请各位读者和同仁不吝指正。

编　者

2021年5月

目 录

第一篇 政府与非营利组织会计理论基础

第二篇　政府会计

第三篇　民间非营利组织会计

第一篇
政府与非营利组织会计理论基础

第1章/ 政府与非营利组织会计的定义及组成体系

【学习目标】通过对本章内容的学习，需要掌握政府与非营利组织的基本概念和特点；掌握政府及非营利组织会计的概念和特点；掌握政府及非营利组织会计的组成体系；了解与政府及非营利组织会计相关的制度和规范。

1.1 政府与非营利组织的界定与特征

1.1.1 政府与非营利组织的界定

组织是人们按照一定的目的、任务和形式组建起来的社会群体。社会组织的类型十分繁杂，可以按照不同的标准对组织进行不同的分类。如按照是否以营利为目的，组织可以分为营利性组织和非营利性组织，其中非营利性组织包括政府组织和民间非营利组织；詹姆斯·P.盖拉特（James P.Gelatt）按照组织的功能，将组织分为三类：政府（第一部门）、企业（第二部门）、非营利组织（第三部门），这样分类的理由是：由于市场会失灵，所以需要政府，而政府也会失灵导致非营利组织的存在。

政府组织是指执掌公共权力的所有国家机构，包括从中央到地方的各级政府及工作机构和行政单位。政府组织拥有公共权力，制定和执行国家宪法、法律，维持社会秩序，从事社会公共事务管理，提供公共产品和公共服务，运营经费全部来源于国家公共财政划拨，追求公共利益实现，不以营利为目的。

非营利组织一般通过与营利组织的比较来界定，通常是指不以营利为目的的向社会提供公益服务的组织。目前我国的非营利组织主要包括公立非营利组织（事业单位）和民间非营利组织，其区别主要在于提供公共服务的运营经费主要是来自财政拨款还是私人捐赠。一般来说，凡是具有下列特征的组织，可以被认定为非营利组织：（1）该组织不以营利为宗旨和目的；（2）资源提供者向该组织投入资源但不取得经济回报；（3）资源提供者不享有该组织的所有权。

我国财政部于2015年10月23日颁布的《政府会计准则——基本准则》中把事业单位列入政府会计主体之中。因此我国的政府与非营利组织可以分为政府组织和非营利组织，其中政府组织包括各级政府和行政事业单位，非营利组织主要是指民间非营利组织。

1.1.2 政府与非营利组织的特征

尽管政府与非营利组织在许多方面和企业组织有相同或相似之处，但是相对于营利性企业组织来说，政府与非营利组织有其独特之处，这主要体现在以下几个方面。

1）运营目的的非获利性

政府及非营利组织的资源大部分来自纳税人缴纳的税款或接受私人、机构捐赠，资源提供者向政府及非营利组织提供资源不属于投资范畴，其目的不是获得提供资源的回报，所以，这些组织就没有需要支付股利的股东，也就没有获利的动机。大部分政府及非营利组织是以服务于社会、服务于公众为宗旨的，它们提供“公共物品”的活动都是人民生活和社会发展必不可少的活动。

2）受托责任的多层次性

与企业不同，政府与非营利组织承担了非常广泛的、多层次的公共受托责任。政府与非营利组织的受托责任通常是指资源或活动从公众或其他资源提供者那里转移给政府与非营利组织管理层的应付责任的一种转换，或政府与非营利组织所承担的向社会公众及服务对象提供公共物品的责任。进一步讲，就政府组织而言，这种受托责任不仅包括经济受托责任，还包括政治和社会受托责任。

3）资金来源的无偿性

政府与非营利组织的资金主要来源于向纳税人征收的各种税收、私人及机构的捐赠及向服务对象收取的以“成本补偿”为基础的服务费收入等。它们的资金提供者未必能对他们所提供的货物或劳务获得直接或部分回报。

4）资金运用的限定性

社会分配给政府与非营利组织的资源大部分是消费性的，它们一旦被耗用了就无法收回，所以，其财务资源的运用具有独特的控制程序。该程序不是根据纳税人、捐赠人等提供的资源与享用服务之间的关系进行的，而是按照资源提供者或其代表的“限定”用途分配的。这种限定要求将具有特定用途的资源用于特定的目的或项目，而不被其他目的或项目所挪用。

5）业绩评价的模糊性

运营业绩反映政府与非营利组织管理层受托责任的履行情况和结果。由于政府及非营利组织不以营利为目的，它们没有追求利润的动机，导致政府及非营利组织的责、权、利的划分不是十分明确。在这种情况下，对其运营业绩的评价就很难用财务的、经济的或量化的指标来衡量，而必须主要从非财务的、非经济的和非定量的角度来评价、衡量。

1.2 政府与非营利组织会计的概念与特征

1.2.1 政府与非营利组织会计的概念

会计学作为一种专门的技术方法和专门的管理活动，运用在政府与非营利组织中为其运行目的服务，即形成政府与非营利组织会计。因此，政府与非营利组织会计是会计学的一般原理在政府与非营利组织中的运用，是以货币作为主要计量单位，对政府与非营利组织的经济活动或会计事项进行记录、核算、反映和监督的一种专门技术方法和专门管理活动，是与营利性企业会计相并列的会计学两大分支之一。

根据上述对政府与非营利组织的界定，政府与非营利组织又可以分为政府会计和民间非营利组织会计。其中政府会计主要用于确认、计量、记录和报告政府和政府单位财务收支活动及其受托责任的履行情况。相应地，非营利组织会计主要用于确认、计量、记录和报告各类非营利组织财务收支活动及其受托责任的履行情况。

按照2015年10月23日颁布的《政府会计准则——基本准则》的规定，政府会计包括预算会计和财务会计。其中预算会计是指以收付实现制为基础对政府会计主体预算执行过程中发生的全部收入和全部支出进行会计核算，主要反映和监督预算收支执行情况的会计。财务会计是指以权责发生制为基础对政府会计主体发生的各项经济业务或者事项进行会计核算，主要反映和监督政府会计主体财务状况、运行情况和现金流量等的会计。

1.2.2　政府与非营利组织会计的特征

相对于营利组织会计来说，政府与非营利组织会计的特征体现在：

1）会计主体具有非营利性

政府与非营利组织的会计主体是各级政府、行政事业单位及民间非营利组织等，这些单位或组织向社会提供公共产品和公共服务时，追求公共利益实现，通常是免费的或象征性收费，不以营利为目的。因此，政府与非营利组织在向服务接受者提供服务时没有相应的获利驱动，市场营利竞争机制失效。

2）会计核算对象具有限定性

由于政府与非营利组织的财务资源主要来源于税收、捐赠等，因此政府与非营利组织在运用财务资源时要受到纳税人、捐赠者等财务资源提供者的约束或监督。这种约束主要体现在政府与非营利组织需要编制预算，编制的预算需要经过诸如人民代表大会、捐赠者等的批准。经批准后的预算具有法律效力，政府与非营利组织需要严格遵照执行。

3）会计要素具有特殊性

营利企业的会计要素包括资产、负债、所有者权益以及收入、费用和利润，但是政府与非营利组织运营目的的非获利性特征，决定了其资源提供者向政府与非营利组织所提供的资源的无偿性或非交换性，因此资源提供者不享有分红获利的权力。所以，政府与非营利组织会计中没有所有者权益类会计要素，取而代之的是净资产类会计要素。此外，政府预算会计中有反映预算收支结余情况的预算收入、预算支出和结余类会计要素。

4）会计核算基础具有兼有性

在对日常发生的业务活动或事项进行会计确认时，企业通常采用权责发生制原则，但是在政府与非营利组织会计核算中，存在多种确认基础。具体来说，在政府会计中，对政府预算会计中预算资金的核算采用收付实现制原则进行确认；对政府财务会计中的经济业务或事项进行核算时采用权责发生制原则进行确认；在民间非营利组织会计中，对发生的业务或事项进行核算时采用权责发生制原则进行确认。

5）政府会计核算方法具有创新性

根据政府会计改革的要求，政府会计主体不仅需要编制政府决算报告以提供反映政府年度预算收支执行结果的信息，而且还需要编制以权责发生制为基础的政府综合财务报告，以提供反映政府财务状况、运行情况的信息。为满足此双重目标的需要，准则提出了“双分录”的会计处理方法。双分录，是指如果发生的某一业务或事项同时存在收入、支出和非货币性资产或负债变化的，则采用“双分录”分别进行核算，即对发生的资产、负债等业务采用权责发生制为基础的会计核算，对收入、支出等业务采用收付实现制为基础的会计核算。这样，在核算预算收支的同时，也核算反映与预算收支变动密切相关的资产、负债情况，兼顾了预算管理与财务管理的需要。

1.3 政府与非营利组织会计的构成体系

1.3.1 政府会计的构成体系

对于反映公共财政资金及其资金运动的会计，在奴隶社会和封建社会均称为官厅会计；国民政府执政后称为政府会计；中华人民共和国成立后，在1998年对非营利组织会计进行改革前，主要借鉴苏联的做法，称为预算会计；1998年改革后，我国出现了政府与非营利组织会计的称谓，其中的政府会计主要包括财政总预算会计、行政单位会计和事业单位会计。2013年中共十八届三中全会提出深化财税体制改革后，财政部提出了《权责发生制政府综合财务报告改革方案》，要在现有预算会计基础上建立政府财务会计。按照2015年10月23日财政部颁布的《政府会计准则——基本准则》第一章第三条的规定，政府会计由反映预算收支情况的预算会计和反映财务状况、运行情况和现金流量等的财务会计构成。

1）政府预算会计

政府预算会计是指以收付实现制为基础对政府预算执行过程中发生的全部收入和全部支出进行会计核算，主要反映和监督预算收支执行情况的会计。政府预算会计编制政府决算报告，向预算会计信息使用者提供与政府预算执行情况有关的信息，综合反映政府预算收支的年度执行结果。

（1）政府预算会计的内容

按照《政府会计准则——基本准则》第一章第二条对会计主体的规定，政府预算会计由财政总预算会计和单位预算会计组成。

财政总预算会计是各级政府财政部门核算和监督政府预算执行和各项财政性资金收支活动情况及结果的专业会计。需要注意的是，在实际运行过程中，除财政部门外，还有其他部门也参与总预算的执行，如国库、海关、税务机关等，它们有相对独立的会计制度；此外，还有部分财政性资金也有其相对独立的会计制度，如社会保障基金会计等，由于各种原因，在核算体系上尚未纳入财政总预算会计。

单位预算会计即行政事业单位对其预算资金收支过程和结果进行核算和监督的专业会计。其中，行政单位主要包括各级行政机关和实行行政财务管理的其他机关（包括各级权力机关、审判机关和监察机关）、政党及人民团体；事业单位主要是指科教文卫等各类事业单位。

（2）政府预算会计组成内容之间的关系

政府预算会计各组成部分之间存在密切的联系，其中财政总预算会计属于总预算会计，处于主导地位，行政事业单位会计属于单位预算会计；总预算会计负责向单位预算会计拨款，分别形成总预算会计的支出和单位预算会计的收入；单位预算会计信息汇总后形成总预算会计信息。

（3）政府预算会计分级

政府预算会计分级与我国政府预算管理体系一致，按照“统一领导，分级管理，分工负责”的原则，实行一级政府、一级财政、一级财政总预算，设立中央，省、自治区、直辖市，设立区的市、自治州，县、自治县、不设区的市、直辖区，乡、民族乡、镇等五级财政总预算，通常简称为中央、省、市、县、乡等五级财政总预算。其中，省、市、县、乡级财政总预算可统称为地方财政总预算。对应地，财政总预算会计也分为五级总预算会计，或称为中央总预算会计和地方（省、市、县、乡）总预算会计。

单位预算会计的分级根据政府机构建制和经费领报关系，主要分为三级：一级会计单位（主管会计单位）、二级会计单位、三级会计单位（基层会计单位）。一级会计单位，即主管会计单位，是指向财政部门直接领报经费，并发生预算管理关系的单位，其负责分口预算资金的全面管理，并按业务负责汇总全系统的报表；二级会计单位是指向主管会计单位领报经费且有下属单位的单位；三级会计单位，即基层会计单位，是指向上级会计单位领报经费且下面没有下属单位的单位。

当然，财政国库集中支付制度改革后，行政事业单位会计的分级主要适用于预决算编制的“两上两下”过程，预算资金的拨付不再按分级进行，而是采用国库集中支付，因此不同层级的会计单位之间的关系由经费领报改为报送分月用款计划并提出由财政直接支付申请。

我国政府预算会计的关系图及构成体系与分级如图1-1与图1-2所示。

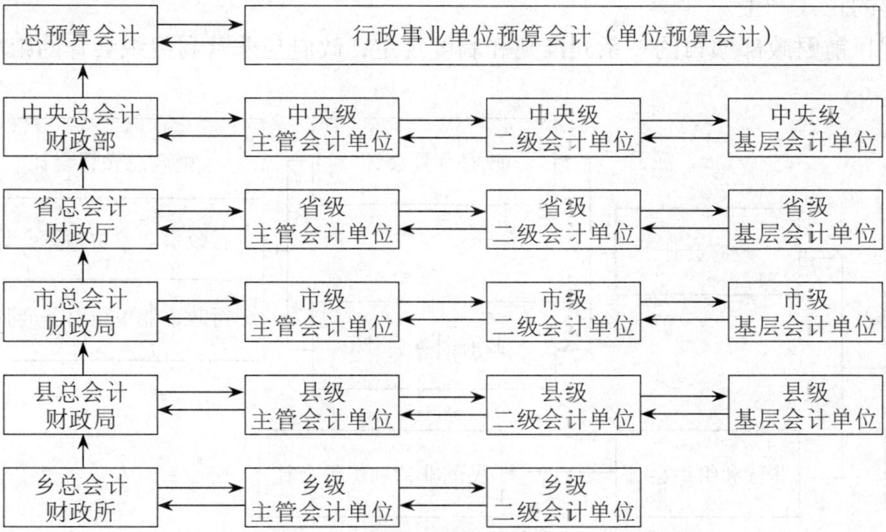

图1-1　政府会计中各级预算会计关系图

2）政府财务会计的构成体系

政府财务会计是指以权责发生制为基础对政府发生的各项经济业务和事项进行会计核算，反映和监督政府财务状况、运行情况、运行成本和现金流量等信息的会计。政府财务会计编制政府财务报告，提供有助于财务报告使用者做出决策或进行监督和管理的信息。

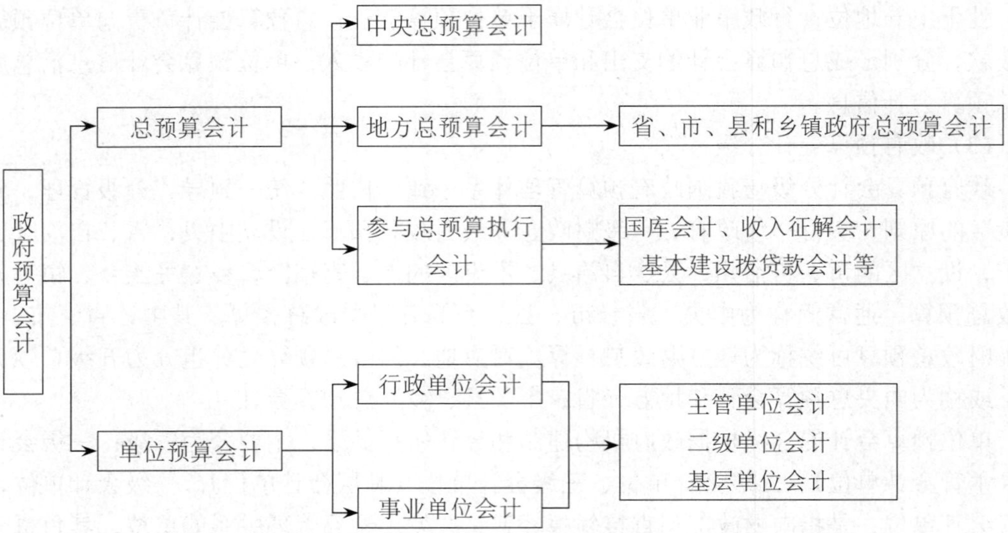

图1-2 政府预算会计的构成体系与分级

1.3.2 非营利组织会计

非营利组织包括公立非营利组织（事业单位）和民间非营利组织。由于我国将公立非营利组织会计纳入政府会计的范畴，所以我国的非营利组织会计即民间非营利组织会计。

民间非营利组织会计是以每个民办非营利组织为会计主体，以民间非营利组织的基本业务活动为管理内容的一种专业会计，包括社团会计、基金会会计和非企业单位会计等。我国从2005年1月1日起开始执行《民间非营利组织会计制度》，标志着我国民间非营利组织会计的正式产生。

按照目前财政部颁布的一系列准则和制度规定，政府与非营利组织会计的组成体系如图1-3所示。

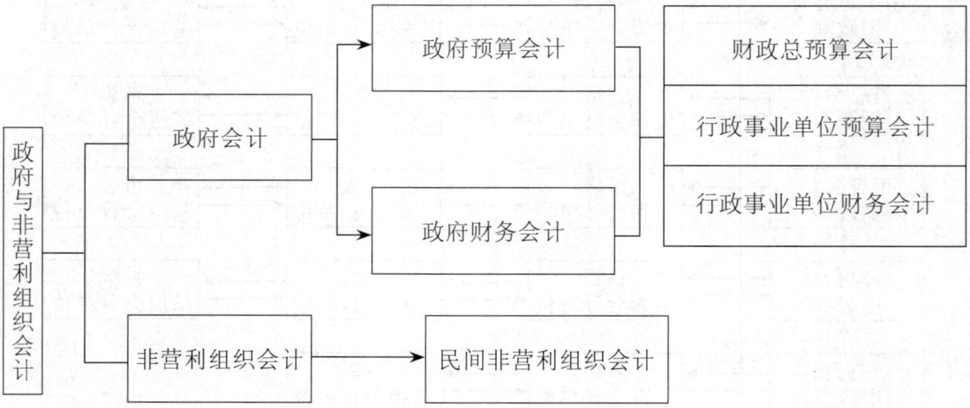

图1-3 政府与非营利组织会计的组成体系

1.4 政府与非营利组织会计规范

会计规范可以理解为调节社会经济活动中会计与财务关系的法律、行政规章、条例、制度、原则和准则的总称。我国政府与非营利组织的会计规范主要包括财务会计法律、行政法规和会计准则三个部分。

1.4.1 财务会计法律

规范政府与非营利组织会计的法律主要有《中华人民共和国预算法》（2014年修订）和《中华人民共和国会计法》（2017年修订）（以下分别简称为《预算法》和《会计法》）。由于政府与非营利组织财务资源主要来自预算拨款，因此必须按照《预算法》的要求编制和执行预算，组织财政收支活动，进行财务管理。《会计法》是规范会计活动行为的基本法律，任何会计规范必须以其为准绳，不能与之相抵触或与之相违背。

1.4.2 行政法规

行政法规是根据管理社会经济活动的需要，以行政规章、条例、制度和规定等形式颁布的一种社会经济行为规范，它既是根据法律制定和颁布的一种规范，也是法律规定的具体化。政府与非营利组织会计的行政法规很多，概括起来主要有三类：一是由政府或政府主管部门根据法律规章制定和颁布的法律实施细则，如国务院颁布的《中华人民共和国预算法实施细则》；二是由政府主管部门根据财务会计法律制定的财务会计制度，如由财政部制定的《财政总预算会计制度》（1997年制定，2001年补充规定，2015年10月重新制定颁布）、《行政单位会计制度》（2014年1月1日实施，同时废止1998年实施的旧制度）、《事业单位会计准则》（2013年1月1日实施，同时废止1997年实施的旧制度）、《民间非营利组织会计制度》（2005年1月1日实施）等；三是其他行政规章、财务制度，如《行政事业单位内部控制规范》（2014年1月1日试行）、《行政单位财务规则》（2013年1月1日实施）、《事业单位财务规则》（2012年4月1日实施）、不同行业事业单位会计制度（《高等学校财务制度》《医院财务制度》等）等。

1.4.3 会计准则

会计准则是会计规范的一种形式，是以条款形式对会计核算的基本原则及会计确认、计量、记录和报告方法进行规范。会计准则是会计人员从事会计工作的规则和指南。

根据中共十八届三中全会提出建立权责发生制的政府综合财务报告制度的要求，需建立健全政府会计核算体系。该体系应该包括政府会计基本准则、具体准则和应用指南。目前财政部已经颁布了基本准则和十项具体准则，并针对3号、9号和10号准则颁布了应用指南。此外，为了更好地实施政府会计准则，财政部在2017年10月24日印发了《政府会计制度——行政事业单位会计科目和报表》，对政府会计主体的具体业务活动采用的会计科目及账务处理进行了规定。

1）政府会计基本准则

2015年10月23日财政部发布第78号令，颁布了《政府会计准则——基本准则》，该准则自2017年1月1日起实施。该准则主要包括总则、政府会计信息质量要求、政府预算会计要素、政府财务会计要素、政府决算报告和财务报告、附则共6章62条内容。政府会计基本准则的制定为具体准则的制定奠定了基础。

2）政府会计具体准则

为了适应权责发生制政府综合财务报告制度改革需要，财政部于2016年7月6日根据《政府会计准则——基本准则》颁布了《政府会计准则第1号——存货》《政府会计准则第2号——投资》《政府会计准则第3号——固定资产》《政府会计准则第4号——无形资产》

四项具体准则，于2017年1月1日起实施。为规范政府公共基础设施和政府储备物资的会计核算，提高会计信息质量，财政部于2017年4月17日制定了《政府会计准则第5号——公共基础设施》、于2017年7月28日制定了《政府会计准则第6号——政府储备物资》。第5、6号准则自2018年1月1日起施行。《政府会计准则第7号——会计调整》《政府会计准则第8号——负债》《政府会计准则第9号——财务报表编制和列报》《政府会计准则第10号——政府和社会资本合作项目合同》也相继于2018年和2019年颁布实施。

随着一系列准则的颁布实施，具有中国特色的政府会计体系开始形成。此外，需要注意的是，为了规范行政事业单位的会计核算，保证会计信息质量，根据《会计法》、《预算法》、《政府会计准则——基本准则》和国家其他有关法律、行政法规，财政部于2017年10月24日颁布了《政府会计制度——行政事业单位会计科目和报表》，按照此制度，行政事业单位的会计科目和报表实现了统一，简化了会计核算，更有利于政府综合财务报告的编制。

【思政课堂】　政府会计服务于政府治理

2013年11月12日中国共产党第十八届中央委员会第三次全体会议通过的《中共中央关于全面深化改革若干重大问题的决定》（以下简称《决定》）提出，科学的宏观调控、有效的政府治理是发挥社会主义市场经济体制优势的内在要求。因此，必须切实转变政府职能，深化行政体制改革，创新行政管理方式，增强政府公信力和执行力，建设法治政府和服务型政府。

此外，《决定》提出，加快建立国家统一的经济核算制度，编制全国和地方资产负债表，建立全社会房产、信用等基础数据统一平台，推进部门信息共享，以完善发展成果考核评价体系，纠正单纯以经济增长速度评定政绩的偏向。

显然，建设法治政府和服务型政府，实施有效的政府治理，离不开政府会计提供的有关政府财务状况、运行情况、运行成本和现金流量等方面的可靠信息。可以说，政府会计是反映、监督和评价政府经济活动的前提和基础，是推进国家治理体系和治理能力现代化，完善和发展中国特色社会主义制度的基本保障。

本章小结

政府与非营利组织会计是与营利性企业会计相并列的会计学两大分支之一，由于政府与非营利组织不以营利为目的，因此会计核算具有特殊之处。目前我国的政府与非营利组织会计由政府会计和民间非营利组织会计两大体系组成。其中，政府会计包括政府预算会计和政府财务会计两部分。

中共十八届三中全会提出要“建立权责发生制的政府综合财务报告制度”后，国务院批转财政部的《权责发生制政府综合财务报告制度改革方案》，要求建立政府预算会计和财务会计功能适度分离又相互衔接的政府会计体系，截至目前我国以政府会计基本准则、具体准则和应用指南为组成部分的政府会计体系基本形成。

我国政府与非营利组织的会计规范主要包括财务会计法律、行政法规和会计准则三个部分。

思考与练习题

1.简述政府与非营利组织以及政府与非营利组织会计的特征。
2.我国目前政府与非营利组织会计的构成体系是什么？
3.我国政府与非营利组织的会计规范主要包括什么？
4.关于政府会计，目前财政部颁布了哪些准则和制度？

第2章/ 政府与非营利组织会计的基本理论和方法

【学习目标】了解政府与非营利组织会计的目标；掌握政府及非营利组织会计的信息质量特征；了解政府及非营利组织会计的基本假设；掌握政府及非营利组织会计的要素；掌握政府及非营利组织会计相关的确认基础与计量方法。

2.1 政府与非营利组织会计的目标

会计目标也称财务报告目标，是会计所要达到的根本目的，是对会计所提供经济信息的基本要求。通常把会计与财务报告目标归纳为对以下三个问题的回答：(1) 谁是会计信息的使用者；(2) 这些使用者对会计信息的需求；(3) 会计能够提供什么样的信息。

2.1.1 政府与非营利组织会计信息的使用者

政府与非营利组织财务报告的使用者应包括政府活动所涉及的所有利益相关者。政府和非营利组织运营过程中所涉及的利益相关者极其广泛，根据财政部《权责发生制政府综合财务报告制度改革方案》和《政府会计准则——基本准则》的规定，政府会计主体应当编制决算报告和财务报告。其中，政府决算报告使用者包括各级人民代表大会及其常务委员会、各级政府及其有关部门、政府会计主体自身、社会公众和其他利益相关者。政府财务报告使用者包括各级人民代表大会常务委员会、债权人、各级政府及其有关部门、政府会计主体自身和其他利益相关者。按照《民间非营利组织会计制度》的规定，民间非营利组织会计核算所提供的信息应该满足捐赠人、会员、监管者等会计信息使用者的需求。

2.1.2 政府与非营利组织会计信息使用者的信息需求

政府与非营利组织的活动涉及的各利益相关者对会计信息的需求各有侧重，鉴于政府与非营利组织的运行方式与特点，其会计信息使用者使用会计信息的主要目的不是进行经济决策，而主要是评价政府与非营利组织的绩效状况及其受托责任履行情况，从而代表社会公众或上级政府等的利益做出政治、经济和社会等方面的相关决策。

2.1.3 政府与非营利组织会计的目标

会计目标是提供会计信息、编制财务报告的目的。目前关于会计目标有两种观点：决策有用观和受托责任观。决策有用观的基本观点是在符合成本效益原则的前提下，会计要尽可能多地提供决策有用的信息，关注财务报表本身的有用性；受托责任观的基本观点是会计信息要尽可能客观可靠地反映受托责任的履行状况。此两种观点各有侧重，营利性组织会计信息的目标包含这两种观点。同样，政府与非营利组织会计的目标也应该满足这两重目标。

1）政府会计的目标

政府会计包括政府预算会计和政府财务会计，政府会计目标体现在政府会计主体所编制的政府决算报告和政府财务报告中。

政府决算报告的目标是向决算报告使用者提供与政府预算执行情况有关的信息，综合反映政府会计主体预算收支的年度执行结果，有助于决算报告使用者进行监督和管理，并为编制后续年度预算提供参考和依据。

政府财务报告的目标是向财务报告使用者提供与政府的财务状况、运行情况（含运行成本）和现金流量等有关的信息，反映政府会计主体公共受托责任的履行情况，有助于财务报告使用者做出决策或者进行监督和管理。

2）民间非营利组织会计的目标

《民间非营利组织会计制度》规定，民间非营利组织会计的目标是向会计信息使用者提供有用的会计信息，反映其受托责任的履行情况，满足会计信息使用者决策和监督管理的需要。

2.2 政府与非营利组织会计的信息质量特征

为保证会计目标的实现，需要对财务报告中所提供的会计信息质量特征进行规范。根据《政府会计准则——基本准则》的规定，政府会计信息质量特征包括可靠性、全面性、相关性、及时性、可比性、可理解性、实质重于形式。

按照2004年颁布的《民间非营利组织会计制度》的规定，民间非营利组织的会计信息质量特征包括：可靠性、实质重于形式、相关性、一致性、可比性、及时性、可理解性、权责发生制、配比性、历史成本、谨慎性、合理划分资本性支出与收益性支出、重要性。上述各项质量特征中，可靠性、相关性、可理解性、及时性、可比性是衡量会计信息质量的一般原则；权责发生制、配比性、合理划分资本性支出与收益性支出、历史成本是确认和计量的一般原则；谨慎性、重要性、实质重于形式是起修正作用的一般原则。

2.2.1 可靠性

可靠性又称客观性，是指政府与非营利组织会计主体应当以实际发生的经济业务或者事项为依据进行会计核算，如实反映各项会计要素的情况和结果，保证会计信息真实可靠。

2.2.2 全面性

全面性是政府会计基本准则中所规定的会计信息质量特征，强调政府会计主体应当将发生的各项经济业务或者事项统一纳入会计核算，确保会计信息能够全面反映政府会计主体预算执行情况和财务状况、运行情况、现金流量等。

民间非营利组织会计制度强调了会计信息的完整性，即非营利组织提供的会计信息应当能够真实、完整地反映其财务状况、收支结余和现金流量，以满足会计信息使用者的需要。

2.2.3 相关性

政府会计主体提供的会计信息，应当与反映政府会计主体公共受托责任履行情况以及报告使用者决策或者监督、管理的需要相关，有助于报告使用者对政府会计主体过去、现在或者未来的情况做出评价或者预测。

2.2.4 及时性

政府与非营利组织会计主体对已经发生的经济业务或者事项，应当及时进行会计核算，不得提前或者延后。

2.2.5 可比性

政府与非营利组织会计主体提供的会计信息应当具有可比性。其中的可比有两层含义：纵向可比和横向可比。纵向可比是指同一政府与非营利组织会计主体不同时期发生的相同或者相似的经济业务或者事项，应当采用一致的会计政策，不得随意变更。确需变更的，应当将变更的内容、理由及其影响在附注中予以说明。横向可比是指不同政府与非营利组织会计主体发生的相同或者相似的经济业务或者事项，应当采用一致的会计政策，确保会计信息口径一致，相互可比。

2.2.6 可理解性

政府与非营利组织会计主体提供的会计信息应当清晰明了，便于报告使用者理解和使用。

2.2.7 实质重于形式

政府与非营利组织会计主体应当按照经济业务或者事项的经济实质进行会计核算，不限于以经济业务或者事项的法律形式为依据。

2.3 政府与非营利组织会计的基本假设

会计基本假设是会计确认、计量和报告的前提，是对会计核算对象的空间范围和时间范围的限定，包括会计主体假设、持续经营假设、会计分期假设和货币计量假设。

2.3.1 会计主体

会计主体是指会计为之服务的特定单位或组织，它决定了会计核算和监督的空间范围，也界定了会计信息的主体范围。因此，各项会计工作，不论是日常的会计确认、记录、计量和计算，还是定期编制财务报告，都必须在确定的会计主体范围之内进行。

相对于企业来说，由于政府与非营利组织各项财务资源的用途都通过预算做了限定，因此需要分别核算和报告不同用途的财务资源的收支情况及结果；同时政府或非营利组织又是一个对外承担受托责任的整体，因此还需要对外报告所有财务收支情况及结果。所以，政府与非营利组织具有基金主体和组织主体的双重性，这也是与企业会计主体的重要区别所在。目前西方国家政府与非营利组织会计普遍采用基金会计模式，以基金为会计核算主体，而我国政府与非营利组织会计主要以组织为会计核算和报告的主体。如《政府会计准则——基本准则》中界定的会计主体包括：各级政府部门、各单位，即与本级政府财政部门直接或者间接发生预算拨款关系的国家机关、军队、政党组织、社会团体、事业单位和其他单位。其中财政总预算会计的主体是各级政府，行政单位会计的主体是会计为之服务的行政单位，事业单位会计的主体是会计为之服务的事业单位。民间非营利组织会计制度所规定的会计主体主要是会计为之服务的民间非营利组织，包括社会团体、基金会和民办非企业单位。

2.3.2　持续经营

持续经营是指会计主体的经济业务活动将无限期地延续下去，是针对由于某些因素可能导致会计主体终止经济业务活动的非正常情况而言的。若没有持续经营的前提条件，一些公认的会计处理原则将失去存在的基础，一些常用的会计核算方法将无法采用，一些重要的会计理论和概念也将没有了根据。因此在企业会计中，我们通常假设，除非一个会计能够提供“反例”，否则它将在可预测的未来持续经营下去。

政府与非营利组织强调其公共活动的连续性也非常重要。因为政府与非营利组织不以营利为目的，其所开展的各项公共活动不仅不能带来盈利，而且需要消耗一定的资源，如果没有持续经营的假设，很难想象社会活动如何能够延续下去。

2.3.3　会计分期

会计分期也称会计期间，是将会计主体的持续经营的经济业务活动，划分为一系列相互联系的间隔相等的期间，以便分期结算账目，编制会计报表，向有关方面提供会计信息。会计期间的划分，界定了会计主体会计核算、提供会计报表的时间范围，对会计实务和会计理论都有着重要的影响。由于有了会计期间，才产生了本期与非本期的区别，才有了权责发生制与收付实现制，才使不同类型的会计主体有了记账基础的选择。

相对于企业来说，由于政府与非营利组织的业务活动资金必须按照预算、法律规章、行政法令以及合同协议限定的用途或目的使用，因此需要全面及时地反映受托资源的使用效率和效果，以便客观地考核和分析评价。所以政府与非营利组织在会计分期方面比企业更详细、更重要。

按照《政府会计准则——基本准则》的规定，政府会计主体的会计期间至少分为年度和月度。《民间非营利组织会计制度》规定，非营利组织的会计期间分为年度、季度和月度。会计年度、月度、季度等会计期间的起讫日期采用公历日期。

2.3.4　货币计量

货币计量是指会计主体的会计核算应采用统一的货币单位作为计量标准，以便综合、全面、系统、完整地反映会计主体的经济业务活动。我国政府会计基本准则及非营利组织会计制度均规定，会计核算应当以人民币作为记账本位币。发生外币业务时，应当将有关外币金额折算为人民币金额计量，同时登记外币金额。

2.4　政府与非营利组织会计的会计要素

会计要素是对会计对象按其经济特征所做的最基本分类，是会计对象的具体化。企业会计的要素包括资产、负债、所有者权益、收入、费用和利润。政府与非营利组织的产权特征及业务活动特点与企业有很大不同，因此其会计要素也有别于传统企业的会计要素。

2.4.1 政府会计的会计要素

按照《政府会计准则——基本准则》的规定，我国的政府会计包括政府预算会计和政府财务会计两部分内容。鉴于此两部分业务内容的差异，其会计要素存在很大差异。

1）政府预算会计要素

政府预算会计服务于政府预算管理，主要反映预算执行情况和结果。按照政府会计基本准则的规定，政府预算会计要素包括预算收入、预算支出与预算结余。

（1）预算收入

预算收入是指政府会计主体在预算年度内依法取得并纳入预算管理的现金流入。

（2）预算支出

预算支出是指政府会计主体在预算年度内依法发生并纳入预算管理的现金流出。

（3）预算结余

预算结余是指政府会计主体预算年度内预算收入扣除预算支出后的资金余额，以及历年滚存的资金余额。预算结余包括结余资金和结转资金两部分。其中，结余资金是指年度预算执行终了，预算收入实际完成数扣除预算支出和结转资金后剩余的资金；而结转资金是指预算安排项目的支出年终尚未执行完毕或者因故未执行，且下年需要按原用途继续使用的资金。

2）政府财务会计要素

政府财务会计致力于反映政府会计主体整体的财务状况、运行情况和现金流量等有关信息。其会计要素包括资产、负债、净资产、收入和费用。

（1）资产

资产是指政府会计主体过去的经济业务或者事项形成的，由政府会计主体控制的，预期能够产生服务潜力或者带来经济利益流入的经济资源。其中服务潜力是指政府会计主体利用资产提供公共产品和服务以履行政府职能的潜在能力；经济利益流入表现为现金及现金等价物的流入，或者现金及现金等价物流出的减少。

政府会计主体的资产按照流动性，分为流动资产和非流动资产。流动资产是指预计在1年内（含1年）耗用或者可以变现的资产，包括货币资金、短期投资、应收及预付款项、存货等。非流动资产是指流动资产以外的资产，包括固定资产、在建工程、无形资产、长期投资、公共基础设施、政府储备资产、文物文化资产、保障性住房和自然资源资产等。

（2）负债

负债是指政府会计主体过去的经济业务或者事项形成的，预期会导致经济资源流出政府会计主体的现时义务。现时义务是指政府会计主体在现行条件下已承担的义务。未来发生的经济业务或者事项形成的义务不属于现时义务，不应当确认为负债。

同样，按照流动性，政府会计主体的负债分为流动负债和非流动负债。流动负债是指预计在1年内（含1年）偿还的负债，包括应付及预收款项、应付职工薪酬、应缴款项等。非流动负债是指流动负债以外的负债，包括长期应付款、应付政府债券和政府依法担保形成的债务等。

（3）净资产

净资产是指政府会计主体资产扣除负债后的净额。政府主体的净资产与企业净资产要素的差别在于没有所有权归属的特定含义，政府主体的净资产不能用于分配，只能用于向社会公众、服务对象提供持续的服务或活动。

政府主体的净资产主要来自三个方面：一是按照预算、合同协议限定未支用的财务资源；二是政府主体通过预算安排动用当期财务资源购置或接受捐赠的长期资产对应形成的基金；三是历年运营收支结果的积累。

（4）收入

收入是指报告期内导致政府会计主体净资产增加的、含有服务潜力或者经济利益的经济资源的流入。

相对于企业来说，由于政府运营并不以营利为目的，因此政府收入通常具有无偿性和非交换性的特征。虽然政府开展的有些活动也向服务对象收费，但这些收费本身不是弥补服务的成本或基本不能为政府提供补足开展活动所耗费的资源。所以，政府收入主要来源于税收而非向服务对象收费。

（5）费用

费用是指报告期内导致政府会计主体净资产减少的、含有服务潜力或者经济利益的经济资源的流出。

与企业会计核算一样，政府会计主体也需要区分收益性支出和资本性支出以正确对业务活动进行确认和计量。因为收益性支出形成当期耗费，并不带来未来政府服务潜能的提供或经济利益的增加，应确认为费用要素；相反，资本性支出形成未来政府服务潜能或增加未来经济利益流入，应确认为资产要素。

需要注意的是，上述会计要素是政府会计基本准则所规范的，我国的政府会计体系仍然处于改革过程中。现行财政总预算会计的会计要素包括资产、负债、净资产、收入和支出五个要素。

2.4.2 民间非营利组织会计的会计要素

根据2004年颁布的《民间非营利组织会计制度》的规定，民间非营利组织会计的会计要素包括资产、负债、净资产、收入和费用五个要素。

1）资产

资产是指过去的交易或者事项形成并由民间非营利组织拥有或者控制的资源，该资源预期会给民间非营利组织带来经济利益或者服务潜力，包括各种财产、债权和其他权利。资产按其流动性可以分为流动资产、长期投资、固定资产、无形资产和受托代理资产等。

2）负债

负债是指过去的交易或者事项形成的现时义务，履行该义务预期会导致含有经济利益或者服务潜力的资源流出民间非营利组织，包括流动负债、长期负债和受托代理负债等。

3）净资产

净资产是指民间非营利组织的资产减去负债后的余额，包括限定性净资产和非限定性净资产。

4）收入

收入是指民间非营利组织开展业务活动取得的、导致本期净资产增加的经济利益或者服务潜力的流入，包括捐赠收入、会费收入、提供服务收入、政府补助收入、投资收益、商品销售收入等主要业务活动收入和其他收入。

5）费用

费用是指民间非营利组织为开展业务活动所发生的、导致本期净资产减少的经济利益或者服务潜力的流出，包括业务活动成本、管理费用、筹资费用和其他费用等。

需要注意的是，虽然民间非营利组织会计以及政府财务会计要素与企业会计要素一致，但是它们之间存在本质的区别：一是对各要素的界定中不仅包含了未来的经济利益，还包括了带来服务潜力的经济资源，而且相对于企业来说，非营利组织的会计要素更强调未来服务潜力；二是民间非营利组织的结余不能进行分配，也不存在剩余索取权的问题。

2.5 政府与非营利组织会计的确认基础和计量方法

虽然政府与非营利组织不以营利为目的，但是也需要反映其受托责任履行状况和财务绩效，因此也需要进行会计的确认和计量。

2.5.1 政府与非营利组织会计的确认基础

1）可供选择的会计确认基础

会计的确认基础决定了会计核算主体何时将会计主体发生的交易或事项记录为何种要素，从而准确、有效、及时地将信息提供给信息使用者这一根本目标。会计确认界定了会计记录的范围并决定了财务报表的内容。

目前从世界各国的会计实务来看，可选择的会计确认基础一般有两个：权责发生制（应计制）和收付实现制（现金制）。但就政府与非营利组织财务报告的编制而言，并不局限于这两个确认基础。事实上，在会计上存在一个会计确认基础区间，这个区间的范围从现金制基础这一极端到应计制基础另一极端。在此两个极端中间，存在修正的现金制基础或修正的应计制基础。概括起来，政府与非营利组织可以使用四种具体的会计确认基础：现金制、应计制、修正的现金制和修正的应计制。

（1）收付实现制（现金制）

收付实现制是指以实收实付为标准确认本期收入和费用的原则，即根据各项收入和费用是否发生货币资金的收付为标准来确定其归属期，凡是本期实际收进款项的收入和本期实际支出款项的费用，不论其是否体现本期的工作成果或劳动消耗，都作为本期收入和费用处理；反之，凡本期未收到的收入和未支付的费用，即使应归属本期，也不能作为本期的收入和费用。

因此现金制基础侧重于反映现金收支结余及其变动情况。现金制下，会计主体通常编制现金收支表，提供报告期间现金的来源、运用和期末结余信息，并不报告非现金资产存量的价值、负债或提供服务成本等方面的信息。

（2）权责发生制（应计制）

权责发生制也称应计制或应收应付制，是指以应收应付为标准确认本期收入和费用的原则，即权责发生制根据各项收入和费用是否体现本期经营成果和生产消耗为标准来确定其归属期，凡是体现本期经营成果的收入和体现本期生产消耗的支出，不论款项是否实际收进或付出，都作为本期收入或费用处理；反之，不应归属本期的收入和费用，即使款项是在本期内收到或付出的，也不作为本期收入或费用处理。

因此应计制基础侧重于反映经济资源及其变动情况，该基础可以提供关于资产、负债、收入、费用和净资产的全面信息。

（3）修正的现金制和修正的应计制

修正的现金制和修正的应计制是对现金制和应计制的修正或偏离。按照国际会计师联合会的观点，修正的现金制是在财务报表中包括有关会计主体在会计年度结束后的短时期内会导致现金收入或现金付出的交易或事项的信息，使财务报表主要报告在报告期内的流动性或短期的财务资源及其变动情况；修正的应计制是从财务报表中去掉长期项目，使财务报表主要报告货币性资产和货币性负债，以反映会计主体未来对资金的需求。

因此，修正的现金制的侧重点在于反映当期财务资源及其变动情况，该基础下的财务报告可以提供报告期内的现金的变动、从报告日起在短期内必须予以偿还的负债、当期现金的结余以及可以用来偿还负债的应收款项等方面的信息。而修正的应计制的侧重点在于反映总财务资源及其变动情况，该基础下的财务报告可以提供负债、可用于偿还负债的金融资产以及报告期内收入和支出的金额和来源的信息。

2）政府与非营利组织会计确认基础的选择

（1）政府会计的确认基础

根据财政部《权责发生制政府综合财务报告制度改革方案》以及政府会计基本准则的规定，政府预算会计以收付实现制为确认基础，而政府财务会计则以权责发生制作为确认基础。

需要注意的是，我国《财政总预算会计制度》第十一条规定，总会计的会计核算一般采用收付实现制，部分经济业务或者事项应当按照规定采用权责发生制进行核算。因此，财政总预算会计采用修正的现金制进行核算。按照《政府会计制度——行政事业单位会计科目和报表》的规定，行政事业单位预算会计采用收付实现制进行核算，而行政事业单位财务会计采用权责发生制进行核算，国务院另有规定的，依照其规定。

收付实现制基础可以如实地反映政府会计主体实际收到的收入和发生的支出，与预算管理要求一致；而权责发生制基础可以全面核算政府会计主体的资产、负债，客观反映政府运行成本，科学评价政府的运营绩效。因此政府会计的双确认基础，兼顾了预算管理与经济管理的需要，有助于总会计双重目标的实现。

（2）民间非营利组织会计的确认基础

根据《民间非营利组织会计制度》的规定，民间非营利组织会计核算采用权责发生制基础，以提供反映其受托责任履行情况和有助于做出经济决策的会计信息。

2.5.2　政府与非营利组织会计的计量方法

会计主体在将符合确认条件的会计要素登记入账并列报于财务报表及其附注时，应当按规定的会计计量属性进行计量，确定其金额。目前企业会计准则中所规定的计量属性主要包括历史成本、重置成本、现值、公允价值、可变现净值五种。政府与非营利组织会计的计量相对企业来说要简单一些，主要采用历史成本进行计量。但是随着计量理论的发展和政府与非营利组织面临的外部环境日益复杂，越来越多的业务或事项涉及计量属性选择的问题，因此准则制定机构也提出了历史成本以外的计量属性，并颁布了相关准则予以规范。

1）政府会计的计量方法

我国《政府会计准则——基本准则》中提出的计量属性主要有：历史成本、重置成本、现值、公允价值和名义金额。其中，规定资产计量中可以采用历史成本、重置成本、现值、公允价值和名义金额，而负债的计量可以采用历史成本、现值和公允价值。

（1）历史成本

在历史成本计量下，资产按照取得时支付的现金金额或者支付对价的公允价值计量；而负债按照因承担现时义务而实际收到的款项或者资产的金额，或者承担现时义务的合同金额，或者按照为偿还负债预期需要支付的现金计量。

（2）重置成本

在重置成本计量下，资产按照现在购买相同或者相似资产所需支付的现金金额计量。

（3）现值

在现值计量下，资产按照预计从其持续使用和最终处置中所产生的未来净现金流入量的折现金额计量；而负债则按照预计期限内需要偿还的未来净现金流出量的折现金额计量。

（4）公允价值

在公允价值计量下，按照市场参与者在计量日发生的有序交易中，出售资产所能收到的价格或转移负债所需支付的价格计量。

（5）名义金额

无法采用上述计量属性的，采用名义金额（即人民币1元）计量。

同时，政府会计基本准则规定，政府会计主体在对资产进行计量时，一般应当采用历史成本。采用重置成本、现值、公允价值计量的，应当保证所确定的资产或负债金额能够持续、可靠计量。

2）民间非营利组织会计的计量方法

《民间非营利组织会计制度》规定，资产在取得时按实际成本计量，特殊情况下按规定的计量基础进行计量；其后账面价值的调整，按照规定进行。综合起来，民间非营利组织会计制度中所提出的计量基础主要有：历史成本、公允价值、可变现净值三种，其中可变现净值主要在存货期末核算中使用。

本章小结

本章主要介绍了政府与非营利组织会计核算的基本理论和方法，主要涉及政府与非营利组织会计的目标、信息质量特征、会计基本假设、会计要素、确认计量的基础和方法几个方面。

相对于营利性组织来说，政府与非营利组织的会计信息使用者使用会计信息的主要目的不是进行经济决策，而主要是评价政府与非营利组织绩效状况及其受托责任履行情况。与政府与非营利组织特征相适应，满足会计信息使用者信息需求的政府与非营利组织会计信息质量特征一般包括：可靠性、相关性、及时性、可理解性、可比性、实质重于形式、全面性。与营利性组织一样，政府与非营利组织会计的基本假设也包括会计主体、持续运营、会计分期和货币计量四个方面。政府与非营利组织非营利性的特点，决定了政府与非营利组织的会计要素具有特殊之处，其中政府预算会计的会计要素包括预算收入、预算支出和预算结余；政府财务会计的会计要素包括资产、负债、净资产、收入和费用；民间非营利组织的会计要素包括资产、负债、净资产、收入和支出（费用）。政府与非营利组织会计确认基础具有多样化的特点，包括现金制、应计制、修正的现金制和修正的应计制四种，这四种不同程度的会计确认基础的计量重点有所不司。政府与非营利组织会计的主要计量方法包括历史成本、重置成本、现值、公允价值和名义金额等。

思考与练习题

1.政府与非营利组织的会计信息使用者包括哪些？

2.政府与非营利组织会计的目标是什么？

3.政府与非营利组织会计信息的质量特征是什么？

4.政府与非营利组织会计的基本假设是什么？

5.政府会计与民间非营利组织会计的会计要素分别是什么？

6.政府会计的确认基础是什么？为什么政府会计采用双确认基础？

7.政府会计的计量方法有哪些？

第3章/ 政府与非营利组织会计的相关制度环境

【学习目标】掌握政府预算的内容与收支分类；了解政府预算的编制方法与程序；掌握政府预算管理体系；了解单位预算管理的级次和办法；了解政府预算收支的管理机构；掌握国库单一账户体系的组成以及国库集中收付制度的方式和程序；了解预算收入的收纳与退库、划分和报解；了解政府采购的原则和基本程序；掌握预算单位财务管理的原则、任务；掌握预算单位内部控制的概念及风险评估机制；了解单位层面与业务层面的内部控制规范。

政府与非营利组织的财务资源主要来源于税收或捐赠等非交换交易，因此财务资源的使用也受到严格限制，具体来说，政府与非营利组织财务资源的使用要遵守《中华人民共和国预算法》《中华人民共和国政府采购法》《中华人民共和国政府采购法实施条例》《行政单位财务规则》《事业单位财务规则》《行政事业单位内部控制规范》等相关法律、法规或合同协议的要求。本章相关内容主要来自上述法律法规。

3.1 政府预算管理制度

政府与非营利组织的财务资源必须按国家法律、法规、行政法令、合同协议规定或限定的用途使用。

3.1.1 政府预算及其分类

1）政府预算的含义与原则

现代财政预算制度最早出现于英国。在14—15世纪，新兴资产阶级的力量逐步壮大，他们充分利用议会同封建统治者争夺财政支配权。正式的预算文件是1789年议会通过的一项联合基金法案，把全部财政收支统一在一个文件中。到19世纪初，确立了按照年度编制和批准预算的制度，这个制度把封建统治阶级的皇室收支和政府收支区别开来，并通过法律确保了它的严肃性和强制性。

（1）政府预算的含义。

政府预算是由政府编制、立法机构批准的一个国家或政府在一定期间的财政收支活动计划。因此，在形式上，政府预算是政府的财政收支计划，是政府的工作计划；在内容上，政府预算反映了可供政府集中支配的财政资金数量的多少，是财政部门按法定程序管理财政资金的活动。政府预算是政府理财的主导环节和基本环节；从政治方面看，政府预算是重大的政治行为；而本质上，政府预算是国家和政府意志的体现，要经过国家权力机构的审查和批准才能生效，是重要的法律性文件。

（2）政府预算的原则。

政府预算应当遵循的原则主要有：完整性、统一性、可靠性、合法性、公开性、年度性。

①完整性。完整性是指政府预算必须包括政府所有的财政收入和支出内容，以便全面反映政府的财政活动。

②统一性。尽管各级政府都设有该级财政部门，也有相应的预算，但这些预算都是政府预算的组成部分，所有的地方政府预算连同中央政府预算共同组成统一的政府预算。这就要求有统一的预算科目，每个科目都要严格按统一的口径、程序计算和填列。

③可靠性。按可靠性原则，要求政府预算的编制要真实、可靠。

④合法性。政府预算与一般财政经济计划不同，它必须经过规定的合法程序，并最终成为一项法律性文件。因此，政府预算的编制、预算执行、预算调整都必须经过立法机关审查批准。我国政府预算编制必须遵循《预算法》的要求，此外与预算的编制有关的规范还有《行政单位财务规制》《事业单位财务规制》。

⑤公开性。政府预算反映政府活动的范围、方向和政策，与全体公民的切身利益息息相关，因此政府预算及其执行情况必须采取一定的形式公之于众，让每个公民了解财政收支状况，并将其置于全体公民的监督之下。根据《预算法》的规定，批准的预算、预算调整、决算、预算执行情况的报告及报表，应当在批准后二十日内由本级政府财政部门向社会公开。经各级政府财政部门批复的部门预算、决算及报表，应当在批复后二十日内由各部门向社会公开。

⑥年度性。世界各国采用的预算年度有两种：历年制和跨年制。我国采用历年制。按《预算法》的规定，我国预算年度自公历1月1日起至12月31日止。

2）政府预算的内容

根据《预算法》第一章第五条的规定，我国的政府预算包括一般公共预算、政府性基金预算、国有资本经营预算、社会保险基金预算。一般公共预算、政府性基金预算、国有资本经营预算、社会保险基金预算应当保持完整、独立。政府性基金预算、国有资本经营预算、社会保险基金预算应当与一般公共预算相衔接。

（1）一般公共预算，是对以税收为主体的财政收入，安排用于保障和改善民生、推动经济社会发展、维护国家安全、维持国家机构正常运转等方面的收支预算。中央一般公共预算包括中央各部门（含直属单位）的预算和中央对地方的税收返还、转移支付预算。地方各级一般公共预算包括本级各部门（含直属单位）的预算和税收返还、转移支付预算。

（2）政府性基金预算，是对依照法律、行政法规的规定在一定期限内向特定对象征收、收取或者以其他方式筹集的资金，专项用于特定公共事业发展的收支预算。政府性基金预算应当根据基金项目收入情况和实际支出需要，按基金项目编制，做到以收定支。

（3）国有资本经营预算，是对国有资本收益做出支出安排的收支预算。国有资本经营预算是政府以所有者身份依法取得国有资本收益，并对所得收益进行分配而发生的各项收支预算。

（4）社会保险基金预算，是对社会保险缴款、一般公共预算安排和其他方式筹集的资金，专项用于社会保险的收支预算。社会保险基金预算应当按照统筹层次和社会保险项目分别编制，做到收支平衡。

3）政府预算的分类

政府预算可以按照不同的标准进行分类，主要有以下几种分类方式：

（1）按照预算的编制方式分类，政府预算可以分为单式预算和复式预算。

单式预算是指将政府财政收支计划汇集编入一个总预算之内，形成一个收支项目安排对照表。

复式预算是指将预算年度内的全部财政收支按收入来源和支出性质，分别编制两个或两个以上的预算，形成两个或两个以上的收支对照表。复式预算一般由经常预算和资本预算组成。经常预算主要以税收为收入来源，以行政事业项目为支出对象；资本预算主要以国债为收入来源，以经济建设项目为支出对象。

（2）按照预算编制依据的内容和方法分类，政府预算可以分为增量（基数）预算和零基预算。

增量预算也称为基数预算，是指新预算年度的财政收支计划指标在以前预算年度的基础上，按预计经济发展情况加以调整后确定。增量预算保持了各项财政收支指标的连续性，是传统的预算编制方法。

零基预算是指新预算年度财政收支计划指标的确定，不考虑以前年度的财政收支执行情况，只以新预算年度经济社会发展情况和财力可能为依据，重新评估各项收支的必要性及其所需金额的一种预算方法。零基预算强调一切从计划的起点开始，不受以前各期预算执行情况的干扰，尽可能找出更好的方法，使未来年度的预算一开始就建立在一个科学、合理的基础之上，避免不必要的浪费。

（3）按照收支管理范围分类，政府预算可以分为总预算和单位预算。

总预算是各级政府的基本财政计划，它由各级政府的本级预算和下级政府总预算组成。

单位预算是政府预算的基本组成部分，是各级政府的直属机关就其本身及其所属行政事业单位的年度经费收支所汇编的预算，另外还包括企业财务收支计划中与财政有关的部分，它是机关本身及其所属单位履行其职责或事业计划的财力保证，是构成各级总预算的基本单位。根据经费领拨关系和行政隶属关系，单位预算可分为一级单位预算、二级单位预算和基层单位预算。

（4）按照预算的级次分类，政府预算可以分为中央预算和地方预算。

中央预算由中央各部门（含直属单位）的预算组成，地方预算由各省、自治区、直辖市的总预算组成。

（5）按照投入项目能否直接反映其经济效果分类，政府预算可以分为项目预算和绩效预算。

项目预算是指只反映项目的用途和支出金额，而不考虑其支出经济效果的预算。

绩效预算是指根据成本-效益比较的原则，决定支出项目是否必要及其金额大小的预算形式。具体来说就是有关部门先制订所要从事的事业计划和工程计划，再依据政府职责和施政计划选定执行实施方案，确定实施方案所需的费用支出所编制的预算。绩效预算是一种比较科学的预算方法。其特点：一是绩效预算重视对预算支出效益的考察，可明确反映出所产生的预计效益；二是按职责、用途和最终产品进行分类，并根据最终产品的单位成本和以前计划的执行情况来评判支出是否符合成本-效益原则。

（6）按照预算的编制时间分类，政府预算可以分为年度预算和中长期预算。

年度预算是指预算有效期为一年的财政收支预算。这里的年度是指预算年度，大体上有公历制和跨历制。公历制，即从公历1月1日起至12月31日止。目前，采用公历制的国家主要有法国、德国等。我国也采用公历制。跨历制，即从上一公历年某月某日起，到下一公历年某月某日止。实行跨历制的国家起止日期也不一样，如美国、泰国等国家从每年10月1日起至次年9月30日止为一个预算年度；英国、日本、加拿大等国家，则从每年4月1日起至次年3月31日止为一个预算年度。

中长期预算，也称中长期财政计划，一般1年以上10年以下的计划称为中期计划，10年以上的计划称为长期计划。在市场经济下，经济周期性波动是客观存在的，而制订中长期财政计划是在市场经济条件下政府进行反经济周期性波动，从而调节经济的重要手段，是实现经济增长的重要工具。随着我国市场经济体制的日益完善和政府职能的转变，中长期财政计划将日益发挥其重要作用。

（7）按照预算收支平衡状况分类，政府预算可以分为平衡预算和差额预算。

平衡预算是指预算收入基本等于预算支出的预算。

差额预算是指预算收入大于或小于预算支出的预算，包括盈余预算和赤字预算。

3.1.2　政府预算的收支分类

按照《预算法》的规定，预算由预算收入和预算支出组成，政府的全部收入和支出都应纳入预算。

1）收入的分类

收入分类主要反映收入的性质和来源。根据《政府收支分类科目》，政府收入分为类、款、项、目四级。其中，类级科目主要包括如下内容：

（1）税收收入

该款项包括：增值税、消费税、企业所得税、企业所得税退税、个人所得税、资源税、城市维护建设税、房产税、印花税、城镇土地使用税、土地增值税、车船税、船舶吨税、车辆购置税、关税、耕地占用税、契税、烟叶税、其他税收收入。

（2）非税收入

该款项包括：政府性基金收入、专项收入、行政事业性收费收入、罚没收入、国有资本经营收入、国有资源（资产）有偿使用收入、其他非税收入。

（3）社会保险基金收入

该款项包括：基本养老保险基金收入、失业保险基金收入、基本医疗保险基金收入、工伤保险基金收入、生育保险基金收入、新型农村合作医疗基金收入、城镇居民基本医疗保险基金收入、新型农村社会养老保险基金收入、城镇居民养老保险基金收入、其他社会保险基金收入。

(4) 债务收入

该款项包括：中央政府债务收入、地方政府债务收入。债务收入纳入一般公共预算管理。

(5) 转移性收入

该款项包括：返还性收入、一般性转移支付收入、专项转移支付收入、政府性基金转移收入、上年结余收入、调入资金、债权转贷收入、接受其他地区援助收入。

(6) 贷款转贷回收本金收入

该款项包括：国内贷款回收本金收入、国外贷款回收本金收入、国内转贷回收本金收入、国外转贷回收本金收入。

2) 支出的分类

根据《政府收支分类科目》，政府支出可以按功能或按经济性质分类。

(1) 支出按功能分类

支出的功能分类主要根据政府职能对支出进行分类，反映政府活动的不同功能和政策目标。支出按功能可分为类、款、项三级，其中类级科目设置情况如下：一般公共服务、外交、国防、公共安全、教育、科学技术、文化体育与传媒、社会保障和就业、社会保险基金、医疗卫生、节能环保、城乡社区事务、农林水事务、交通运输、资源勘探电力信息等事务、商业服务业等事务、金融监管等事务、地震灾后恢复重建、国土资源气象等事务、住房保障支出、粮油物资管理事务、储备事务、国债还本付息支出、其他支出、转移性支出。

(2) 支出按经济性质分类

支出的经济性质分类主要反映政府支出的经济性质和具体用途。支出的经济性质分类设类、款两级，其中类级科目设置情况如下：工资福利支出、商品和服务支出、对个人和家庭的补助、对企事业单位的补贴、转移性支出、赠予、债务利息支出、债务还本支出、基本建设支出、其他资本性支出、贷款转贷及产权参股、其他支出。

3.1.3 政府预算的编制

《预算法》第四章对预算的编制进行了规范。

1) 预算编制方法

预算编制方法是指政府编制年度预算所采用的方法或规范，也称为预算制度。如上所述，按预算编制依据的内容和方法分类，政府预算分为增量（基数）预算和零基预算。

《预算法》第四章第二十五条规定，各级预算应当根据年度经济社会发展目标、国家宏观调控总体要求和跨年度预算平衡的需要，参考上一年预算执行情况、有关支出绩效评价结果和本年度收支预测，按照规定程序征求各方面意见后，进行编制。因此，我国仍然采用增量预算的方法编制预算。

2) 预算的编制程序——“两上两下”

按照预算法以及行政、事业单位财务规则的规定，我国具体实行的是“两上两下”的程序：

“一上”是指，基层预算单位编制本单位在预算年度内的收支建议数，上报上级部门。

上级部门根据国务院关于编制预算的指示和财政部下达的预算编制的具体要求，结合国家社会经济发展情况和本部门的具体情况，提出本部门预算年度收支建议数，上报财政部门。

“一下”是指，财政部门根据政策要求和工作任务，认真审核各主管部门上报来的预算收支建议数，再根据征收部门报来的财政收入测算数，审核汇总形成年度预算收支草案报政府批准。财政部门将政府批准的预算控制数下达到各主管部门，再层层下达到各基层预算单位。

“二上”是指，各主管部门按照下达的预算控制数，根据情况下达到所属下级预算单位，落实到具体项目，按照财政部门的要求编制本单位预算草案，由主管部门汇编成本部门的部门预算草案上报财政部门。

“二下”是指，财政部门收到各主管部门报来的预算草案后，进行审核汇总，形成本级政府总预算草案，报同级人民政府。政府批准后，提交人民代表大会审议，人民代表大会审议批准政府预算草案通过后，即成为具有法律效力的政府预算。财政部门在规定时间内批复部门预算，主管部门接到财政部门批复的预算后，再在规定的时间内批复所属单位预算，并负责具体执行。

3.1.4　政府预算管理

1）预算管理体制

我国的财政管理体制包括预算管理体制、税收管理体制、国有企业财务管理体制、行政事业财务管理体制以及基本建设财务管理体制等。其中的预算管理体制是一个国家在中央政府和地方政府以及地方各级政府之间划分预算收支范围和预算管理职责与权限的一项根本制度。

我国实行分税制预算管理体制，并实行财政转移支付制度。在分税制预算管理体制下，将收入划分为中央固定收入、地方固定收入和中央与地方共享收入三类，明确了中央财政与地方财政的收支范围，建立了中央对地方财政转移支付制度。

2）预算管理体系

预算管理体系是根据国家政权结构、行政区域划分和财政管理体制要求确定的国家预算组织结构。按照《预算法》的规定，我国的国家预算实行一级政权一级财政、一级财政一级总预算的模式。此模式下，我国设立中央，省、自治区、直辖市，设区的市、自治州，县、自治县、不设区的市、市辖区，乡、民族乡、镇五级预算。此五级预算可以分为中央预算和地方预算。地方各级总预算由本级预算和汇总的下一级总预算组成，下一级只有本级预算的，下一级总预算即指下一级的本级预算；没有下一级预算的，总预算即指本级预算。

财政部于2012年颁布的《行政单位财务规则》和《事业单位财务规则》中，按照预算管理权限，把行政事业单位预算管理分为三个级次：一级预算单位，是向同级财政部门申报预算的行政单位；二级预算单位，是向上一级预算单位申报预算并有下级预算单位的行政单位；基层预算单位，是向上一级预算单位申报预算，且没有下级预算单位的行政单位。一级预算单位有下级预算单位的，为主管预算单位。

各级预算单位应当按照预算管理级次申报预算，并按照批准的预算组织实施，定期将预算执行情况向上一级预算单位或者同级财政部门报告。

财政总预算与单位预算的分级及组成体系如图1–2所示。

3）单位预算管理办法

财政部在2012年颁布的《行政单位财务规则》和《事业单位财务规则》中，均对单位预算管理办法进行了规范。

（1）行政单位预算管理办法

财政部门对行政单位实行收支统一管理，定额、定项拨款，超支不补，结转和结余按规定使用的预算管理办法。

收支统一管理是指行政单位应当将全部收入和支出统一纳入预算，逐级报财政部门核定。定额、定项拨款是指财政部门确定行政单位财政预算拨款的具体方法。其中，定额拨款是指财政部门根据行政单位的性质和特点，结合财力状况，按照相应标准确定一个总的拨款数额，如对基本支出实行以定员定额为主的财政拨款方法。定项拨款是指财政部门对行政单位为完成其特定的行政工作任务，在基本支出预算之外专门安排的经费拨款。超支不补、结转和结余按规定使用是指行政单位预算经法定程序核定后，除特殊因素外，超预算发生的支出，主管预算单位或财政部门不再追加预算；如果形成结转和结余资金，应按照财政部门的有关规定安排使用。

（2）事业单位预算管理办法

国家对事业单位实行核定收支、定额或者定项补助、超支不补、结转和结余按规定使用的预算管理办法。

核定收支是指事业单位要将全部收入包括财政补助收入和各项非财政补助收入与各项支出统一编制预算，报经主管部门和财政部门核定其年度预算收支规模，其中包括财政补助的具体数额。

定额或者定项补助根据国家有关政策和财力可能，结合事业特点、事业发展目标和计划、事业单位收支及资产状况等确定。定额或者定项补助可以为零。非财政补助收入大于支出较多的事业单位，可以实行收入上缴办法。具体办法由财政部门会同有关主管部门制定。

3.2 国库收付制度

政府财政预算资金的收付并不是由财政部门自身完成的，而是通过专门的机构——国库——来执行的。国库是财政收支的出纳机构，是财政预算管理的重要部门。

3.2.1 政府预算收支的管理机构

财政资金由专门的征收机构负责征收，由国库来负责收纳与支付，由财政部门设立专门的机构来管理。

1）预算收入的征收机构

为保证预算收入的顺利实现，我国设立了专门的征收机构，如财政部门、税务部门、海关等，这些机构负责预算收入的征收和管理工作。

财政部门负责征收部分非税收入及个别税种，如国有资产经营收益、行政规费收入、农牧业税、债务收入、其他收入以及对计划内亏损的补贴等。税务部门主要负责征收和筹集各项工商税收、所得税和由税务部门征收的其他预算收入等。海关主要负责征收各项关税以及国家规定其负责征收的其他预算收入，如代征的进出口产品增值税、消费税及海关罚没等。不属于上述范围的预算收入，以国家规定负责管理征收的单位为征收机关。

2）预算收支的出纳机构

（1）国库

国库是国家金库的简称，是负责财政预算收入、支出及库款管理的专门机构，因此，国库既是政府财政的出纳中心，也是参与组织和执行政府预算的管理机关。

国库主要有两种基本方式：一是独立国库制；二是委托国库制。我国国库采用委托国库制，国库由中国人民银行（即中央银行）总行及其分支行代理。

我国国库机构按照“统一领导、分级管理”的财政管理体制设立，原则上一级财政设立一级国库。与财政管理体制相适应，我国的国库分为总库（中国人民银行总行）、分库（省、自治区、直辖市分行）、中心支库（地市中心支行）、支库（县、市支行）四级。

（2）商业银行

为便于财政资金的结算，财政部门也在商业银行开设账户，完成财政资金的收缴与拨付。支行以下的国库以及未设中国人民银行分支机构的地区，由中国人民银行会同当地财政部门委托金融机构办理。国库经收处的业务一般由商业银行的基层机构代理。

3）财政国库支付执行机构

国库支付执行机构也称为国库支付中心或国库支付局，其职责是审核、监督财政资金，按规定办理财政资金的拨付，向财政国库管理机构报告财政资金的支付情况，与央行国库、代理银行进行资金清算。

3.2.2　国库集中收付制度

1）国库集中收付制度的含义

国库集中收付制度是指政府在国库或国库指定的代理银行开设账户，集中收纳和支付财政性资金的一种结算制度，由于其核心是通过国库单一账户对财政资金进行集中管理，所以这种制度一般又称作国库单一账户制度。

国库集中收付制度下，政府所有的财政收入都直接缴入国库，财政支出则通过严格的预算，将预算额度下达（而不是下拨）给预算单位，预算单位需要购买货物或支付劳务费用时，由财政部门按预算控制额度向国库发出付款指令，款项由财政部门在国库开设的单一账户直接划入商品或劳务提供者的账户。

2）国库单一账户体系

政府希望将所有的财政资金集中于一家银行的账户，同时所有的财政支出也均能通过这一账户进行。但是，我国财政国库管理制度正在改革过程中，与改革相关的其他各项改革措施在短期内还难于完全配套进行，也难于做到将所有财政性资金都纳入国库单一账户管理，实现每笔支出都通过国库单一账户直接支付到最终收款人。因此，财政部、中国人民银行将我国财政国库账户设置为国库单一账户、零余额账户（包括财政零余额账户和单位零余额账户）、特设专户等账户的集合，统称为国库单一账户体系。

所以，国库单一账户体系，是指以财政国库存款账户为核心的各类财政性资金账户的集合，所有财政性资金的收入、支付、存储及资金清算活动均在该账户体系运行。

（1）国库单一账户。各级财政部门在中国人民银行及分支机构开设国库单一账户，用于记录、核算和反映纳入预算管理的财政收入和支出活动，并用于与财政部门在商业银行开设的零余额账户（包括财政零余额账户和单位零余额账户）进行清算，实现财政资金的实际支付。

（2）财政零余额账户。各级财政部门按资金使用性质在商业银行开设财政零余额账户，用于财政直接支付和与国库单一账户支出清算。开设财政零余额账户的商业银行也称为财政零余额代理银行，接受财政部门的委托办理财政直接支付的资金结算业务。

（3）单位零余额账户。各预算单位经财政部门审核批准后，在商业银行开设单位零余额账户，用于财政授权支付和与国库单一账户支出清算。预算单位零余额账户可以办理转账、提取现金等业务。开设单位零余额账户的商业银行也称为单位零余额代理银行，接受预算单位的委托办理财政授权支付的资金结算业务。

（4）特设专户。经国务院和省级人民政府批准或授权，财政部门为特定预算单位在商业银行开设的特殊过渡性专户（简称特设专户），用于记录、核算和反映预算单位的特殊专项支出活动，并用于与国库单一账户清算。

3）国库集中收付制度的程序

（1）收入的收缴方式和程序

为了适应国库集中收付制度的要求，财政性收入的收缴主要采用直接缴库和集中汇缴的方式。

直接缴库。由缴款单位或缴款人按有关法律、法规的规定，直接将应缴收入缴入国库单一账户，不再设立各类过渡性账户。

直接缴库的税收收入，由纳税人或税务代理人提出纳税申报，经征收机关审核无误后，由纳税人通过开户银行将税款缴入国库单一账户，再由国库向财政部门和征收机关出具缴款报告。直接缴库的其他收入，比照上述程序缴入国库单一账户。

集中汇缴。由征收机关（有关法定单位）按有关法律、法规的规定，将所收的应缴收入汇总缴入国库单一账户。

小额零散税收和法律另有规定的应缴收入，由征收机关开具汇总缴款书，缴入国库单一账户。非税收入中的现金缴款，比照本程序缴入国库单一账户。

（2）支出的拨付方式和程序

在国库集中收付制度下，财政资金的支付实行财政直接支付和财政授权支付两种方式。对于没有实行国库集中支付制度改革的单位和地区，可以采用财政实拨资金的支付方式。

①财政直接支付

财政直接支付是指由财政部门开具支付令，通过国库单一账户体系，直接将财政资金支付到商品或劳务供应者账户的支付方式。实行财政直接支付的支出主要包括工资支出、工程采购支出、物品和服务采购支出、转移支出等。财政直接支付的具体支出项目由财政部门在确定部门预算时，或制定财政资金支付管理办法时确定。

财政直接支付的基本程序是：

首先，申请支付。由预算单位按照年初部门预算控制数或批准的部门预算（包括调整预算），按季编制分月用款计划，向财政部门申报，并由财政部门正式批复给预算单位。预算单位需要支付资金时，由预算单位根据财政部门批复的分月用款计划，向财政部门提出支付申请。

其次，代理银行办理支付。财政部门对预算单位的支付申请审核无误后，向代理银行签发财政直接支付令，通知代理银行从财政零余额账户付款给收款人（垫付），同时向中国人民银行发出清算信息。

最后，办理资金清算。每日营业终了，财政部门从国库单一账户付款到代理银行财政零余额账户。

②财政授权支付

财政授权支付是指预算单位根据财政部门的授权，自行开具支付令，通过国库单一账户体系将资金支付到商品或劳务供应者账户的支付方式。实行财政授权支付的支出主要包括未纳入财政直接支付的购买支出和零星支出。财政授权支付的具体支出项目由财政部门在确定部门预算时，或制定财政资金支付管理办法时确定。

财政授权支付的基本程序是：

首先，申请和下达用款额度。由预算单位按照年初部门预算控制数或批准的部门预算（包括调整预算）按季编制分月用款计划，并向财政部门申报。财政部门批复后，预算单位再按规定时间向财政部门申请月度财政授权支付用款额度。财政部门批准后，分别向中国人民银行和代理银行总行签发通知书。代理银行负责将授权支付额度以到账通知书的形式通知到预算单位。

其次，预算单位、代理银行办理支付业务。预算单位在授权的额度内，根据支出需要自行开具授权支付令并通知授权支付的代理银行。代理银行审核无误后，按照财政部门批复的额度从预算单位零余额账户中付款垫支。

最后，办理资金清算。代理银行根据已办理支付的资金，在每日营业终了前的规定时间内，向中国人民银行提出清算申请。中国人民银行审核无误后，按规定程序在规定时间内，财政部门从国库单一账户付款到代理银行单位零余额账户。

当然，上述财政集中支付流程的实现，以电子化的全国银行清算系统和财政信息管理系统以及国库管理操作系统为基础。在这些系统尚未建立和完善之前，国库支付执行机构或预算单位的支付令通过人工操作转到代理银行，代理银行通过现行的银行清算系统向收款人账户付款，并在每天扎账前，与国库单一账户进行清算。

除国库集中支付方式外，财政资金的另外一种支付方式是实拨资金支付。财政实拨资金是指财政部门通过国库存款账户将财政资金实际拨付到预算单位在商业银行开设的银行存款账户上，供预算单位使用的财政资金支付方式。财政实拨资金是一种传统的资金拨付方式。

在财政实拨资金支付方式下，预算单位根据经批准的部门预算和资金使用计划，按照规定的时间和程序向财政部门提交“预算经费请拨单”，申请拨付预算经费。财政部门根据经批准的部门预算和资金使用计划，在对“预算经费请拨单”审核批准后，将财政资金从中国人民银行国库存款账户拨付至预算单位在商业银行开设的银行存款账户。预算单位在使用财政资金时，从其银行存款账户中通过提取现金或转账的方式将款项支付给商品或劳务供应者。

财政实拨资金支付方式与财政直接支付方式、财政授权支付方式的根本区别是：在财政实拨资金支付方式下，财政资金分散在各预算单位的银行存款账户上；在财政直接支付和财政授权支付方式下，财政资金集中在财政国库存款账户上。

需要注意的是，随着我国财政国库管理制度改革的深入推进，目前已经很少再有传统的财政实拨资金支付方式，绝大多数政府财政已经采用财政资金国库集中支付方式。

3.2.3 预算收入的收纳与退库、划分和报解

1）预算收入的收纳与退库

（1）预算收入的收纳

预算收入的收纳是财政收入的收缴入库的过程，也包括预算收入的退库过程，主要有直接缴库和集中汇缴两种方式。各缴款人或缴款单位上缴预算收入时，必须使用国家统一印制的“缴款书”凭证，向国库缴款。

（2）预算收入的退库

预算收入的退库，是将已经入库的预算收入退还给原缴款单位或缴款人。由于预算收入退库是一项抵减预算收入的行为，所以各级金库办理预算收入的退库，应该认真严格审查。

一般来说，预算收入属于下列情况的可以办理退库：其一，由于工作疏忽而发生的技术性差错，如收入错缴、多缴，中央预算收入误缴入地方预算，地方预算收入误缴入中央预算等。其二，企业按计划缴入金库的收入，超过实际收入部分。其三，根据批准的企业亏损计划，弥补企业单位的亏损。其四，按照国家政策法令决定，需要办理收入退库的，如调整价格、修订税率、提取工商各税代征手续费等。其五，进出口商品税款的退库。其六，其他满足条件的预算收入退库。

在具体办理预算收入退库时，还应遵循以下基本原则：其一，办理收入退库，应由申请退库的单位或个人提出书面申请。其二，预算收入的退库必须经财政机关或其授权的主管机关审查批准，由国库审核后从国库库款中支付。其三，国库办理预算收入退库，应当严格按照预算收入的级次办理。中央预算收入的退库，从中央级库款中退付；地方各级预算固定收入的退库，从地方各级库款中退付；各种分成收入的退库（包括总额分成收入和共享收入的退库），按规定的分成比例，分别从上级和本级库款中退付。其四，征收机关退付代征代扣税款手续费款项时，必须按照国家规定的退付比例和审批程序，通过国库办理退库，不得自行从税款中抵扣。其五，办理预算收入的退库，必须按照国家规定直接退给申请单位或申请个人，任何部门、单位和个人不得截留、挪用退库款项。其六，各级预算收入的退库，原则上通过转账办理。其七，外资企业、中外合资企业和其他外籍人员，以外币缴纳税款的，因发生多缴或错缴需退库时，经征收机关审查批准，签发收入退还书时，应加盖“可退付外币”戳记。国库退库后，应将款项通过银行划给经收行，通过“外汇买卖”，按缴款人取款或转入缴款人账户时当天的卖出牌价，折算成外币退给缴款人或转入缴款单位的外币存款账户。

2）预算收入的划分和报解

各级财政预算收入的执行情况，一律以缴入基层国库的数额衡量。基层国库收到已缴纳的各项预算收入，应当根据国家财政管理体制规定的收入划分范围，在各级预算之间进行划分。

（1）预算收入的划分

预算收入的划分，是指按照国家预算管理体制的规定及财权与事权相结合的原则，将预算收入划分为中央预算固定收入、地方预算固定收入和中央预算与地方预算共享收入三类。

根据现行财政体系，属于中央预算的固定收入主要有：关税、海关代征消费税和增值税，消费税、中央企业所得税，中央企业上缴利润等。

属于地方预算的固定收入主要有：地方企业上缴利润，城镇土地使用税，房产税，车船税，印花税，耕地占用税，契税，遗产和赠与税，土地增值税，国有土地有偿使用收入等。

中央与地方的分成收入主要有增值税（五五分成），除央企所得税外的企业及个人所得税（中央60%，地方40%），资源税（陆地资源税归地方，海洋石油资源税归中央）等。

同样，地方预算收入也应在地方各级预算之间进行划分，分为上级预算固定收入、本级预算固定收入、上级预算与本级预算共享收入三类。

（2）预算收入的报解

报是指本级国库向上级国库和财政部门报告预算收入情况，编报预算收入日报表，以便各级财政机关掌握预算收入的进度和情况。

解是指国库各级收入划分、分成后，将财政库款解缴到国库存款户，上级财政的库款通过上级国库层层汇解缴到中心支库、分库和总库，本级划入同级国库存款户。

因此，预算收入报解是指国库将预算收入在各级预算之间进行划分和分成的基础上，编制“预算收入日报表”，并根据这些报表分别将库款解缴到本级和上级财政在国库的银行账户上，同时报告预算收入情况。

【思政课堂】　财政是国家治理的基础和重要支柱

2013年11月12日，中国共产党第十八届中央委员会第三次全体会议通过的《中共中央关于全面深化改革若干重大问题的决定》（以下简称《决定》）提出，科学的财税体制是优化资源配置、维护市场统一、促进社会公平、实现国家长治久安的制度保障，必须完善立法、明确事权、改革税制、稳定税负、透明预算、提高效率，建立现代财政制度，发挥中央和地方两个积极性。

对于预算管理制度改革，《决定》提出，要实施全面规范、公开透明的预算制度；审核预算的重点由平衡状态、赤字规模向支出预算和政策拓展；清理规范重点支出同财政收支增幅或生产总值挂钩事项，一般不采取挂钩方式；建立跨年度预算平衡机制，建立权责发生制的政府综合财务报告制度，建立规范合理的中央和地方政府债务管理及风险预警机制。

2014年12月12日，国务院批转财政部《权责发生制综合财务报告制度改革方案》，意味着政府会计对于建立完善的现代财政制度的重要性，体现了政府会计改革对于推进国家治理体系和治理能力现代化的重要基础性地位。

3.3 政府采购制度

政府采购制度是对政府采购行为进行规范的管理制度。政府一般通过制定一系列的法律、规章、制度等，对政府采购的采购方式、采购程序、管理机构、资金拨付等进行规范。目前，我国有关政府采购的法律法规主要有2002年6月29日审议通过的《中华人民共和国政府采购法》（于2014年进行了修订）以及2014年12月31日，根据修订的《中华人民共和国政府采购法》，国务院审议通过的《中华人民共和国政府采购法实施条例》。本部分内容的介绍参照了上述法律法规。

3.3.1 政府采购的含义

1）政府采购

2014年修订的《中华人民共和国政府采购法》（以下简称《政府采购法》）对政府采购进行了界定，即政府采购，是指各级国家机关、事业单位和团体组织，使用财政性资金采购依法制定的集中采购目录以内的或者采购限额标准以上的货物、工程和服务的行为。

2）政府采购组织形式

政府采购采用集中采购和分散采购相结合的方式。集中采购，是指采购人将列入集中采购目录的项目委托集中采购机构代理采购或者进行部门集中采购的行为；分散采购，是指采购人将采购限额标准以上的未列入集中采购目录的项目自行采购或者委托采购代理机构代理采购的行为。因此，凡纳入集中采购目录的采购，且数额在采购限额标准以上的采购，均需要政府集中采购；凡未纳入集中采购目录的采购，但数额在采购限额标准以上的，可由预算单位分散采购。

3）政府采购当事人

政府采购当事人是指在政府采购活动中享有权利和承担义务的各类主体，包括采购人、供应商和采购代理机构等。

采购人是指依法进行政府采购的国家机关、事业单位、团体组织。

供应商是指向采购人提供货物、工程或者服务的法人、其他组织或者自然人。

采购代理机构是指集中采购机构和集中采购机构以外的采购代理机构。集中采购机构是设区的市、自治州以上人民政府依法设立的非营利事业单位法人，是代理集中采购项目的执行机构。集中采购机构应当根据采购人委托制订集中采购项目的实施方案，明确采购规程，组织政府采购活动，不得将集中采购项目转委托。集中采购机构以外的采购代理机构，是从事采购代理业务的社会中介机构。

3.3.2 政府采购的原则

《政府采购法》第一章第三条规定，政府采购应当遵循公开透明原则、公平竞争原则、公正原则和诚实信用原则。

1）公开透明原则

政府采购的实质是社会的公共采购，是采购机关使用公共资金进行采购，因此它必须对社会公众负责，接受社会公众的监督。在政府采购中贯彻公开透明原则，是接受社会公众监督的前提。公开透明原则应当贯穿于政府采购全过程，具体体现为以下三个方面：

一是公开的内容。应当公开的政府采购信息包括政府采购法规政策，省级以上人民政府公布的集中采购目录、政府采购限额标准和公开招标数额标准，政府采购招标业务代理机构名录，招标投标信息，财政部门受理政府采购投诉的联系方式及投诉处理决定，财政部门对集中采购机构的考核结果，采购代理机构、供应商不良行为记录名单等。

二是公开的标准。政府采购公开的信息应当符合内容真实、准确可靠、发布及时、便于查找等标准。

三是公开的途径。政府采购信息应当在省级以上财政部门指定的政府采购信息发布媒体上向社会公开发布。

2）公平竞争原则

公平竞争原则要求政府采购活动在确保公平的前提下充分引入竞争机制。因此，公平竞争原则可以进一步划分为竞争性原则和公平性原则。

竞争可以促使政府采购形成对买方有利的竞争局面，从而使政府采购主体采购到优质价廉的商品和服务，提高政府采购效率。政府采购竞争的主要方式是招标、投标。

政府采购的公平性原则主要有两方面的内容：一是机会均等，即政府采购应允许所有有兴趣参加投标的供应商参与竞争，不能无故将希望参加政府采购的供应商排斥在外；二是待遇平等，即政府采购应对所有的参加者一视同仁，给予其同等的待遇，比如资格预审和投标评价应对所有投标人都使用同一标准，采购机构向所有投标人提供的信息都应一致等。

3）公正原则

公正原则主要指采购人、采购代理机构相对于作为投标人、潜在投标人的多个供应商而言，政府采购主管部门相对于作为被监督人的多个当事人而言，应站在中立、公允、超然的立场上。

4）诚实信用原则

诚实信用原则约束的是政府采购活动中的各方当事人，一方面，要求采购主体在项目发标、信息公布、评标审标过程中真实，不得有所隐瞒；另一方面，也要求供应商在提供商品、服务时达到投标时做出的承诺，树立相应的责任意识。

3.3.3　政府采购的方式

《政府采购法》第三章第二十六条规定了政府采购的方式：公开招标、邀请招标、竞争性谈判、单一来源采购、询价、国务院政府采购监督管理部门认定的其他采购方式。所有这些采购方式中，公开招标应作为政府采购的主要采购方式。采用其他方式进行采购，应满足一定的条件。

《政府采购法》第三章第二十九条规定，符合下列情形之一的货物或者服务，可以采用邀请招标方式采购：（1）具有特殊性，只能从有限范围的供应商处采购的；（2）采用公开招标方式的费用占政府采购项目总价值的比例过大的。

《政府采购法》第三章第三十条规定，符合下列情形之一的货物或者服务，可以采用竞争性谈判方式采购：（1）招标后没有供应商投标或者没有合格标的或者重新招标未能成立的；（2）技术复杂或者性质特殊，不能确定详细规格或者具体要求的；（3）采用招标所需时间不能满足用户紧急需要的；（4）不能事先计算出价格总额的。

《政府采购法》第三章第三十一条规定，符合下列情形之一的货物或者服务，可以采用单一来源方式采购：（1）只能从唯一供应商处采购的；（2）发生了不可预见的紧急情况，不能从其他供应商处采购的；（3）必须保证与原有采购项目的一致性或者服务配套的要求，需要继续从原供应商处添购，且添购资金总额不超过原合同采购金额百分之十的。

《政府采购法》第三章第三十二条规定，采购的货物规格、标准统一，现货货源充足且价格变化幅度小的政府采购项目，可以采用询价方式采购。

3.3.4 政府采购的程序

明确的政府采购程序，有助于政府采购监督管理部门有效地履行管理职责，通过监督程序的合法性来保障采购行为的规范性和采购结果的合法性。不同的政府采购方式，其采购过程不尽相同，总结起来，任何一项政府采购都要经历如下步骤：编制政府采购预算、汇编政府采购计划、确定并执行采购方式、订立及履行合同、验收和结算等步骤。

首先，负有编制部门预算职责的部门在编制下一财政年度部门预算时，应当将该财政年度政府采购的项目及资金预算列出，报本级财政部门汇总。其次，财政部门的政府采购主管机构依据批复的部门预算，按项目或项目汇总编制本级政府采购计划，采购计划要明确列示当年集中采购目录、采购机关、各采购项目的采购组织、采购形式、资金支付办法等事项，甚至合同的主要内容都要在计划中确定下来；采购机关的主管部门应在接到财政部门批复的政府采购计划后，向同级财政部门提交集中采购项目的采购清单；采购清单由财政部门根据预算和政府采购计划核对无误后，由采购机关向社会公开自己所需要的商品和服务的相关信息。然后，集中采购机关按照政府采购计划中确定的采购范围和采购方式组织实施采购，并与确定的供应商签订并执行合同。再次，按照合同的约定对政府采购合同执行情况进行验收。最后，由采购机关向财政部门报送拨款申请书及有关文件，财政部门和采购单位对采购机关报来的拨款申请书审核无误后，按照合同约定的金额和采购进度向供应商付款。

3.3.5 政府采购的资金拨付

对于政府采购资金的拨付，财政部与中国人民银行于2001年联合印发了《政府采购资金财政直接拨付管理暂行办法》。

《政府采购资金财政直接拨付管理暂行办法》中所指的政府采购资金，是指采购机关获取货物、工程和服务时支付的资金，包括财政性资金和与财政性资金相配套的单位自筹资金。其中单位自筹资金是指采购机关按照政府采购拼盘项目的要求，按规定用单位自有资金安排的资金。

《政府采购资金财政直接拨付管理暂行办法》第一章第三条规定，政府采购资金实行财政直接拨付和单位支付相结合，统一管理，统一核算，专款专用。

《政府采购资金财政直接拨付管理暂行办法》第一章第四条规定，财政直接拨付是指财政部门按照政府采购合同约定，将采购资金通过代理银行直接拨付给中标供应商的拨款方式。

《政府采购资金财政直接拨付管理暂行办法》第二章具体规定了财政直接支付的方式和程序。其中规定，政府采购资金直接拨付可分为三种拨付方式：财政全额直接拨付方式

（简称全额拨付）、财政差额直接拨付方式（简称差额拨付）及公务卡结算方式。

1）全额拨付方式

全额拨付方式是指财政部门和采购机关按照先集中后支付的原则，在采购活动开始前，采购机关必须先将单位自筹资金汇集到政府采购资金专户；需要支付资金时，财政部门根据合同履行情况，将预算资金和已经汇集的单位自筹资金，通过政府采购资金专户一并拨付给中标供应商。

2）差额拨付方式

财政部门和采购机关按照政府采购拼盘项目合同中约定的各方负担金额比例，分别将预算资金和单位自筹资金支付给中标供应商。当然，采购资金全部为预算资金的采购项目也实行这种支付方式。

3）公务卡结算方式

公务卡是指财政预算单位工作人员持有的、主要用于日常公务支出和财务报销业务的信用卡。预算单位应当选择办理国库集中支付业务的代理银行，为本单位职工申办公务卡。对于差旅、会议、购买等公务支出，使用公务卡结算的，应在公务卡信用额度内，先通过公务卡结算，并须取得发票等财务报销凭证和有关银行卡消费凭证。

【思政课堂】　　四川省成都市政府采购营商环境提升策略①

为了持续深化李克强总理在《政府工作报告》中提出的“放管服”改革，深入推进政府采购营商环境政策从3.0向4.0升级，不断提升政府采购满意度和市场主体获得感，2021年上半年，成都市财政局对标北京、深圳、杭州等城市，采取了下列优化政府采购营商环境的措施。

一、把握“放”的准度，在减负的同时明责，提升营商环境的法治化和稳定性

具体举措如下：一是全面深化政府采购制度改革。出台《成都市深化政府采购制度改革工作方案》，明确强化采购人主体责任、优化集中采购管理、改进政府采购代理机制等9个方面共21项改革措施。二是加强采购人内控制度建设。督促采购人建立健全在岗监督、离岗审查和项目责任追溯制度，发挥单位内部绩效考核和内设机构协同监督作用，切实规范采购人在政府采购活动中的权力运行。三是推进政府采购意向公开。明确采购意向公开适用范围、公开内容、公开方式和渠道以及工作要求，进一步提升政府采购透明度，方便市场主体提前掌握政府采购市场信息，稳定市场预期，强化社会监督。

二、把握“管”的维度，在公平的前提下优化治理，提升营商环境的市场化和公平性

具体措施如下：一是坚决维护公平竞争。组织成都市开展政府采购备选库、名录库、资格库专项清理，坚决维护政府采购市场秩序。二是切实强化监督管理。出台完善监督管理机制10项具体举措，通过加大抽查检查力度、通报曝光典型案例、建立重点监督名单等方式，切实提升政府采购营商环境政策措施的执行力。三是推进“互联网+监管”。升级完善政府采购监管系统功能，加强成都市分散采购项目电子化交易监管，实现分散采购项目开评标现场远程监控，新增预警预判、风险提示、敏感词筛查等环节，运用信息技术强化对各方参与主体的动态监督和管理。

---

① 资料来源：财政部网站（www.mof.gov.cn）。

三、把握“服”的温度，在政策落实中优化服务，提升营商环境政策的国际化和可及性

基本措施如下：一是推进电子化交易。推进政府集中采购、分散采购项目所有采购方式全覆盖、全流程电子化交易，推动实现异地交易信息共享、异地远程评审。升级优化电子卖场功能，拓展电子商城采购品目，在电子卖场交易系统增加反向竞价功能，为采购人提供更加便捷高效的服务。二是支持中小企业发展。通过系统弹窗提示、提醒预警等方式，督促采购人加强需求管理，落实预留采购份额、价格评审优惠等政策，积极支持中小企业发展。三是优化融资服务。深入推进落实“蓉采贷”政策，开展合作银行调研座谈，协调解决银企合作存在的困难，积极支持中小企业仅凭政府采购合同办理信用融资。

3.4 预算单位财务管理与内部控制

为了规范行政事业单位的财务行为，加强行政单位财务管理和监督，提高资金使用效益，保障行政单位工作任务的完成以及事业单位的健康发展，财政部于2012年颁布了《行政单位财务规则》和修订的《事业单位财务规则》。另外，为了进一步提高行政事业单位内部管理水平，规范内部控制，加强廉政风险防控机制建设，财政部于2012年制定了《行政事业单位内部控制规范》。本部分主要介绍上述规则和规范中的相关内容。

3.4.1 预算单位财务管理的原则与任务

行政事业单位非营利的营业特点以及资金来源的无偿性和限定性特点决定了其财务管理原则与任务与企业存在很大不同，而且同为预算单位的行政单位和事业单位，其财务管理原则和任务也存在差异。

1）预算单位财务管理原则

《行政单位财务规则》第一章第三条规定，行政单位财务管理应遵循如下基本原则：量入为出，保障重点，兼顾一般，厉行节约，制止奢侈浪费，降低行政成本，注重资金使用效益。

《事业单位财务规则》第一章第三条规定，事业单位财务管理的基本原则是：执行国家有关法律、法规和财务规章制度；坚持勤俭办事的方针；正确处理事业发展需要和资金供给的关系，社会效益和经济效益的关系，国家、单位和个人三者利益的关系。

可见，行政事业单位财务管理均强调成本-效益原则、收支平衡原则、合理配置原则，但并未提及货币时间价值原则、风险报酬均衡原则，这与预算单位资金来源和经营特点有关。相对于行政单位来说，事业单位财务管理原则强调了遵守法律、法规和规章制度以及利益协调的重要性。

2）预算单位财务管理任务

《行政单位财务规则》以及《事业单位财务规则》的第一章第四条均对预算单位财务管理的任务进行了规范。具体来说：

行政单位财务管理的主要任务是：①科学、合理编制预算，严格预算执行，完整、准确、及时编制决算，真实反映单位财务状况；②建立健全财务管理制度，实施预算绩效管理，加强对行政单位财务活动的控制和监督；③加强资产管理，合理配置、有效利用、规

范处置资产，防止国有资产流失；④定期编制财务报告，进行财务活动分析；⑤对行政单位所属并归口行政财务管理的单位的财务活动实施指导、监督；⑥加强对非独立核算的机关后勤服务部门的财务管理，实行内部核算办法。

事业单位财务管理的主要任务是：①合理编制单位预算，严格预算执行，完整、准确编制单位决算，真实反映单位财务状况；②依法组织收入，努力节约支出；③建立健全财务制度，加强经济核算，实施绩效评价，提高资金使用效益；④加强资产管理，合理配置和有效利用资产，防止资产流失；⑤加强对单位经济活动的财务控制和监督，防范财务风险。

相对于行政单位来说，事业单位在开展专业业务活动之外，可以组织经营活动，取得经营收入，因此强调要依法组织收入。

3.4.2　预算单位内部控制规范

财政部于2012年颁布的《行政事业单位内部控制规范》依据其所提出的风险评估和控制方法，对单位层面与业务层面的内部控制的建立、评价与监督进行了规范。该规范的第一章第七条规定，单位应当根据本规范建立适合本单位实际情况的内部控制体系，并组织实施。具体工作包括：梳理单位各类经济活动的业务流程，明确业务环节，系统分析经济活动风险，确定风险点，选择风险应对策略，在此基础上根据国家有关规定建立健全单位各项内部管理制度并督促相关工作人员认真执行。财政部要求行政事业单位应于2016年年底前完成内部控制规范的建立与实施工作。

1）预算单位内部控制的概念

（1）预算单位内部控制

本规范所称内部控制，是指预算单位为实现控制目标，通过制定制度、实施措施和执行程序，对经济活动的风险进行防范和管控。

（2）预算单位内部控制目标

预算单位内部控制的目标主要包括：合理保证预算单位经济活动合法合规、资产安全和使用有效、财务信息真实完整，有效防范舞弊和预防腐败，提高公共服务的效率和效果。

2）预算单位内部控制原则与方法

（1）预算单位内部控制的原则

预算单位建立与实施内部控制，应当遵循下列原则：

①全面性原则。内部控制应当贯穿于预算单位经济活动的决策、执行和监督全过程，实现对经济活动的全面控制。

②重要性原则。在全面控制的基础上，内部控制应当关注预算单位重要经济活动和经济活动的重大风险。

③制衡性原则。内部控制应当在预算单位内部的部门管理、职责分工、业务流程等方面形成相互制约和相互监督。

④适应性原则。内部控制应当符合国家有关规定和预算单位的实际情况，并随着外部环境的变化、预算单位经济活动的调整和管理要求的提高，不断修订和完善。

（2）预算单位内部控制的方法

预算单位内部控制的控制方法一般包括：

①不相容岗位相互分离。合理设置内部控制关键岗位，明确划分职责权限，实施相应的分离措施，形成相互制约、相互监督的工作机制。

②内部授权审批控制。明确各岗位办理业务和事项的权限范围、审批程序和相关责任，建立重大事项集体决策和会签制度。相关工作人员应当在授权范围内行使职权、办理业务。

③归口管理。根据本单位实际情况，按照权责对等的原则，采取成立联合工作小组并确定牵头部门或牵头人员等方式，对有关经济活动实行统一管理。

④预算控制。强化对经济活动的预算约束，使预算管理贯穿于预算单位经济活动的全过程。

⑤财产保护控制。建立资产日常管理制度和定期清查机制，采取资产记录、实物保管、定期盘点、账实核对等措施，确保资产安全完整。

⑥会计控制。建立健全本单位财会管理制度，加强会计机构建设，提高会计人员业务水平，强化会计人员岗位责任制，规范会计基础工作，加强会计档案管理，明确会计凭证、会计账簿和财务会计报告处理程序。

⑦单据控制。要求预算单位根据国家有关规定和预算单位的经济活动业务流程，在内部管理制度中明确界定各项经济活动所涉及的表单和票据，要求相关工作人员按照规定填制、审核、归档、保管单据。

⑧信息内部公开。建立健全经济活动相关信息内部公开制度，根据国家有关规定和预算单位的实际情况，确定信息内部公开的内容、范围、方式和程序。

3）预算单位风险评估

预算单位应当建立经济活动风险定期评估机制，对经济活动存在的风险进行全面、系统和客观的评估。一般来说，经济活动风险评估至少每年进行一次；外部环境、经济活动或管理要求等发生重大变化的，应及时对经济活动风险进行重估。

（1）单位层面风险评估

预算单位在进行单位层面的风险评估时，应当重点关注以下方面：

其一，内部控制工作的组织情况，包括是否确定内部控制职能部门或牵头部门；是否建立单位各部门在内部控制中的沟通协调和联动机制。

其二，内部控制机制的建设情况，包括经济活动的决策、执行、监督是否实现有效分离；权责是否对等；是否建立健全议事决策机制、岗位责任制、内部监督等机制。

其三，内部管理制度的完善情况，包括内部管理制度是否健全；执行是否有效。

其四，内部控制关键岗位工作人员的管理情况，包括是否建立工作人员的培训、评价、轮岗等机制；工作人员是否具备相应的资格和能力。

其五，财务信息的编报情况，包括是否按照国家统一的会计制度对经济业务事项进行账务处理；是否按照国家统一的会计制度编制财务会计报告。

其六，其他情况。

（2）业务层面风险评估

预算单位在进行经济活动业务层面的风险评估时，应当重点关注以下方面：

其一，预算管理情况，包括在预算编制过程中预算单位内部各部门间沟通协调是否充分，预算编制与资产配置是否相结合、与具体工作是否相对应；是否按照批复的额度和开支范围执行预算，进度是否合理，是否存在无预算、超预算支出等问题；决算编报是否真实、完整、准确、及时。

其二，收支管理情况，包括收入是否实现归口管理，是否按照规定及时向财会部门提供收入的有关凭据，是否按照规定保管和使用印章和票据等；发生支出事项时是否按照规定审核各类凭据的真实性、合法性，是否存在使用虚假票据套取资金的情形。

其三，政府采购管理情况，包括是否按照预算和计划组织政府采购业务；是否按照规定组织政府采购活动和执行验收程序；是否按照规定保存政府采购业务相关档案。

其四，资产管理情况，包括是否实现资产归口管理并明确使用责任；是否定期对资产进行清查盘点，对账实不符的情况是否及时进行处理；是否按照规定处置资产。

其五，建设项目管理情况，包括是否按照概算投资；是否严格履行审核审批程序；是否建立有效的招投标控制机制；是否存在截留、挤占、挪用、套取建设项目资金的情形；是否按照规定保存建设项目相关档案并及时办理移交手续。

其六，合同管理情况，包括是否实现合同归口管理；是否明确应签订合同的经济活动范围和条件；是否有效监控合同履行情况，是否建立合同纠纷协调机制。

其七，其他情况。

4）单位层面与业务层面的内部控制

根据风险评估和内部控制方法，行政事业单位需要组织对单位层面与业务层面的内部控制进行建立和实施。

（1）单位层面的内部控制

单位层面的内部控制主要从以下几方面进行：

其一，组织部门或牵头部门。单位应当单独设置内部控制职能部门或者确定内部控制牵头部门，负责组织协调内部控制工作。同时，单位应当充分发挥财会、内部审计、纪检监察、政府采购、基建、资产管理等部门或岗位在内部控制中的作用。

其二，单位经济活动的职责分离要求。单位经济活动的决策、执行和监督应当相互分离。单位应当建立健全集体研究、专家论证和技术咨询相结合的议事决策机制。重大经济事项的内部决策，应当由单位领导班子集体研究决定。重大经济事项的认定标准应当根据有关规定和本单位实际情况确定，一经确定，不得随意变更。

其三，关键岗位责任制和轮岗制度。单位应当建立健全内部控制关键岗位责任制，明确岗位职责及分工，确保不相容岗位相互分离、相互制约和相互监督。单位应当实行内部控制关键岗位工作人员的轮岗制度，明确轮岗周期。不具备轮岗条件的单位应当采取专项审计等控制措施。

其四，关键岗位人员的资格和要求。内部控制关键岗位的工作人员应当具备与其工作岗位相适应的资格和能力。单位应当加强内部控制关键岗位工作人员的业务培训和职业道德教育，不断提升其业务水平和综合素质。

其五，单位的会计控制要求。单位应当根据《中华人民共和国会计法》的规定建立会计机构，配备具有相应资格和能力的会计人员。单位应当根据实际发生的经济业务事项按照国家统一的会计制度及时进行账务处理、编制财务会计报告，确保财务信息真实、完整。

其六，单位内部控制的现代科学技术手段要求。单位应当充分运用现代科学技术手段加强内部控制。对信息系统建设实施归口管理，将经济活动及其内部控制流程嵌入单位信息系统中，减少或消除人为操纵因素，保证信息安全。

（2）业务层面的内部控制

业务层面的内部控制主要包括：预算业务控制、收支业务控制、政府采购业务控制、资产控制、建设项目控制、合同控制等方面。对于上述业务层面的内部控制，《行政事业单位内部控制规范》进行了详细的规定。这些方面的规定对行政事业单位防范风险，提升内部管理水平提供了依据。

为进一步指导和促进各单位有效开展内部控制建立与实施工作，财政部于2016年6月发布了“行政事业单位内部控制基础性评价指标评分表”“行政事业单位内部控制基础性评价报告（参考格式）”等相关文件。内部控制的基础性评价是指单位在开展内部控制建设之前，或在内部控制建设的初期，对单位内部控制基础情况进行的“摸底”评价。通过开展内部控制基础性评价工作，一方面，明确单位内部控制的基本要求和重点内容，使各单位在内部控制建设过程中能够做到有的放矢、心中有数，围绕重点工作开展内部控制体系建设；另一方面，旨在发现单位现有内部控制基础的不足之处和薄弱环节，有针对性地建立健全部控制体系，通过“以评促建”的方式，推动各单位于2016年年底前如期完成内部控制的建立与实施工作。

本章小结

本章主要介绍了规范政府收支的政府预算管理制度、国库收付制度、政府采购制度以及预算单位财务管理与内部控制制度。通过这些制度和规范，可以很好地监控预算单位财政资金的来源、支付以及具体使用，从而保证预算资金的合理、合规和有效利用。

思考与练习题

1.简述政府预算的一般原则。

2.简述我国政府预算所包括的内容。

3.简述我国政府预算收支分类的主要内容。

4.我国政府预算编制的基本程序是什么？

5.简述国库集中收付制度的含义以及我国的国库单一账户体系。

6.简述国库集中支付的方式和基本程序。

7.简述政府采购的组织方式及应遵循的基本原则。

第二篇
政府会计

第4章/ 财政总预算会计

【学习目标】通过本章学习，要求在了解《中华人民共和国预算法》和《财政总预算会计制度》的基础上，（1）了解财政总预算会计的概念、目标、确认基础和计量方法；（2）掌握财政总预算会计各要素的内容和会计核算方法；（3）了解财政总预算会计报表的主要内容及编制方法。

4.1 财政总预算会计概述

财政总预算会计工作是财政管理的基础性工作，承担着反映预算执行情况，参与预算管理的重要职责。本节主要介绍我国财政总预算会计的概念、特征、确认基础及会计要素，阐述财政总预算会计的基础理论，为财政总预算会计实务奠定基础。

4.1.1 财政总预算会计的概念、主体和核算对象

1）财政总预算会计的概念

财政部预算司颁布的《财政总预算会计制度》中规定，财政总预算会计是各级政府财政核算、反映、监督政府一般公共预算资金、政府性基金预算资金、国有资本经营预算资金、社会保险基金预算资金以及财政专户管理资金、专用基金和代管资金等资金活动的专业会计，简称总会计。

2）财政总预算会计的主体

财政总预算会计的主体是各级人民政府，具体由各级政府财政部门，根据工作需要，配备一定数量的专职会计人员，负责组织和管理总会计工作，并保持相对稳定。因此可以将财政部门视为政府的理财机构。财政总预算会计通常设置在各级政府财政部门的国库管理机构，如中央财政的国库司、地方财政的国库处、国库科等。

3）财政总预算会计的核算对象

财政总预算会计的核算对象是财政性资金，包括政府财政总预算资金和其他财政资金。其中，政府财政总预算资金是纳入财政总预算会计管理的财政资金，主要包括一般公共预算资金、政府性基金预算资金、国有资本经营预算资金和社会保险基金预算资金。需要注意的是，社会保险基金预算资金适用于资金（基金）类会计制度，并未纳入财政总预算会计的核算范围。其他财政资金是由财政部门管理的总预算资金以外的财政资金，包括

财政专户管理资金、专用基金和代管资金等。

4.1.2 财政总预算会计的目标与任务

1）财政总预算会计的目标

按照《财政总预算会计制度》的规定，财政总预算会计应向会计信息使用者提供政府财政预算执行情况、财务状况等会计信息，反映政府财政受托责任的履行情况。其中财政总预算会计的信息使用者包括人民代表大会、政府及其有关部门、政府财政部门自身和其他会计信息使用者。

《财政总预算会计制度》所规定的总会计目标与企业会计的一样，要实现提供决策相关性信息和反映受托责任履行情况的双重目标。

其中，决策相关性信息包括：

（1）为财政预算管理服务，提供与预算执行情况有关的信息；

（2）为政府宏观经济管理服务，提供与政府的财务状况、运行情况有关的信息。

2）财政总预算会计的任务

财政总预算会计的工作任务主要包括：

（1）进行会计核算。办理政府财政各项收支、资产、负债的会计核算工作，反映政府财政预算执行情况和财务状况。

（2）严格财政资金收付调度管理。组织办理财政资金的收付、调拨，在确保资金安全性、规范性、流动性的前提下，合理调度管理资金，提高资金使用效益。

（3）规范账户管理。加强对国库单一账户、财政专户、零余额账户和预算单位银行账户等的管理。

（4）实行会计监督，参与预算管理。通过会计核算和反映，进行预算执行情况分析，并对总预算、部门预算和单位预算执行实行会计监督。

（5）协调预算收入征收部门、国家金库、国库集中收付代理银行、财政专户开户银行和其他有关部门之间的业务关系。

（6）组织本地区财政总决算、部门决算编审和汇总工作。

（7）组织和指导下级政府总会计工作。

4.1.3 财政总预算会计的计量方法

《财政总预算会计制度》第三章第二十三条和第四章第二十八条分别规定，“总会计核算的资产，应当按照取得或发生时的实际金额进行计量。”“总会计核算的负债，应当按照承担的相关合同金额或实际发生金额进行计量。”因此，财政总预算会计的资产、负债以历史成本为主要计量属性，而且一般不需要后续计量。

4.1.4 财政总预算会计要素与会计科目

1）财政总预算会计要素

财政总预算会计的要素包括资产、负债、净资产、收入和支出。因此，财政总预算会计要素是政府预算会计和政府财务会计的融合，既包含了政府预算会计要素，也包含了政府财务会计要素。

2）财政总预算会计科目

（1）财政总预算会计科目[①]内容

《财政总预算会计制度》规定，各级财政总预算会计适用的会计科目见表4-1。

表4-1　　**财政总预算会计科目表**

序号	科目编号	会计科目名称	序号	科目编号	会计科目名称
一、资产类			二、负债类		
1	1001	国库存款	16	2001	应付短期政府债券
2	1003	国库现金管理存款	17	2011	应付国库集中支付结余
3	1004	其他财政存款	18	2012	与上级往来
4	1005	财政零余额账户存款	19	2015	其他应付款
5	1006	有价证券	20	2017	应付代管资金
6	1007	在途款	21	2021	应付长期政府债券
7	1011	预拨经费	22	2022	借入款项
8	1021	借出款项	23	2026	应付地方政府债券转贷款
9	1022	应收股利	24	2027	应付主权外债转贷款
10	1031	与下级往来	25	2045	其他负债
11	1036	其他应收款	26	2091	已结报支出
12	1041	应收地方政府债券转贷款			
13	1045	应收主权外债转贷款			
14	1071	股权投资			
15	1081	待发国债			
三、净资产类					
27	3001	一般公共预算结转结余			
28	3002	政府性基金预算结转结余			
29	3003	国有资本经营预算结转结余			
30	3005	财政专户管理资金结余			
31	3007	专用基金结余			
32	3031	预算稳定调节基金			

① 有关会计科目及其具体说明参见《财政总预算会计制度》以及“财政部国库司有关负责人就修订发布的《财政总预算会计制度》答记者问”。

续表

序号	科目编号	会计科目名称	序号	科目编号	会计科目名称
33	3033	预算周转金			
34	3081 308101 308102 308103 308104	资产基金 应收地方政府债券转贷款 应收主权外债转贷款 股权投资 应收股利			
35	3082 308201 308202 308203 308204 308205 308206	待偿债净资产 应付短期政府债券 应付长期政府债券 借入款项 应付地方政府债券转贷款 应付主权外债转贷款 其他负债			
四、收入类			五、支出类		
36	4001	一般公共预算本级收入	48	5001	一般公共预算本级支出
37	4002	政府性基金预算本级收入	49	5002	政府性基金预算本级支出
38	4003	国有资本经营预算本级收入	50	5003	国有资本经营预算本级支出
39	4005	财政专户管理资金收入	51	5005	财政专户管理资金支出
40	4007	专用基金收入	52	5007	专用基金支出
41	4011	补助收入	53	5011	补助支出
42	4012	上解收入	54	5012	上解支出
43	4013	地区间援助收入	55	5013	地区间援助支出
44	4021	调入资金	56	5021	调出资金
45	4031	动用预算稳定调节基金	57	5031	安排预算稳定调节基金
46	4041	债务收入	58	5041	债务还本支出
47	4042	债务转贷收入	59	5042	债务转贷支出

（2）财政总预算会计科目使用要求

各级财政总预算会计应当按照下列规定运用会计科目：

①各级总会计应当对有关法律、法规允许进行的经济活动，按照本制度的规定使用会计科目进行核算；不得以本制度规定的会计科目及使用说明作为进行有关经济活动的依据。

②各级总会计应当按照本制度的规定设置和使用会计科目，不需使用的总账科目可以不用；在不影响会计处理和编报会计报表的前提下，各级总会计可以根据实际情况自行增设本制度规定以外的明细科目，或者自行减少、合并本制度规定的明细科目。

③各级总会计应当使用本制度统一规定的会计科目编号，不得随意打乱重编。

4.2　财政总预算会计的收入

财政总预算会计的收入是指一级政府为实现其职能，根据法令和法规等所筹集的资金。财政总预算会计核算的收入包括一般公共预算本级收入、政府性基金预算本级收入、国有资本经营预算本级收入、财政专户管理资金收入、专用基金收入、转移性收入、债务收入、债务转贷收入等。其中一般公共预算本级收入、政府性基金预算本级收入、国有资本经营预算本级收入可以称为本级预算收入，即由本级政府财政筹集的纳入预算管理的各项收入；财政专户管理资金收入、专用基金收入可以称为其他财政资金收入；债务收入、债务转贷收入可以称为债务性收入。

4.2.1　一般公共预算本级收入

1）一般公共预算本级收入的概念与分类

一般公共预算本级收入是指各级政府财政筹集的纳入本级一般公共预算管理的税收收入和非税收入。财政总预算会计核算的一般公共预算本级收入，应当按照《政府收支分类科目》中的一般公共预算本级收入科目进行分类，并且仅包括一般公共预算本级收入科目中的税收收入和非税收入科目，不包括债务收入和转移性收入科目。按照现行《政府收支分类科目》，一般公共预算本级收入科目分设为类、款、项、目四级，各级科目逐级递进，内容也逐级细化。

（1）税收收入

税收收入反映政府通过征税取得的公共财政收入。该类及科目分设如下款级科目：增值税、消费税、企业所得税、企业所得税退税、个人所得税、资源税、城市维护建设税、房产税、印花税、城镇土地使用税、土地增值税、车船税、船舶吨税、车辆购置税、关税、耕地占用税、契税、烟叶税、其他税收收入。

税收收入类级科目按税种开设款级科目，有利于反映一级政府在各税种上取得的税收收入信息。在增值税、消费税、企业所得税、城市维护建设税、房产税、城镇土地使用税、土地增值税等税种下区分企业的所有制性质设置项级或目级科目，主要区分成国有企业、集体企业、股份制企业、联营企业、港澳台和外商投资企业、私营企业等，有利于反映各种税收收入的来源结构，或者各种所有制企业对政府税收收入的贡献。个人所得税、资源税、印花税、关税等税种按照各自的特点设置项级和目级科目。在税收收入类级科目下，税款滞纳金和罚款收入、退税等通过单独设置科目予以反映。

（2）非税收入

非税收入反映各级政府及其所属部门和单位依法利用行政权力、政府信誉、国家资源、国有资产或提供特定公共服务征收、收取、募集的除税收和政府债务收入以外的财政收入。该科目分设如下款级科目：专项收入、行政事业性收费收入、罚没收入、国有资本经营收入、国有资源有偿使用收入、其他收入。

在款级科目下，专项收入再按专项收入的种类设置项级和目级科目，确保专款专用。行政事业性收费收入按执收部门设置项级科目，如按公安、法院、工商、财政、税务等设置项级科目；项级科目下按收费项目设置目级科目。这样，行政事业性收费收入可以清晰地反映收费部门和收费项目，便于监督和管理。罚没收入在区分一般、缉私和缉毒后，按罚没主体设置目级科目，如一般罚没收入项级科目下设置公安、检察院、法院、工商等罚没收入目级科目。这样，罚没收入科目既可以反映罚没的种类，也可以反映执罚的主体，便于监督和管理。国有资本经营收入和国有资源有偿使用收入都按收入的来源渠道设置项级和目级科目，以清楚地反映一级政府财政从相应渠道收取的财政收入数额。

2）一般公共预算本级收入的核算

为核算一般公共预算本级收入业务，财政总预算会计应设置“一般公共预算本级收入”总账科目。本科目应当根据《政府收支分类科目》中“一般公共预算本级收入”科目的规定进行明细核算。一般公共预算本级收入的主要账务处理如下：

（1）各级政府财政部门收到款项时，根据当日国库报来的“收入日报表”所列一般公共预算本级收入的实际缴库金额数，借记“国库存款”等科目，贷记本科目；当日预算收入数为负数时，以红字记入（采用计算机记账的，以负数反映）。

（2）年终结账时，本科目贷方余额全数转入“一般公共预算结转结余”科目，借记本科目，贷记“一般公共预算结转结余”科目。结转后，本科目无余额。

本科目平时贷方余额，反映一般公共预算本级收入的累计数。

【例4-1】某市财政局收到国库报来的预算收入日报表，列示纳入一般公共预算本级收入的国有企业增值税收入为150 000元，行政性收费收入180 000元。

借：国库存款　　330 000

　贷：一般公共预算本级收入——税收收入——增值税　　150 000

　　　　　　　　　　　　　——非税收入——行政性收费　　180 000

【例4-2】某政府财政收到国库报送的预算收入日报表，由于发生退库，本日纳入一般公共预算本级收入的消费税收入减少120 000元。

借：国库存款　　120 000（红字）

　贷：一般公共预算本级收入——税收收入——消费税　　120 000（红字）

【例4-3】年终，某市财政局将“一般公共预算本级收入”科目贷方余额680 000元全部转入“一般公共预算结转结余”科目。

借：一般公共预算本级收入　　680 000

　贷：一般公共预算结转结余　　680 000

4.2.2　政府性基金预算本级收入

1）政府性基金预算本级收入的概念与分类

政府性基金预算本级收入是指各级政府财政筹集的纳入本级政府性基金预算管理的非税收入。政府性基金预算是对依照法律、行政法规的规定在一定期限内向特定对象征收、收取或者以其他方式筹集的资金，专项用于特定公共事业发展的收支预算。

财政总预算会计核算的政府性基金预算本级收入，应当按照《政府收支分类科目》中的政府性基金预算本级收入科目进行分类，并且仅包括政府性基金预算本级收入科目中的非税收入科目，不包括转移性收入科目。按照《政府收支分类科目》，政府性基金预算本级收入科目分设类、款、项、目四级，各级科目逐级递进，内容也逐级细化。现行政府性基金预算本级收入的项级科目包括①：

（1）农网还贷资金收入，反映按《农网还贷资金征收使用管理办法》征收的农网还贷资金收入。

（2）山西省煤炭可持续发展基金收入，反映山西省按规定征收的煤炭可持续发展基金收入。

（3）铁路建设基金收入，反映铁路运输部门按《铁路建设基金管理办法》征收的铁路建设基金收入。

（4）民航发展基金收入，反映按《民航发展基金征收使用管理暂行办法》征收的民航发展基金收入。

（5）海南省高等级公路车辆通行附加费收入，反映海南省征收的高等级公路车辆通行附加费收入。

（6）转让政府还贷道路收费权收入，反映转让政府还贷公路和城市道路收费权收入。

（7）港口建设费收入，反映交通运输部门按《港口建设费征收办法》征收的港口建设费收入。

（8）散装水泥专项资金收入，反映按《散装水泥专项资金征收和使用管理办法》征收的散装水泥专项资金收入。

（9）新型墙体材料专项基金收入，反映按《新型墙体材料专项基金征收和使用管理办法》收取的新型墙体材料专项基金收入。

（10）旅游发展基金收入，反映按《旅游发展基金管理暂行办法》征收的旅游发展基金收入。

（11）文化事业建设费收入，反映按《文化事业建设费征收管理暂行办法》征收的文化事业建设费收入。

（12）地方教育附加收入，反映各省按规定征收的地方教育附加收入。

（13）国家电影事业发展专项资金收入，反映广电部门按《国家电影事业发展专项资

① 2017年3月15日，财政部发布了《关于取消、调整部分政府性基金有关政策的通知》，该通知要求：（1）取消城市公用事业附加和新型墙体材料专项基金。以前年度欠缴或预缴的上述政府性基金，相关执收单位应当足额征收或及时清算，并按照财政部门规定的渠道全额上缴国库或多退少补。（2）调整残疾人就业保障金征收政策，包括扩大残疾人就业保障金免征范围并设置残疾人就业保障金征收标准上限两项内容。（3）“十三五”期间，省、自治区、直辖市人民政府可以结合当地的经济发展水平、相关公共事业和设施保障状况、社会承受能力等因素，自主决定免征、停征或减征地方水利建设基金、地方水库移民扶持基金。各省、自治区、直辖市财政部门应当将本地区出台的减免政策报财政部备案。具体内容见财政部官网（http：//szs.mof.gov.cn/bgtZaiXianFuWu_1_1_11/mlqd/201703/t20170317_2559302.html）。

金管理办法》从电影票房收入中收取的电影事业发展专项资金收入。

（14）新菜地开发建设基金收入，反映按《国家建设征用菜地缴纳新菜地开发建设基金管理暂行办法》征收的新菜地开发建设基金收入。

（15）新增建设用地土地有偿使用费收入，反映各级政府按规定征收和分享分成的新增建设用地土地有偿使用费收入。

（16）育林基金收入，反映林业部门从木材、竹材销售收入中按规定收取的育林专项资金收入。

（17）森林植被恢复费收入，反映林业部门按《森林植被恢复费征收使用管理暂行办法》征收的森林植被恢复费收入。

（18）中央水利建设基金收入，反映按《水利建设基金筹集和使用管理办法》等有关文件规定缴入中央国库的水利建设基金收入。

（19）地方水利建设基金收入，反映按《水利建设基金筹集和使用管理办法》等有关文件规定取得的缴入地方国库的水利建设基金收入。

（20）南水北调工程基金收入，反映北京、天津、河北、江苏、山东、河南等6省市征收用于南水北调工程建设的基金收入。

（21）残疾人就业保障金收入，反映地方按照《残疾人就业保障金管理暂行规定》征收的残疾人就业保障金收入。

（22）政府住房基金收入，反映按《住房公积金管理条例》等规定收取的政府住房基金收入。

（23）城市公用事业附加收入，反映按《关于征收城市公用事业附加的几项规定》征收的公用事业附加收入。

（24）国有土地收益基金收入，反映从招标、拍卖、挂牌和协议方式出让国有土地使用权所确定的总成交价中按照规定比例计提的国有土地收益基金收入。

（25）农业土地开发资金收入，反映从招标、拍卖、挂牌和协议方式出让国有土地使用权所确定的总成交价中按照规定比例计提的农业土地开发资金收入。

（26）国有土地使用权出让收入，反映不含计提和划转部分的国有土地使用权出让收入。

（27）大中型水库移民后期扶持基金收入，反映按《大中型水库移民后期扶持基金征收使用管理暂行办法》规定征收的大中型水库移民后期扶持基金收入。

（28）大中型水库库区基金收入，反映按《大中型水库库区基金征收使用管理暂行办法》征收的大中型水库库区基金收入。

（29）三峡水库库区基金收入，反映按《财政部关于三峡水库库区基金有关问题的通知》征收的三峡水库库区基金收入。

（30）中央特别国债经营基金收入，反映用特别国债购买的外汇收入。

（31）中央特别国债经营基金财务收入，反映使用特别国债所购外汇资金取得的收入。

（32）彩票公益金收入，反映按《彩票公益金管理办法》征收的彩票公益金收入。

（33）城市基础设施配套费收入，反映地方政府按《财政部关于城市基础设施配套费性质的批复》的规定，经财政部批准征收的城市基础设施配套费收入。

（34）小型水库移民扶助基金收入，反映地方按《国务院关于完善大中型水库移民后期扶助政策的意见》征收的小型水库移民扶助基金收入。

（35）国家重大水利工程建设基金收入，反映国家为支持南水北调工程建设、解决三峡库区遗留问题以及加强中西部地区重大水利工程建设利用三峡工程建设基金停征后的电价空间设立的政府性基金收入。

（36）车辆通行费，反映交通部门收到的用于偿还公路等建设贷款的车辆通行费。

（37）船舶港务费，反映按《长江干线船舶港务费征收办法》规定收取的船舶港务费收入。

（38）核电站乏燃料处理处置基金收入，反映按《核电站乏燃料处理处置基金征收使用管理暂行办法》征收的核电站乏燃料处理处置基金收入。

（39）可再生能源电价附加收入，反映按《可再生能源发展基金征收使用管理暂行办法》征收的可再生能源发展基金收入。

（40）长江口航道维护收入，反映交通运输部集中的航道维护收入。

（41）船舶油污损害赔偿基金收入，反映按《船舶油污损害赔偿基金征收使用管理办法》征收的船舶油污损害赔偿基金收入。

（42）铁路资产变现收入，反映按《财政部关于铁路运输企业出售国有资产变现收入管理有关问题的通知》取得的收入。

（43）电力改革预留资产变现收入，反映电力体制改革中预留的920万千瓦和647万千瓦发电资产变现收入。

（44）无线电频率占用费，反映国家无线电管理机构按照有关规定向公众通信网络运营商收取的收入。

（45）废弃电器电子产品处理基金收入，反映按《废弃电器电子产品处理基金征收使用管理办法》征收的废弃电器电子产品处理基金收入。

（46）其他政府性基金收入，反映除上述项目以外的其他政府性基金收入。

在以上政府性基金收入的有关项级科目下，再分设若干目级科目。例如，在农网还贷资金收入项级科目下，再分设中央农网还贷资金收入和地方农网还贷资金收入两个目级科目，分别反映缴入中央国库和缴入地方国库的农网还贷资金收入；在政府住房基金收入项级科目下，再分设上缴管理费用、计提廉租住房资金、廉租住房租金收入、公共租赁住房租金收入、配建商业设施租售收入等目级科目，分别反映政府住房基金收入的来源；在彩票公益金收入项级科目下，再分设福利彩票公益金收入、体育彩票公益金收入两个目级科目，分别反映彩票公益金收入的来源或种类。

如同一般公共预算本级收入科目，《政府收支分类科目》中作为政府性基金预算本级收入科目分类的转移性收入类别，在财政总预算会计中不作为政府性基金预算本级收入进行分类和核算，而是单独作为补助收入、上解收入等类别进行分类和核算。

2）政府性基金预算本级收入的核算

为核算政府性基金预算本级收入业务，财政总预算会计应设置“政府性基金预算本级收入”总账科目。本科目应当根据《政府收支分类科目》中“政府性基金预算本级收入”科目的规定进行明细核算。政府性基金预算本级收入的主要账务处理如下：

（1）收到款项时，根据当日预算收入日报表所列政府性基金预算本级收入实际金额，借记“国库存款”等科目，贷记本科目。

（2）年终转账时，本科目贷方余额全数转入“政府性基金预算结转结余”科目，借记本科目，贷记“政府性基金预算结转结余”科目。结转后，本科目无余额。

本科目平时贷方余额，反映当年政府性基金预算本级收入的累计数。

【例4-4】某市财政局收到国库报来的政府性基金收入日报表，列示当日纳入政府性基金预算本级收入的铁路建设基金收入56 000元。

借：国库存款——基金预算存款　　56 000

　贷：政府性基金预算本级收入——铁路建设基金收入　　56 000

【例4-5】某市财政局收到国库报来的政府性基金收入日报表，列示国有土地收益基金收入60 000元，港口建设费收入150 000元。

借：国库存款——基金预算存款　　210 000

　贷：政府性基金预算本级收入——国有土地收益基金收入　　60 000

　　　　　　　　　　　　　　——港口建设费收入　　150 000

【例4-6】年终，某市财政局将“政府性基金预算本级收入”科目贷方余额350 000元全部转入“政府性基金预算结转结余”科目。

借：政府性基金预算本级收入　　350 000

　贷：政府性基金预算结转结余　　350 000

4.2.3　国有资本经营预算本级收入

1）国有资本经营预算本级收入的概念与分类

国有资本经营预算是政府以所有者身份依法取得国有资本收益，并对所得收益进行分配而发生的各项收支预算。国有资本经营预算本级收入是指各级政府财政筹集的纳入本级国有资本经营预算管理的非税收入。其主要包括：国有独资企业按规定上缴国家的利润；国有控股、国有控股或参股企业国有股权股份获得的股利股息；企业国有产权、国有股份的转让收入；国有独资企业清算净收入，以及国有控股、国有控股或参股企业国有股权股份分享的公司清算净收入等。

财政总预算会计核算的国有资本经营预算本级收入，应当按照《政府收支分类科目》中的国有资本经营预算本级收入科目进行分类。按照现行《政府收支分类科目》，国有资本经营预算本级收入科目分设类、款、项、目四级，各级科目逐级递进，内容也逐级细化。国有资本经营预算本级收入科目的类级科目为非税收入，款级科目为国有资本经营收入，款级科目下按国有资本经营收入的来源渠道设置项级科目和目级科目。国有资本经营预算本级收入科目下没有转移性收入科目。现行国有资本经营预算本级收入设置的项级科目包括：

（1）利润收入，反映中国人民银行、国有独资企业等按规定上缴国家的利润。该科目下设金融企业利润收入、烟草企业利润收入、石油石化企业利润收入、电力企业利润收入、电信企业利润收入、煤炭企业利润收入、钢铁企业利润收入、化工企业利润收入、运输企业利润收入、电子企业利润收入、机械企业利润收入、建筑施工企业利润收入、房地产企业利润收入、广播企业利润收入等目级科目，分别反映不同渠道的利润收入来源。

（2）股利、股息收入，反映国有控股、参股企业国有股权股份上缴的股利、股息收入。该科目下设国有控股公司股利、股息收入，国有参股公司股利、股息收入等目级科目，分别反映不同渠道的股利、股息收入来源。

（3）产权转让收入，反映国有资产、国有股权转让或出售收入。该科目下设国有股权股份转让收入、国有独资企业产权转让收入、金融类企业国有股减持收入等目级科目，分别反映不同渠道的产权转让收入来源。

（4）清算收入，反映国有独资企业的清算收入，以及国有控股、参股企业国有股权股份分享的公司清算收入。该科目下设国有股权股份清算收入、国有独资企业清算收入等目级科目，分别反映不同渠道的清算收入来源。

（5）其他国有资本经营预算本级收入，反映除以上内容外的其他国有资本经营预算本级收入。

在现行《政府收支分类科目》中，国有资本经营预算本级收入科目和一般公共预算本级收入科目中都设置国有资本经营收入科目。即国有资本经营收益中的一部分上缴一般公共预算，主要用于社会保障等一般公共预算目的；另一部分上缴国有资本经营预算，主要用于国有经济结构调整、产业升级与发展等国有资本经营预算目的。

2）国有资本经营预算本级收入的核算

为核算国有资本经营预算本级收入业务，财政总预算会计应设置“国有资本经营预算本级收入”总账科目。本科目应当根据《政府收支分类科目》中“国有资本经营预算本级收入”科目的规定进行明细核算。国有资本经营预算本级收入的主要账务处理如下：

（1）收到款项时，根据当日预算收入日报表所列纳入国有资本经营预算本级收入的实际金额，借记“国库存款”等科目，贷记本科目。

（2）年终转账时，本科目贷方余额全数转入“国有资本经营预算结转结余”科目，借记本科目，贷记“国有资本经营预算结转结余”科目。结转后，本科目无余额。

本科目平时贷方余额，反映国有资本经营预算本级收入的累计数。

【例4-7】某市财政局收到国库报来的预算收入日报表，表中列示“国有资本经营收入——利润收入——烟草企业利润收入”4 100 000元，“国有资本经营收入——股利、股息收入——国有控股公司股利、股息收入”3 300 000元。

借：国库存款——国有资本经营预算存款　　7 400 000

　贷：国有资本经营预算本级收入——利润收入——烟草企业利润收入　　4 100 000

　　——股利、股息收入——国有控股公司股利、股息收入　　3 300 000

【例4-8】年终，某市财政局将“国有资本经营预算本级收入”科目4 100 000元转入“国有资本经营预算结转结余”科目。

借：国有资本经营预算本级收入　　4 100 000

　贷：国有资本经营预算结转结余　　4 100 000

同时，结清所有国有资本经营预算本级收入明细账余额。

4.2.4　其他财政资金收入

其他财政资金收入是由政府财政部门管理的其他财政性资金所取得的收入。其主要包括财政专户管理资金收入和专用基金收入。

1）财政专户管理资金收入

（1）财政专户管理资金收入的概念

财政专户管理资金由行政事业单位或其他单位在履行或代行政府职权时，依国家法律、法规而收取、提取和安排使用的纳入财政专户管理的财政性资金。财政专户管理资金收入是指政府财政纳入财政专户管理的教育收费等资金收入。按照“收支两条线，财政专户管理”的方式，财政专户管理资金由财政部门建立专户进行管理。收款单位收取的各项收费必须按一定方式上缴财政专户，使用资金时必须经过财政部门审批，由财政专户核拨。

（2）财政专户管理资金收入的核算

为核算财政专户管理资金收入业务，财政总预算会计应设置“财政专户管理资金收入”总账科目。本科目应当按照《政府收支分类科目》中收入分类科目的规定进行明细核算。同时，根据管理需要，按部门（单位）等进行明细核算。财政专户管理资金收入的主要账务处理如下：

①收到财政专户管理资金时，借记“其他财政存款”科目，贷记本科目。

②年终转账时，本科目贷方余额全数转入“财政专户管理资金结余”科目，借记本科目，贷记“财政专户管理资金结余”科目。结转后，本科目无余额。

本科目平时贷方余额，反映财政专户管理资金收入的累计数。

【例4-9】某市财政局收到国库单一账户的教育收费收入200 000元，存入财政专户。

借：其他财政存款——财政专户管理资金存款　　200 000

　贷：财政专户管理资金收入——行政事业性收费收入——教育收费　　200 000

【例4-10】某市财政局年终结转财政专户管理资金收入科目，结转前，“财政专户管理资金收入”科目贷方余额50 000 000元。

借：财政专户管理资金收入　　50 000 000

　贷：财政专户管理资金结余　　50 000 000

同时，财政总预算会计应结清所有财政专户管理资金收入明细账的余额。

2）专用基金收入

（1）专用基金收入的概念

专用基金收入是指政府财政根据法律法规等规定设立的各项专用基金（包括粮食风险基金等）取得的资金收入。专用基金收入必须专款专用，不能随意改变用途。在管理上要做到先收后支，量入为出。专用基金收入的款项一般要求进行专户存储，存入财政部门按规定在有关银行开设的财政专户。

（2）专用基金收入的核算

为了核算各项专用基金收入，财政总预算会计应设置“专用基金收入”科目。本科目应当按照专用基金的种类进行明细核算。专用基金收入的主要账务处理如下：

①通过预算支出安排取得专用基金收入转入财政专户的，借记“其他财政存款”科目，贷记本科目；同时，借记“一般公共预算本级支出”等科目，贷记“国库存款”“补助收入”等科目。退回专用基金收入时，借记本科目，贷记“其他财政存款”科目。

②通过预算支出安排取得专用基金收入仍存在国库的，借记“一般公共预算本级支

出”等科目，贷记“专用基金收入”科目。

③年终转账时，本科目贷方余额全数转入“专用基金结余”科目，借记本科目，贷记“专用基金结余”科目。结转后，本科目无余额。

本科目平时贷方余额，反映取得专用基金收入的累计数。

【例4-11】某市财政局通过预算支出安排取得粮食风险基金收入350 000元，该专项资金仍存在国库。

借：一般公共预算本级支出　　350 000

　贷：专用基金收入　　350 000

【例4-12】某市财政局从本级预算支出中安排粮食风险基金250 000元，从国库拨出款项，并存入中国农业银行粮食风险基金财政专户。

借：一般公共预算本级支出　　250 000

　贷：国库存款　　250 000

同时：

借：其他财政存款——专用基金存款　　250 000

　贷：专用基金收入——粮食风险基金　　250 000

【例4-13】年终，某市财政局将全年“专用基金收入”科目贷方余额750 000元，全部转入“专用基金结余”科目。

借：专用基金收入　　750 000

　贷：专用基金结余　　750 000

同时，结清所有专用基金收入明细账。

4.2.5　转移性收入

1）转移性收入的概念与分类

转移性收入是指在各级政府财政之间进行资金调拨以及在本级政府财政不同类型资金之间调剂所形成的收入，包括补助收入、上解收入、调入资金、动用预算稳定调节基金和地区间援助收入等。

按照《政府收支分类科目》，转移性收入是与税收收入、非税收入、债务收入相并列的一个收入种类，属于类级科目。按照政府财政总预算的种类，转移性收入还可以分别有属于一般公共预算的转移性收入、属于政府性基金预算的转移性收入。目前，国有资本经营预算没有设置转移性收入科目。这是由国有资本经营预算的业务特点决定的。社会保险基金预算没有设置反映各级财政资金之间调剂的转移性收入科目，只设置了预算意义上的上年结余收入转移性收入科目。这是由社会保险基金预算的业务特点决定的。

转移性收入按照所涉及会计主体的不同，可以分为上下级政府财政之间财政资金的调拨、地区间政府之间资金调拨援助和本级政府财政不同类型资金之间的调剂。其中，补助收入和上解收入可以归类为上下级政府财政之间财政资金的调拨；地区间援助收入可以归类为地区间政府之间资金调拨援助；涉及本级政府财政不同类型资金之间调剂的是调入资金和动用预算稳定调节基金。

转移性收入按照转入资金性质的不同，可以分为一般公共预算中的转移性收入和政府性基金预算中的转移性收入。其中，补助收入、上解收入和调入资金，转入的可以是一般公共预算资金也可以是政府性基金预算资金；而地区间援助收入和动用预算稳定调节基金涉及的只能是一般公共预算资金。一般公共预算中的转移性收入有返还性收入、一般性转移支付收入、专项转移支付收入、上年结余收入、调入资金、债权转贷收入、接受其他地区援助收入；政府性基金预算中的转移性收入有政府性基金转移收入、上年结余收入、调入资金等。

2）补助收入的核算

补助收入是指上级政府财政按照财政体制规定或因专项需要补助给本级政府财政的款项，包括上级税收返还、转移支付等。

为核算补助收入业务，财政总预算会计应设置“补助收入”科目。本科目应当按照不同的资金性质设置“一般公共预算补助收入”“政府性基金预算补助收入”等明细科目。补助收入的主要账务处理如下：

（1）收到上级政府财政拨入的补助款时，借记“国库存款”“其他财政存款”等科目，贷记本科目。

（2）专项转移支付资金实行特设专户管理的，政府财政应当根据上级政府财政下达的预算文件确认补助收入。年度当中收到资金时，借记“其他财政存款”科目，贷记“与上级往来”等科目；年度终了，根据专项转移支付资金预算文件，借记“与上级往来”科目，贷记本科目。

（3）从“与上级往来”科目转入本科目时，借记“与上级往来”科目，贷记本科目。

（4）有主权外债业务的财政部门，贷款资金由本级政府财政同级部门（单位）使用，且贷款的最终还款责任由上级政府财政承担的，本级政府财政部门收到贷款资金时，借记“其他财政存款”科目，贷记本科目；外方将贷款资金直接支付给供应商或用款单位时，借记“一般公共预算本级支出”科目，贷记本科目。

（5）年终与上级政府财政结算时，根据预算文件，按照尚未收到的补助款金额，借记“与上级往来”科目，贷记本科目。退还或核减补助收入时，借记本科目，贷记“国库存款”“与上级往来”等科目。

（6）年终转账时，本科目贷方余额应根据不同资金性质分别转入对应的结转结余科目，借记本科目，贷记“一般公共预算结转结余”“政府性基金预算结转结余”等科目。结转后，本科目无余额。

本科目平时为贷方余额，反映补助收入的累计数。

【例4-14】某市财政收到国库报来的预算收入日报表，当日共收到省一般公共预算补助收入275 500元。另外，该市财政因资金周转困难向省财政借款的资金500 000元经省领导批准转为对本级市财政的补助。财政总预算会计应编制如下会计分录：

借：国库存款	275 500	
与上级往来	500 000	
贷：补助收入		775 500

【例4-15】年终某市财政与上级财政结算，根据预算文件，确认应获得“清洁能源科技创新发展”专项转移支付资金5 000 000元。该专项转移支付资金由省财政政府性基金预算收入设立。

借：与上级往来　　5 000 000

　贷：补助收入——政府性基金预算补助收入　　5 000 000

当实际收到该笔专项转移支付资金时，该市财政应根据预算收入日报表所列示金额，编制如下会计分录：

借：国库存款　　5 000 000

　贷：与上级往来　　5 000 000

【例4-16】某市有两笔主权外债业务，该贷款资金由本级政府财政同级单位使用，且贷款的最终还款责任由省政府财政承担。第一笔主权外债业务是收到贷款资金2 000 000元；第二笔主权外债业务是将贷款资金直接支付给用款单位，金额为240 000元。对此两笔外债业务，财政总预算会计应编制如下会计分录：

借：其他财政存款　　2 000 000

　　一般公共预算本级支出　　240 000

　贷：补助收入　　2 240 000

【例4-17】某市财政年终"补助收入"总账科目贷方余额为686 000元，其中，属于一般公共预算资金的补助收入为650 000元，属于政府性基金预算资金的补助收入为36 000元。财政总预算会计将其分别转入"一般公共预算结转结余""政府性基金预算结转结余"总账科目。财政总预算会计应编制如下会计分录：

借：补助收入　　686 000

　贷：一般公共预算结转结余　　650 000

　　　政府性基金预算结转结余　　36 000

3）上解收入的核算

上解收入是指按照财政体制规定由下级政府财政上交给本级政府财政的款项。其包括按财政管理体制规定由国库在下级预算收入中直接划解给本级财政的收入、按财政管理体制结算后由下级财政补缴给本级财政的收入和各种专项上解收入等。

为核算上解收入业务，财政总预算会计应设置"上解收入"总账科目。本科目应当按照不同资金性质设置"一般公共预算上解收入""政府性基金预算上解收入"等明细科目。同时，还应当按照上解地区进行明细核算。上解收入的主要账务处理如下：

（1）收到下级政府财政的上解款时，借记"国库存款"等科目，贷记本科目。

（2）年终与下级政府财政结算时，根据预算文件，按照尚未收到的上解款金额，借记"与下级往来"科目，贷记本科目。退还或核减上解收入时，借记本科目，贷记"国库存款""与下级往来"等科目。

（3）年终转账时，本科目贷方余额应根据不同资金性质分别转入对应的结转结余科目，借记本科目，贷记"一般公共预算结转结余""政府性基金预算结转结余"等科目。结转后，本科目无余额。

本科目平时为贷方余额，反映上解收入的累计数。

【例4-18】某省财政收到国库报来的预算收入日报表，列示当日共收到所属某市一般公共预算转移性上解收入39 700元。其中，"上解收入——一般性转移支付收入——体制上解收入"23 000元，"上解收入——专项转移支付收入——专项上解收入"16 700元。

财政总预算会计编制如下会计分录：

借：国库存款　　39 700

　贷：上解收入——一般性转移支付收入——体制上解收入（某市）　　23 000

　　　　　　——专项转移支付收入——专项上解收入（某市）　　16 700

【例4-19】年终，某省财政与下级某市财政结算时，根据预算文件确认应收下级某市财政的上解收入47 500元。具体情况为："上解收入——一般性转移支付收入——体制上解收入"23 700元，"上解收入——政府性基金转移支付收入——政府性基金上解收入"23 800元。省财政总预算会计应编制如下会计分录：

借：与下级往来　　47 500

　贷：上解收入　　47 500

同时，在"上解收入"总账科目的贷方登记明细账如下：

一般性转移支付收入——体制上解收入（某市）　　23 700

政府性基金转移支付收入——政府性基金上解收入（某市）　　23 800

【例4-20】某省财政年终"上解收入"总账科目贷方余额为100 000元，其中，属于一般公共预算资金的上解收入为90 000元，属于政府性基金预算资金的上解收入为10 000元。财政总预算会计将其分别转入"一般公共预算结转结余""政府性基金预算结转结余"总账科目。财政总预算会计应编制如下会计分录：

借：上解收入　　100 000

　贷：一般公共预算结转结余　　90 000

　　　政府性基金预算结转结余　　10 000

同时，财政总预算会计应结清所有上解收入明细账的余额。

4）调入资金的核算

调入资金是指政府财政为平衡某类预算收支，从其他类型预算资金及其他渠道调入的资金。例如，为平衡一般公共预算收支，从政府性基金预算结转结余调入一般公共预算的资金，对一般公共预算来说，形成一般公共预算调入资金。从其他预算调入政府性基金预算的资金，对政府性基金预算来说，形成政府性基金预算调入资金。

为核算调入资金业务，财政总预算会计应设置"调入资金"总账科目。本科目应当按照不同资金性质设置"一般公共预算调入资金""政府性基金预算调入资金"等明细科目。调入资金的主要账务处理如下：

（1）从其他类型预算资金及其他渠道调入一般公共预算时，按照调入的资金金额，借记"调出资金——政府性基金预算调出资金""调出资金——国有资本经营预算调出资金""国库存款"等科目，同时，贷记"调入资金——一般公共预算调入资金"科目。

（2）从其他类型预算资金及其他渠道调入政府性基金预算时，按照调入的资金金额，借记"调出资金——一般公共预算调出资金""国库存款"等科目，贷记"调入资金——政府性基金预算调入资金"科目。

（3）年终转账时，本科目贷方余额分别转入相应的结转结余科目，借记本科目，贷记"一般公共预算结转结余""政府性基金预算结转结余"等科目。结转后，本科目无余额。

本科目平时为贷方余额，反映调入资金的累计数。

【例4-21】某市财政为平衡一般公共预算，从政府性基金预算结转结余中调入资金450 000元。财政总预算会计应编制如下会计分录：

借：调出资金——政府性基金预算调出资金 450 000

贷：调入资金——一般公共预算调入资金 450 000

【例4-22】某市财政年终“调入资金”总账科目贷方余额为700 000元。具体情况为：“一般公共预算调入资金”450 000元，“政府性基金预算调入资金”250 000元。财政总预算会计分别将其转入“一般公共预算结转结余”和“政府性基金预算结转结余”总账科目。财政总预算会计应编制如下会计分录：

借：调入资金 700 000

贷：一般公共预算结转结余 450 000

政府性基金预算结转结余 250 000

5）动用预算稳定调节基金的核算

动用预算稳定调节基金是指为弥补财政短收年份预算执行收支缺口，调用的预算稳定调节基金。财政收入与经济形势密切相关。在经济形势较好的年份，财政收入的实收数额会比较多，可能会超过预算的数额，即形成超收。对于超收的财政收入，除非人民代表大会修订当年预算，相应增加财政支出，否则，政府财政不能随意安排使用。由于经济具有波动性，因此，超收的财政收入可以安排进入预算稳定调节基金，以备财政短收年份调入安排使用。目前，我国正在进行跨年度预算平衡改革。通过改革，政府财政会更加稳健，运行也会更加规范。

为核算动用预算稳定调节基金业务，财政总预算会计应设置“动用预算稳定调节基金”总账科目。本科目核算政府财政为弥补本年度预算资金的不足，调用的预算稳定调节基金。动用预算稳定调节基金的主要账务处理如下：

（1）调用预算稳定调节基金时，借记“预算稳定调节基金”科目，贷记本科目。

（2）年终转账时，本科目贷方余额全数转入“一般公共预算结转结余”科目，借记本科目，贷记“一般公共预算结转结余”科目。结转后，本科目无余额。

本科目平时为贷方余额，反映动用预算稳定调节基金的累计数。

【例4-23】某市财政年终发生财政短收，为弥补本年度预算资金的不足，决定动用预算稳定调节基金240 000元。财政总预算会计应编制如下会计分录：

借：预算稳定调节基金 240 000

贷：动用预算稳定调节基金 240 000

【例4-24】承【例4-23】，年终，该市财政“动用预算稳定调节基金”科目贷方余额240 000元，全数转入“一般公共预算结转结余”科目。财政总预算会计应编制如下会计分录：

借：动用预算稳定调节基金 240 000

贷：一般公共预算结转结余 240 000

6）地区间援助收入的核算

地区间援助收入是指受援方政府财政收到援助方政府财政转来的可统筹使用的各类援助、捐赠等资金收入。地区间援助收入的使用主体为各级财政部门，其他部门不能使用。

为核算地区间援助收入业务，财政总预算会计应设置“地区间援助收入”总账科目。本科目应当按照援助地区及管理需要进行相应的明细核算。地区间援助收入的主要账务处理如下：

（1）收到援助方政府财政转来的资金时，借记“国库存款”科目，贷记本科目。

（2）年终转账时，本科目贷方余额全数转入“一般公共预算结转结余”科目，借记本科目，贷记“一般公共预算结转结余”科目。结转后，本科目无余额。

本科目平时为贷方余额，反映地区间援助收入的累计数。

【例4-25】某市财政收到甲市财政转来的可统筹使用的援助资金70 000元。某市财政总预算会计应编制如下会计分录：

借：国库存款	70 000	
贷：地区间援助收入——甲市财政		70 000

【例4-26】某市财政年终“地区间援助收入”总账科目贷方余额为132 000元，财政总预算会计将其全数转入“一般公共预算结转结余”总账科目。财政总预算会计应编制如下会计分录：

借：地区间援助收入	132 000	
贷：一般公共预算结转结余		132 000

同时，财政总预算会计应结清所有地区间援助收入明细账的余额。

4.2.6 债务性收入

1）债务性收入的内容

（1）债务性收入的概念

债务性收入是指政府财政根据法律法规等的规定，通过举借债务的方式筹集资金所取得的收入。对于政府举借债务筹措资金的行为，《中华人民共和国预算法》《国务院关于加强地方政府性债务管理的意见》《地方政府一般债务预算管理办法》《地方政府专项债务预算管理办法》等均对其进行了规范。按照上述相关法规的要求，省级以上政府才有权力适度举借债务，省级以下市县级政府确需举借债务的，可以由省、自治区、直辖市政府代为举借。因此，财政总预算会计的债务性收入包括债务收入和债务转贷收入。

（2）债务性收入的管理要求

根据《中华人民共和国预算法》第四章第三十四条的规定，中央一般公共预算中必需的部分资金，可以通过举借国内和国外债务等方式筹措；中央政府财政举借债务应当控制适当的规模，保持合理的结构；对中央一般公共预算中举借的债务实行余额管理，余额的规模不得超过全国人民代表大会批准的限额。国务院财政部门具体负责对中央政府债务的统一管理。

根据《中华人民共和国预算法》第四章第三十五条的规定，经国务院批准的省、自治区、直辖市的预算中必需的建设投资的部分资金，可以在国务院确定的限额内，通过发行地方政府债券举借债务的方式筹措。举借债务的规模，由国务院报全国人民代表大会或者全国人民代表大会常务委员会批准。省、自治区、直辖市依照国务院下达的限额举借的债务，列入本级预算调整方案，报本级人民代表大会常务委员会批准。举借的债务应当有偿还计划和稳定的偿还资金来源，只能用于公益性资本支出，不得用于经常性支出。除前款规定外，地方政府及其所属部门不得以任何方式举借债务。除法律另有规定外，地方政府及其所属部门不得为任何单位和个人的债务以任何方式提供担保。国务院建立地方政府债务风险评估和预警机制、应急处置机制以及责任追究制度。国务院财政部门对地方政府债务实施监督。

中央债和地方一般债券融资通常以一般公共预算收入偿还，而地方专项债券融资，以对应的政府性基金或专项收入偿还。

2）债务收入的核算

债务收入是指省级以上政府财政根据法律法规等规定，通过发行债券、向外国政府和国际金融组织借款等方式筹集的纳入预算管理的资金收入。债务性收入形成可供政府安排使用的公共资金来源，与此同时，债务性收入还形成政府需要偿还的债务，因此政府财政举借债务涉及收入和负债两个事项，为兼顾预算管理与债务管理的需要，按照《财政总预算会计制度》的规定，需要采用“双分录”的核算方法，同时确认举借债务所取得的收入和承担的债务。

为核算债务收入业务，财政总预算会计应设置“债务收入”总账科目。本科目应当按照《政府收支分类科目》中“债务收入”科目的规定进行明细核算，并区分一般债务收入和专项债务收入。债务收入的主要账务处理如下：

（1）省级以上政府财政收到政府债券发行收入时，按照实际收到的金额，借记“国库存款”科目，按照政府债券实际发行额，贷记本科目，按照发行收入和发行额的差额，借记或贷记有关支出科目；根据债务管理部门转来的债券发行确认文件等相关资料，按照到期应付的政府债券本金金额，借记“待偿债净资产——应付短期政府债券/应付长期政府债券”科目，贷记“应付短期政府债券”“应付长期政府债券”等科目。

（2）政府财政向外国政府、国际金融组织等机构借款时，按照借入的金额，借记“国库存款”“其他财政存款”等科目，贷记本科目；根据债务管理部门转来的相关资料，按照实际承担的债务金额，借记“待偿债净资产——借入款项”科目，贷记“借入款项”科目。

（3）本级政府财政借入主权外债，且由外方将贷款资金直接支付给用款单位或供应商时，应根据以下情况分别处理：

①本级政府财政承担还款责任，贷款资金由本级政府财政同级部门（单位）使用的，本级政府财政根据贷款资金支付相关资料，借记“一般公共预算本级支出”科目，贷记本科目；根据债务管理部门转来的相关资料，按照实际承担的债务金额，借记“待偿债净资产——借入款项”科目，贷记“借入款项”科目。

②本级政府财政承担还款责任，贷款资金由下级政府财政同级部门（单位）使用的，本级政府财政根据贷款资金支付相关资料及预算指标文件，借记“补助支出”科目，贷记本科目；根据债务管理部门转来的相关资料，按照实际承担的债务金额，借记“待偿债净资产——借入款项”科目，贷记“借入款项”科目。

③下级政府财政承担还款责任，贷款资金由下级政府财政同级部门（单位）使用的，本级政府财政根据贷款资金支付相关资料，借记“债务转贷支出”科目，贷记本科目；根据债务管理部门转来的相关资料，按照实际承担的债务金额，借记“待偿债净资产——借

入款项”科目，贷记“借入款项”科目；同时，借记“应收主权外债转贷款”科目，贷记“资产基金——应收主权外债转贷款”科目。

（4）年终转账时，本科目下“专项债务收入”明细科目的贷方余额应按照对应的政府性基金种类分别转入“政府性基金预算结转结余”相应明细科目，借记本科目（专项债务收入明细科目），贷记“政府性基金预算结转结余”科目；本科目下其他明细科目的贷方余额全数转入“一般公共预算结转结余”科目，借记本科目（其他明细科目），贷记“一般公共预算结转结余”科目。结转后，本科目无余额。

本科目平时为贷方余额，反映债务收入的累计数。

【例4-27】中央财政发行短期政府债券，债券面值50亿元，票面利率为3.5%，到期一次还本付息。该国债经招标按面值发行，发行款项49.6亿元存入国库。

借：国库存款　4 960 000 000

　　一般公共预算本级支出　40 000 000

　贷：债务收入——中央政府债务收入——中央政府国内债务收入　5 000 000 000

同时：

借：待偿债净资产——应付短期政府债券　5 000 000 000

　贷：应付短期政府债券——应付国债　5 000 000 000

【例4-28】中央财政向国际金融组织借款20亿元，款项已经缴入国库。

借：国库存款　2 000 000 000

　贷：债务收入——中央政府债务收入——中央政府国内债务收入　2 000 000 000

借：待偿债净资产——借入款项　2 000 000 000

　贷：借入款项　2 000 000 000

【例4-29】承【例4-28】，假定中央政府向国际金融组织的借款由外方直接支付给用款单位，且由中央政府财政承担还款责任。本级政府财政根据贷款资金支付相关资料，应编制如下会计分录：

借：一般公共预算本级支出　2 000 000 000

　贷：债务收入——中央政府债务收入——中央政府国内债务收入　2 000 000 000

借：待偿债净资产——借入款项　2 000 000 000

　贷：借入款项　2 000 000 000

【例4-30】承【例4-28】，假定中央政府向国际金融组织的借款由中央政府财政承担还款责任，贷款资金由某省级政府财政同级部门使用，且该资金由外方直接支付给用款单位。本级政府财政根据贷款资金支付相关资料，应编制如下会计分录：

借：补助支出　2 000 000 000

　贷：债务收入——中央政府债务收入——中央政府国内债务收入　2 000 000 000

借：待偿债净资产——借入款项　2 000 000 000

　贷：借入款项　2 000 000 000

【例4-31】承【例4-28】，假定中央政府向国际金融组织的借款由所属某省政府财政同级部门使用，该省政府财政承担还款责任，且资金由外方直接支付给用款单位。本级政府财政根据贷款资金支付相关资料，应编制如下会计分录：

借：债务转贷支出　2 000 000 000

　贷：债务收入——中央政府债务收入——中央政府国内债务收入　2 000 000 000

借：待偿债净资产——借入款项　2 000 000 000

　贷：借入款项　2 000 000 000

借：应收主权外债转贷款　2 000 000 000

　贷：资产基金——应收主权外债转贷款　2 000 000 000

【例4-32】年终，某省财政“债务收入——专项债务收入”科目贷方余额8亿元，“债务收入——一般债务收入”科目贷方余额30亿元，全数转入“政府性基金预算结转结余”和“一般公共预算结转结余”科目。财政总预算会计应编制如下会计分录：

借：债务收入——地方政府债务收入——专项债务收入　800 000 000

　贷：政府性基金预算结转结余　800 000 000

借：债务收入——地方政府债务收入——一般债务收入　3 000 000 000

　贷：一般公共预算结转结余　3 000 000 000

3）债务转贷收入的核算

债务转贷收入是指本级政府财政收到上级政府财政转贷的债务收入。债务转贷收入按照资金来源不同分为地方政府债券转贷收入和主权外债转贷收入；按照资金性质不同分为一般债务转贷收入和专项债务转贷收入。一般债务转贷收入纳入一般公共预算管理，专项债务转贷收入纳入政府性基金预算管理。

为核算债务转贷收入业务，财政总预算会计应设置“债务转贷收入”总账科目。本科目下应当设置“地方政府一般债务转贷收入”“地方政府专项债务转贷收入”明细科目。债务转贷收入的主要账务处理如下：

（1）省级以下（不含省级）政府财政收到地方政府债券转贷收入时，按照实际收到的金额，借记“国库存款”科目，贷记本科目；根据债务管理部门转来的相关资料，按照到期应偿还的转贷款本金金额，借记“待偿债净资产——应付地方政府债券转贷款”科目，贷记“应付地方政府债券转贷款”科目。

（2）省级以下（不含省级）政府财政收到主权外债转贷收入的具体账务处理如下：

①本级财政收到主权外债转贷资金时，借记“其他财政存款”科目，贷记本科目；根据债务管理部门转来的相关资料，按照实际承担的债务金额，借记“待偿债净资产——应付主权外债转贷款”科目，贷记“应付主权外债转贷款”科目。

②从上级政府财政借入主权外债转贷款，且由外方将贷款资金直接支付给用款单位或供应商时，应根据以下情况分别处理：

其一，本级政府财政承担还款责任，贷款资金由本级政府财政同级部门（单位）使用的，本级政府财政根据贷款资金支付的相关资料，借记“一般公共预算本级支出”科目，贷记本科目；根据债务管理部门转来的相关资料，按照实际承担的债务金额，借记“待偿债净资产——应付主权外债转贷款”科目，贷记“应付主权外债转贷款”科目。

其二，本级政府财政承担还款责任，贷款资金由下级政府财政同级部门（单位）使用的，本级政府财政根据贷款资金支付的相关资料及预算文件，借记“补助支出”科目，贷记本科目；根据债务管理部门转来的相关资料，按照实际承担的债务金额，借记“待偿债净资产——应付主权外债转贷款”科目，贷记“应付主权外债转贷款”科目。

其三，下级政府财政承担还款责任，贷款资金由下级政府财政同级部门（单位）使用的，本级政府财政根据转贷资金支付的相关资料，借记“债务转贷支出”科目，贷记本科目；根据债务管理部门转来的相关资料，按照实际承担的债务金额，借记“待偿债净资产——应付主权外债转贷款”科目，贷记“应付主权外债转贷款”科目；同时，借记“应收主权外债转贷款”科目，贷记“资产基金——应收主权外债转贷款”科目。下级政府财政根据贷款资金支付的相关资料，借记“一般公共预算本级支出”科目，贷记本科目；根据债务管理部门转来的相关资料，按照实际承担的债务金额，借记“待偿债净资产——应付主权外债转贷款”科目，贷记“应付主权外债转贷款”科目。

（3）年终转账时，本科目下“地方政府一般债务转贷收入”明细科目的贷方余额全数转入“一般公共预算结转结余”科目，借记本科目，贷记“一般公共预算结转结余”科目。本科目下“地方政府专项债务转贷收入”明细科目的贷方余额按照对应的政府性基金种类分别转入“政府性基金预算结转结余”相应明细科目，借记本科目，贷记“政府性基金预算结转结余”科目。结转后，本科目无余额。

本科目平时为贷方余额，反映债务转贷收入的累计数。

【例4-33】某市财政收到省财政转来的地方政府债券转贷款10亿元，存入国库。市财政总预算会计应编制如下会计分录：

借：国库存款　　1 000 000 000

　贷：债务转贷收入——地方政府一般债务转贷收入　　1 000 000 000

借：待偿债净资产——应付地方政府债券转贷款　　1 000 000 000

　贷：应付地方政府债券转贷款——应付地方政府一般债券转贷款　　1 000 000 000

【例4-34】某市财政通过省政府借入的主权外债转贷款6亿元，已经收到，并存入专户。市财政总预算会计应编制如下会计分录：

借：其他财政存款　　600 000 000

　贷：债务转贷收入——地方政府专项债务转贷收入　　600 000 000

借：待偿债净资产——应付主权外债转贷款　　600 000 000

　贷：应付主权外债转贷款　　600 000 000

【例4-35】承【例4-34】，假定该市通过省政府财政借入的主权外债转贷款6亿元，由本级政府财政同级单位使用，资金由外方将贷款资金直接支付给用款单位，该市政府财政承担还款责任。市财政总预算会计应编制如下会计分录：

借：一般公共预算本级支出　　600 000 000

　贷：债务转贷收入——地方政府专项债务转贷收入　　600 000 000

借：待偿债净资产——应付主权外债转贷款　　600 000 000

　贷：应付主权外债转贷款　　600 000 000

【例4-36】承【例4-34】，假定该市通过省政府财政借入的主权外债转贷款6亿元，用于所属某县农田水利建设。贷款资金由该县财政同级的农业局使用，资金由外方将贷款资金直接支付给用款部门，市政府财政承担还款责任。市财政总预算会计应编制如下会计分录：

借：补助支出　　600 000 000

贷：债务转贷收入——地方政府专项债务转贷收入　　600 000 000

借：待偿债净资产——应付主权外债转贷款　　600 000 000

贷：应付主权外债转贷款　　600 000 000

【例4-37】承【例4-34】，假定该市通过省政府财政借入的主权外债转贷款6亿元，用于所属某县经济技术开发区建设。贷款资金由该县财政同级的建委使用，由外方将贷款资金直接支付给用款部门，并由该县政府财政承担还款责任。那么相关的账务处理如下：

市财政：

借：债务转贷支出　　600 000 000

贷：债务转贷收入——地方政府专项债务转贷收入　　600 000 000

借：待偿债净资产——应付主权外债转贷款　　600 000 000

贷：应付主权外债转贷款　　600 000 000

借：应收主权外债转贷款　　600 000 000

贷：资产基金——应收主权外债转贷款　　600 000 000

县财政：

借：一般公共预算本级支出　　600 000 000

贷：债务转贷收入——地方政府专项债务转贷收入　　600 000 000

借：待偿债净资产——应付主权外债转贷款　　600 000 000

贷：应付主权外债转贷款　　600 000 000

【例4-38】某市财政年终“债务转贷收入——地方政府一般债务转贷收入”科目的贷方余额为30亿元，“债务转贷收入——地方政府专项债务转贷收入”科目的贷方余额为20亿元，财政总预算会计将其全数转入“一般公共预算结转结余”和“政府性基金预算结转结余”科目。财政总预算会计应编制如下会计分录：

借：债务转贷收入——地方政府一般债务转贷收入　　3 000 000 000

贷：一般公共预算结转结余　　3 000 000 000

借：债务转贷收入——地方政府专项债务转贷收入　　2 000 000 000

贷：政府性基金预算结转结余　　2 000 000 000

4.3 财政总预算会计的支出

4.3.1 财政总预算会计支出的概念与管理要求

1）财政总预算会计支出的概念

财政总预算会计的支出是指政府财政为实现政府职能，对财政资金的分配和使用。总会计核算的支出包括一般公共预算本级支出、政府性基金预算本级支出、国有资本经营预算本级支出、财政专户管理资金支出、专用基金支出、转移性支出、债务还本支出、债务转贷支出等。

2）财政总预算会计支出的管理要求

《财政总预算会计制度》第七章第三十九条规定，总会计应当加强支出管理、科学预测和调度资金，严格按照批准的年度预算和用款计划办理支出，严格审核拨付申请，严格按预算管理规定和拨付实际列报支出，不得办理无预算、无用款计划、超预算、超用款计划的支出，不得任意调整预算支出科目。对于各项支出的账务处理必须以审核无误的国库划款清算凭证、资金支付凭证和其他合法凭证为依据。地方各级财政部门除国库集中支付结余外，不得采用权责发生制列支。权责发生制列支只限于年末采用，平时不得采用。

4.3.2　一般公共预算本级支出

1）一般公共预算本级支出的概念与分类

一般公共预算本级支出是指政府财政管理的由本级政府使用的列入一般公共预算的支出。一般公共预算是主要用于保障和改善民生、推动经济社会发展、维护国家安全、维持国家机构正常运转等方面的支出。一般公共预算本级支出是各级政府最主要的财政资金支出。

根据《政府收支分类科目》，一般公共预算本级支出需要进行功能分类与经济分类。一般公共预算本级支出按照功能进行分类一般包括：一般公共服务支出、外交支出、国防支出、公共安全支出、教育支出、科学技术支出、文化体育与传媒支出、社会保障和就业支出、医疗卫生支出、节能环保支出、城乡社区支出、农林水支出、交通运输支出、资源勘探电力信息等支出、商业服务业等支出、金融支出、援助其他地区支出、国土海洋气象等支出、住房保障支出、粮油物资储备支出、债务付息支出、债务发行费用支出、其他支出等。

2）一般公共预算本级支出的核算

为了核算一般公共预算本级支出，财政总预算会计应设置“一般公共预算本级支出”总账科目。本科目应当根据《政府收支分类科目》中支出功能分类科目设置明细科目。同时，根据管理需要，按照支出经济分类科目、部门等进行明细核算。一般公共预算本级支出的主要账务处理如下：

（1）实际发生一般公共预算本级支出时，借记本科目，贷记“国库存款”“其他财政存款”等科目。

（2）年度终了，对纳入国库集中支付管理的、当年未支付而需结转至下一年度支付的款项（国库集中支付结余），采用权责发生制确认支出时，借记本科目，贷记“应付国库集中支付结余”科目。

（3）年终转账时，本科目借方余额应全数转入“一般公共预算结转结余”科目，借记“一般公共预算结转结余”科目，贷记本科目。结转后，本科目无余额。

本科目平时为借方余额，反映一般公共预算本级支出的累计数。

【例4-39】某市财政局收到财政国库支付执行机构报来的一般公共预算本级支出结算清单。其列示以财政直接支付方式，通过零余额账户向有关预算单位支付了716 000元，其中“一般公共服务——人大事务”3 000元，“一般公共服务——财政事务”120 000元，“公共安全——公安——治安管理”150 000元，“教育——普通教育”360 000元，“文化体育与传媒——体育”83 000元。经与有关方面核对无误后，确认列报一般公共预算本级支出。财政总预算会计应编制如下会计分录：

借：一般公共预算本级支出　　　　716 000

　　贷：国库存款　　716 000

同时，在“一般公共预算本级支出”明细账借方登记：

一般公共服务——人大事务　　3 000

一般公共服务——财政事务　　120 000

公共安全——公安——治安管理　　150 000

教育——普通教育　　360 000

文化体育与传媒——体育　　83 000

【例4-40】某市财政局收到财政国库支付执行机构报来的一般公共预算本级支出结算清单。其列示以财政授权支付方式，有关预算单位通过单位零余额账户支付了394 000元。其中，“一般公共服务——政府办公厅（室）及相关机构”11 000元，“教育——教育管理事务”20 000元，“教育——普通教育”150 000元，“教育——特殊教育”30 000元，“医疗卫生——医疗服务”53 000元，“农林水——农业”130 000元。经与有关方面核对无误后，确认列报一般公共预算本级支出。财政总预算会计应编制如下会计分录：

借：一般公共预算本级支出　　394 000

　　贷：国库存款　　394 000

同时，在“一般公共预算本级支出”明细账借方登记：

一般公共服务——政府办公厅（室）及相关机构　　11 000

教育——教育管理事务　　20 000

教育——普通教育　　150 000

教育——特殊教育　　30 000

医疗卫生——医疗服务　　53 000

农林水——农业　　130 000

【例4-41】某市财政总预算会计开出拨款凭证，对市检察院办公大楼改造项目通过国库以实拨资金的方式拨付专项支出3 000 000元。财政总预算会计应编制如下会计分录：

开出拨款凭证时：

借：一般公共预算本级支出　　3 000 000

　　贷：国库存款　　3 000 000

同时，在“一般公共预算本级支出”明细账借方登记：

一般公共服务——公共安全——检察院　　3 000 000

【例4-42】年度终了，经某市财政确认，市检察院的行政运行费200 000元，教育局教育管理事务费150 000元，为结余资金。对该纳入国库集中支付管理的、当年未支付而需结转至下一年度支付的款项，市财政采用权责发生制确认支出。财政总预算会计应编制如下会计分录：

借：一般公共预算本级支出　　350 000

　　贷：应付国库集中支付结余　　350 000

同时，在“一般公共预算本级支出”明细账借方登记：

一般公共服务——监察事务——行政运行　　200 000

一般公共服务——教育——教育管理事务　　150 000

【例4-43】年终，某市财政总预算会计将“一般公共预算本级支出”科目借方余额4 480 000元转入“一般公共预算结转结余”科目。财政总预算会计应编制如下会计分录：

借：一般公共预算结转结余　　4 480 000

　贷：一般公共预算本级支出　　4 480 000

同时，结清所有一般公共预算本级支出明细账。

4.3.3 政府性基金预算本级支出

1）政府性基金预算本级支出的概念与分类

政府性基金预算本级支出是指政府财政管理的由本级政府使用的列入政府性基金预算的支出。与一般公共预算本级支出相比，政府性基金预算本级支出具有专款专用的特征，管理上要求先收后支，自求平衡。

财政总预算会计核算的政府性基金预算本级支出，应当按照《政府收支分类科目》中的政府性基金预算本级支出科目进行分类，不包括转移性支出科目。按照现行《政府收支分类科目》，政府性基金预算本级支出科目分设类、款、项三级，各级科目逐级递进，内容也逐级细化。

（1）教育支出

教育支出科目反映政府教育事务支出。该类级科目分设如下款级科目：地方教育附加安排的支出，反映用地方教育附加安排的支出。

（2）科学技术支出

科学技术支出科目反映用于科学技术方面的支出。该类级科目分设如下款级科目：核电站乏燃料处理处置基金支出，反映核电站乏燃料处理处置基金安排的支出。

（3）文化体育与传媒支出

文化体育与传媒支出科目反映政府在文化、文物、体育、广播影视、新闻出版等方面的支出。该类级科目分设如下款级科目：①文化事业建设费安排的支出，反映用文化事业建设费安排的支出。②国家电影事业发展专项资金支出，反映用国家电影事业发展专项资金安排的支出。

（4）社会保障和就业支出

社会保障和就业支出科目反映政府在社会保障和就业方面的支出。该类级科目分设如下款级科目：①大中型水库移民后期扶持基金支出，反映用大中型水库移民后期扶持基金安排的支出。②小型水库移民扶助基金支出，反映用小型水库移民扶助基金安排的支出。③残疾人就业保障金支出，反映用残疾人就业保障金安排的支出。

（5）节能环保支出

节能环保支出科目反映政府节能环保支出。该类级科目分设如下款级科目：①可再生能源电价附加收入安排的支出，反映用可再生能源电价附加收入安排的支出。②废弃电器电子产品处理基金支出，反映用废弃电器电子产品处理基金收入安排的支出。

（6）城乡社区支出

城乡社区支出科目反映政府城乡社区事务支出。该类级科目分设如下款级科目：①政府住房基金支出，反映用政府住房基金安排的支出。②国有土地使用权出让收入安排的支出，反映用不含计提和划转部分的国有土地使用权出让收入安排的支出。③城市公用事业附加安排的支出，反映用公用事业附加收入安排的支出。④国有土地收益基金支出，反映从国有土地收益基金收入中安排用于土地收购储备等的支出。⑤农业土地开发资金支出，反映从计提的农业土地开发资金中安排用于农业土地开发的支出。⑥新增建设用地土地有偿使用费安排的支出，反映用新增建设用地土地有偿使用费收入安排的支出。⑦城市基础设施配套费安排的支出，反映用城市基础设施配套费安排的支出。

（7）农林水支出

农林水支出科目反映政府农林水事务支出。该类级科目分设如下款级科目：①新菜地开发建设基金支出，反映用新菜地开发建设基金安排的支出。②育林基金支出，反映用育林基金安排的支出。③森林植被恢复费安排的支出，反映用森林植被恢复费安排的支出。④中央水利建设基金支出，反映用中央水利建设基金安排的支出。⑤地方水利建设基金支出，反映用地方水利建设基金安排的支出。⑥大中型水库库区基金支出，反映用大中型水库库区基金安排的支出。⑦三峡水库库区基金支出，反映用三峡水库库区基金安排的支出。⑧南水北调工程基金支出，反映用南水北调工程基金安排的支出。⑨国家重大水利工程建设基金支出，反映用国家重大水利工程建设基金安排的支出。

（8）交通运输支出

交通运输支出科目反映政府在交通运输和邮政业方面的支出。该类级科目分设如下款级科目：①公路水路运输。该款级科目下设船舶港务费安排的支出、长江口航道维护支出项级科目，分别反映用船舶港务费安排的支出、用交通运输部集中的航道维护收入安排的支出。②铁路运输。该款级科目下设铁路资产变现收入安排的支出项级科目，反映用铁路资产变现收入安排的支出。③海南省高等级公路车辆通行附加费安排的支出，反映用海南省高等级公路车辆通行附加费安排的支出。④转让政府还贷道路收费权收入安排的支出，反映用转让政府还贷道路收费权收入安排的支出。⑤车辆通行费安排的支出，反映用车辆通行费安排的支出。⑥港口建设费安排的支出，反映用港口建设费安排的支出。⑦铁路建设基金支出，反映用铁路建设基金安排的支出。⑧船舶油污损害赔偿基金收入安排的支出，反映用船舶油污损害赔偿基金收入安排的支出。⑨民航发展基金支出，反映用民航发展基金安排的支出。

（9）资源勘探电力信息等支出

资源勘探电力信息等支出科目反映政府在资源勘探、制造业、建筑业、电力信息等方面的支出。该类级科目分设如下款级科目：①工业和信息产业监管。该款级科目下设无线电频率占用费安排的支出项级科目，反映用无线电频率占用费安排的支出。②散装水泥专项资金支出，反映用散装水泥专项资金安排的支出。③新型墙体材料专项基金支出，反映用新型墙体材料专项基金安排用于技术改造和设备更新的贴息和补助支出。④农网还贷资金支出，反映用农网还贷资金收入安排用于农村电网改造贷款还本付息的支出。⑤山西省煤炭可持续发展基金支出，反映用山西省煤炭可持续发展基金安排的支出。⑥电力改革预留资产变现收入安排的支出，反映用电力改革预留资产变现收入安排的支出。

（10）商业服务业等支出

商业服务业等支出科目反映政府在商业服务业等方面的支出。该类级科目分设如下款级科目：旅游发展基金支出，反映用旅游发展基金安排的支出。

（11）金融支出

金融支出科目反映政府在金融方面的支出。该类级科目分设如下款级科目：金融调控支出。该款级科目下设中央特别国债经营基金支出、中央特别国债经营基金财务支出项级科目，分别反映使用中央特别国债经营基金所形成的支出、中央特别国债利息及有关费用支出。

（12）其他支出

其他支出科目反映不能划分到上述功能科目的其他政府支出。该类级科目分设如下款级科目：①其他政府性基金支出，反映除上述项目以外的其他政府性基金支出。②彩票公益金安排的支出。

2）政府性基金预算本级支出的核算

为核算政府性基金预算本级支出业务，财政总预算会计应设置“政府性基金预算本级支出”总账科目。本科目应当按照《政府收支分类科目》中支出功能分类科目设置明细科目。同时，根据管理需要，按照支出经济分类科目、部门等进行明细核算。政府性基金预算本级支出的主要账务处理如下：

（1）实际发生政府性基金预算本级支出时，借记本科目，贷记“国库存款”科目。

（2）年度终了，对纳入国库集中支付管理的、当年未支付而需结转至下一年度支付的款项（国库集中支付结余），采用权责发生制确认支出时，借记本科目，贷记“应付国库集中支付结余”科目。

（3）年终转账时，本科目借方余额应全数转入“政府性基金预算结转结余”科目，借记“政府性基金预算结转结余”科目，贷记本科目。结转后，本科目无余额。

本科目平时为借方余额，反映政府性基金预算本级支出的累计数。

【例4-44】某市财政总预算会计收到财政国库执行机构报来的政府性基金预算支出清单。列示以财政直接支付方式，通过零余额账户支付款项共计364 000元。其中：“教育——地方教育附加安排的支出”160 000元，“科学技术——核电站乏燃料处理处置基金支出”150 000元，“文化体育与传媒——体育——车手等级认定费安排的支出”54 000元。经核对无误后，列报政府性基金预算支出。

借：政府性基金预算本级支出	364 000	
贷：国库存款		364 000

同时，在政府性基金预算本级支出明细账登记：

教育——地方教育附加安排的支出	160 000
科学技术——核电站乏燃料处理处置基金支出	150 000
文化体育与传媒——体育——车手等级认定费安排的支出	54 000

【例4-45】某市实行国库集中支付。年度终了，对纳入国库集中支付管理的、当年未支付而需结转至下一年度支付的政府性基金款项，采用权责发生制确认支出。经确认，为支持城市建设管理部门公租房建设，拨付的政府住房基金中200 000元，以及民政局的残疾人就业和培训费300 000元为结余资金。

借：政府性基金预算本级支出	500 000	
贷：应付国库集中支付结余		500 000

同时，在政府性基金预算本级支出明细账登记：

城乡社区支出——政府住房基金支出——公共租赁住房支出 200 000

社会保障和就业支出——残疾人就业保障金支出——就业和培训 300 000

【例4-46】年终，某市财政总预算会计将政府性基金预算本级支出借方余额3 777 000元转入“政府性基金预算结转结余”科目。

借：政府性基金预算结转结余 3 777 000

贷：政府性基金预算本级支出 3 777 000

同时，结清所有政府性基金预算本级支出明细账。

4.3.4 国有资本经营预算本级支出

1）国有资本经营预算本级支出的概念

国有资本经营预算本级支出是指政府财政管理的由本级政府使用的列入国有资本经营预算的支出。国有资本经营预算单独编制，预算支出按当年预算收入规模安排，以收定支，不列赤字。

根据相关规定，国有资本经营预算除调入一般公共预算和补充全国社会保障基金外，主要用于：

（1）解决国有企业历史遗留问题及相关改革成本支出；

（2）关系国家安全、国民经济命脉的重要行业和关键领域国家资本注入，包括重点提供公共服务、发展重要前瞻性战略性产业、保护生态环境、支持科技进步、保障国家安全，保持国家对金融业的控制力，推进国有经济布局和结构战略性调整，解决国有企业发展中的体制性、机制性问题；

（3）国有企业政策性补贴。

2）国有资本经营预算本级支出的核算

为核算国有资本经营预算本级支出，财政总预算会计应设置“国有资本经营预算本级支出”科目。本科目应当按照《政府收支分类科目》中支出功能分类科目设置明细科目。同时，根据管理需要，按照支出经济分类科目、部门等进行明细核算。国有资本经营预算本级支出的主要账务处理如下：

（1）实际发生国有资本经营预算本级支出时，借记本科目，贷记“国库存款”科目。

（2）年度终了，对纳入国库集中支付管理的、当年未支付而需结转至下一年度支付的款项（国库集中支付结余），采用权责发生制确认支出时，借记本科目，贷记“应付国库集中支付结余”科目。

（3）年终转账时，本科目借方余额应全数转入“国有资本经营预算结转结余”科目，借记“国有资本经营预算结转结余”科目，贷记本科目。结转后，本科目无余额。

本科目平时为借方余额，反映国有资本经营预算本级支出的累计数。

【例4-47】某市财政局根据经批准的国有资本经营预算，直接拨付给某国有资本经营预算资金使用单位共计1 180 000元，具体项目为：“解决历史遗留问题及改革成本支出——国有企业改革成本支出”580 000元，“国有企业资本金注入——国有经济结构调整支出”600 000元。

借：国有资本经营预算本级支出 1 180 000

贷：国库存款　　1 180 000

同时，在国有资本经营预算本级支出明细账借方登记：

解决历史遗留问题及改革成本支出——国有企业改革成本支出　　580 000

国有企业资本金注入——国有经济结构调整支出　　600 000

【例4-48】年终，某市对纳入国库集中支付管理的、当年未支付而需结转至下一年度支付的款项采用权责发生制确认支出。经确认，尚有“国有企业资本金注入——保护生态环境支出”150 000元，为结余资金。

借：国有资本经营预算本级支出　　150 000

贷：应付国库集中支付结余　　150 000

同时，在国有资本经营预算本级支出明细账借方登记：

国有企业资本金注入——保护生态环境支出　　150 000

【例4-49】某市财政总预算会计将“国有资本经营预算本级支出”借方余额1 830 000元转入“国有资本经营预算结转结余”科目。

借：国有资本经营预算结转结余　　1 830 000

贷：国有资本经营预算本级支出　　1 830 000

4.3.5 其他财政资金支出

其他财政资金支出是指用财政部门管理的其他财政性资金安排的支出，主要包括财政专户管理资金支出和专用基金支出。

1）财政专户管理资金支出

（1）财政专户管理资金支出的概念

财政专户管理资金支出是指政府财政用纳入财政专户管理的教育收费等资金安排的支出。各种教育收费由各教育单位按规定标准收取，并按规定缴入财政专户，实行收支两条线管理。财政部门通常采用返还教育收费的方式向有关教育单位拨付财政专户资金，并监督其按部门预算的规定用途使用。

（2）财政专户管理资金支出的核算

为核算财政专户管理资金支出业务，财政总预算会计应设置“财政专户管理资金支出”总账科目。本科目应当按照《政府收支分类科目》中支出功能分类科目设置相应明细科目。同时，根据管理需要，按照支出经济分类科目、部门（单位）等进行明细核算。财政专户管理资金支出的主要账务处理如下：

①发生财政专户管理资金支出时，借记本科目，贷记“其他财政存款”等有关科目。

②年终转账时，本科目借方余额全数转入“财政专户管理资金结余”科目，借记“财政专户管理资金结余”科目，贷记本科目。结转后，本科目无余额。

本科目平时为借方余额，反映财政专户管理资金支出的累计数。

【例4-50】某市财政通过在商业银行开设的财政专户，向某学校核拨教育经费1 200 000元。

借：财政专户管理资金支出——教育支出　　1 200 000

贷：其他财政存款　　1 200 000

【例4-51】某市财政局年终结转财政专户管理资金支出账户，结转前，“财政专户管理资金支出”账户借方余额15 000 000元。

借：财政专户管理资金结余　　15 000 000

　贷：财政专户管理资金支出　　15 000 000

同时，财政总预算会计应结清所有财政专户管理资金支出明细账的余额。

2）专用基金支出

（1）专用基金支出的概念

专用基金支出是指政府财政用专用基金收入安排的支出。目前主要是用粮食风险基金收入安排的相应支出。国家为保证粮食生产的稳定性，维护粮食的正常流通秩序，平抑粮食的市场价格，每年从财政预算中划出一定数额的资金，专门用于粮农直接补贴、粮油储备费用补贴等。财政总预算会计在拨付专用基金时，应做到先收后支，量入为出，并做到按规定的用途拨付。

（2）专用基金支出的核算

为核算专用基金支出业务，财政总预算会计应设置“专用基金支出”科目。本科目应当根据专用基金的种类设置明细科目。同时，根据管理需要，按部门等进行明细核算。专用基金支出的主要账务处理如下：

①发生专用基金支出时，借记本科目，贷记“其他财政存款”等有关科目。退回专用基金支出时，做相反的会计分录。

②年终转账时，本科目借方余额全数转入“专用基金结余”科目，借记“专用基金结余”科目，贷记本科目。结转后，本科目无余额。

本科目平时为借方余额，反映专用基金支出的累计数。

【例4-52】某市财政局根据农业局用款计划拨出粮食风险基金520 000元。

借：专用基金支出——粮食风险基金　　520 000

　贷：其他财政存款　　520 000

【例4-53】年终，某市财政局将全年专用基金支出1 330 000元转入“专用基金结余”科目。

借：专用基金结余　　1 330 000

　贷：专用基金支出　　1 330 000

同时，结清所有专用基金支出明细账。

4.3.6　转移性支出

1）转移性支出的概念与分类

转移性支出与转移性收入相对应，是指在各级政府财政之间进行资金调拨以及在本级政府财政不同类型资金之间调剂所形成的支出，包括补助支出、上解支出、调出资金、地区间援助支出等。

按照《政府收支分类科目》，转移性支出是与一般公共服务支出、外交支出、国防支出、公共安全支出、教育支出等功能支出相并列的一个支出种类，属于类级科目。按照政府财政总预算的种类，转移性支出还可以分为属于一般公共预算的转移性支出、属于政府性基金预算的转移性支出、属于国有资本经营预算的转移性支出。目前，社会保险基金预算没有设置反映各级财政之间资金转移的转移性支出科目，也没有设置反映不同性质资金之间调剂的转移性支出科目，只设置了预算意义上的年终结余转移性支出科目。这是由社会保险基金预算的业务特点决定的。

与转移性收入一样，转移性支出可以按照不同的标准进行分类。转移性支出按照所涉及会计主体的不同，可以分为上下级政府财政之间财政资金的调拨、地区间政府之间资金调拨援助和本级政府财政不同类型资金之间的调剂。其中补助支出和上解支出可以归类为上下级政府财政之间财政资金的调拨；地区间援助支出可以归类为地区间政府之间资金调拨援助；涉及本级政府财政不同类型资金之间的调剂是调出资金和安排预算稳定调节基金。

转移性支出按照转入资金性质的不同，可以分为一般公共预算中的转移性支出、政府性基金预算中的转移性支出以及国有资本经营预算中的转移性支出。其中，补助支出、上解支出，转出的可以是一般公共预算资金，也可以是政府性基金预算资金；而地区间援助支出和安排预算稳定调节基金涉及的只能是一般公共预算资金；调出资金可以是一般公共预算资金、政府性基金预算资金或者国有资本经营预算资金。

2）补助支出的核算

补助支出与补助收入相互对应，是指本级政府财政按财政体制的规定或因专项需要补助给下级政府财政的款项，包括对下级的税收返还、转移支付等。

为核算补助支出业务，财政总预算会计应设置“补助支出”总账科目。本科目下应当按照不同资金性质设置“一般公共预算补助支出”“政府性基金预算补助支出”等明细科目，同时还应当按照补助地区进行明细核算。补助支出的主要账务处理如下：

（1）发生补助支出或从“与下级往来”科目转入时，借记本科目，贷记“国库存款”“其他财政存款”“与下级往来”等科目。

（2）专项转移支付资金实行特设专户管理的，本级政府财政应当根据本级政府财政下达的预算文件确认补助支出，借记本科目，贷记“国库存款”“与下级往来”等科目。

（3）有主权外债业务的财政部门，贷款资金由下级政府财政同级部门（单位）使用，且贷款最终还款责任由本级政府财政承担的，本级政府财政部门支付贷款资金时，借记本科目，贷记“其他财政存款”科目；外方将贷款资金直接支付给用款单位或供应商时，借记本科目，贷记“债务收入”“债务转贷收入”等科目；根据债务管理部门转来的相关外债转贷管理资料，按照实际支付的金额，借记“待偿债净资产”科目，贷记“借入款项”“应付主权外债转贷款”等科目。

（4）年终与下级政府财政结算时，按照尚未拨付的补助金额，借记本科目，贷记“与下级往来”科目。退还或核减补助支出时，借记“国库存款”“与下级往来”等科目，贷记本科目。

（5）年终转账时，本科目借方余额应根据不同资金性质分别转入对应的结转结余科目，借记“一般公共预算结转结余”“政府性基金预算结转结余”等科目，贷记本科目。结转后，本科目无余额。

本科目平时为借方余额，反映补助支出的累计数。

【例4-54】根据财政体制的规定，某市政府财政通过国库向所属区政府财政拨付税收返还款660 000元。市财政总预算会计应编制如下会计分录：

借：补助支出——一般公共预算补助支出——××区财政税收返还 660 000

贷：国库存款 660 000

【例4-55】某市财政从政府性基金预算收入中拨出一笔资金77 000元，专项用于支持所属某县生态环境保护建设，款项已从国库拨出。财政总预算会计应编制如下会计分录：

借：补助支出——政府性基金预算补助支出——××县财政 77 000

贷：国库存款 77 000

【例4-56】某省财政获得主权外债10 000 000元，用于支持本省的科技文化事业发展，贷款最终还款责任由本级政府财政承担。省财政已经收到贷款资金，并转给所属某市3 000 000元。财政总预算会计应编制如下会计分录：

收到款项时：

借：其他财政存款 10 000 000

贷：债务收入 10 000 000

同时：

借：待偿债净资产 10 000 000

贷：借入款项 10 000 000

转给某市财政时：

借：补助支出——××市 3 000 000

贷：其他财政存款 3 000 000

【例4-57】承【例4-56】，假定贷款最终还款责任由本级省政府财政承担。贷款资金10 000 000元由贷款方直接支付给某市。财政总预算会计应编制如下会计分录：

借：补助支出——××市 10 000 000

贷：债务收入 10 000 000

借：待偿债净资产 10 000 000

贷：借入款项 10 000 000

【例4-58】承【例4-56】，假定年终结算时，该省财政按规定应拨付所属某市财政的科技文化发展资金中，尚有1 000 000元没有拨付，按规定应转入“与下级往来”科目。财政总预算会计应编制如下会计分录：

借：补助支出——××市 1 000 000

贷：与下级往来 1 000 000

【例4-59】某省财政年终“补助支出”总账科目借方余额为730 000元。其中，属于一般公共预算的补助支出共计530 000元；“政府性基金补助支出”明细科目借方余额为200 000元。财政总预算会计应编制如下会计分录：

借：一般公共预算结转结余 530 000

政府性基金预算结转结余 200 000

贷：补助支出 730 000

同时，财政总预算会计应结清所有补助支出明细账的余额。

3）上解支出的核算

上解支出是指按照财政体制规定由本级政府财政上交给上级政府财政的款项，包括按财政管理理体制的规定由国库在本级预算收入中直接划解给上级财政的支出、按财政管理体制规定结算补解给上级财政的支出和各种专项上解支出等。上解支出与上解收入相对应。

为核算上解支出业务，财政总预算会计应设置“上解支出”总账科目。本科目下应当按照不同资金性质设置“一般公共预算上解支出”“政府性基金预算上解支出”等明细科目。上解支出的主要账务处理如下：

（1）发生上解支出时，借记本科目，贷记“国库存款”“与上级往来”等科目。

（2）年终与上级政府财政结算时，按照尚未支付的上解金额，借记本科目，贷记“与上级往来”科目。退还或核减上解支出时，借记“国库存款”“与上级往来”等科目，贷记本科目。

（3）年终转账时，本科目借方余额应根据不同资金性质分别转入对应的结转结余科目，借记“一般公共预算结转结余”“政府性基金预算结转结余”等科目，贷记本科目。结转后，本科目无余额。

本科目平时为借方余额，反映上解支出的累计数。

【例4-60】按财政管理理体制的规定，某市财政向省财政上解政府性基金预算资金150 000元。市财政总预算会计应编制如下会计分录：

借：上解支出——政府性基金预算上解支出　　150 000
　贷：国库存款　　150 000

【例4-61】某市财政与上级某省财政年终进行财政体制结算，经计算，市财政应向上级财政上解款项81 200元，相应适用“一般性转移支付——体制补助支出”预算科目。市财政总预算会计应编制如下会计分录：

借：上解支出——一般公共预算上解支出　　81 200
　贷：与上级往来　　81 200

【例4-62】年终结账时，某市财政的“上解支出——一般公共预算上解支出”科目借方余额为6 000 000元，“上解支出——政府性基金预算上解支出”科目借方余额为3 000 000元，分别转入对应的结转结余科目。市财政总预算会计应编制如下会计分录：

借：一般公共预算结转结余　　6 000 000
　贷：上解支出——一般公共预算上解支出　　6 000 000
借：政府性基金预算结转结余　　3 000 000
　贷：上解支出——政府性基金预算上解支出　　3 000 000

4）调出资金的核算

调出资金是指政府财政为平衡预算收支、从某类资金向其他类型预算调出的资金。例如，为平衡一般公共预算收支，从政府性基金预算结转结余调入一般公共预算的资金，对政府性基金预算来说，形成政府性基金预算调出资金。调出资金与调入资金相互对应。

为核算调出资金业务，财政总预算会计应设置“调出资金”总账科目。本科目下应当设置“一般公共预算调出资金”、“政府性基金预算调出资金”和“国有资本经营预算调出资金”等明细科目。调出资金的主要账务处理如下：

(1) 从一般公共预算调出资金时，按照调出的金额，借记本科目（一般公共预算调出资金），贷记“调入资金”相关明细科目。

(2) 从政府性基金预算调出资金时，按照调出的金额，借记本科目（政府性基金预算调出资金），贷记“调入资金”相关明细科目。

(3) 从国有资本经营预算调出资金时，按照调出的金额，借记本科目（国有资本经营预算调出资金），贷记“调入资金”相关明细科目。

(4) 年终转账时，本科目借方余额分别转入相应的结转结余科目，借记“一般公共预算结转结余”、“政府性基金预算结转结余”和“国有资本经营预算结转结余”等科目，贷记本科目。结转后，本科目无余额。

本科目平时为借方余额，反映调出资金的累计数。

【例4-63】某省财政为了平衡一般公共预算，从国有资本经营预算结余中调出资金150 000元。市财政总预算会计应编制如下会计分录：

借：调出资金——国有资本经营预算调出资金　　150 000

　贷：调入资金——一般公共预算调入资金　　150 000

【例4-64】某市财政年终“调出资金”总账科目借方余额为250 000元。具体情况为“政府性基金预算调出资金”100 000元，“国有资本经营预算调出资金”150 000元。财政总预算会计应编制如下会计分录：

借：政府性基金预算结转结余　　100 000

　　国有资本经营预算结转结余　　150 000

　贷：调出资金　　250 000

同时，财政总预算会计应结清所有调出资金明细账的余额。

5）安排预算稳定调节基金的核算

安排预算稳定调节基金是指从财政超收收入中安排的预算稳定调节基金。由于经济具有波动性，因此，与年初预算数相比，财政收入可能会超收，也可能会短收。对于财政收入超收的年度，通常可以将超收的财政收入作为调入预算稳定调节基金予以储备，留待财政短收的年度使用。通过预算稳定调节基金，各年的财政收入可以相互调节，各年预定的支出目标的实现更加有保证，政府财政运行更加平稳。安排预算稳定调节基金与动用预算稳定调节基金相互对应。

为核算安排预算稳定调节基金业务，财政总预算会计应设置“安排预算稳定调节基金”总账科目。安排预算稳定调节基金的主要账务处理如下：

(1) 补充预算稳定调节基金时，借记本科目，贷记“预算稳定调节基金”科目。

(2) 年终转账时，本科目借方余额全数转入“一般公共预算结转结余”科目，借记“一般公共预算结转结余”科目，贷记本科目。结转后，本科目无余额。

本科目平时为借方余额，反映安排预算稳定调节基金的累计数。

【例4-65】某市财政年终发生财政超收，即财政收入大于财政支出，决定安排预算稳定调节基金35 900元。财政总预算会计应编制如下会计分录：

借：安排预算稳定调节基金　　35 900

　贷：预算稳定调节基金　　35 900

【例4-66】年终，市财政将“安排预算稳定调节基金”科目借方余额35 900元，全数转入“一般公共预算结转结余”科目。

借：一般公共预算结转结余　　35 900

　贷：安排预算稳定调节基金　　35 900

6）地区间援助支出的核算

地区间援助支出是指援助方政府财政安排用于受援方政府财政统筹使用的各类援助、捐赠等资金支出。地区间援助支出与地区间援助收入相互对应。

为核算地区间援助支出业务，财政总预算会计应设置“地区间援助支出”总账科目。本科目应当按照受援地区及管理需要进行相应明细核算。地区间援助支出的主要账务处理如下：

（1）发生地区间援助支出时，借记本科目，贷记“国库存款”科目。

（2）年终转账时，本科目借方余额全数转入“一般公共预算结转结余”科目，借记“一般公共预算结转结余”科目，贷记本科目。结转后，本科目无余额。

本科目平时为借方余额，反映地区间援助支出的累计数。

【例4-67】甲省财政根据政府间的援助安排，向对口援助方乙省财政拨付地区间援助资金55 800元，供乙省财政统筹安排使用。甲省财政总预算会计应编制如下会计分录：

借：地区间援助支出——乙省财政　　55 800

　贷：国库存款　　55 800

【例4-68】某省财政年终“地区间援助支出”总账科目借方余额为752 700元，财政总预算会计将其全数转入“一般公共预算结转结余”总账科目。财政总预算会计应编制如下会计分录：

借：一般公共预算结转结余　　752 700

　贷：地区间援助支出　　752 700

同时，财政总预算会计应结清所有地区间援助支出明细账的余额。

4.3.7 债务性支出

债务性支出是指政府财政偿还本级政府承担的债务本金，以及向下级政府财政转贷形成的支出，主要包括债务还本支出和债务转贷支出。

1）债务还本支出的核算

债务还本支出是指政府财政偿还本级政府承担的债务本金支出。由于预算法对中央政府和地方政府举债的规定不同，因此债务还本支出需要区分中央政府和省级政府债务。按照规定，中央政府可以通过发行国债、向外国政府借款、向国际金融组织借款等方式筹集资金，而省级政府只能通过发行债券来筹集资金，包括地方政府一般债券和地方政府专项债券。此外，需要注意的是，目前财政总预算会计制度中规定的债务还本支出只核算政府偿还债务本金的支出，支付债务利息的支出记入“一般公共预算本级支出”等科目。

政府财政偿还债务涉及支出和负债两个事项，因此为兼顾预算管理与债务管理的需要，应当采用“双分录”的核算方法，同时确认偿还债务所发生的支出和减少的债务。在核算债务还本支出业务时，财政总预算会计应设置“债务还本支出”总账科目。本科目应当根据《政府收支分类科目》中“债务还本支出”科目的有关规定设置明细科目。债务还本支出的主要账务处理如下：

（1）偿还本级政府财政承担的政府债券、主权外债等纳入预算管理的债务本金时，借记本科目，贷记“国库存款”“其他财政存款”等科目；根据债务管理部门转来的相关资料，按照实际偿还的本金金额，借记“应付短期政府债券”“应付长期政府债券”“借入款项”“应付地方政府债券转贷款”“应付主权外债转贷款”等科目，贷记“待偿债净资产”科目。

（2）偿还截至2014年12月31日本级政府财政承担的存量债务本金时，借记本科目，贷记“国库存款”“其他财政存款”等科目。

（3）年终转账时，本科目下“专项债务还本支出”明细科目的借方余额应按照对应的政府性基金种类分别转入“政府性基金预算结转结余”相应明细科目，借记“政府性基金预算结转结余”科目，贷记本科目（专项债务还本支出）。本科目下其他明细科目的借方余额全数转入“一般公共预算结转结余”科目，借记“一般公共预算结转结余”科目，贷记本科目（其他明细科目）。结转后，本科目无余额。

本科目平时为借方余额，反映本级政府财政债务还本支出的累计数。

【例4-69】某省财政发行的3年期地方政府一般债券到期，通过国库拨付资金偿还本金50 000 000元，以及利息60 000元。

借：债务还本支出——地方政府债券还本	50 000 000	
一般公共预算本级支出	60 000	
贷：国库存款		50 060 000
借：应付长期政府债券——应付地方政府一般债券	50 000 000	
贷：待偿债净资产		50 000 000

【例4-70】某省财政年终“债务还本支出”总账科目借方余额为675 000元，其中“地方政府一般债务还本支出”325 000元，“地方政府专项债务还本支出”350 000元。财政总预算会计应编制如下会计分录：

借：一般公共预算结转结余	325 000	
政府性基金预算结转结余	350 000	
贷：债务还本支出		675 000

同时，财政总预算会计应结清所有债务还本支出明细账的余额。

2）债务转贷支出的核算

债务转贷支出是指本级政府财政向下级政府财政转贷的债务支出。按照地方政府债券预算管理的相关办法，省级政府通过发行债券取得的债务收入可以用于省级直接支出，也可以转贷给市、县级政府使用。债务转贷支出属于财政资金在上下级政府之间的转移。与补助支出相比，债务转贷支出的特点是取得转贷资金的下级政府需要在未来偿还取得的贷款资金，并支付相应的贷款利息。债务转贷支出与债务转贷收入相互对应。

债务转贷涉及支出和债权两个事项，也应当采用“双分录”的核算方法，同时确认转贷所取得的收入和承担的债务。为核算债务转贷支出业务，财政总预算会计应设置“债务转贷支出”总账科目。本科目下应当设置“地方政府一般债务转贷支出”“地方政府专项债务转贷支出”明细科目，同时还应当按照转贷地区进行明细核算。债务转贷支出的主要账务处理如下：

（1）本级政府财政向下级政府财政转贷地方政府债券资金时，借记本科目，贷记“国库存款”科目；根据债务管理部门转来的相关资料，按照到期应收回的转贷款本金金额，借记“应收地方政府债券转贷款”科目，贷记“资产基金——应收地方政府债券转贷款”科目。

（2）本级政府财政向下级政府财政转贷主权外债资金，且主权外债最终还款责任由下级政府财政承担的，相关账务处理如下：

①本级政府财政支付转贷资金时，根据转贷资金支付的相关资料，借记“债务转贷支出”科目，贷记“其他财政存款”科目；根据债务管理部门转来的相关资料，按照实际持有的债权金额，借记“应收主权外债转贷款”科目，贷记“资产基金——应收主权外债转贷款”科目。

②外方将贷款资金直接支付给用款单位或供应商时，本级政府财政根据转贷资金支付的相关资料，借记本科目，贷记“债务收入”“债务转贷收入”科目；根据债务管理部门转来的相关资料，按照实际持有的债权金额，借记“应收主权外债转贷款”科目，贷记“资产基金——应收主权外债转贷款”科目；同时，借记“待偿债净资产”科目，贷记“借入款项”“应付主权外债转贷款”等科目。

（3）年终转账时，本科目下“地方政府一般债务转贷支出”明细科目的借方余额全数转入“一般公共预算结转结余”科目，借记“一般公共预算结转结余”科目，贷记“债务转贷支出——地方政府一般债务转贷支出”科目。本科目下“地方政府专项债务转贷支出”明细科目的借方余额全数转入“政府性基金预算结转结余”科目，借记“政府性基金预算结转结余”科目，贷记“债务转贷支出——地方政府专项债务转贷支出”科目。结转后，本科目无余额。

本科目平时为借方余额，反映债务转贷支出的累计数。

【例4-71】某省财政发行3年期地方政府一般债券融资，现通过财政国库向所属某市财政转贷地方政府债券资金580 000元，用于支持在该市的公益性建设项目。省财政总预算会计应编制如下会计分录：

借：债务转贷支出——地方政府一般债务转贷支出——××市财政	580 000	
贷：国库存款		580 000
借：应收地方政府债券转贷款——应收地方政府一般债券转贷款	580 000	
贷：资产基金		580 000

【例4-72】某省政府将获得的主权外债，向所属某市财政转贷主权外债900 000元用于科技创新发展项目，还款责任由所属市政府财政承担。省财政总预算会计应编制如下会计分录：

借：债务转贷支出——地方政府专项债务转贷支出	900 000	
贷：其他财政存款		900 000
借：应收主权外债转贷款——××政府贷款	900 000	
贷：资产基金——应收主权外债转贷款		900 000

【例4-73】承【例4-72】，假定外方将贷款资金直接支付给用款单位或供应商，还款责任由所属市政府财政承担。省财政总预算会计应编制如下会计分录：

借：债务转贷支出——地方政府专项债务转贷支出　900 000
　贷：债务转贷收入　900 000
借：应收主权外债转贷款——××政府贷款　900 000
　贷：资产基金——应收主权外债转贷款　900 000
借：待偿债净资产　900 000
　贷：应付主权外债转贷款　900 000

【例4-74】某省财政年终“债务转贷支出”总账科目的贷方余额为345 000元，其中“地方政府一般债务转贷支出”科目贷方余额为211 000元，“地方政府专项债务转贷支出”科目贷方余额为134 000元。财政总预算会计应编制如下会计分录：

借：一般公共预算结转结余　211 000
　　政府性基金预算结转结余　134 000
　贷：债务转贷支出　345 000

同时，财政总预算会计应结清所有债务转贷支出明细账的余额。

4.4 财政总预算会计的资产

财政总预算会计的资产是指政府财政占有或控制的，能以货币计量的经济资源。总会计核算的资产按照流动性可以分为流动资产和非流动资产，其中流动资产是指预计在1年内（含1年）变现的资产；非流动资产是指流动资产以外的资产。总会计核算的资产按其内容划分，主要包括财政存款、有价证券、应收股利、借出款项、暂付及应收款项、预拨经费、应收转贷款和股权投资等。

总会计对符合资产定义的经济资源，应当在取得对其相关的权利，并且能够可靠地进行货币计量时确认，计量时应当按照取得或发生时的实际金额计量。

4.4.1 财政性存款

1）财政性存款的概念

财政性存款是指政府财政部门代表政府管理的国库存款、国库现金管理存款以及其他财政存款、财政零余额账户存款等。

2）财政性存款的管理

财政性存款的支配权属于同级政府财政部门，并由总会计负责管理。财政总预算会计在管理财政性存款的过程中，应当遵循如下基本管理要求：

（1）集中支付，统一调度。即各种应由财政部门掌管的资金，都应纳入财政总预算会计的存款账户，由财政总预算会计统一收纳、拨付和管理，不能由其他职能部门收纳、拨付和管理。实行集中支付、统一调度的原则，有利于财政总预算会计统一调度财政资金，提高财政资金使用效益；同时，也有利于明确职责，建立内部控制机制。

（2）严格控制存款开户。即财政部门的预算资金除财政部有明确规定之外，一律由财政总预算会计统一在国库或指定的银行开立存款账户，不得在国家规定外将预算资金或其他财政性资金任意转存在其他金融机构。严格控制存款开户，有利于财政总预算会计加强对财政资金的管理。

（3）根据年度预算和季度分月用款计划拨付资金。即财政总预算会计应当根据人民代表大会审查批准的年度预算拨付财政资金，不得办理超预算、无用款计划的拨付。按预算和计划拨付资金，有利于保证政府财政总预算的执行，发挥财政的监督职能，提高财政资金的使用效益。

（4）办理转账结算，不提现。即财政总预算会计的各种拨付凭证，都只能用以转账结算，不能提取现金。这是因为，财政部门是财政资金的分配部门，不是财政资金的具体使用单位，因此，财政总预算会计不需要设置专门的“出纳”，其出纳机关是国库。办理转账结算，符合财政年总预算会计的实际情况，同时，也有利于保护国库存款的安全。

（5）在存款余额内支付，不得透支。即财政总预算会计只能在国库存款和其他财政存款账户的余额内办理支付，不能办理超余额的支付。在存款余额内支付，不能透支，有利于财政总预算的执行，确保财政收支平衡。

3）财政性存款的核算

总会计核算的财政性存款主要包括国库存款、国库现金管理存款、其他财政存款、财政零余额账户存款。

（1）国库存款

为了核算政府财政存放在国库单一账户的款项，总会计应设置“国库存款”科目，该科目借方登记国库存款的增加数，贷方登记国库存款的减少数，借方余额反映国库存款的结存数。本科目按“一般公共预算存款”“政府性基金预算存款”“国有资本经营预算存款”等进行明细核算。

有关国库存款的主要账务处理如下：①收到预算收入时，借记本科目，贷记有关预算收入科目。当日收入数为负数时，以红字记入（采用计算机记账的，用负数反映）。②收到国库存款利息收入时，借记本科目，贷记“一般公共预算本级收入”科目。③收到缴入国库的来源不清的款项时，借记本科目，贷记“其他应付款”等科目。④国库库款减少时，按照实际支付的金额，借记有关科目，贷记本科目。

【例4-75】某市财政局收到人民银行国库报来的预算收入日报表等凭证，列示当日共收到财政预算收入85万元，其中一般公共预算本级收入为36万元，政府性基金预算本级收入为20万元，国有资本经营预算本级收入为18万元，上级政府财政补助收入为6万元，下级政府财政上解收入为5万元。财政总预算会计应编制如下会计分录：

借：国库存款	850 000	
贷：一般公共预算本级收入		360 000
政府性基金预算本级收入		200 000
国有资本经营预算本级收入		180 000
补助收入		60 000
上解收入		50 000

【例4-76】某市财政收到一笔10 000元的款项，性质不清，记入“其他应付款”科

目。财政总预算会计应编制如下会计分录：

借：国库存款　10 000

　贷：其他应付款　10 000

【例4-77】某市财政总预算会计收到国库支付执行机构报来的预算支出结算清单，列示通过财政零余额账户支付有关预算单位一般公共预算本级支出25万元，政府性基金预算本级支出30万元，国有资本经营预算本级支出13万元，向上级省财政上解支出6万元。财政总预算会计应编制如下会计分录：

借：一般公共预算本级支出　250 000

　　政府性基金预算本级支出　300 000

　　国有资本经营预算本级支出　130 000

　　上解支出　60 000

　贷：国库存款　740 000

（2）国库现金管理存款

国库现金管理是在确保财政国库支付需要的前提下，以实现国库现金余额最小化和投资收益最大化为目标的一系列财政管理活动。国库现金管理的操作方式主要包括商业银行定期存款、买回国债、国债回购和逆回购等。在国库现金管理初期，主要实施商业银行定期存款和买回国债两种操作方式。

商业银行定期存款：为确保国库资金安全，通过招投标程序，由财政部选择几家资产质量好、资金实力强、商业信誉好的商业银行进行定期存款，存款种类、期限、数额可根据国库现金状况及预算收支预测情况确定，存款利率可采取竞争招标形式确定。实行定期存款的，应要求商业银行提交等额国债作为抵押。

买回国债：如果国库存款余额较多，可利用暂时闲置的国库现金，买回跨年度且剩余期限较短的国债，予以注销或持有到期，从而降低债务成本，并改善国债期限结构，提高国债的市场流动性。当然，买回国债操作，不应对货币政策和债券市场产生影响，要按照市场方式运作，使市场机制在国债的买卖过程中发挥主导作用。

为核算政府财政实行国库现金管理业务存放在商业银行的款项，总预算会计应设置“国库现金管理存款”科目。本科目期末为借方余额，反映政府财政实行国库现金管理业务持有的存款。

涉及国库现金管理存款的主要账务处理有：①按照国库现金管理有关规定，将库款转存到商业银行时，按照存入商业银行的金额，借记本科目，贷记“国库存款”科目。②国库现金管理存款收回国库时，按照实际收回的金额，借记“国库存款”科目，按照原存入商业银行的存款本金金额，贷记本科目，按照两者的差额，贷记“一般公共预算本级收入”科目。

【例4-78】某省财政总预算会计根据国库现金管理的有关规定，将库款60万元转存到商业银行，转存期满后，国库现金管理存款收回国库，实际收到金额为63万元。财政总预算会计应编制如下会计分录：

将库款转存到商业银行时：

借：国库现金管理存款　600 000

贷：国库存款　600 000

国库现金管理存款收回国库时：

借：国库存款　630 000

贷：国库现金管理存款　600 000

一般公共预算本级收入　30 000

（3）其他财政存款

其他财政存款是指在国库存款和国库现金管理存款以外，政府财政存放在商业银行财政专户的财政资金，如财政专户管理资金、专用基金等。

为了核算其他财政性存款，总预算会计应设置“其他财政存款”科目。本科目的借方登记其他财政存款的增加数，贷方登记其他财政存款的减少数，借方余额反映其他财政存款的实际结存数，其年终余额应结转至下年。本科目应当按照资金性质和存款银行等进行明细核算。

有关其他财政存款的主要账务处理如下：

①财政专户收到款项时，按照实际收到的金额，借记本科目，贷记有关科目。

②其他财政存款产生的利息收入，除规定作为专户资金收入外，其他利息收入都应缴入国库纳入一般公共预算管理。取得其他财政存款利息收入时，按照实际获得的利息金额，根据以下情况分别处理：其一，按规定作为专户资金收入的，借记本科目，贷记“应付代管资金”或有关收入科目。其二，按规定应缴入国库的，借记本科目，贷记“其他应付款”科目。将其他财政存款利息收入缴入国库时，借记“其他应付款”科目，贷记本科目；同时，借记“国库存款”科目，贷记“一般公共预算本级收入”科目。

③其他财政存款减少时，按照实际支付的金额，借记有关科目，贷记本科目。

【例4-79】某市财政收到按规定实行财政专户管理的教育费收费440 000元，同日，通过财政专户向有关教育单位拨付教育费收入200 000元。财政总预算会计应编制如下会计分录：

收到财政专户管理资金时：

借：其他财政存款　440 000

贷：财政专户管理资金收入　440 000

拨付财政专户管理资金时：

借：财政专户管理资金支出　200 000

贷：其他财政存款　200 000

【例4-80】某市财政收到执法机构缴来的应缴入国库单一账户的罚款收入10万元，市财政将该罚款收入转入国库单一账户。财政总预算会计应编制如下会计分录：

市财政收到罚款收入时：

借：其他财政存款　100 000

贷：其他应付款　100 000

市财政将罚款转存国库时：

借：其他应付款　100 000

贷：其他财政存款 100 000

借：国库存款 100 000

贷：一般公共预算本级收入 100 000

除上述例题外，有关国库存款及其他财政存款的核算可以参考本章财政总预算收入和财政总预算支出的有关内容。

（4）财政零余额账户存款

除国库存款、国库现金管理存款、其他财政存款外，财政总预算会计核算的财政存款还包括财政零余额账户存款。"财政零余额账户存款"是财政国库支付执行机构设置的会计科目，用来核算其在代理银行办理财政直接支付的业务。财政国库支付执行机构未单设的地区不使用该科目。本科目当日资金结算后一般应无余额。

财政零余额账户存款的主要账务处理如下：①财政国库支付执行机构为预算单位直接支付款项时，借记有关预算支出科目，贷记本科目。②财政国库支付执行机构每日将按部门分"类""款""项"汇总的预算支出结算清单等结算单与中国人民银行国库划款凭证核对无误后，报送总预算会计结算资金，按照结算的金额，借记本科目，贷记"已结报支出"科目。

【例4-81】某市财政国库支付执行机构以财政直接支付的方式，通过财政零余额账户为有关预算单位支付一般公共预算本级资金9万元。财政总预算会计应编制如下会计分录：

借：一般公共预算本级支出 90 000

贷：财政零余额账户存款 90 000

【例4-82】承【例4-81】，当日资金支付业务终了后，市财政国库支付执行机构将当日的支出业务汇总与国库划款凭证核对无误后，报送总预算会计结算资金，当日的一般公共预算本级支出为9万元。财政总预算会计应编制如下会计分录：

借：财政零余额账户存款 90 000

贷：已结报支出 90 000

4.4.2 暂付及应收款项

暂付及应收款项是指政府财政业务活动中形成的债权，主要包括借给预算单位的款项、与下级政府财政的待结算款项、应当收取的投资收益和其他应收及暂付款项。暂付及应收款项应当及时清理结算，不得长期挂账。

1）借出款项

借出款项是政府财政按照对外借款管理相关规定借给预算单位临时急需的，并需按期收回的款项。

为了核算借出款项业务，财政总预算会计应设置"借出款项"科目。该科目借方登记借出数，贷方登记收回数或转作预算的支出数，平时借方余额反映政府财政借给预算单位尚未收回的款项。本科目应及时进行年终清理结算，年终在记入新年度账后，原则上应无余额。该科目应按资金性质及借款单位设置明细账并进行明细核算。借出款项的主要账务处理如下：

（1）将款项借出时，按照实际支付的金额，借记本科目，贷记"国库存款"等科目。

（2）收回借款时，按照实际收到的金额，借记“国库存款”等科目，贷记本科目。

【例4-83】某市财政因所属预算单位临时急需资金，借给该单位一般公共预算款项200 000元。一个月后，市财政全额收回该借出款项。财政总预算会计应编制如下会计分录：

借出款项时：

借：借出款项	200 000	
贷：国库存款		200 000

收回款项时：

借：国库存款	200 000	
贷：借出款项		200 000

2）与下级往来

在财政预算管理体系中，上下级财政部门往往存在较多的往来结算关系，主要有两种情况：一是年终与下级政府财政进行体制结算时，政府财政以权责发生制为基础确认补助支出和上解收入时，上下级财政部门产生的往来结算关系。由于财政体制的安排，下级财政部门取得的各项收入需要按一定比例上缴上级财政部门，上级财政部门需要对下级财政部门的收入按比例返还，或对下级财政部门进行专项补助。这样一来，就会产生较多的应上解、应补助款项，形成上下级财政部门之间的债权债务关系。二是日常上下级财政部门之间的财政资金借款往来关系。下级财政部门如果在一定期间出现了收支不平衡，可以向上级财政部门申请短期借款，上级财政部门也可以向有结余的下级财政部门借入款项。借款、还款形成了上下级财政部门之间的债权债务关系。

为核算本级政府财政与下级政府财政的往来待结算款项，财政总预算会计需要设置“与下级往来”科目。本科目应当按照下级政府财政、资金性质等进行明细核算。与下级往来有关的主要账务处理如下：

（1）借给下级政府财政款项时，借记本科目，贷记“国库存款”科目。

（2）体制结算中应当由下级政府财政上缴的收入数，借记本科目，贷记“上解收入”科目。

（3）借款收回、转作补助支出或体制结算应当补助下级政府财政的支出，借记“国库存款”“补助支出”等有关科目，贷记本科目。

（4）发生上解多交应当退回的，按照应当退回的金额，借记“上解收入”科目，贷记本科目。

（5）发生补助多补应当退回的，按照应当退回的金额，借记本科目，贷记“补助支出”科目。

需要说明的是，“与下级往来”科目不是单纯的资产类科目，而是一个双重性质的结算科目，余额有可能出现在借方，也有可能出现在贷方。借方余额表示下级政府财政欠本级政府财政的款项，为资产；反之，当出现贷方余额时，反映本级政府财政欠下级政府财政的款项，为负债。由于在实际工作中，多为下级财政欠本级财政而形成的债权，所以本科目主要列示在资产负债表的资产项目中，如果出现贷方余额则在编制资产负债表时用负数反映。

【例4-84】某市财政根据所属县财政的申请，同意借出临时周转金200 000元。财政总预算会计应编制如下会计分录：

借：与下级往来——某县　200 000

　贷：国库存款　200 000

【例4-85】一个月后，市财政局将【例4-84】借款中的100 000元转作对该县的补助款，其余收回。财政总预算会计应编制如下会计分录：

借：补助支出　100 000

　　国库存款　100 000

　贷：与下级往来——某县　200 000

【例4-86】年终，在财政体制结算中，按财政体制结算规定计算，某市财政应收所属县财政一般公共预算上解款项300 000元；应拨付所属县财政一般公共预算补助款项150 000元。财政总预算会计应编制如下会计分录：

计算应收县财政一般公共预算上解款项时：

借：与下级往来——某县　300 000

　贷：上解收入　300 000

计算应拨付所属县财政一般公共预算补助款时：

借：补助支出　150 000

　贷：与下级往来——某县　150 000

3）应收股利

政府财政可利用暂时结余资金进行股权投资，对政府因持有股权投资应当收取的现金股利或利润，财政总预算会计应设置“应收股利”科目进行核算。本科目应当按照被投资主体进行明细核算。应收股利的主要账务处理如下：

（1）持有股权投资期间被投资主体宣告发放现金股利或利润的，按应上缴政府财政的部分，借记本科目，贷记“资产基金——应收股利”科目；按照相同的金额，借记“资产基金——股权投资”科目，贷记“股权投资——损益调整”科目。

（2）实际收到现金股利或利润时，借记“国库存款”等科目，贷记有关收入科目；按照相同的金额，借记“资产基金——应收股利”科目，贷记本科目。

因此，应收股利采用的是“双分录”核算方法。

【例4-87】某市财政通过市投资公司以政府性基金预算结余资金投资B企业，现B企业宣告发放股利，政府投资份额应得股利100万元，按照协议，市投资公司可提成3%，应上缴政府财政的部分为97万元。财政总预算会计应编制如下会计分录：

借：应收股利　970 000

　贷：资产基金——应收股利　970 000

借：资产基金——股权投资　970 000

　贷：股权投资——损益调整　970 000

【例4-88】承【例4-87】，市财政收到市投资公司转缴的B企业发放的股利97万元。财政总预算会计应编制如下会计分录：

借：国库存款　970 000
　贷：政府性基金预算本级收入　970 000
借：资产基金——应收股利　970 000
　贷：应收股利　970 000

4）其他应收款

其他应收款是指政府财政临时发生的其他应收、暂付、垫付款项。项目单位拖欠外国政府和国际金融组织贷款本息和相关费用导致相关政府财政履行担保责任，代偿的贷款本息，也属于政府财政部门的其他应收款。

为核算上述应收、暂付、垫付、履行担保的代偿款项，财政总预算会计应设置“其他应收款”科目。本科目应当按照资金性质、债务单位等进行明细核算。其他应收款的主要账务处理如下：

（1）发生其他应收款项时，借记本科目，贷记“国库存款”“其他财政存款”等科目。

（2）收回或转作预算支出时，借记“国库存款”、“其他财政存款”或有关支出科目，贷记本科目。因此，其他应收款既可以收回债权，也可以将债权转作预算支出，这不同于借出款项。

（3）政府财政对使用外国政府和国际金融组织贷款资金的项目单位履行担保责任，代偿贷款本息时，借记本科目，贷记“国库存款”“其他财政存款”等科目。政府财政行使追索权，收回项目单位贷款本息时，借记“国库存款”“其他财政存款”等科目，贷记本科目。政府财政最终未收回项目单位贷款本息，经核准列支时，借记“一般公共预算本级支出”等科目，贷记本科目。

本科目应及时清理结算，原则上年终应无余额。

【例4-89】某省政府财政为省投资公司M项目的世行贷款提供担保，贷款到期，因投资公司经营资金困难，财政代为偿还本息20亿元。财政总预算会计应编制如下会计分录：

借：其他应收款　2 000 000 000
　贷：国库存款　2 000 000 000

【例4-90】承【例4-89】，投资公司依据财务情况，归还省财政垫付资金18亿元，另外2亿元经核准转为基本建设拨款支出。财政总预算会计应编制如下会计分录：

借：国库存款　180 000 000
　　一般公共预算本级支出　20 000 000
　贷：其他应收款　200 000 000

4.4.3 预拨经费

1）预拨经费的概念

预拨经费是指政府财政在年度预算执行中预拨出应在以后各月列支以及会计年度终了前根据“二上”预算预拨出的下年度预算资金。预拨经费（不含预拨下年度预算资金）应在年终前转列支出或清理收回。

需要注意的是，预拨款项是财政部门按规定预拨给用款单位的待结算款项，是在财政实拨资金方式下的业务内容。在财政国库集中支付方式下，没有预拨款项的业务内容。随着我国财政国库集中支付制度“横向到边，纵向到底”改革的深入推进，包括县、乡一级政府在内的各级政府财政部门都将实行财政国库集中支付制度。届时，预拨款项业务将逐步取消。

因此，预拨经费业务的发生主要针对两种情况：一是处于偏远地区的预算单位的经费需要提前拨出，以便保证款项的及时到账；二是需要提前准备的项目（如下年的水利设施经费），需要预拨经费以便项目的顺利开展。

2）预拨经费的管理

对于预拨经费应加强管理，其基本管理要求是：

（1）预拨经费应掌握个别、特殊的原则，并控制在计划额度内，不能任意预拨。

（2）预拨经费应按照单位经费领报关系预拨，凡是有上级主管部门的单位，不能直接与各级财政部门发生领报经费的关系。

（3）预拨经费应在规定的列支期间及时列为支出，不能长期挂账。

3）预拨经费的核算

为核算政府财政预拨给预算单位尚未列为预算支出的款项，财政总预算会计需要设置“预拨经费”科目。该科目应当按照预拨经费种类、预算单位等进行明细核算。预拨经费的主要账务处理如下：

（1）拨出款项时，借记本科目，贷记“国库存款”科目。

（2）转列支出或收回预拨款项时，借记“一般公共预算本级支出”“政府性基金预算本级支出”“国库存款”等科目，贷记本科目。

本科目一般为借方余额，反映政府财政年末尚未转列支出或尚待收回的预拨经费数。

【例4-91】某县财政根据资金使用计划，向所属预算单位预拨下一季度经费800 000元。财政总预算会计应编制如下会计分录：

借：预拨经费　　　　800 000

　贷：国库存款　　　　800 000

【例4-92】承【例4-91】，该县财政核转其预拨给所属预算单位的日常运行经费800 000元，将其转为一般公共预算支出。财政总预算会计应编制如下会计分录：

借：一般公共预算本级支出　　　　800 000

　贷：预拨经费　　　　800 000

4.4.4 在途款

1）在途款的概念

在途款是指在规定的库款报解整理期和决算清理期内，收到的应属于上年度收入的款项和收回的不应在上年度列支的款项或其他需要作为在途款过渡的资金。

预算收入由国库负责收纳、划分和报解，由于库款的报解需要一定的时间，因此年终可能会出现财政资金的收付期间（新年度）与预算收支所属期间（上年度）不一致。即存在年终国库（或国库经收处）已经在年前收纳，但尚未报解上级国库的各种收入。为清理和核实年度财政收支情况，保证属于当年的财政收支能够全部反映到当年的财政决算中，根据国库制度的规定，年度终了后，支库应设置十天的“库款报解整理期”。如果财政部门在下一年度初设置了十天的“决算清理期”，则“库款报解整理期”相应顺延。在决算清理期和库款报解整理期内，有些属于上一年度的预算收入要补充缴库，有些不合规定的支出要收回。这些资金活动虽然发生在新年度，但其会计事项应属于上一年度。这样就会造成财政资金的收付期间（下一年度）与预算收支所属年度（上一年度）的不一致，所以从上一年度的角度来看，这些款项尚未到达，称为“在途款”。

2）在途款的核算

为了在年终决算中全面反映各级财政收支总数，解决上、下年度间库款结算问题，财政总预算会计应设置“在途款”科目。在途款的主要账务处理如下：

（1）决算清理期和库款报解整理期内收到属于上一年度的收入时，在上一年度账务中，借记本科目，贷记有关收入科目。

（2）收回属于上一年度拨款或支出时，在上一年度账务中，借记本科目，贷记“预拨经费”科目或有关支出科目。

（3）冲转在途款时，在本一年度账务中，借记“国库存款”科目，贷记本科目。

本科目期末借方余额反映政府财政持有的在途款。一般在途款在记入新年度账上后，该账户无余额。因此该科目属于过渡类科目。

当然，随着国库运行环境的改善，国库会计核算已经进入信息化时代，库款能够即时到账，整理期的作用已经明显弱化，甚至部分地区已经取消或实质性取消整理期。因此与预拨款项一样，在途款的业务核算也将逐步取消。

【例4-93】某市财政在决算清理期和库款报解整理期内收到属于上一年度的一般公共预算本级收入45 000元。财政总预算会计应编制如下会计分录：

在上一年度账上：

借：在途款	45 000	
贷：一般公共预算本级收入		45 000

在新年度账上：

借：国库存款	45 000	
贷：在途款		45 000

【例4-94】某市财政在决算清理期内收回不应在上一年度列支的一般公共预算本级支出54 000元。财政总预算会计应编制如下会计分录：

在上一年度账上：

借：在途款	54 000	
贷：一般公共预算本级支出		54 000

在新年度账上：

借：国库存款	54 000	
贷：在途款		54 000

通过在途款的过渡，一般公共预算本级支出的减少归入了上一财政年度，国库存款的增加归入了本财政年度。

4.4.5 投资

财政总预算会计核算的投资主要包括有价证券（债权投资）和股权投资。其中有价证券属于流动资产，股权投资属于非流动资产。

1）有价证券

（1）有价证券的概念及管理要求

有价证券是指政府财政按照有关规定取得并持有的政府债券。政府财政可以采用发行政府债券的方式筹集财政资金，也可以采用购买政府债券的方式对结余的财政资金进行管理。当然，政府财政购买政府债券，应遵循以下基本原则：

①只能用暂时闲置的各项财政结余资金购买国家指定的政府债券；

②支付购买有价证券的资金不能列作支出，应作为有价证券资产进行管理；

③当期有价证券兑付的利息以及转让有价证券取得的收入与有价证券的账面成本的差额，应区分购入有价证券时的资金来源，分别列作一般公共预算本级收入或政府性基金预算本级收入等入账；

④购入的有价证券应视同货币资金一样妥善保管，防止损失。

（2）有价证券的核算

为了核算有价证券，财政总预算会计应设置"有价证券"科目。本科目应当按照有价证券种类和资金性质进行明细核算。有价证券的主要账务处理如下：

①购入有价证券时，按照实际支付的金额，借记本科目，贷记"国库存款""其他财政存款"等科目。

②转让或到期兑付有价证券时，按照实际收到的金额，借记"国库存款""其他财政存款"等科目，按照该有价证券的账面余额，贷记本科目，按其差额，贷记"一般公共预算本级收入"等科目。

本科目期末为借方余额，反映政府财政持有的有价证券金额。

【例4-95】某市财政局用一般公共预算结余500 000元购买3个月期限的政府债券。用政府性基金预算结余资金购买特种债券200 000元。财政总预算会计应编制如下会计分录：

借：有价证券——一般公共预算结余购入	500 000	
——政府性基金预算结余购入	200 000	
贷：国库存款		700 000

【例4-96】承【例4-95】，3个月后，市财政用一般公共预算结余资金购买的政府债券到期，收回本金和利息，共计530 000元。财政总预算会计应编制如下会计分录：

借：国库存款	530 000	
贷：有价证券——一般公共预算结余购入		500 000
一般公共预算本级收入		30 000

2）股权投资

股权投资是指政府持有的各类股权投资资产，包括国际金融组织股权投资、投资基金股权投资、国有企业股权投资等。

为核算股权投资业务，财政总预算会计应设置"股权投资"总账科目，本科目应当按照"国际金融组织股权投资""投资基金股权投资""国有企业股权投资"设置一级明细科目，在一级明细科目下，可根据管理需要，按照被投资主体进行明细核算。

对每一被投资主体还可按“投资成本”“收益转增投资”“损益调整”“其他权益变动”进行明细核算。

股权投资一般采用权益法进行核算，在取得股权投资时以投资成本计量，在投资持有期间需要根据享有被投资单位权益份额的变动，对股权投资的账面价值进行相应的调整。具体核算时采用“双分录”的方法，一方面确认投资形成的支出，另一方面，确认投资形成的股权。股权投资的主要账务处理如下：

（1）国际金融组织股权投资

①政府财政代表政府认缴国际金融组织股本时，按照实际支付的金额，借记“一般公共预算本级支出”等科目，贷记“国库存款”科目；根据股权投资确认的相关资料，按照确定的股权投资成本，借记本科目，贷记“资产基金——股权投资”科目。

②从国际金融组织撤出股本时，按照收回的金额，借记“国库存款”科目，贷记“一般公共预算本级支出”科目；根据股权投资清算的相关资料，按照实际撤出的股本，借记“资产基金——股权投资”科目，贷记本科目。

【例4-97】中央财政代表中华人民共和国政府认缴亚投行股本100亿美元，折合人民币675亿元，以一般公共预算资金支付。财政总预算会计应编制如下会计分录：

借：一般公共预算本级支出　67 500 000 000

　贷：国库存款　67 500 000 000

同时：

借：股权投资——国际金融组织股权投资——亚投行——投资成本

　67 500 000 000

　贷：资产基金——股权投资　67 500 000 000

（2）投资基金股权投资

①政府财政对投资基金进行股权投资时，按照实际支付的金额，借记“一般公共预算本级支出”等科目，贷记“国库存款”等科目；根据股权投资确认的相关资料，按照实际支付的金额，借记本科目（投资成本），按照确定的在被投资基金中占有的权益金额与实际支付金额的差额，借记或贷记本科目（其他权益变动），按照确定的在被投资基金中占有的权益金额，贷记“资产基金——股权投资”科目。

②年末，根据政府财政在被投资基金当期净利润或净亏损中占有的份额，借记或贷记本科目（损益调整），贷记或借记“资产基金——股权投资”科目。

③政府财政将归属财政的收益留作基金滚动使用时，借记本科目（收益转增投资），贷记本科目（损益调整）。

④被投资基金宣告发放现金股利或利润时，按照应上缴政府财政的部分，借记“应收股利”科目，贷记“资产基金——应收股利”科目；同时按照相同的金额，借记“资产基金——股权投资”科目，贷记本科目（损益调整）。

⑤被投资基金发生除净损益以外的其他权益变动时，按照政府财政持股比例计算应享有的部分，借记或贷记本科目（其他权益变动），贷记或借记“资产基金——股权投资”科目。

⑥投资基金存续期满、清算或政府财政从投资基金退出需收回出资时，政府财政按照

实际收回的资金，借记“国库存款”等科目，按照收回的原实际出资部分，贷记“一般公共预算本级支出”等科目，按照超出原实际出资的部分，贷记“一般公共预算本级收入”等科目；根据股权投资清算的相关资料，按照因收回股权投资而减少在被投资基金中占有的权益金额，借记“资产基金——股权投资”科目，贷记本科目。

【例4-98】某省政府财政向IFM基金公司投资，以1.95亿元购入该基金面值2亿元的股权，用一般公共预算资金支付。财政总预算会计应编制如下会计分录：

借：一般公共预算本级支出	195 000 000	
贷：国库存款		195 000 000

同时：

借：股权投资——投资基金股权投资——投资成本	195 000 000	
——投资基金股权投资——其他权益变动	5 000 000	
贷：资产基金——股权投资		200 000 000

【例4-99】年末，该省政府财政根据IFM基金公司当期净利润以及所占股份，计算省政府财政投资的股权份额所获净利润为1 500万元。财政总预算会计应编制如下会计分录：

借：股权投资——投资基金股权投资——损益调整	15 000 000	
贷：资产基金——股权投资		15 000 000

【例4-100】经批准，该省政府财政将IFM基金公司归属财政的收益1 500万元留作基金滚动使用。财政总预算会计应编制如下会计分录：

借：股权投资——投资基金股权投资——收益转增投资	15 000 000	
贷：股权投资——投资基金股权投资——损益调整		15 000 000

【例4-101】受股灾影响，IFM基金公司股本权益受损，政府财政所持股份权益损失5 000万元。财政总预算会计应编制如下会计分录：

借：资产基金——股权投资	50 000 000	
贷：股权投资——投资基金股权投资——其他权益变动		50 000 000

【例4-102】按照协议，该省政府投资IFM基金公司的存续期满，从IFM基金公司收回资金2亿元，收款入账。财政总预算会计应编制如下会计分录：

借：国库存款	200 000 000	
贷：一般公共预算本级支出		195 000 000
一般公共预算本级收入		5 000 000

减少投资权益金额=2+0.15-0.5=1.65（亿元）

借：资产基金——股权投资	165 000 000	
贷：股权投资——投资基金股权投资		165 000 000

（3）国有企业股权投资

国有企业股权投资的账务处理，根据管理条件和管理需要，参照投资基金股权投资的账务处理。

本科目期末为借方余额，反映政府持有的各种股权投资金额。

4.4.6 应收转贷款

应收转贷款是指政府财政将借入的资金转贷给下级政府财政的款项，包括应收地方政府债券转贷款、应收主权外债转贷款等。应收转贷款一般属于非流动资产。

1）应收地方政府债券转贷款

应收地方政府债券转贷款是指本级政府财政将通过发行地方政府债券筹措的资金转贷给下级政府财政而形成的应收款项。

地方政府债券转贷资金属于地方政府间的转移性收入或转移性支出，它是地方各级政府之间分工与合作的一种表现。通常，转贷方为省级政府财政，而被转贷方为省级以下政府财政。

为核算本级政府财政转贷给下级政府财政的地方政府债券资金的本金及利息，总会计应设置“应收地方政府债券转贷款”总账科目，本科目下应当设置“应收地方政府一般债券转贷款”和“应收地方政府专项债券转贷款”明细科目，其下分别设置“应收本金”和“应收利息”两个明细科目，并按照转贷对象进行明细核算。应收地方政府债券转贷款应当采用“双分录”的核算方法，同时确认转贷所形成的支出和债权。应收地方政府债券转贷款的主要账务处理如下：

（1）向下级政府财政转贷地方政府债券资金时，按照转贷的金额，借记“债务转贷支出”科目，贷记“国库存款”科目；根据债务管理部门转来的相关资料，按照到期应收回的转贷本金金额，借记本科目，贷记“资产基金——应收地方政府债券转贷款”科目。

（2）期末确认地方政府债券转贷款的应收利息时，根据债务管理部门计算出的转贷款本期应收未收利息金额，借记本科目，贷记“资产基金——应收地方政府债券转贷款”科目。

（3）收回下级政府财政偿还的转贷款本息时，按照收回的金额，借记“国库存款”等科目，贷记“其他应付款”或“其他应收款”科目；根据债务管理部门转来的相关资料，按照收回的转贷款本金及已确认的应收利息金额，借记“资产基金——应收地方政府债券转贷款”科目，贷记本科目。

（4）扣缴下级政府财政的转贷款本息时，按照扣缴的金额，借记“与下级往来”科目，贷记“其他应付款”或“其他应收款”科目；根据债务管理部门转来的相关资料，按照扣缴的转贷款本金及已确认的应收利息金额，借记“资产基金——应收地方政府债券转贷款”科目，贷记本科目。

本科目期末为借方余额，反映政府财政应收未收的地方政府债券转贷款的本金和利息。

【例4-103】某省财政发行一批3年期地方政府债券，同时，向所属某市财政转贷5 000万元，用于支持该市公共基础设施建设。该债券每年利息150万元。财政总预算会计应编制如下会计分录：

向所属市财政转贷地方政府债券款时：

借：债务转贷支出	50 000 000	
贷：国库存款		50 000 000

同时：

借：应收地方政府债券转贷款——应收地方政府专项债券转贷款——应收本金　50 000 000

　贷：资产基金——应收地方政府债券转贷款　50 000 000

每年确认应收利息时：

借：应收地方政府债券转贷款——应收地方政府专项债券转贷款——应收利息　1 500 000

　贷：资产基金——应收地方政府债券转贷款　1 500 000

【例4-104】发行的债券到期，省财政收到所属市财政偿还转贷款本息共计5 450万元。财政总预算会计应编制如下会计分录：

借：国库存款　54 500 000

　贷：其他应付款　54 500 000

同时：

借：资产基金——应收地方政府债券转贷款　54 500 000

　贷：应收地方政府债券转贷款——应收地方政府专项债券转贷款——应收本金　50 000 000

　　——应收地方政府专项债券转贷款——应收利息　4 500 000

【例4-105】假设，年末体制结算，省财政从对所属市财政的补助中扣缴转贷款2 180万元，债务管理部门转来的相关资料显示，扣缴的转贷款本金为2 000万元，应收利息为180万元。财政总预算会计应编制如下会计分录：

借：与下级往来　21 800 000

　贷：其他应付款　21 800 000

借：资产基金——应收地方政府债券转贷款　21 800 000

　贷：应收地方政府债券转贷款——应收地方政府专项债券转贷款——应收本金　20 000 000

　　——应收地方政府专项债券转贷款——应收利息　1 800 000

2）应收主权外债转贷款

应收主权外债转贷款是指本级政府财政将取得的外国政府和国际金融组织贷款等主权外债转贷给下级政府财政而形成的应收款项。由于转贷的是主权外债，所以转贷方通常为中央政府财政，被转贷方为省级或省级以下政府财政。

为核算本级政府财政转贷给下级政府财政的外国政府和国际金融组织贷款等主权外债资金的本金及利息，财政总预算会计应设置“应收主权外债转贷款”总账科目，本科目下应当设置“应收本金”和“应收利息”两个明细科目，并按照转贷对象进行明细核算。应收主权外债转贷款的核算方法，同应收地方政府债券转贷款类似，也应采用“双分录”的核算方法。应收主权外债转贷款的主要账务处理如下：

（1）本级政府财政向下级政府财政转贷主权外债资金，且主权外债最终还款责任由下级政府财政承担的，相关账务处理如下：

①本级政府财政支付转贷资金时，根据转贷资金支付的相关资料，借记“债务转贷支出”科目，贷记“其他财政存款”科目；根据债务管理部门转来的相关资料，按照实际持有的债权金额，借记本科目，贷记“资产基金——应收主权外债转贷款”科目。

②外方将贷款资金直接支付给用款单位或供应商时，本级政府财政根据转贷资金支付的相关资料，借记“债务转贷支出”科目，贷记“债务收入”或“债务转贷收入”科目；根据债务管理部门转来的相关资料，按照实际持有的债权金额，借记本科目，贷记“资产基金——应收主权外债转贷款”科目；同时，借记“待偿债净资产”科目，贷记“借入款项”或“应付主权外债转贷款”科目。

（2）期末确认主权外债转贷款的应收利息时，根据债务管理部门计算出的转贷款的本期应收未收利息金额，借记本科目，贷记“资产基金——应收主权外债转贷款”科目。

（3）收回转贷给下级政府财政主权外债的本息时，按照收回的金额，借记“其他财政存款”科目，贷记“其他应付款”或“其他应收款”科目；根据债务管理部门转来的相关资料，按照实际收回的转贷款本金及已确认的应收利息金额，借记“资产基金——应收主权外债转贷款”科目，贷记本科目。

（4）扣缴下级政府财政的转贷款本息时，按照扣缴的金额，借记“与下级往来”科目，贷记“其他应付款”或“其他应收款”科目；根据债务管理部门转来的相关资料，按照扣缴的转贷款本金及已确认的应收利息金额，借记“资产基金——应收主权外债转贷款”科目，贷记本科目。

本科目期末为借方余额，反映政府财政应收未收的主权外债转贷款的本金和利息。

【例4-106】某省财政向某国际金融组织贷款，用于本省范围内的公共基础设施建设。现转贷给所属的某市财政1 000万元。财政总预算会计应编制如下会计分录：

借：债务转贷支出	10 000 000	
贷：其他财政存款		10 000 000
同时：		
借：应收主权外债转贷款——应收本金——某市	10 000 000	
贷：资产基金——应收主权外债转贷款		10 000 000

【例4-107】承【例4-106】，假设省财政对所属某市追加转贷支出，并由该国际金融组织直接支付给相应基础设施施工单位，金额为500万元。财政总预算会计应编制如下会计分录：

向下级政府财政转贷主权外债资金时：

借：债务转贷支出	5 000 000	
贷：债务收入		5 000 000
借：应收主权外债转贷款——应收本金——某市	5 000 000	
贷：资产基金——应收主权外债转贷款		5 000 000
借：待偿债净资产	5 000 000	

贷：借入款项　　5 000 000

【例4-108】债务管理部门转来的相关资料，省财政应收所属某市财政的主权外债转贷款的利息为10万元。财政总预算会计应编制如下会计分录：

确认主权外债转贷款的应收利息时：

借：应收主权外债转贷款——应收利息——某市　　100 000

贷：资产基金——应收主权外债转贷款　　100 000

【例4-109】省财政收回转贷给所属某市财政的主权外债转贷款，本金1 500万元，利息12万元。财政总预算会计应编制如下会计分录：

借：其他财政存款　　15 120 000

贷：其他应付款　　15 120 000

借：资产基金——应收主权外债转贷款　　15 120 000

贷：应收主权外债转贷款——应收本金——某市　　15 000 000

——应收利息——某市　　120 000

【例4-110】假设，年末体制结算，省财政扣缴所属市财政的转贷款本息500万元，其中利息4万元，本金496万元。财政总预算会计应编制如下会计分录：

借：与下级往来　　5 000 000

贷：其他应付款　　5 000 000

借：资产基金——应收主权外债转贷款　　5 000 000

贷：应收主权外债转贷款——应收本金——某市　　4 960 000

——应收利息——某市　　40 000

4.4.7 待发国债

待发国债是指为弥补中央财政预算收支差额，中央财政预计发行国债与实际发行国债之间的差额。

为核算待发国债业务，财政总预算会计应设置“待发国债”总账科目。年度终了，实际发行国债收入用于债务还本支出后，小于为弥补中央财政预算收支差额中央财政预计发行国债时，按两者的差额，借记本科目，贷记相关科目；实际发行国债收入用于债务还本支出后，大于为弥补中央财政预算收支差额中央财政预计发行国债时，按两者的差额，借记相关科目，贷记本科目。本科目期末为借方余额，反映中央财政尚未使用的国债发行额度。

【例4-111】年度终了，中央财政本年度实际发行国债收入3 500亿元，债务还本支出3 250亿元，人大批准的国债发行额度为4 000亿元，待发国债额500亿元记入“待发国债”科目。财政总预算会计应编制如下会计分录：

借：待发国债　　50 000 000 000

贷：债务收入　　50 000 000 000

4.5 财政总预算会计的负债

负债是指政府财政承担的能以货币计量、需以资产偿付的债务。财政总预算会计核算的负债具体包括应付国库集中支付结余、暂收及应付款项、应付政府债券、借入款项、应付转贷款、其他负债、应付代管资金等。财政总预算会计核算的负债，按照流动性，分为流动负债和非流动负债。流动负债是指预计在1年内（含1年）偿还的负债，非流动负债是指流动负债以外的负债。财政总预算会计核算的负债主要包括暂收及应付款项、应付政府债券、借入款项、应付转贷款、其他负债等。

财政总预算会计对符合负债定义的债务，应当在对其承担偿还责任，并且能够可靠地进行货币计量时确认，按照承担的相关合同金额或实际发生金额进行计量。

4.5.1 暂收及应付款项

暂收及应付款项是指政府财政业务活动中形成的债务，包括应付国库集中支付结余、与上级往来、其他应付款、应付代管资金。对暂收及应付款项，财政总预算会计应当及时清理结算。

1）应付国库集中支付结余

（1）应付国库集中支付结余的概念

应付国库集中支付结余是指在国库集中支付中，按照财政部门批复的部门预算，当年未支付而需结转至下一年度支付的款项采用权责发生制列支后形成的债务。

（2）应付国库集中支付结余的核算

为核算政府财政采用权责发生制列支，预算单位尚未使用的国库集中支付结余资金，财政总预算会计应设置“应付国库集中支付结余”科目，本科目应当根据管理需要，按照《政府收支分类科目》的规定等进行相应的明细核算。应付国库集中支付结余的主要账务处理如下：

①年末，对当年形成的国库集中支付结余采用权责发生制列支时，借记有关支出科目，贷记本科目。

②以后年度实际支付国库集中支付结余资金时，分以下情况处理：

其一，按原结转预算科目支出的，借记本科目，贷记“国库存款”科目。

其二，调整支出预算科目的，应当按原结转预算科目作冲销处理，借记本科目，贷记有关支出科目。同时，按实际支出预算科目作列支账务处理，借记有关支出科目，贷记“国库存款”科目。

本科目期末为贷方余额，反映政府财政尚未支付的国库集中支付结余。

【例4-112】某市财政实行国库集中支付，年末，所属某预算单位存在尚未使用的国库集中支付结余资金80 000元，资金性质为一般公共预算资金。市财政经分析后决定，所属预算单位的结余资金次年继续用于相应项目支出。次年3月，市财政通过财政直接支付方式将该结余资金全额支付，用于所属预算单位相应项目支出。财政总预算会计应编制如下会计分录：

年末，市财政对当年形成的国库集中支付结余，采用权责发生制列支时：

借：一般公共预算本级支出　　80 000

　贷：应付国库集中支付结余　　80 000

次年3月，市财政实际支付国库集中支付结余资金时：

借：应付国库集中支付结余　　80 000

贷：国库存款　80 000

【例4-113】承【例4-112】，假定市财政批准所属预算单位将结余资金改变用途，用于其他专项任务，款项已经由市财政直接支付。财政总预算会计应编制如下会计分录：

借：应付国库集中支付结余　80 000

　贷：一般公共预算本级支出　80 000

借：一般公共预算本级支出　80 000

　贷：国库存款　80 000

2）与上级往来

与上级往来是指本级政府财政与上级政府财政的待结算往来款项。本级政府财政的“与上级往来”和上级政府财政的“与下级往来”相对应，主要有两种情况：一是上下级政府财政之间的资金借贷关系；二是上下级政府财政由于补助、上解产生的体制结算关系。

为核算本级政府财政与上级政府财政的往来待结算款项，财政总预算会计应设置“与上级往来”科目。本科目应当按照往来款项的类别和项目等进行明细核算。与上级往来的主要账务处理如下：

（1）本级政府财政从上级政府财政借入款项或在体制结算中发生应上缴上级政府财政款项时，借记“国库存款”“上解支出”等科目，贷记本科目。

（2）本级政府财政归还借款、转作上级补助收入或在体制结算中应由上级补给款项时，借记本科目，贷记“国库存款”“补助收入”等科目。

本科目期末为贷方余额，反映本级政府财政欠上级政府财政的款项；若为借方余额，反映上级政府财政欠本级政府财政的款项。

【例4-114】某市财政因资金周转需要，向省财政借款800 000元。财政总预算会计应编制如下会计分录：

借：国库存款　800 000

　贷：与上级往来——一般公共预算资金借款　800 000

【例4-115】承【例4-114】，市财政归还省财攻借款600 000元，省财政将剩余的200 000元转作对该市财政的补助。财政总预算会计应编制如下会计分录：

借：与上级往来　800 000

　贷：国库存款　600 000

　　补助收入　200 000

【例4-116】年终，某市财政与上级省财政进行体制结算，市财政应上缴省财政的一般公共预算资金为700 000元，市财政应对所属某县财政作一般公共预算补助500 000元。财政总预算会计应编制如下会计分录：

借：上解支出　700 000

　贷：与上级往来　700 000

借：与上级往来——一般公共预算资金结算　500 000

　贷：补助收入——一般公共预算补助收入　500 000

3）其他应付款

（1）其他应付款的概念

其他应付款是指政府财政业务活动中临时发生的暂收及应付款项，包括收到的不明性质的款项、税务机关代征入库的社会保险费，以及收到的由项目单位使用并承担还款责任的外国政府和国际金融组织的贷款。

（2）其他应付款的核算

为核算政府财政临时发生的暂收、应付和收到的不明性质款项等，财政总预算会计应设置“其他应付款”科目，本科目应当按照债权单位或资金来源等进行明细核算。其他应付款的主要账务处理如下：

①收到暂存款项时，借记“国库存款”“其他财政存款”等科目，贷记本科目。

②将暂存款项清理退还或转作收入时，借记本科目，贷记“国库存款”“其他财政存款”或有关收入科目。

③社会保险费代征入库时，借记“国库存款”科目，贷记本科目。社会保险费由国库缴存社保基金财政专户时，借记本科目，贷记“国库存款”科目。

④收到项目单位承担还款责任的外国政府和国际金融组织贷款资金时，借记“其他财政存款”科目，贷记本科目；付给项目单位时，借记本科目，贷记“其他财政存款”科目。收到项目单位偿还贷款资金时，借记“其他财政存款”科目，贷记本科目；付给外国政府和国际金融组织项目单位还款资金时，借记本科目，贷记“其他财政存款”科目。

本科目期末为贷方余额，反映政府财政尚未结清的其他应付款项。

【例4-117】某市财政收到性质不明的款项850 000元。市财政经过调查，发现该性质不明的款项属于误缴，予以退回。财政总预算会计应编制如下会计分录：

发现性质不明的款项时：

借：国库存款	850 000	
贷：其他应付款		850 000

退回性质不明的款项时：

借：其他应付款	850 000	
贷：国库存款		850 000

【例4-118】某市财政实行税务机构代征社会保险费，现市财政收到80 000元社会保险费，缴入国库。后又将社会保险费由国库缴存社保基金财政专户。财政总预算会计应编制如下会计分录：

收到代征社会保险费时：

借：国库存款	80 000	
贷：其他应付款		80 000

将社会保险费由国库缴存社保基金财政专户时：

借：其他应付款	80 000	
贷：国库存款		80 000

【例4-119】某省财政收到国际货币基金组织（IMF）贷款资金50亿元，该笔贷款由

省财政所属公共基础设施建设单位承担还款责任。省财政收到贷款资金后，直接将资金付给公共基础设施建设单位。贷款到期后省财政收到公共基础设施建设单位偿还的本金和利息52亿元，并转付给IMF。财政总预算会计应编制如下会计分录：

省财政收到IMF贷款资金时：

借：其他财政存款　　5 000 000 000

　贷：其他应付款　　5 000 000 000

省财政将资金付给所属公共基础设施建设单位时：

借：其他应付款　　5 000 000 000

　贷：其他财政存款　　5 000 000 000

贷款资金到期，省财政收到所属公共基础设施建设单位偿还贷款本金和利息时：

借：其他财政存款　　5 200 000 000

　贷：其他应付款　　5 200 000 000

省财政将收到还款本金和利息付给IMF时：

借：其他应付款　　5 200 000 000

　贷：其他财政存款　　5 200 000 000

4）应付代管资金

应付代管资金是指政府财政代为管理的，使用权属于被代管主体的资金。财政总预算会计应设置“应付代管资金”科目核算政府财政代为管理的、使用权属于被代管主体的资金，本科目应当根据管理需要进行相关明细核算。应付代管资金的主要账务处理如下：

（1）收到代管资金时，借记“其他财政存款”等科目，贷记本科目。

（2）支付代管资金时，借记本科目，贷记“其他财政存款”等科目。

（3）代管资金产生的利息收入按照相关规定仍属于代管资金的，借记“其他财政存款”等科目，贷记本科目。

应付代管资金期末为贷方余额，反映政府财政尚未支付的代管资金。

【例4-120】某市财政代管一项社会公益基金，现收到社会捐赠款项50 000元，存入财政专户。财政总预算会计应编制如下会计分录：

借：其他财政存款　　50 000

　贷：应付代管资金——代管公益基金　　50 000

4.5.2 应付政府债券

应付政府债券是指政府财政采用发行政府债券方式筹集资金而形成的负债，包括应付短期政府债券和应付长期政府债券。

根据《中华人民共和国预算法》的规定，中央公共财政预算中必需的部分资金，可以通过举借国内和国外债务等方式筹措，举借债务应当控制适当的规模，保持合理的结构。经国务院批准的省、自治区、直辖市的预算中必需的建设投资的部分资金，可以在国务院确定的限额内，通过发行地方政府债券的方式筹措。

1）应付短期政府债券

应付短期政府债券是指政府财政部门以政府名义发行的期限不超过1年（含1年）的

债券。

财政总预算会计应设置“应付短期政府债券”科目核算政府财政部门以政府名义发行的期限不超过1年（含1年）的国债和地方政府债券的应付本金和利息。本科目下应当设置“应付国债”“应付地方政府一般债券”“应付地方政府专项债券”等二级明细科目，在二级明细科目下，再分别设置“应付本金”“应付利息”明细科目，分别核算政府债券的应付本金和利息。债务管理部门应当设置相应的辅助账，详细记录每期政府债券的金额、种类、期限、发行日、到期日、票面利率、偿还本金及付息情况等。

应付短期政府债券在具体核算时，应当采用“双分录”的核算方法，同时确认举借债务所取得的收入和承担的债务，即一方面要确认发行债券取得的债务收入，另一方面要确认发行债券形成的债务。应付短期政府债券的主要账务处理如下：

（1）实际收到短期政府债券发行收入时，按照实际收到的金额，借记“国库存款”科目，按照短期政府债券的实际发行额，贷记“债务收入”科目，按照发行收入和发行额的差额，借记或贷记有关支出科目；根据债券发行确认文件等相关债券管理资料，按照到期应付的短期政府债券本金金额，借记“待偿债净资产——应付短期政府债券”科目，贷记本科目。

（2）期末确认短期政府债券的应付利息时，根据债务管理部门计算出的本期应付未付利息金额，借记“待偿债净资产——应付短期政府债券”科目，贷记本科目。

（3）实际支付本级政府财政承担的短期政府债券利息时，借记“一般公共预算本级支出”或“政府性基金预算本级支出”科目，贷记“国库存款”等科目；实际支付利息金额中属于已确认的应付利息部分，还应根据债券兑付确认文件等相关债券管理资料，借记本科目，贷记“待偿债净资产——应付短期政府债券”科目。

（4）实际偿还本级政府财政承担的短期政府债券本金时，借记“债务还本支出”科目，贷记“国库存款”等科目；根据债券兑付确认文件等相关债券管理资料，借记本科目，贷记“待偿债净资产——应付短期政府债券”科目。

（5）省级财政部门采用定向承销方式发行短期地方政府债券置换存量债务时，根据债权债务确认相关资料，按照置换本级政府存量债务的额度，借记“债务还本支出”科目，贷记“债务收入”科目；根据债务管理部门转来的相关资料，按照置换本级政府存量债务的额度，借记“待偿债净资产——应付短期政府债券”科目，贷记本科目。

应付短期政府债券期末为贷方余额，反映政府财政尚未偿还的短期政府债券的本金和利息。

【例4-121】某省财政发行6个月的专项政府债券筹措资金，面额2亿元，实际收到1.98亿元。财政总预算会计应编制如下会计分录：

（1）债券经招标发行，款项缴入国库时：

借：国库存款	198 000 000	
一般公共预算本级支出	2 000 000	
贷：债务收入——地方政府债务收入——专项债务收入		200 000 000

同时：

借：待偿债净资产——应付短期政府债券	200 000 000	

贷：应付短期政府债券——应付地方政府专项债券——应付本金　　200 000 000

（2）月末，确认本期短期政府债券的应付利息为400万元。

借：待偿债净资产——应付短期政府债券　　4 000 000

贷：应付短期政府债券——应付地方政府专项债券——应付利息　　4 000 000

（3）债券到期，偿还本金2亿元，支付利息2 400万元。

借：债务还本支出——地方政府债券还本——专项债务还本支出　　200 000 000

一般公共预算本级支出——国内债务付息　　24 000 000

贷：国库存款　　224 000 000

同时：

借：应付短期政府债券——应付地方政府专项债券——应付本金　　224 000 000

贷：待偿债净资产——应付短期政府债券　　224 000 000

2）应付长期政府债券

应付长期政府债券核算政府财政部门以政府名义发行的期限超过1年的国债和地方政府债券的应付本金和利息。

财政总预算会计设置"应付长期政府债券"科目核算政府财政部门以政府名义发行的期限超过1年的国债和地方政府债券的应付本金和利息。与"应付短期政府债券"一样，本科目下也应当设置"应付国债""应付地方政府一般债券""应付地方政府专项债券"等二级明细科目，在二级明细科目下，再分别设置"应付本金""应付利息"明细科目，分别核算政府债券的应付本金和利息。债务管理部门应当设置相应的辅助账，详细记录每期政府债券的金额、种类、期限、发行日、到期日、票面利率、偿还本金及付息情况等。与应付短期政府债券的核算一样，应付长期政府债券的核算也采用"双分录"的核算方法，其主要账务处理如下：

（1）实际收到长期政府债券发行收入时，按照实际收到的金额，借记"国库存款"科目，按照长期政府债券实际发行额，贷记"债务收入"科目，按照发行收入和发行额的差额，借记或贷记有关支出科目；根据债券发行确认文件等相关债券管理资料，按照到期应付的长期政府债券本金金额，借记"待偿债净资产——应付长期政府债券"科目，贷记本科目。

（2）期末确认长期政府债券的应付利息时，根据债务管理部门计算出的本期应付未付利息金额，借记"待偿债净资产——应付长期政府债券"科目，贷记本科目。

（3）实际支付本级政府财政承担的长期政府债券利息时，借记"一般公共预算本级支出"或"政府性基金预算本级支出"科目，贷记"国库存款"等科目；实际支付利息金额中属于已确认的应付利息部分，还应根据债券兑付确认文件等相关债券管理资料，借记本科目，贷记"待偿债净资产——应付长期政府债券"科目。

（4）实际偿还本级政府财政承担的长期政府债券本金时，借记"债务还本支出"科目，贷记"国库存款"等科目；根据债券兑付确认文件等相关债券管理资料，借记本科目，贷记"待偿债净资产——应付长期政府债券"科目。

（5）本级政府财政偿还下级政府财政承担的地方政府债券本息时，借记“其他应付款”或“其他应收款”科目，贷记“国库存款”科目；根据债券兑付确认文件等相关债券管理资料，按照实际偿还的长期政府债券本金及已确认的应付利息金额，借记本科目，贷记“待偿债净资产——应付长期政府债券”科目。

（6）省级财政部门采用定向承销方式发行长期地方政府债券置换存量债务时，根据债权债务确认的相关资料，按照置换本级政府存量债务的额度，借记“债务还本支出”科目，按照置换下级政府存量债务的额度，借记“债务转贷支出”科目，按照置换存量债务的总额度，贷记“债务收入”科目；根据债务管理部门转来的相关资料，按照置换存量债务的总额度，借记“待偿债净资产——应付长期政府债券”科目，贷记本科目。同时，按照置换下级政府存量债务额度，借记“应收地方政府债券转贷款”科目，贷记“资产基金——应收地方政府债券转贷款”科目。

本科目期末为贷方余额，反映政府财政尚未偿还的长期政府债券的本金和利息。

【例4-122】某省财政偿还所属某市政府财政承担的地方政府长期债券本息1.12亿元，其中本金1亿元，利息0.12亿元。财政总预算会计应编制如下会计分录：

借：其他应收款　　112 000 000

　贷：国库存款　　112 000 000

借：应付长期政府债券——应付地方政府一般债券——应付本金　　100 000 000

　　——应付地方政府一般债券——应付利息　　12 000 000

　贷：待偿债净资产——应付长期政府债券　　112 000 000

【例4-123】某省财政部门以定向承销方式发行长期地方政府债券，用于置换本级政府存量债务600亿元，下级政府存量债务300亿元。财政总预算会计应编制如下会计分录：

借：债务还本支出　　60 000 000 000

　　债务转贷支出　　30 000 000 000

　贷：债务收入　　90 000 000 000

借：待偿债净资产——应付长期政府债券　　90 000 000 000

　贷：应付长期政府债券　　90 000 000 000

借：应收地方政府债券转贷款　　30 000 000 000

　贷：资产基金——应收地方政府债券转贷款　　30 000 000 000

4.5.3　借入款项

借入款项是指政府财政部门以政府名义向外国政府、国际金融组织等借入的款项，以及通过经国务院批准的其他方式借款形成的负债。财政总预算会计设置“借入款项”科目，采用双分录方法核算借入款项的本金和利息，“借入款项”科目下应当设置“应付本金”“应付利息”明细科目，分别对借入款项的应付本金和利息进行明细核算，还应当按照债权人进行明细核算。借入款项的主要账务处理如下：

1）借入主权外债的账务处理

（1）本级政府财政收到借入的主权外债资金时，借记“其他财政存款”科目，贷记

“债务收入”科目；根据债务管理部门转来的相关资料，按照实际承担的债务金额，借记“待偿债净资产——借入款项”科目，贷记本科目。

（2）本级政府财政借入主权外债，且由外方将贷款资金直接支付给用款单位或供应商时，应根据借款使用单位及借款还款责任人的情况分别处理：

①本级政府财政承担还款责任，贷款资金由本级政府财政同级部门（单位）使用的，本级政府财政部门根据贷款资金支付的相关资料，借记“一般公共预算本级支出”等科目，贷记“债务收入”科目；根据债务管理部门转来的相关资料，按照实际承担的债务金额，借记“待偿债净资产——借入款项”科目，贷记本科目。

②本级政府财政承担还款责任，贷款资金由下级政府财政同级部门（单位）使用的，本级政府财政部门根据贷款资金支付的相关资料及预算指标文件，借记“补助支出”科目，贷记“债务收入”科目；根据债务管理部门转来的相关资料，按照实际承担的债务金额，借记“待偿债净资产——借入款项”科目，贷记本科目。

③下级政府财政承担还款责任，贷款资金由下级政府财政同级部门（单位）使用的，本级政府财政部门根据贷款资金支付的相关资料，借记“债务转贷支出”科目，贷记“债务收入”科目；根据债务管理部门转来的相关资料，按照实际承担的债务金额，借记“待偿债净资产——借入款项”科目，贷记本科目；同时，借记“应收主权外债转贷款”科目，贷记“资产基金——应收主权外债转贷款”科目。

（3）期末确认借入主权外债的应付利息时，根据债务管理部门计算出的本期应付未付的利息金额，借记“待偿债净资产——借入款项”科目，贷记本科目。

（4）偿还本级政府财政承担的借入主权外债本金时，借记“债务还本支出”科目，贷记“国库存款”“其他财政存款”等科目；根据债务管理部门转来的相关资料，按照实际偿还的本金金额，借记本科目，贷记“待偿债净资产——借入款项”科目。

（5）偿还本级政府财政承担的借入主权外债利息时，借记“一般公共预算本级支出”等科目，贷记“国库存款”“其他财政存款”等科目；实际偿还利息金额中属于已确认的应付利息部分，还应根据债务管理部门转来的相关资料，借记本科目，贷记“待偿债净资产——借入款项”科目。

（6）偿还下级政府财政承担的借入主权外债的本息时，借记“其他应付款”或“其他应收款”科目，贷记“国库存款”“其他财政存款”等科目；根据债务管理部门转来的相关资料，按照实际偿还的本金及已确认的应付利息金额，借记本科目，贷记“待偿债净资产——借入款项”科目。

（7）被上级政府财政扣缴借入主权外债的本息时，借记“其他应收款”科目，贷记“与上级往来”科目；根据债务管理部门转来的相关资料，按照实际扣缴的本金及已确认的应付利息金额，借记本科目，贷记“待偿债净资产——借入款项”科目。列报支出时，对应由本级政府财政承担的还本支出，借记“债务还本支出”科目，贷记“其他应收款”科目；对应由本级政府财政承担的利息支出，借记“一般公共预算本级支出”等科目，贷记“其他应收款”科目。

（8）债权人豁免本级政府财政承担偿还责任的借入主权外债本息时，根据债务管理部门转来的相关资料，按照被豁免的本金及已确认的应付利息金额，借记本科目，贷记“待偿债净资产——借入款项”科目。

（9）债权人豁免下级政府财政承担偿还责任的借入主权外债本息时，根据债务管理部门转来的相关资料，按照被豁免的本金及已确认的应付利息金额，借记本科目，贷记“待偿债净资产——借入款项”科目；同时，借记“资产基金——应收主权外债转贷款”科目，贷记“应收主权外债转贷款”科目。

2）其他借入款项的账务处理

其他借入款项的账务处理参照借入主权外债业务的账务处理。

【例4-124】某省政府财政从欧盟借入外债资金，折合人民币金额为100亿元，款项已经存入财政专户。年末，财政核算的该主权外债的年度利息为2亿元。5年后该主权外债到期，省政府财政偿还了借款本金100亿元。财政总预算会计应编制如下会计分录：

（1）收到主权外债资金时：

借：其他财政存款	10 000 000 000	
贷：债务收入——国外债务收入		10 000 000 000
同时：		
借：待偿债净资产——借入款项	10 000 000 000	
贷：借入款项——应付本金——欧盟		10 000 000 000

（2）年末，确认借入主权外债的年度应付利息时：

借：待偿债净资产——借入款项	200 000 000	
贷：借入款项——应付利息——欧盟		200 000 000

（3）支付借入主权外债年度利息时：

借：一般公共预算本级支出	200 000 000	
贷：国库存款		200 000 000
同时：		
借：借入款项——应付利息——欧盟	200 000 000	
贷：待偿债净资产——借入款项		200 000 000

（4）到期偿还借入主权外债本金时：

借：债务还本支出	10 000 000 000	
贷：国库存款		10 000 000 000
同时：		
借：借入款项——应付本金——欧盟	10 000 000 000	
贷：待偿债净资产——借入款项		10 000 000 000

4.5.4 应付转贷款

应付转贷款是指地方政府财政向上级政府财政借入转贷资金而形成的负债，包括应付地方政府债券转贷款和应付主权外债转贷款等。

1）应付地方政府债券转贷款

为核算地方政府财政从上级政府财政借入的地方政府债券转贷款的本金和利息，财政总预算会计应设置“应付地方政府债券转贷款”科目，该科目应设置“应付地方政府—

般债券转贷款”和“应付地方政府专项债券转贷款”二级明细科目，在二级明细科目下再分别设置“应付本金”和“应付利息”两个明细科目，分别对应付本金和利息进行明细核算。

本级政府财政的“应付地方政府债券转贷款”科目与上级政府财政的“应收地方政府债券转贷款”科目相对应，其核算流程也基本一致。应付地方政府债券转贷款的主要账务处理如下：

（1）收到上级政府财政转贷的地方政府债券资金时，借记“国库存款”科目，贷记“债务转贷收入”科目；根据债务管理部门转来的相关资料，按照到期应偿还的转贷款本金金额，借记“待偿债净资产——应付地方政府债券转贷款”科目，贷记本科目。

（2）期末确认地方政府债券转贷款的应付利息时，根据债务管理部门计算出的本期应付未付利息金额，借记“待偿债净资产——应付地方政府债券转贷款”科目，贷记本科目。

（3）偿还本级政府财政承担的地方政府债券转贷款本金时，借记“债务还本支出”科目，贷记“国库存款”等科目；根据债务管理部门转来的相关资料，按照实际偿还的本金金额，借记本科目，贷记“待偿债净资产——应付地方政府债券转贷款”科目。

（4）偿还本级政府财政承担的地方政府债券转贷款的利息时，借记“一般公共预算本级支出”或“政府性基金预算本级支出”科目，贷记“国库存款”等科目；实际支付利息金额中属于已确认的应付利息部分，还应根据债务管理部门转来的相关资料，借记本科目，贷记“待偿债净资产——应付地方政府债券转贷款”科目。

（5）偿还下级政府财政承担的地方政府债券转贷款的本息时，借记“其他应付款”或“其他应收款”科目，贷记“国库存款”等科目；根据债务管理部门转来的相关资料，按照实际偿还的本金及已确认的应付利息金额，借记本科目，贷记“待偿债净资产——应付地方政府债券转贷款”科目。

（6）被上级政府财政扣缴地方政府债券转贷款本息时，借记“其他应收款”科目，贷记“与上级往来”科目；根据债务管理部门转来的相关资料，按照实际扣缴的本金及已确认的应付利息金额，借记本科目，贷记“待偿债净资产——应付地方政府债券转贷款”科目。列报支出时，对本级政府财政承担的还本支出，借记“债务还本支出”科目，贷记“其他应收款”科目；对本级政府财政承担的利息支出，借记“一般公共预算本级支出”或“政府性基金预算本级支出”科目，贷记“其他应收款”科目。

（7）采用定向承销方式发行地方政府债券置换存量债务时，省级以下（不含省级）财政部门根据上级财政部门提供的债权债务确认的相关资料，按照置换本级政府存量债务的额度，借记“债务还本支出”科目，按照置换下级政府存量债务的额度，借记“债务转贷支出”科目，按照置换存量债务的总额度，贷记“债务转贷收入”科目；根据债务管理部门转来的相关资料，按照置换存量债务的总额度，借记“待偿债净资产——应付地方政府债券转贷款”科目，贷记本科目。同时，按照置换下级政府存量债务额度，借记“应收地方政府债券转贷款”科目，贷记“资产基金——应收地方政府债券转贷款”科目。

应付地方政府债券转贷款期末为贷方余额，反映本级政府财政尚未偿还的地方政府债券转贷款的本金和利息。

【例4-125】某省财政发行一批地方政府一般债券3亿元，用于向所属市财政转贷，用以支持该市的公共基础设施投资建设。该转贷款项每年的利息费用为400万元，转贷期限为3年，每年付息一次，到期还本。财政总预算会计应编制如下会计分录：

（1）市财政收到上级省财政转贷的地方政府债券资金时：

借：国库存款　　300 000 000

　贷：债务转贷收入——地方政府一般债务转贷收入　　300 000 000

同时：

借：待偿债净资产——应付地方政府债券转贷款　　300 000 000

　贷：应付地方政府债券转贷款——应付地方政府一般债券转贷款——应付本金　　300 000 000

（2）每年确认省政府财政债券转贷款的利息费用时：

借：待偿债净资产——应付地方政府债券转贷款　　4 000 000

　贷：应付地方政府债券转贷款——应付地方政府一般债券转贷款——应付利息　　4 000 000

（3）支付由市财政负担的省债券转贷款利息时：

借：一般公共预算本级支出　　4 000 000

　贷：国库存款　　4 000 000

同时：

借：应付地方政府债券转贷款——应付地方政府一般债券转贷款——应付利息　　4 000 000

　贷：待偿债净资产——应付地方政府债券转贷款　　4 000 000

（4）偿还由市财政负担的省债券转贷款本金时：

借：债务还本支出——地方政府债券还本　　300 000 000

　贷：国库存款　　300 000 000

同时：

借：应付地方政府债券转贷款——应付地方政府一般债券转贷款——应付本金　　300 000 000

　贷：待偿债净资产——应付地方政府债券转贷款　　300 000 000

2）应付主权外债转贷款

为核算本级政府财政从上级政府财政借入的主权外债转贷款的本金和利息，财政总预算会计应设置“应付主权外债转贷款”科目，该科目应当设置“应付本金”和“应付利息”两个明细科目，分别对应付本金和利息进行明细核算。应付主权外债转贷款的账务处理与应付地方政府债券转贷款基本相同，且本级政府财政的“应付主权外债转贷款”科目与上级政府财政的“应收主权外债转贷款”科目相对应，其核算流程也基本一致。其主要账务处理如下：

（1）收到上级政府财政转贷的主权外债资金时，借记“其他财政存款”科目，贷记

“债务转贷收入”科目；根据债务管理部门转来的相关资料，按照实际承担的债务金额，借记“待偿债净资产——应付主权外债转贷款”科目，贷记本科目。

（2）从上级政府财政借入主权外债转贷款，且由外方将贷款资金直接支付给用款单位或供应商时，应根据以下情况分别处理：

①本级政府财政承担还款责任，贷款资金由本级政府财政同级部门（单位）使用的，本级政府财政根据贷款资金支付的相关资料，借记“一般公共预算本级支出”等科目，贷记“债务转贷收入”科目；根据债务管理部门转来的相关资料，按照实际承担的债务金额，借记“待偿债净资产——应付主权外债转贷款”科目，贷记本科目。

②本级政府财政承担还款责任，贷款资金由下级政府财政同级部门（单位）使用的，本级政府财政部门根据贷款资金支付的相关资料及预算指标文件，借记“补助支出”科目，贷记“债务转贷收入”科目；根据债务管理部门转来的相关资料，按照实际承担的债务金额，借记“待偿债净资产——应付主权外债转贷款”科目，贷记本科目。

③下级政府财政承担还款责任，贷款资金由下级政府财政同级部门（单位）使用的，本级政府财政部门根据贷款资金支付的相关资料，借记“债务转贷支出”科目，贷记“债务转贷收入”；根据债务管理部门转来的相关资料，按照实际承担的债务金额，借记“待偿债净资产——应付主权外债转贷款”科目，贷记本科目；同时，借记“应收主权外债转贷款”科目，贷记“资产基金——应收主权外债转贷款”科目。

（3）期末确认主权外债转贷款的应付利息时，按照债务管理部门计算出的本期应付未付利息金额，借记“待偿债净资产——应付主权外债转贷款”科目，贷记本科目。

（4）偿还本级政府财政承担的借入主权外债转贷款的本金时，借记“债务还本支出”科目，贷记“其他财政存款”等科目；根据债务管理部门转来的相关资料，按照实际偿还的本金金额，借记本科目，贷记“待偿债净资产——应付主权外债转贷款”科目。

（5）偿还本级政府财政承担的借入主权外债转贷款的利息时，借记“一般公共预算本级支出”等科目，贷记“其他财政存款”等科目；实际偿还利息金额中属于已确认的应付利息部分，还应根据债务管理部门转来的相关资料，借记本科目，贷记“待偿债净资产——应付主权外债转贷款”科目。

（6）偿还下级政府财政承担的借入主权外债转贷款的本息时，借记“其他应付款”或“其他应收款”科目，贷记“其他财政存款”等科目；根据债务管理部门转来的相关资料，按照实际偿还的本金及已确认的应付利息金额，借记本科目，贷记“待偿债净资产——应付主权外债转贷款”科目。

（7）被上级政府财政扣缴借入主权外债转贷款的本息时，借记“其他应收款”科目，贷记“与上级往来”科目；根据债务管理部门转来的相关资料，按照被扣缴的本金及已确认的应付利息金额，借记本科目，贷记“待偿债净资产——应付主权外债转贷款”科目。列报支出时，对本级政府财政承担的还本支出，借记“债务还本支出”科目，贷记“其他应收款”科目；对本级政府财政承担的利息支出，借记“一般公共预算本级支出”等科目，贷记“其他应收款”科目。

（8）上级政府财政豁免主权外债转贷款本息时，根据以下情况分别处理：

①豁免本级政府财政承担偿还责任的主权外债转贷款本息时，根据债务管理部门转来

的相关资料，按照豁免转贷款的本金及已确认的应付利息金额，借记本科目，贷记“待偿债净资产——应付主权外债转贷款”科目。

②豁免下级政府财政承担偿还责任的主权外债转贷款本息时，根据债务管理部门转来的相关资料，按照豁免转贷款的本金及已确认的应付利息金额，借记本科目，贷记“待偿债净资产——应付主权外债转贷款”科目；同时，借记“资产基金——应收主权外债转贷款”科目，贷记“应收主权外债转贷款”科目。

应付主权外债转贷款期末为贷方余额，反映本级政府财政尚未偿还的主权外债转贷款的本金和利息。

【例4-126】某省财政收到中央政府财政转贷的主权外债资金5亿元，用于该省范围内的公共基础设施建设。该项贷款期限为5年，每年利息费用为100万元。财政总预算会计应编制如下会计分录：

（1）省财政收到转贷的主权外债资金时：

借：其他财政存款　500 000 000

　贷：债务转贷收入　500 000 000

同时：

借：待偿债净资产——应付主权外债转贷款　500 000 000

　贷：应付主权外债转贷款——应付本金　500 000 000

（2）省财政每年确认该主权外债的利息费用100万元时：

借：待偿债净资产——应付主权外债转贷款　1 000 000

　贷：应付主权外债转贷款——应付利息　1 000 000

（3）省财政按时支付主权外债转贷款利息时：

借：一般公共预算本级支出　1 000 000

　贷：其他财政存款　1 000 000

同时：

借：应付主权外债转贷款——应付利息　1 000 000

　贷：待偿债净资产——应付主权外债转贷款　1 000 000

（4）主权外债到期，如果省财政未能按时偿还该转贷款本金，被中央政府扣缴时：

借：其他应收款　500 000 000

　贷：与上级往来　500 000 000

同时：

借：应付主权外债转贷款——应付本金　500 000 000

　贷：待偿债净资产——应付主权外债转贷款　500 000 000

（5）列报债务还本支出时：

借：债务还本支出　500 000 000

　贷：其他应收款　500 000 000

4.5.5 其他负债

其他负债是指政府财政因有关政策明确要求其承担支出责任的事项而形成的应付未付款项。

为核算其他负债业务，财政总预算会计应设置“其他负债”科目，本科目应当按照债权单位和项目等进行明细核算。其他负债的主要账务处理如下：

（1）有关政策已明确政府财政承担的支出责任，按照确定应承担的负债金额，借记“待偿债净资产”科目，贷记本科目。

（2）实际偿还负债时，借记有关支出等科目，贷记“国库存款”等科目，同时，按照相同的金额，借记本科目，贷记“待偿债净资产”科目。

其他负债一般为贷方余额，反映政府财政承担的尚未支付的其他负债余额。

【例4-127】依据国家新发布的政策，某市财政应对其海底隧道建设单位的贷款所欠尾款200万元承担偿还责任。财政总预算会计应编制如下会计分录：

（1）确认应承担贷款责任时：

借：待偿债净资产	2 000 000	
贷：其他负债		2 000 000

（2）实际偿还时：

借：一般公共预算本级支出	2 000 000	
贷：国库存款		2 000 000

同时：

借：其他负债	2 000 000	
贷：待偿债净资产		2 000 000

4.5.6 已结报支出

已结报支出是政府财政国库支付执行机构已清算的国库集中支付支出数额。财政总预算会计应设置“已结报支出”科目核算该业务。财政国库支付执行机构未单设的地区，不使用该科目。已结报支出的主要账务处理有：

（1）每日汇总清算后，财政国库支付执行机构会计根据有关划款凭证回执联和按部门分“类”“款”“项”汇总的《预算支出结算清单》，对财政直接支付，借记“财政零余额账户存款”科目，贷记本科目；对财政授权支付，借记“一般公共预算本级支出”“政府性基金预算本级支出”“国有资本经营预算本级支出”等科目，贷记本科目。

（2）年终财政国库支付执行机构按照累计结清的支出金额，与有关方面核对一致后转账时，借记本科目，贷记“一般公共预算本级支出”“政府性基金预算本级支出”“国有资本经营预算本级支出”等科目。

“已结报支出”科目年终转账后无余额。

4.6 财政总预算会计的净资产

在财政总预算会计中，净资产是政府财政资产减去负债后的差额。财政总预算会计核算的净资产包括一般公共预算结转结余、政府性基金预算结转结余、国有资本经营预算结转结余、财政专户管理资金结余、专用基金结余、预算稳定调节基金、预算周转金、资产基金和待偿债净资产。上述净资产可以分为三大类：结转结余、预算周转金和预算稳定调节基金、资产基金和待偿债净资产。

4.6.1　结转结余

1）结转结余的概念与分类

结转结余是政府各种性质财政资金的收支执行结果，数额上等于预算年度内财政性资金收入与支出相抵后的余额及历年滚存的资金余额。

结转结余按资金的性质划分，分为预算资金结转结余和其他财政资金结余。其中，预算资金结转结余，是预算资金收支相抵后形成的资金余额，包括一般公共预算结转结余、政府性基金预算结转结余、国有资本经营预算结转结余；其他财政资金结余，是财政管理的资金收支相抵后形成的资金余额，包括财政专户管理资金结余、专用基金结余。

结转结余资金按管理要求划分，分为结转资金和结余资金。其中，结转资金，是指当年预算已执行但未完成，或者因故未执行，下一年度需要按照原用途继续使用的资金；结余资金，是指当年预算工作目标已完成，或者因故终止，当年剩余的资金。

2）结转结余的核算

（1）一般公共预算结转结余

一般公共预算结转结余是指一般公共预算收支的执行结果。财政总预算会计应设置“一般公共预算结转结余”科目核算一般公共预算收支相抵后形成的结转结余。一般公共预算结转结余的主要账务处理如下：

①年终转账时，将一般公共预算的有关收入科目贷方余额转入本科目的贷方，借记“一般公共预算本级收入”“补助收入——一般公共预算补助收入”“上解收入——一般公共预算上解收入”“地区间援助收入”“调入资金——一般公共预算调入资金”“债务收入——一般债务收入”“债务转贷收入——地方政府一般债务转贷收入”“动用预算稳定调节基金”等科目，贷记本科目；将一般公共预算的有关支出科目借方余额转入本科目的借方，借记本科目，贷记“一般公共预算本级支出”“上解支出——一般公共预算上解支出”“补助支出——一般公共预算补助支出”“地区间援助支出”“调出资金——一般公共预算调出资金”“安排预算稳定调节基金”“债务转贷支出——地方政府一般债务转贷支出”“债务还本支出——一般债务还本支出”等科目。

②设置和补充预算周转金时，借记本科目，贷记“预算周转金”科目。

“一般公共预算结转结余”科目年终为贷方余额，反映一般公共预算收支相抵后的滚存结转结余。

（2）政府性基金预算结转结余

政府性基金预算结转结余是指政府性基金预算收支的执行结果。财政总预算会计应设置“政府性基金预算结转结余”科目核算政府财政纳入政府性基金预算管理的收支相抵形成的结转结余。本科目应当根据管理需要，按照政府性基金的种类进行明细核算。政府性基金预算结转结余的主要账务处理如下：

年终转账时，应将政府性基金预算的有关收入科目贷方余额按照政府性基金种类分别转入本科目下相应明细科目的贷方，借记“政府性基金预算本级收入”“补助收入——政府性基金预算补助收入”“上解收入——政府性基金预算上解收入”“调入资金——政府性基金预算调入资金”“债务收入——专项债务收入”“债务转贷收入——地方政府专项债务转贷收入”等科目，贷记本科目；将政府性基金预算的有关支出科目借方余额按照政府性基金种类分别转入本科目下相应明细科目的借方，借记本科目，贷记“政府性基金预算本级支出”“上解支出——政府性基金预算上解支出”“补助支出——政府性基金预算补助支出”“调出资金——政府性基金预算调出资金”“债务还本支出——专项债务还本支出”“债务转贷支出——地方政府专项债务转贷支出”等科目。

“政府性基金预算结转结余”科目年终为贷方余额，反映政府性基金预算收支相抵后的滚存结转结余。

（3）国有资本经营预算结转结余

国有资本经营预算结转结余是指国有资本经营预算收支的执行结果。财政总预算会计应设置“国有资本经营预算结转结余”科目核算国有资本经营预算收支相抵后形成的结转结余。国有资本经营预算结转结余的主要账务处理如下：

年终转账时，应将国有资本经营预算的有关收入科目贷方余额转入本科目贷方，借记“国有资本经营预算本级收入”等科目，贷记本科目；将国有资本经营预算的有关支出科目借方余额转入本科目借方，借记本科目，贷记“国有资本经营预算本级支出”“调出资金——国有资本经营预算调出资金”等科目。

“国有资本经营预算结转结余”科目一般为贷方余额，反映国有资本经营预算收支相抵后的滚存结转结余。

（4）财政专户管理资金结余

财政专户管理资金结余是指纳入财政专户管理的教育收费等资金收支的执行结果。财政总预算会计应设置“财政专户管理资金结余”科目核算政府财政纳入财政专户管理的教育收费等资金收支相抵后形成的结余。本科目应当根据管理需要，按照部门（单位）等进行明细核算。本科目的主要账务处理如下：

年终转账时，将财政专户管理资金的有关收入科目贷方余额转入本科目贷方，借记“财政专户管理资金收入”等科目，贷记本科目；将财政专户管理资金的有关支出科目借方余额转入本科目借方，借记本科目，贷记“财政专户管理资金支出”等科目。

“财政专户管理资金结余”科目一般年终为贷方余额，反映政府财政纳入财政专户管理的资金收支相抵后的滚存结余。

（5）专用基金结余

专用基金结余是指专用基金收支的执行结果。财政总预算会计应设置“专用基金结余”科目核算政府财政管理的专用基金收支相抵后形成的结余。本科目应当根据专用基金的种类进行明细核算。专用基金结余的主要账务处理如下：

年终转账时，将专用基金的有关收入科目贷方余额转入本科目贷方，借记“专用基金收入”等科目，贷记本科目；将专用基金的有关支出科目借方余额转入本科目借方，借记本科目，贷记“专用基金支出”等科目。

“专用基金结余”科目一般年终为贷方余额，反映政府财政管理的专用基金收支相抵后的滚存结余。

以上各项结转结余的账务处理在本章收入、支出的核算中大多已经涉及，在此不再一一举例。

各项结转结余的具体内容及其与收入、支出的对应关系见表4-2。

表4-2　**财政总预算会计结转结余及其与收入、支出的对应关系**

资金性质	类别	收入类科目	支出类科目
预算资金	一般公共预算结转结余	一般公共预算本级收入	一般公共预算本级支出
		债务收入——一般债务收入	债务还本支出——一般债务还本支出
		补助收入——一般公共预算补助收入	补助支出——一般公共预算补助支出
		上解收入——一般公共预算上解收入	上解支出——一般公共预算上解支出
		调入资金——一般公共预算调入资金	调出资金——一般公共预算调出资金
		债务转贷收入——地方政府一般债务转贷收入	债务转贷支出——地方政府一般债务转贷支出
		地区间援助收入	地区间援助支出
		动用预算稳定调节基金	安排预算稳定调节基金
	政府性基金预算结转结余	政府性基金预算本级收入	政府性基金预算本级支出
		补助收入——政府性基金预算补助收入	补助支出——政府性基金预算补助支出
		上解收入——政府性基金预算上解收入	上解支出——政府性基金预算上解支出
		调入资金——政府性基金预算调入资金	调出资金——政府性基金预算调出资金
		债务收入——专项债务收入	债务还本支出——专项债务还本支出
		债务转贷收入——地方政府专项债务转贷收入	债务转贷支出——地方政府专项债务转贷支出
	国有资本经营预算结转结余	国有资本经营预算本级收入	国有资本经营预算本级支出
			调出资金——国有资本经营预算调出资金
其他财政资金	专用基金结余	专用基金收入	专用基金支出
	财政专户管理资金结余	财政专户管理资金收入	财政专户管理资金支出

【例4-128】某市财政局2016年年终结账前各收支类科目余额见表4-3．结转有关收入支出类科目。

表4-3 **年终结账前收入支出类科目余额表** 单位：万元

收入类科目	余额	支出类科目	余额
一般公共预算本级收入	46 500	一般公共预算本级支出	38 500
政府性基金预算本级收入	18 000	政府性基金预算本级支出	14 500
国有资本经营预算本级收入	3 680	国有资本经营预算本级支出	3 650
专用基金收入	1 250	专用基金支出	800
财政专户管理资金收入	1 810	财政专户管理资金支出	1 760
补助收入	4 500	补助支出	3 000
其中：一般公共预算补助收入	3 000	其中：一般公共预算补助支出	1 800
政府性基金预算补助收入	1 500	政府性基金预算补助支出	1 200
上解收入	2 800	上解支出	7 500
其中：一般公共预算上解收入	2 800	其中：一般公共预算补助支出	7 500
政府性基金预算上解收入	0	政府性基金预算补助支出	0
调入资金	1 000	调出资金	1 000
其中：一般公共预算调入资金	1 000	其中：一般公共预算调出资金	0
政府性基金预算调入资金	0	政府性基金预算调出资金	1 000
		国有资本经营预算调出资金	0
债务收入	2 000	债务还本支出	1 500
其中：一般债务收入	1 200	其中 一般债务还本支出	1 000
专项债务收入	800	专项债务还本支出	500
债务转贷收入	0	债务转贷支出	1 000
其中：地方政府一般债务转贷收入	0	其中：地方政府一般债务转贷支出	600
地方政府专项债务转贷收入	0	地方政府专项债务转贷支出	400
地区间援助收入	0	地区间援助支出	300
动用预算稳定调节基金	0	安排预算稳定调节基金	200
合 计	81 540		73 710

可以先将表4-3中收入支出类科目余额过入表4-2中，具体结果见表4-4。

表4-4　**财政总预算会计结转结余及其与收入支出的对应关系**　单位：万元

资金性质	类别	收入类账户	金额	支出类账户	金额
预算资金	一般公共预算结转结余	一般公共预算本级收入	46 500	一般公共预算本级支出	38 500
		债务收入——一般债务收入	1 200	债务还本支出——一般债务还本支出	1 000
		补助收入——一般公共预算补助收入	3 000	补助支出——一般公共预算补助支出	1 800
		上解收入——一般公共预算上解收入	2 800	上解支出——一般公共预算上解支出	7 500
		调入资金——一般公共预算调入资金	1 000	调出资金——一般公共预算调出资金	
		债务转贷收入——地方政府一般债务转贷收入	0	债务转贷支出——地方政府一般债务转贷支出	600
		地区间援助收入	0	地区间援助支出	300
		动用预算稳定调节基金	0	安排预算稳定调节基金	200
		合　计	54 500	合　计	49 900
	政府性基金预算结转结余	政府性基金预算本级收入	18 000	政府性基金预算本级支出	14 500
		补助收入——政府性基金预算补助收入	1 500	补助支出——政府性基金预算补助支出	1 200
		上解收入——政府性基金预算上解收入	0	上解支出——政府性基金预算上解支出	0
		调入资金——政府性基金预算调入资金	0	调出资金——政府性基金预算调出资金	1 000
		债务收入——专项债务收入	800	债务还本支出——专项债务还本支出	500
		债务转贷收入——地方政府专项债务转贷收入	0	债务转贷支出——地方政府专项债务转贷支出	400
		合　计	20 300	合　计	17 600
	国有资本经营预算结转结余	国有资本经营预算本级收入	3 680	国有资本经营预算本级支出	3 650
				调出资金——国有资本经营预算调出资金	0
		合　计	3 680	合　计	3 650
其他财政资金	专用基金结余	专用基金收入	1 250	专用基金支出	800
	财政专户管理资金结余	财政专户管理资金收入	1 810	财政专户管理资金支出	1 760
总　计			81 540	总　计	73 710

账务处理如下：

（1）结转一般公共预算结转结余：

借：一般公共预算本级收入	465 000 000	
补助收入——一般公共预算补助收入	30 000 000	
上解收入——一般公共预算上解收入	28 000 000	
调入资金——一般公共预算调入资金	10 000 000	
债务收入——一般债务收入	12 000 000	
贷：一般公共预算本级支出		385 000 000
补助支出——一般公共预算补助支出		18 000 000
上解支出——一般公共预算上解支出		75 000 000
债务还本支出——一般债务还本支出		10 000 000
债务转贷支出——地方政府一般债务转贷支出		6 000 000
地区间援助支出		3 000 000
安排预算稳定调节基金		2 000 000
一般公共预算结转结余		46 000 000

（2）结转政府性基金预算结转结余：

借：政府性基金预算本级收入	180 000 000	
补助收入——政府性基金预算补助收入	15 000 000	
债务收入——专项债务收入	8 000 000	
贷：政府性基金预算本级支出		145 000 000
补助支出——政府性基金预算补助支出		12 000 000
调出资金——政府性基金预算调出资金		10 000 000
债务还本支出——专项债务还本支出		5 000 000
债务转贷支出——地方政府专项债务转贷支出		4 000 000
政府性基金预算结转结余		27 000 000

（3）结转国有资本经营预算结转结余：

借：国有资本经营预算本级收入	36 800 000	
贷：国有资本经营预算本级支出		36 500 000
国有资本经营预算结转结余		300 000

（4）结转专用基金结余：

借：专用基金收入	12 500 000	
贷：专用基金支出		8 000 000
专用基金结余		4 500 000

（5）结转财政专户管理资金结余：

借：财政专户管理资金收入	18 100 000	
贷：财政专户管理资金支出		17 600 000
财政专户管理资金结余		500 000

4.6.2 预算周转金与预算稳定调节基金

按照《中华人民共和国预算法》第四章第四十一条的规定，各级一般公共预算按照国务院的规定可以设置预算周转金和预算稳定调节基金，其中预算周转金用于本级政府调剂预算年度内季节性收支差额，预算稳定调节基金用于弥补以后年度预算资金的不足。

1）预算周转金

预算周转金是指政府财政为调剂预算年度内季节性收支差额，保证及时用款而设置的库款周转资金。

各级政府财政支出中的基本支出在年度各个月份大致均匀发生，项目支出通常按照项目进度安排拨付财政资金，因此项目支出在年度内各个月份之间可能不是均匀发生的。各级政府财政收入的取得与国民经济运行情况相关，在经济运行良好的月份或季度，财政收入较多，反之则较少。因此，在预算的执行过程中可能会出现季度或月份间收支不平衡的现象。为确保年度内各个月份的政府各项活动按计划正常运行，财政部门需要设置一定的预算周转资金，用于随时弥补预算资金的不足。

预算周转金主要有两个来源渠道：一是用年度一般公共预算结转结余资金设置或补充；二是由上级财政部门拨入。

预算周转金只能用于平衡预算，不能用于安排其他财政支出。预算周转金的数额，要与年度预算收支的数额相适应，保持一个相对稳定的额度。预算周转金存入国库存款账户，不单独设置存款户。如果“国库存款”余额小于“预算周转金”数额，表明已动用预算周转金。

为了核算各级财政部门的预算周转金，财政总预算会计应设置“预算周转金”科目，本账户不设置明细账。该科目贷方登记设置数或补充数，借方一般无发生额（除非上级财政部门的抽调或核减）。该科目的主要账务处理如下：

（1）设置和补充预算周转金时，借记“一般公共预算结转结余”科目，贷记本科目。

（2）将预算周转金调入预算稳定调节基金时，借记本科目，贷记“预算稳定调节基金”科目。

本科目期末为贷方余额，反映预算周转金的规模。

【例4-129】年终，根据预算法的规定，某市财政用一般公共预算结转结余650 000元补充预算周转金。财政总预算会计应编制如下会计分录：

借：一般公共预算结转结余	650 000	
贷：预算周转金		650 000

【例4-130】年终，某市财政将一部分预算周转金调入预算稳定调节基金，调入金额为200 000元。财政总预算会计应编制如下会计分录：

借：预算周转金	200 000	
贷：预算稳定调节基金		200 000

2）预算稳定调节基金

预算稳定调节基金是指政府财政安排用于弥补以后年度预算资金不足的储备资金。预算稳定调节基金有两个来源渠道：一是用超预算收入的资金安排；二是从预算周转金中调入。

为核算预算稳定调节基金业务，财政总预算会计应设置“预算稳定调节基金”总账科目。预算稳定调节基金的主要账务处理如下：

（1）使用超收收入或一般公共预算结余补充预算稳定调节基金时，借记“安排预算稳定调节基金”科目，贷记本科目。

（2）将预算周转金调入预算稳定调节基金时，借记“预算周转金”科目，贷记本科目。

（3）调用预算稳定调节基金时，借记本科目，贷记“动用预算稳定调节基金”科目。

本科目期末为贷方余额，反映预算稳定调节基金的规模。

【例4-131】某市财政根据预算执行情况，决定将一部分超收收入安排预算稳定调节基金，安排金额为200 000元。财政总预算会计应编制如下会计分录：

借：安排预算稳定调节基金	200 000	
贷：预算稳定调节基金		200 000

【例4-132】某市财政年终发生财政短收，决定动用以前年度从财政超收中安排的一部分预算稳定调节基金，动用金额为25 000元。财政总预算会计应编制如下会计分录：

借：预算稳定调节基金	25 000	
贷：动用预算稳定调节基金		25 000

4.6.3　资产基金与待偿债净资产

财政总预算会计的双功能、双分录设计，即将政府预算会计与财务会计相融合，一方面核算预算收支情况，另一方面核算政府资产负债情况，是资产基金与待偿债净资产两个科目设计的前提和基础。对与预算资金收支相关的资产项目进行核算时，对应的净资产项目为“资产基金”；而对与预算资金收支相关的负债项目进行核算时，对应的净资产项目为“待偿债净资产”。因此，可以说资产基金与待偿债净资产是财政总预算会计设置的两项调整类净资产，分别反映与预算资金收支相关的资产、负债的变动对净资产的影响。

1）资产基金

资产基金是指政府财政持有的、与纳入预算管理资金收支相关的资产在净资产中占用的金额，如应收地方政府债券转贷款、应收主权外债转贷款、股权投资和应收股利等资产在净资产中占用的金额。资产基金是一种待冲基金。在确认该项资产时，应当同时记录其在净资产中对应的资产基金。

财政总预算会计应设置“资产基金”科目核算资产基金业务，该科目下应当设置“应收地方政府债券转贷款”“应收主权外债转贷款”“股权投资”“应收股利”等明细科目，进行明细核算。有关资产基金的账务处理及例题参见本章第四节资产中所涉及的“应收地方政府债券转贷款”、“应收主权外债转贷款”、“股权投资”和“应收股利”的核算。

本科目期末为贷方余额，反映政府财政持有应收地方政府债券转贷款、应收主权外债转贷款、股权投资和应收股利等资产（与其相关的资金收支纳入预算管理）在净资产中占用的金额。

2）待偿债净资产

待偿债净资产是指政府财政承担的、与纳入预算管理资金收支相关的负债而相应需在净资产中冲减的金额，主要包括政府承担应付短期政府债券、应付长期政府债券、借入款项、应付地方政府债券转贷款、应付主权外债转贷款、其他负债等负债而相应需在净资产中冲减的金额。待偿债净资产是一项待补基金。在确认该项负债时，应当同时记录其在净资产中对应的待偿债净资产。

为核算待偿债净资产业务，财政总预算会计应设置“待偿债净资产”科目，该科目下应当设置“应付短期政府债券”“应付长期政府债券”“借入款项”“应付地方政府债券转贷款”“应付主权外债转贷款”“其他负债”等明细科目，进行明细核算。

有关待偿债净资产的账务处理及例题请参见本章第五节负债中所涉及的“应付短期政府债券”、“应付长期政府债券”、“借入款项”、“应付地方政府债券转贷款”、“应付主权外债转贷款”和“其他负债”等的核算。

本科目期末为借方余额，反映政府财政承担应付政府债券、借入款项、应付地方政府债券转贷款、应付主权外债转贷款和其他负债等负债（与其相关的资金收支纳入预算管理）而相应需冲减净资产的金额。

4.7 财政总预算的财务报表

政府财政应当根据财政总预算会计信息及其他相关资料，编制财政总预算会计报表，披露政府的预算信息和财务信息。

4.7.1 财政总预算会计报表的概念与编制要求

1）财政总预算会计报表的概念

财政总预算会计报表是反映政府财政预算执行结果和财务状况的书面文件，包括资产负债表、收入支出表、一般公共预算执行情况表、政府性基金预算执行情况表、国有资本经营预算执行情况表、财政专户管理资金收支情况表、专用基金收支情况表等会计报表和附注。

2）财政总预算会计报表的编制要求

财政总预算会计应当按照下列规定编制会计报表：

（1）报表编制的时间要求。一般公共预算执行情况表、政府性基金预算执行情况表、国有资本经营预算执行情况表应当按旬、月度和年度编制，财政专户管理资金收支情况表和专用基金收支情况表应当按月度和年度编制，收入支出表按月度和年度编制，资产负债表和附注至少应当按年度编制。旬报、月报的报送期限及编报内容应当根据上级政府财政具体要求和本行政区域预算管理的需要办理。

（2）报表编制的内容要求。财政总预算会计应当提供真实、完整的会计报表，切实做到账表一致，不得估列代编，弄虚作假。

（3）报表编制的格式要求。财政总预算会计要严格按照统一规定的种类、格式、内容、计算方法和编制口径填制会计报表，以保证全国统一汇总和分析。汇总报表的单位，要把所属单位的报表汇集齐全，防止漏报。

4.7.2 资产负债表

1）资产负债表的概念和格式

资产负债表是反映政府财政在某一特定日期财务状况的报表。资产负债表是财政总预算会计报表的重要组成部分，可以提供某一特定日期政府所控制的资产、承担的债务和拥有的净资产情况的会计信息。

资产负债表应当按照资产、负债和净资产分类、分项列示，资产=负债+净资产。资产负债表的格式见表4-5。

表4-5 资产负债表 会财政01表

编制单位： 年 月 日 单位：元

资产	年初余额	期末余额	负债和净资产	年初余额	期末余额
流动资产：			流动负债：		
国库存款			应付短期政府债券		
国库现金管理存款			应付利息		
其他财政存款			应付国库集中支付结余		
有价证券			与上级往来		
在途款			其他应付款		
预拨经费			应付代管资金		
借出款项			一年内到期的非流动负债		
应收股利			流动负债合计		
应收利息			非流动负债：		
与下级往来			应付长期政府债券		
其他应收款			借入款项		
流动资产合计			应付地方政府债券转贷款		
非流动资产：			应付主权外债转贷款		
应收地方政府债券转贷款			其他负债		
应收主权外债转贷款			非流动负债合计		
股权投资			负债合计		
待发国债			净资产：		
非流动资产合计			一般公共预算结转结余		
			政府性基金预算结转结余		
			国有资本经营预算结转结余		
			财政专户管理资金结余		
			专用基金结余		
			预算稳定调节基金		
			预算周转金		
			资产基金		
			减：待偿债净资产		
			净资产合计		
资产总计			负债和净资产总计		

2）资产负债表的填报方法

（1）年初余额栏的填报

“年初余额”栏内各项数字，应当根据上年年末资产负债表“期末余额”栏内数字填列。如果本年度资产负债表规定的各个项目的名称和内容同上一年度不相一致，应对上年年末资产负债表各项目的名称和数字按照本年度的规定进行调整，填入本表“年初余额”栏内。

（2）期末余额栏的内容和填列方法

①资产类项目

“国库存款”项目，反映政府财政期末存放在国库单一账户的款项金额。本项目应当根据“国库存款”科目的期末余额填列。

“国库现金管理存款”项目，反映政府财政期末实行国库现金管理业务持有的存款金额。本项目应当根据“国库现金管理存款”科目的期末余额填列。

“其他财政存款”项目，反映政府财政期末持有的其他财政存款金额。本项目应当根据“其他财政存款”科目的期末余额填列。

“有价证券”项目，反映政府财政期末持有的有价证券金额。本项目应当根据“有价证券”科目的期末余额填列。

“在途款”项目，反映政府财政期末持有的在途款金额。本项目应当根据“在途款”科目的期末余额填列。

“预拨经费”项目，反映政府财政期末尚未转列支出或尚待收回的预拨经费金额。本项目应当根据“预拨经费”科目的期末余额填列。

“借出款项”项目，反映政府财政期末借给预算单位尚未收回的款项金额。本项目应当根据“借出款项”科目的期末余额填列。

“应收股利”项目，反映政府财政期末尚未收回的现金股利或利润金额。本项目应当根据“应收股利”科目的期末余额填列。

“应收利息”项目，反映政府财政期末尚未收回的应收利息金额。本项目应当根据“应收地方政府债券转贷款”科目和“应收主权外债转贷款”科目下“应收利息”明细科目的期末余额合计数填列。

“与下级往来”项目，正数反映下级政府财政欠本级政府财政的款项金额；负数反映本级政府财政欠下级政府财政的款项金额。本项目应当根据“与下级往来”科目的期末余额填列，期末如为借方余额则以正数填列；如为贷方余额则以“-”号填列。

“其他应收款”项目，反映政府财政期末尚未收回的其他应收款的金额。本项目应当根据“其他应收款”科目的期末余额填列。

“应收地方政府债券转贷款”项目，反映政府财政期末尚未收回的地方政府债券转贷款的本金金额。本项目应当根据“应收地方政府债券转贷款”科目下“应收本金”明细科目的期末余额填列。

“应收主权外债转贷款”项目，反映政府财政期末尚未收回的主权外债转贷款的本金金额。本项目应当根据“应收主权外债转贷款”科目下的“应收本金”明细科目的期末余额填列。

"股权投资"项目，反映政府财政期末持有的股权投资的金额。本项目应当根据"股权投资"科目的期末余额填列。

"待发国债"项目，反映政府财政期末尚未使用的国债发行额度。本项目应当根据"待发国债"科目的期末余额填列。

②负债类项目

"应付短期政府债券"项目，反映政府财政期末尚未偿还的发行期限不超过1年（含1年）的政府债券的本金金额。本项目应当根据"应付短期政府债券"科目下的"应付本金"明细科目的期末余额填列。

"应付利息"项目，反映政府财政期末尚未支付的应付利息金额。本项目应当根据"应付短期政府债券""借入款项""应付地方政府债券转贷款""应付主权外债转贷款"科目下的"应付利息"明细科目期末余额，以及属于分期付息到期还本的"应付长期政府债券"的"应付利息"明细科目期末余额计算填列。

"应付国库集中支付结余"项目，反映政府财政期末尚未支付的国库集中支付结余金额。本项目应当根据"应付国库集中支付结余"科目的期末余额填列。

"与上级往来"项目，正数反映本级政府财政期末欠上级政府财政的款项金额；负数反映上级政府财政欠本级政府财政的款项金额。本项目应当根据"与上级往来"科目的期末余额填列，如为借方余额则以"-"号填列。

"其他应付款"项目，反映政府财政期末尚未支付的其他应付款的金额。本项目应当根据"其他应付款"科目的期末余额填列。

"应付代管资金"项目，反映政府财政期末尚未支付的代管资金金额。本项目应当根据"应付代管资金"科目的期末余额填列。

"一年内到期的非流动负债"项目，反映政府财政期末承担的1年以内（含1年）到期需偿还的非流动负债。本项目应当根据"应付长期政府债券""借入款项""应付地方政府债券转贷款""应付主权外债转贷款""其他负债"等科目的期末余额及债务管理部门提供的资料分析填列。

"应付长期政府债券"项目，反映政府财政期末承担的偿还期限超过1年的长期政府债券的本金金额及到期一次还本付息的长期政府债券的应付利息金额。本项目应当根据"应付长期政府债券"科目的期末余额分析填列。

"借入款项"项目，反映政府财政期末承担的偿还期限超过1年的借入款项的本金金额。本项目应当根据"借入款项"科目下"应付本金"明细科目的期末余额分析填列。

"应付地方政府债券转贷款"项目，反映政府财政期末承担的偿还期限超过1年的地方政府债券转贷款的本金金额。本项目应当根据"应付地方政府债券转贷款"科目下"应付本金"明细科目的期末余额分析填列。

"应付主权外债转贷款"项目，反映政府财政期末承担的偿还期限超过1年的主权外债转贷款的本金金额。本项目应当根据"应付主权外债转贷款"科目下"应付本金"明细科目的期末余额分析填列。

"其他负债"项目，反映政府财政期末承担的偿还期限超过1年的其他负债金额。本项目应当根据“其他负债”科目的期末余额分析填列。

③净资产类项目

“一般公共预算结转结余”项目，反映政府财政期末滚存的一般公共预算结转金额。本项目应当根据“一般公共预算结转结余”科目的期末余额填列。

“政府性基金预算结转结余”项目，反映政府财政期末滚存的政府性基金预算结转结余金额。本项目应当根据“政府性基金预算结转结余”科目的期末余额填列。

“国有资本经营预算结转结余”项目，反映政府财政期末滚存的国有资本经营预算结转结余金额。本项目应当根据“国有资本经营预算结转结余”科目的期末余额填列。

“财政专户管理资金结余”项目，反映政府财政期末滚存的财政专户管理资金结余金额。本项目应当根据“财政专户管理资金结余”科目的期末余额填列。

“专用基金结余”项目，反映政府财政期末滚存的专用基金结余金额。本项目应当根据“专用基金结余”科目的期末余额填列。

“预算稳定调节基金”项目，反映政府财政期末预算稳定调节基金的余额。本项目应当根据“预算稳定调节基金”科目的期末余额填列。

“预算周转金”项目，反映政府财政期末预算周转金的余额。本项目应当根据“预算周转金”科目的期末余额填列。

“资产基金”项目，反映政府财政期末持有的应收地方政府债券转贷款、应收主权外债转贷款、股权投资和应收股利等资产在净资产中占用的金额。本项目应当根据“资产基金”科目的期末余额填列。

“待偿债净资产”项目，反映政府财政期末因承担应付短期政府债券、应付长期政府债券、借入款项、应付地方政府债券转贷款、应付主权外债转贷款、其他负债等负债相应需在净资产中冲减的金额。本项目应当根据“待偿债净资产”科目的期末借方余额以“-”号填列。

4.7.3 收入支出表

1）收入支出表的概念和格式

收入支出表是反映政府财政在某一会计期间各类财政资金收支余情况的报表。收入支出表是财政总预算会计报表的重要组成部分，可以提供一定期间内财政收入、支出和结转结余情况的会计信息，反映预算执行的最终结果。

收入支出表根据资金性质按照收入、支出、结转结余的构成分类、分项列示，按“期初结转结余+收入合计-支出合计-结余转出=年末结转结余”等式平衡。收入支出表格式见表4-6。

2）收入支出表的填报方法

（1）本表“本月数”栏概述

该栏反映各项目的本月实际发生数。在编制年度收入支出表时，应将本栏改为“上年数”栏，反映上年度各项目的实际发生数；如果本年度收入支出表规定的各个项目的名称和内容同上年度不一致，应对上年度收入支出表各项目的名称和数字按照本年度的规定进行调整，填入本年度收入支出表的“上年数”栏。

表4-6　　　　　　　　　　　**收入支出表**　　　　　　　　　　　会财政02表

编制单位：　　　　　　　　　　　年　月　　　　　　　　　　　　单位：元

项目	一般公共预算		政府性基金预算		国有资本经营预算		财政专户管理资金		专用基金	
	本月数	本年累计数	本月数	本年累计数	本月数	本年累计数	本月数	本年累计数	本月数	本年累计数
年初结转结余										
收入合计										
本级收入										
其中：来自预算安排的收入	—	—	—	—	—	—	—	—		
补助收入					—	—	—	—	—	—
上解收入					—	—	—	—	—	—
地区间援助收入			—	—	—	—	—	—	—	—
债务收入					—	—	—	—	—	—
债务转贷收入					—	—	—	—	—	—
动用预算稳定调节基金			—	—	—	—	—	—	—	—
调入资金					—	—	—	—	—	—
支出合计										
本级支出										
其中：权责发生制列支							—	—	—	—
预算安排专用基金的支出			—	—	—	—	—	—	—	—
补助支出					—	—	—	—	—	—
上解支出					—	—	—	—	—	—
地区间援助支出			—	—	—	—	—	—	—	—
债务还本支出					—	—	—	—	—	—
债务转贷支出					—	—	—	—	—	—
安排预算稳定调节基金			—	—	—	—	—	—	—	—
调出资金							—	—	—	—
结余转出			—	—	—	—	—	—	—	—
其中：增设预算周转金			—	—	—	—	—	—	—	—
年末结转结余										

注：表中有“—”的部分不必填列。

本表“本年累计数”栏反映各项目自年初起至报告期末止的累计实际发生数。编制年度收入支出表时，应当将本栏改为“本年数”。

（2）本表“本月数”栏各项目的内容和填列方法

①年初结转结余项目

“年初结转结余”项目，反映政府财政本年初各类资金结转结余金额。其中，一般公共预算的“年初结转结余”应当根据“一般公共预算结转结余”科目的年初余额填列；政府性基金预算的“年初结转结余”应当根据“政府性基金预算结转结余”科目的年初余额填列；国有资本经营预算的“年初结转结余”应当根据“国有资本经营预算结转结余”科目的年初余额填列；财政专户管理资金的“年初结转结余”应当根据“财政专户管理资金结余”科目的年初余额填列；专用基金的“年初结转结余”应当根据“专用基金结余”科目的年初余额填列。

②收入类项目

“收入合计”项目，反映政府财政本期取得的各类资金的收入合计金额。其中，一般公共预算的“收入合计”应当根据属于一般公共预算的“本级收入”、“补助收入”、“上解收入”、“地区间援助收入”、“债务收入”、“债务转贷收入”、“动用预算稳定调节基金”和“调入资金”各行项目金额的合计数填列；政府性基金预算的“收入合计”应当根据属于政府性基金预算的“本级收入”、“补助收入”、“上解收入”、“债务收入”、“债务转贷收入”和“调入资金”各行项目金额的合计数填列；国有资本经营预算的“收入合计”应当根据属于国有资本经营预算的“本级收入”项目的金额填列；财政专户管理资金的“收入合计”应当根据属于财政专户管理资金的“本级收入”项目的金额填列；专用基金的“收入合计”应当根据属于专用基金的“本级收入”项目的金额填列。

“本级收入”项目，反映政府财政本期取得的各类资金的本级收入金额。其中，一般公共预算的“本级收入”应当根据“一般公共预算本级收入”科目的本期发生额填列；政府性基金预算的“本级收入”应当根据“政府性基金预算本级收入”科目的本期发生额填列；国有资本经营预算的“本级收入”应当根据“国有资本经营预算本级收入”科目的本期发生额填列；财政专户管理资金的“本级收入”应当根据“财政专户管理资金收入”科目的本期发生额填列；专用基金的“本级收入”应当根据“专用基金收入”科目的本期发生额填列。

“补助收入”项目，反映政府财政本期取得的各类资金的补助收入金额。其中，一般公共预算的“补助收入”应当根据“补助收入”科目下的“一般公共预算补助收入”明细科目的本期发生额填列；政府性基金预算的“补助收入”应当根据“补助收入”科目下的“政府性基金预算补助收入”明细科目的本期发生额填列。

“上解收入”项目，反映政府财政本期取得的各类资金的上解收入金额。其中，一般公共预算的“上解收入”应当根据“上解收入”科目下的“一般公共预算上解收入”明细科目的本期发生额填列；政府性基金预算的“上解收入”应当根据“上解收入”科目下的“政府性基金预算上解收入”明细科目的本期发生额填列。

“地区间援助收入”项目，反映政府财政本期取得的地区间援助收入金额。本项目应当根据“地区间援助收入”科目的本期发生额填列。

“债务收入”项目，反映政府财政本期取得的债务收入金额。其中，一般公共预算的“债务收入”应当根据“债务收入”科目下除“专项债务收入”以外的其他明细科目的本期发生额填列；政府性基金预算的“债务收入”应当根据“债务收入”科目下的“专项债务收入”明细科目的本期发生额填列。

“债务转贷收入”项目，反映政府财政本期取得的债务转贷收入金额。其中，一般公共预算的“债务转贷收入”应当根据“债务转贷收入”科目下“地方政府一般债务转贷收入”明细科目的本期发生额填列；政府性基金预算的“债务转贷收入”应当根据“债务转贷收入”科目下的“地方政府专项债务转贷收入”明细科目的本期发生额填列。

“动用预算稳定调节基金”项目，反映政府财政本期调用的预算稳定调节基金金额。本项目应当根据“动用预算稳定调节基金”科目的本期发生额填列。

“调入资金”项目，反映政府财政本期取得的调入资金金额。其中，一般公共预算的“调入资金”应当根据“调入资金”科目下“一般公共预算调入资金”明细科目的本期发生额填列；政府性基金预算的“调入资金”应当根据“调入资金”科目下“政府性基金预算调入资金”明细科目的本期发生额填列。

③支出类项目

“支出合计”项目，反映政府财政本期发生的各类资金的支出合计金额。其中，一般公共预算的“支出合计”应当根据属于一般公共预算的“本级支出”、“补助支出”、“上解支出”、“地区间援助支出”、“债务还本支出”、“债务转贷支出”、“安排预算稳定调节基金”和“调出资金”各行项目金额的合计数填列；政府性基金预算的“支出合计”应当根据属于政府性基金预算的“本级支出”、“补助支出”、“上解支出”、“债务还本支出”、“债务转贷支出”和“调出资金”各行项目金额的合计数填列；国有资本经营预算的“支出合计”应当根据属于国有资本经营预算的“本级支出”和“调出资金”项目金额的合计数填列；财政专户管理资金的“支出合计”应当根据属于财政专户管理资金的“本级支出”项目的金额填列；专用基金的“支出合计”应当根据属于专用基金的“本级支出”项目的金额填列。

“补助支出”项目，反映政府财政本期发生的各类资金的补助支出金额。其中，一般公共预算的“补助支出”应当根据“补助支出”科目下的“一般公共预算补助支出”明细科目的本期发生额填列；政府性基金预算的“补助支出”应当根据“补助支出”科目下的“政府性基金预算补助支出”明细科目的本期发生额填列。

“上解支出”项目，反映政府财政本期发生的各类资金的上解支出金额。其中，一般公共预算的“上解支出”应当根据“上解支出”科目下的“一般公共预算上解支出”明细科目的本期发生额填列；政府性基金预算的“上解支出”应当根据“上解支出”科目下的“政府性基金预算上解支出”明细科目的本期发生额填列。

“地区间援助支出”项目，反映政府财政本期发生的地区间援助支出金额。本项目应当根据“地区间援助支出”科目的本期发生额填列。

“债务还本支出”项目，反映政府财政本期发生的债务还本支出金额。其中，一般公共预算的“债务还本支出”应当根据“债务还本支出”科目下除“专项债务还本支出”以外的其他明细科目的本期发生额填列；政府性基金预算的“债务还本支出”应当根据“债务还本支出”科目下的“专项债务还本支出”明细科目的本期发生额填列。

“债务转贷支出”项目，反映政府财政本期发生的债务转贷支出金额。其中，一般公共预算的“债务转贷支出”应当根据“债务转贷支出”科目下“地方政府一般债务转贷支出”明细科目的本期发生额填列；政府性基金预算的“债务转贷支出”应当根据“债务转贷支出”科目下的“地方政府专项债务转贷支出”明细科目的本期发生额填列。

“安排预算稳定调节基金”项目，反映政府财政本期安排的预算稳定调节基金金额。本项目根据“安排预算稳定调节基金”科目的本期发生额填列。

“调出资金”项目，反映政府财政本期发生的各类资金的调出资金金额。其中，一般公共预算的“调出资金”应当根据“调出资金”科目下“一般公共预算调出资金”明细科目的本期发生额填列；政府性基金预算的“调出资金”应当根据“调出资金”科目下“政府性基金预算调出资金”明细科目的本期发生额填列；国有资本经营预算的“调出资金”应当根据“调出资金”科目下“国有资本经营预算调出资金”明细科目的本期发生额填列。

“增设预算周转金”项目，反映政府财政本期设置和补充预算周转金的金额。本项目应当根据“预算周转金”科目的本期贷方发生额填列。

④年末结转结余项目

“年末结转结余”项目，反映政府财政本年末的各类资金的结转结余金额。其中，一般公共预算的“年末结转结余”应当根据“一般公共预算结转结余”科目的年末余额填列；政府性基金预算的“年末结转结余”应当根据“政府性基金预算结转结余”科目的年末余额填列；国有资本经营预算的“年末结转结余”应当根据“国有资本经营预算结转结余”科目的年末余额填列；财政专户管理资金的“年末结转结余”应当根据“财政专户管理资金结余”科目的年末余额填列；专用基金的“年末结转结余”应当根据“专用基金结余”科目的年末余额填列。

4.7.4 预算执行情况表

1）一般公共预算执行情况表

（1）一般公共预算执行情况表的概念与格式

一般公共预算执行情况表是反映政府财政在某一会计期间一般公共预算收支执行结果的报表，它是各级政府财政收支决算的主体报表。该表按照《政府收支分类科目》中的一般公共预算收支科目列示。一般公共预算执行情况表的格式见表4-7。

（2）一般公共预算执行情况表的填报方法

“一般公共预算本级收入”项目及所属各明细项目，应当根据“一般公共预算本级收入”科目及所属各明细科目的本期发生额填列。

“一般公共预算本级支出”项目及所属各明细项目，应当根据“一般公共预算本级支出”科目及所属各明细科目的本期发生额填列。

2）政府性基金预算执行情况表

（1）政府性基金预算执行情况表的概念与格式

政府性基金预算执行情况表是反映政府财政在某一会计期间政府性基金预算收支执行结果的报表。该表按照《政府收支分类科目》中的政府性基金预算收支科目列示。政府性基金预算执行情况表的格式见表4-8。

表4-7　　一般公共预算执行情况表　　会财政03-1表

编制单位：　　年　月　旬　　单位：元

项　目	本月（旬）数	本年（月）累计数
一般公共预算本级收入		
101税收收入		
10101增值税		
1010101国内增值税		
⋮		
一般公共预算本级支出		
201 一般公共服务支出		
20101人大事务		
2010101行政运行		
⋮		

表4-8　　政府性基金预算执行情况表　　会财政03-2表

编制单位：　　年　月　旬　　单位：元

项　目	本月（旬）数	本年（月）累计数
政府性基金预算本级收入		
10301政府性基金收入		
1030102农网还贷资金收入		
103010201中央农网还贷资金收入		
⋮		
政府性基金预算本级支出		
206 科学技术支出		
20610核电站乏燃料处理处置基金支出		
2061001乏燃料运输		
⋮		

（2）政府性基金预算执行情况表的填报方法

“政府性基金预算本级收入”项目及所属各明细项目，应当根据“政府性基金预算本级收入”科目及所属各明细科目的本期发生额填列。

“政府性基金预算本级支出”项目及所属各明细项目，应当根据“政府性基金预算本级支出”科目及所属各明细科目的本期发生额填列。

3）国有资本经营预算执行情况表

（1）国有资本经营预算执行情况表的概念与格式

国有资本经营预算执行情况表是反映政府财政在某一会计期间国有资本经营预算收支执行结果的报表。该表按照《政府收支分类科目》中的国有资本经营预算收支科目列示。国有资本经营预算执行情况表的格式见表4-9。

表4-9　　**国有资本经营预算执行情况表**　　会财政03-3表

编制单位：　　年　月　旬　　单位：元

项 目	本月（旬）数	本年（月）累计数
国有资本经营预算本级收入		
10306国有资本经营收入		
1030601利润收入		
103060103 烟草企业利润收入		
⋮		
国有资本经营预算本级支出		
208 社会保障和就业支出		
20804 补充全国社会保障基金		
2080451 国有资本经营预算补充社保基金支出		
⋮		

（2）国有资本经营预算执行情况表的填报方法

“国有资本经营预算本级收入”项目及所属各明细项目，应当根据“国有资本经营预算本级收入”科目及所属各明细科目的本期发生额填列。

“国有资本经营预算本级支出”项目及所属各明细项目，应当根据“国有资本经营预算本级支出”科目及所属各明细科目的本期发生额填列。

4.7.5　资金收支情况表

1）财政专户管理资金收支情况表

（1）财政专户管理资金收支情况表的概念与格式

财政专户管理资金收支情况表是反映政府财政在某一会计期间纳入财政专户管理的财政专户管理资金全部收支情况的报表。该表按照相关政府收支分类科目列示。财政专户管理资金收支情况表的格式见表4-10。

表4-10　　**财政专户管理资金收支情况表**　　会财政04表

编制单位：　　年　月　　单位：元

项 目	本月数	本年累计数
财政专户管理资金收入		
财政专户管理资金支出		

（2）财政专户管理资金收支情况表的填报方法

“财政专户管理资金收入”项目及所属各明细项目，应当根据“财政专户管理资金收入”科目及所属各明细科目的本期发生额填列。

“财政专户管理资金支出”项目及所属各明细项目，应当根据“财政专户管理资金支出”科目及所属各明细科目的本期发生额填列。

2）专用基金收支情况表

（1）专用基金收支情况表的概念与格式

专用基金收支情况表是反映政府财政在某一会计期间专用基金全部收支情况的报表。该表按照不同类型的专用基金分别列示。专用基金收支情况表的格式见表4-11。

表4-11 **专用基金收支情况表** 会财政05表

编制单位： 年 月 单位：元

项 目	本月数	本年累计数
专用基金收入		
粮食风险基金		
⋮		
专用基金支出		
粮食风险基金		
⋮		

（2）专用基金收支情况表的填报方法

“专用基金收入”项目及所属各明细项目，应当根据“专用基金收入”科目及所属各明细科目的本期发生额填列。

“专用基金支出”项目及所属各明细项目，应当根据“专用基金支出”科目及所属各明细科目的本期发生额填列。

4.7.6 附注

附注是指对在会计报表中列示项目的文字描述或明细资料，以及对未能在会计报表中列示项目的说明。财政总预算会计报表附注应当至少披露下列内容：

（1）遵循《财政总预算会计制度》的声明；

（2）本级政府财政预算执行情况和财务状况的说明；

（3）会计报表中列示的重要项目的进一步说明，包括其主要构成、增减变动情况等；

（4）或有负债情况的说明；

（5）有助于理解和分析会计报表的其他需要说明的事项。

4.7.7 财政总预算会计报告的改革——建立政府综合财务报告

1）政府综合财务报告的意义

根据财政部《权责发生制政府综合财务报告制度改革方案》的要求，我国将建立政府综合财务报告制度。政府综合财务报告是以权责发生制为基础编制的，反映各级政府整体财务状况、运行情况和财政中长期可持续性的报告。

我国目前的政府财政报告制度实行以收付实现制政府会计核算为基础的决算报告制度，主要反映政府年度预算执行情况的结果，对准确反映预算收支情况、加强预算管理和监督发挥了重要作用。但随着经济社会的发展，仅实行决算报告制度，无法科学、全面、准确反映政府资产负债和成本费用，不利于强化政府资产管理、降低行政成本、提升运行效率、有效防范财政风险，难以满足建立现代财政制度、促进财政长期可持续发展和推进国家治理现代化的要求。因此，必须推进政府会计改革，建立全面反映政府资产、负债、收入费用、运行成本、现金流量等财务信息的权责发生制政府综合财务报告制度。

2）政府综合财务报告的内容

政府财务报告包括政府部门财务报告和政府综合财务报告。政府部门编制部门财务报告，反映本部门的财务状况和运行情况；财政部门编制政府综合财务报告，反映政府整体的财务状况、运行情况和财政中长期可持续性。政府综合财务报告的内容主要包括政府资产负债表、收入费用表等财务报表和报表附注，以及以此为基础进行的综合分析等。政府综合财务报告应报送本级人民代表大会常务委员会备案。

建立政府综合财务报告制度是一项长期性的工作，目前正处于规则设计阶段，并没有具体的政府财务报告编制办法和操作指南。政府会计规则尚未调整完善之前，各级财政部门要在现行政府会计制度的基础上，暂时按照权责发生制原则和相关报告标准，编制出反映一级政府整体财务状况的财务报告，为加强地方政府性债务管理、开展政府信用评级等提供信息支持。

【思政课堂】 **中央财政管理**

2021年6月7日，在第十三届全国人民代表大会常务委员会第二十九次会议上，审计署报告了2020年度中央预算执行和其他财政收支的审计情况。审计报告指出，2020年，中央预算执行情况总体较好。审计结果表明，财政部、发改委落实党中央、国务院决策部署，推动统筹疫情防控和经济社会发展，助力打赢三大攻坚战，财税体制改革进一步深化，预算和投资计划执行情况总体较好。

但是，中央部门预算执行中仍存在一些问题，主要体现在：（1）部门预算不够完整、准确，少（多）报预算、代编预算等问题依然存在。如有些部门未将所属单位预算收支纳入年初预算，有些单位未将投资收益、利息收入等纳入年初预算。（2）违反中央八项规定精神和过紧日子要求。如“三公经费”管理不严，出现超标配备公务用车，无偿占用下属单位车辆，违规发放车补；出国团组转嫁费用；无（超）计划召开会议；摊派或违规收（支）会议费；违规发放津补贴；超标配备办公用房；违规装修办公楼等现象。依托部门职能或行业资源违规收费，年底突击花钱有禁不止。（3）预算管理存在薄弱环节。如政府采购方面，有些部门和单位存在未公开招标、违规转分包等问题；资金管理方面，存在违规账外存放、大额提现或出借理财、未按时清理或上缴、损失浪费等现象；财务核算方面，存在少记或未按时上缴收入、往来账款长期未清理、会计核算不准确等现象；全面预算绩效管理方面，存在项目绩效目标不完整、未细化或脱离实际；未按规定开展绩效评价或自评结果不真实、不准确等现象。

预算执行中存在的问题，有悖于深化党和国家机构改革的指导思想，不符合习近平新时代中国特色社会主义思想，不适应新时代中国特色社会主义发展要求，不利于推进国家治理体系和治理能力现代化。因此，需要优化职能配置，深化转职能、转方式、转作风，提高效率效能，为决胜全面建成小康社会、开启全面建设社会主义现代化国家新征程、实现中华民族伟大复兴的中国梦提供有力的制度保障。具体来说，需要深化财税改革，不断提升财政管理水平，发挥好财政支出标准的基础引导作用；建立健全不同行业、不同地区、分类分档的预算编制的基本依据；进一步细化量化政府过紧日子的要求，不断增强预算刚性。

本章小结

财政总预算会计是各级政府财政核算、反映、监督政府一般公共预算资金、政府性基金预算资金、国有资本经营预算资金、社会保险基金预算资金以及财政专户管理资金、专用基金和代管资金等资金活动的专业会计。财政总预算会计的会计主体是各级人民政府，具体由各级政府财政部门组织核算。财政总预算会计的核算对象是财政性资金，包括政府财政总预算资金和其他财政资金。

本章具体介绍了财政总预算会计的资产、负债、净资产、收入、支出各会计要素涉及的会计科目及其核算方法，并介绍了财政总预算会计报表的主要内容及编制方法。财政总预算会计要素是政府预算会计和政府财务会计的融合，既包含了政府预算会计要素，也包含了政府财务会计要素。因此财政总预算会计具有双功能基础，与此相对应的会计核算采用双分录。财政总预算会计以收付实现制确认基础为主，个别事项采用权责发生制，所以财政总预算会计也具有双基础特征。财政总预算会计以历史成本为主要计量属性，各项资产、负债均以实际发生的数额计量。与企业会计一样，财政总预算会计要实现提供决策相关性信息和反映受托责任履行情况的双重目标。

思考与练习题

一、简答题

1.什么是财政总预算会计？

2.财政总预算会计的确认基础和计量属性是什么？

3.为什么说财政总预算会计要素是政府预算会计和政府财务会计的融合？

4.财政总预算会计核算哪些业务涉及双分录？为什么采用双分录进行核算？

5.财政总预算会计资产、负债包括哪些具体核算内容？

6.财政总预算会计的收入、支出包括哪些内容？

7.财政总预算会计的结转结余及其与收入、支出的对应关系是什么？

8.如何区分债务收入、债务转贷收入和借入款项？

9.财政总预算会计的净资产包括哪些内容？

10.财政总预算会计需要编制哪些会计报表？

二、业务题

资料：某市财政2016年12月份发生如下经济业务：

1.收到人民银行国库报来的预算收入日报表。本日各项增值税、所得税等一般公共预算本级收入合计300 000元，国有资本经营预算本级收入为200 000元。

2.根据财政体制安排，上解省财政一般预算款300 000元，补助所属区财政一般预算款200 000元。

3.用本级预算安排粮食风险基金600 000元，存入农业发展银行专户。

4.收到用政府性基金预算结余购入的有价证券利息8 000元。

5.经批准借给市卫生局急需一般公共预算款项80 000元。

6.市财政将卫生局的借款转作一般公共预算本级支出。

7.收到上级省财政拨来的补助款1 500 000元，其中，返还性收入500 000元，政府性基金转移收入1 000 000元。

8.年终，财政体制结算中计算出某县财政应上解本市财政的一般预算款198 500元。

9.在库款报解整理期内，收回属于上年度的一般公共预算本级收入40 000元。

10.年终，市财政进行结账。有关收入和支出科目的发生额见表4-12，根据表内数字编制结账会计分录。

表4-12　**收入和支出科目发生额表**　单位：元

总分类科目	明细分类科目	贷方发生额	总分类科目	明细分类科目	借方发生额
一般公共预算本级收入	税收收入等	550 000	一般公共预算本级支出	一般公共服务等	615 000
政府性基金预算本级收入		485 000	政府性基金预算支出		95 000
补助收入	一般公共预算补助收入	181 000	补助支出	一般公共预算补助支出	77 000
	政府性基金预算补助收入	142 000		政府性基金预算补助支出	20 000
上解收入	政府性基金预算上解收入	28 000	上解支出	一般公共预算上解支出	56 000
调入资金	一般公共预算调入资金	39 000	调出资金	政府性基金预算调出资金	20 000
债务转贷收入	地方政府一般债务转贷收入	30 000	债务还本支出	地方政府一般债务还本支出	20 000
财政专户管理资金收入		38 000	财政专户管理资金支出		30 000

第4章思考与练习题参考答案

第5章/ 行政事业单位会计

【学习目标】通过本章的学习，了解行政事业单位会计的组成与概念；理解行政事业单位会计要素的组成；熟练掌握行政事业单位预算收入、预算支出、预算结余的核算方法；熟练掌握行政事业单位资产、负债、净资产、收入、费用的核算；了解行政事业单位会计报告的内容及编制方法。

5.1 行政事业单位会计概述

5.1.1 行政事业单位

1）行政单位

行政单位是国家进行行政管理、组织经济建设和文化建设、维护社会公共秩序的单位。主要包括国家权力机关、行政机关、司法机关、检察机关以及实行预算管理的其他机关、政党组织等。在我国，行政单位具体包括：

（1）各级人民代表大会及其常务委员会。例如，全国人民代表大会及其常务委员会、各级地方人民代表大会及其常务委员会。

（2）各级人民政府及其所属工作机构。例如，中央人民政府、地方各级人民政府。再如，国务院组成部门、直属机构等，如外交部、国防部、国家发展和改革委员会、教育部、科学技术部、工业和信息化部、国家民族事务委员会、公安部、国家安全部、民政部、司法部、财政部、人力资源和社会保障部、自然资源部、生态环境部、住房和城乡建设部、交通运输部、水利部、农业农村部、商务部、文化和旅游部、国家卫生健康委员会、退役军人事务部、应急管理部、中国人民银行、审计署、国家税务总局、国家市场监督管理总局、国家广播电视总局、国家药品监督管理局、国家统计局等；地方各级人民政府所属各部门，如省财政厅、省公安厅及市财政局、市公安局等。

（3）中国人民政治协商会议各级委员会机关。例如，中国人民政治协商会议全国委员会、中国人民政治协商会议各级地方委员会。

（4）各级审判机关。例如，最高人民法院、地方各级人民法院。

（5）各级检察机关。例如，最高人民检察院、地方各级人民检察院。

（6）中国共产党各级机关。例如，中国共产党中央委员会、中国共产党各级地方委员会。

（7）各民主党派和工商联的各级机关。

2）事业单位

事业单位是指国家为了社会公益目的，由国家机关举办或者其他组织利用国有资产举办的，从事教育、科技、文化、卫生等活动的社会服务组织。事业单位是经济社会发展中提供公益服务的主要载体，是我国社会主义现代化建设的重要力量。

根据职责任务、服务对象和资源配置方式等情况，事业单位分为公益一类事业单位、公益二类事业单位。其中公益一类事业单位是承担义务教育、基础性科研、公共文化、公共卫生及基层的基本医疗服务等基本公益服务，不能或不宜由市场配置资源的事业单位；公益二类事业单位是承担高等教育、非营利医疗等公益服务的事业单位，其资源可部分由市场配置。

事业单位组织系统分为主管会计单位、二级会计单位和基层会计单位。凡是向同级财政部门领报经费，下面有所属会计单位的，为主管会计单位；凡是向主管会计单位或上级单位领报经费并发生预算管理关系，下面有所属会计单位的，为二级会计单位；凡是向上级单位领报经费并发生预算管理关系，下面没有所属会计单位的，为基层会计单位。以上三级会计单位实行独立会计核算，负责组织管理本部门、本单位的全部会计工作。不具备独立核算条件、实行单据报账制度的单位为报销单位。

5.1.2 行政事业单位会计的概念

行政事业单位会计是以货币为主要计量单位，用于确认、计量、记录和报告各行政事业单位预算收支情况、财务状况、运行情况和现金流量等信息的会计。行政事业单位会计包括行政事业单位预算会计和行政事业单位财务会计两部分内容。

行政事业单位预算会计以收付实现制为基础，对行政事业单位预算收支执行情况和结果进行核算、反映和监督。

行政事业单位财务会计以权责发生制为基础对行政事业单位（以下简称单位）发生的各项经济业务和事项进行会计核算，反映和监督政府财务状况、运行情况、运行成本和现金流量等信息的会计。

5.1.3 行政事业单位会计核算特点

根据《政府会计准则——基本准则》建立政府预算会计和财务会计适度分离并相互衔接的核算模式，以全面反映政府会计主体的预算执行信息和财务信息的要求，现行行政事业单位会计具有双功能、双基础、双报告的特点。

1）双功能

双功能即在同一会计核算系统中实现预算会计和财务会计双重功能，通过预算收入、预算支出和预算结余三个要素进行预算会计核算，通过资产、负债、净资产、收入、费用五个要素进行财务会计核算。在同一会计核算系统中，政府预算会计要素和相关财务会计要素要相互协调。

2）双基础

双基础即单位会计核算既采用权责发生制核算基础又采用收付实现制核算基础。其中，预算会计采用收付实现制，财务会计采用权责发生制，国务院另有规定的，依照其规定。

3）双报告

双报告即通过预算会计核算形成决算报告，通过财务会计核算形成财务报告。这样，决算报告和财务报告相互补充，共同反映政府会计主体的预算执行信息和财务信息。

单位会计的核算模式既兼顾了现行部门决算报告制度的需要，又能满足部门编制权责发生制财务报告的要求，对于规范政府会计行为，夯实政府会计主体预算和财务管理基础、强化政府绩效管理具有深远的影响。

5.1.4　行政事业单位会计科目及其使用说明

1）行政事业单位会计科目

根据财政部2017年10月24日印发的《政府会计制度——行政事业单位会计科目和报表》（财会〔2017〕25号，自2019年1月1日起施行），行政事业单位会计科目见表5-1。表5-1中科目带*的为事业单位独有；带#的为行政单位独有；其他均为行政事业单位共用科目。

表5-1　**行政事业单位会计科目表**

序号	科目编号	会计科目	序号	科目编号	会计科目
		财务会计科目			
一、资产类			二、负债类		
1	1001	库存现金	36	2001	短期借款*
2	1002	银行存款	37	2101	应交增值税
3	1011	零余额账户用款额度	38	2102	其他应交税费
4	1021	其他货币资金	39	2103	应缴财政款
5	1101	短期投资*	40	2201	应付职工薪酬
6	1201	财政应返还额度	41	2301	应付票据*
7	1211	应收票据*	42	2302	应付账款
8	1212	应收账款	43	2303	应付政府补贴款#
9	1214	预付账款	44	2304	应付利息*
10	1215	应收股利*	45	2305	预收账款*
11	1216	应收利息*	46	2307	其他应付款
12	1218	其他应收款	47	2401	预提费用
13	1219	坏账准备*	48	2501	长期借款*
14	1301	在途物品	49	2502	长期应付款
15	1302	库存物品	50	2601	预计负债
16	1303	加工物品	51	2901	受托代理负债
17	1401	待摊费用	三、净资产类		
18	1501	长期股权投资*	52	3001	累计盈余
19	1502	长期债券投资*	53	3101	专用基金*
20	1601	固定资产	54	3201	权益法调整*
21	1602	固定资产累计折旧	55	3301	本期盈余
22	1611	工程物资	56	3302	本年盈余分配
23	1613	在建工程	57	3401	无偿调拨净资产

续表

序号	科目编号	会计科目	序号	科目编号	会计科目
24	1701	无形资产	58	3501	以前年度盈余调整
25	1702	无形资产累计摊销			
26	1703	研发支出			
27	1801	公共基础设施			
28	1802	公共基础设施累计折旧（摊销）			
29	1811	政府储备物资			
30	1821	文物文化资产			
31	1831	保障性住房			
32	1832	保障性住房累计折旧			
33	1891	受托代理资产			
34	1901	长期待摊费用			
35	1902	待处理财产损溢			
四、收入类			五、费用类		
59	4001	财政拨款收入	70	5001	业务活动费用
60	4101	事业收入*	71	5101	单位管理费用*
61	4201	上级补助收入*	72	5201	经营费用*
62	4301	附属单位上缴收入*	73	5301	资产处置费用
63	4401	经营收入*	74	5401	上缴上级费用*
64	4601	非同级财政拨款收入	75	5501	对附属单位补助费用*
65	4602	投资收益*	76	5801	所得税费用*
66	4603	捐赠收入	77	5901	其他费用
67	4604	利息收入			
68	4605	租金收入			
69	4609	其他收入			
预算会计科目					
一、预算收入类			二、预算支出类		
1	6001	财政拨款预算收入	10	7101	行政支出*
2	6101	事业预算收入*	11	7201	事业支出*
3	6201	上级补助预算收入*	12	7301	经营支出*
4	6301	附属单位上缴预算收入*	13	7401	上缴上级支出*
5	6401	经营预算收入*	14	7501	对附属单位补助支出*
6	6501	债务预算收入*	15	7601	投资支出*
7	6601	非同级财政拨款预算收入	16	7701	债务还本支出*
8	6602	投资预算收益*	17	7901	其他支出
9	6609	其他预算收入*			
三、预算结余类					
18	8001	资金结存			
19	8101	财政拨款结转			

续表

序号	科目编号	会计科目	序号	科目编号	会计科目
20	8102	财政拨款结余			
21	8201	非财政拨款结转			
22	8202	非财政拨款结余			
23	8301	专用结余*			
24	8401	经营结余*			
25	8501	其他结余			
26	8701	非财政拨款结余分配*			

2）行政事业单位会计科目使用说明

（1）单位应当按照《政府会计制度——行政事业单位会计科目和报表》的规定设置和使用会计科目。在不影响会计处理和编制报表的前提下，单位可以根据实际情况自行增加或减少某些会计科目。

（2）单位应当执行《政府会计制度——行政事业单位会计科目和报表》统一规定的会计科目编号，以便于填制会计凭证、登记账簿、查阅账目，实行会计信息化管理。

（3）单位在填制会计凭证、登记会计账簿时，应当填列会计科目的名称，或者同时填列会计科目的名称和编号，不得只填列会计科目编号、不填列会计科目名称。

（4）单位设置明细科目或进行明细核算，除遵循《政府会计制度——行政事业单位会计科目和报表》规定外，还应当满足权责发生制政府部门财务报告和政府综合财务报告编制的其他需要。

5.2　行政事业单位财务会计

5.2.1　资产的核算

资产是单位占有或者使用的，能以货币计量的经济资源。资产按流动性可以分为流动资产和非流动资产。其中，流动资产有货币资金（库存现金、银行存款、零余额账户用款额度、其他货币资金）、应收债权（财政应返还额度、应收票据、应收账款、预付账款、应收股利、应收利息、其他应收款、坏账准备）、存货（在途物品、库存物品、加工物品）、短期投资、待摊费用等；非流动资产有长期投资（长期股权投资、长期债券投资）、固定资产（固定资产及其累计折旧、工程物资、在建工程）、无形资产（无形资产及其累计摊销、研发支出）、公共基础设施（公共基础设施及其累计折旧（摊销））、政府储备物资、文物文化资产、保障性住房（保障性住房及其累计折旧）、长期待摊费用、待处理财产损溢等。行政事业单位的资产还包括受托代理资产。

1）货币资金

行政事业单位的货币资金主要核算库存现金、银行存款、零余额账户用款额度和其他货币资金。

（1）库存现金

单位应当严格按照国家有关现金管理的规定收支现金，并按照规定核算现金的各项收支业务。单位应设置“库存现金”科目对有关现金收支进行核算。对于受托代理、代管的现金，单位应设置“受托代理资产”明细科目进行核算。发生外币业务的行政单位，应分别人民币和各种外币进行明细核算。

单位应当设置“库存现金日记账”，由出纳人员根据收付款凭证，按照业务发生顺序逐笔登记。每日终了，应当计算当日的现金收入合计数、现金支出合计数和结余数，并将结余数与实际库存数相核对，做到账款相符。

库存现金的主要账务处理如下：

①从银行等金融机构提取现金，按照实际提取的金额，借记本科目，贷记“银行存款”科目；将现金存入银行等金融机构，按照实际存入的金额，借记“银行存款”科目，贷记本科目。

根据规定从单位零余额账户提取现金，按照实际提取的金额，借记本科目，贷记“零余额账户用款额度”科目。

将现金退回单位零余额账户，按照实际退回的金额，借记“零余额账户用款额度”科目，贷记本科目。

②因内部职工出差等原因借出的现金，按照实际借出的现金金额，借记“其他应收款”科目，贷记本科目。

出差人员报销差旅费时，按照实际报销的金额，借记“业务活动费用”“单位管理费用”等科目，按照实际借出的现金金额，贷记“其他应收款”科目，按照其差额，借记或贷记本科目。

③因提供服务、物品或者其他事项收到现金，按照实际收到的金额，借记本科目，贷记“事业收入”“应收账款”等相关科目。涉及增值税业务的，应贷记“应交增值税”科目。

因购买服务、物品或者其他事项支付现金，按照实际支付的金额，借记“业务活动费用”“单位管理费用”“库存物品”等相关科目，贷记本科目。涉及增值税业务的，应借记“应交增值税”科目。

以库存现金对外捐赠，按照实际捐出的金额，借记“其他费用”科目，贷记本科目。

④收到受托代理、代管的现金，按照实际收到的金额，借记本科目（受托代理资产），贷记“受托代理负债”科目；支付受托代理、代管的现金，按照实际支付的金额，借记“受托代理负债”科目，贷记本科目（受托代理资产）。

⑤每日账款核对中发现有待查明原因的现金短缺或溢余的，应当通过“待处理财产损溢”科目核算。属于现金短缺，按照实际短缺的金额，借记“待处理财产损溢”科目，贷记本科目；属于现金溢余，按照实际溢余的金额，借记本科目，贷记“待处理财产损溢”科目。

如为现金短缺，属于应由责任人赔偿或向有关人员追回的，借记“其他应收款”科目，贷记“待处理财产损溢”科目；属于无法查明原因的，报经批准核销时，借记“资产处置费用”科目，贷记“待处理财产损溢”科目。

如为现金溢余，属于应支付给有关人员或单位的，借记“待处理财产损溢”科目，贷记“其他应付款”科目；属于无法查明原因的，报经批准后，借记“待处理财产损溢”科目，贷记“其他收入”科目。

⑥本科目期末借方余额，反映单位实际持有的库存现金。

【例5-1】某事业单位发生下列与现金收支有关的业务：

①开出现金支票从银行存款账户提取现金9 000元备用。

借：库存现金　　9 000

　贷：银行存款　　9 000

②职工张某预借现金5 000元作为差旅费。张某出差回来后报销，实际支出差旅费4 500元，退回现金500元。

预借差旅费时：

借：其他应收款——张某　　5 000

　贷：库存现金　　5 000

出差回来报销差旅费时：

借：单位管理费用　　4 500

　　库存现金　　500

　贷：其他应收款——张某　　5 000

③盘点库存现金，发现库存现金比账面金额少85元，原因待查。

借：待处理财产损溢　　85

　贷：库存现金　　85

④经查明，现金短款是由于出纳工作失误造成的，经批准由其赔偿现金85元。

借：其他应收款　　85

　贷：待处理财产损溢　　85

⑤盘点库存现金，发现库存数比账面余额多245元，原因待查。

借：库存现金　　245

　贷：待处理财产损溢　　245

⑥经查明，多余的现金属于应支付给某单位的款项，转作其他应付款。

借：待处理财产损溢　　245

　贷：其他应付款　　245

（2）银行存款

银行存款是指单位存入银行或者其他金融机构的各种存款。单位应当严格按照国家有关支付结算办法的规定办理银行存款收支业务，并按照规定核算银行存款的各项收支业务。如果单位有受托代理、代管的银行存款，应在“银行存款”总账科目下设置“受托代理资产”明细科目。单位应当按照开户银行或其他金融机构、存款种类及币种等，分别设置“银行存款日记账”，由出纳人员根据收付款凭证，按照业务的发生顺序逐笔登记，每日终了应结出余额。

银行存款的主要账务处理如下：

①将款项存入银行或者其他金融机构，按照实际存入的金额，借记本科目，贷记“库存现金”“应收账款”“事业收入”“经营收入”“其他收入”等相关科目。涉及增值税业务的，还应当进行“应交增值税”的相关账务处理。收到银行存款利息，按照实际收到的金额，借记本科目，贷记“利息收入”科目。

②从银行等金融机构提取现金，按照实际提取的金额，借记“库存现金”科目，贷记本科目。

③以银行存款支付相关费用，按照实际支付的金额，借记“业务活动费用”“单位管理费用”“其他费用”等相关科目，贷记本科目。涉及增值税业务的，还应当进行“应交增值税”的相关账务处理。

以银行存款对外捐赠，按照实际捐出的金额，借记“其他费用”科目，贷记本科目。

④收到受托代理、代管的银行存款，按照实际收到的金额，借记本科目（受托代理资产），贷记“受托代理负债”科目；支付受托代理、代管的银行存款，按照实际支付的金额，借记“受托代理负债”科目，贷记本科目（受托代理资产）。

⑤单位发生外币业务的，应当按照业务发生当日的即期汇率，将外币金额折算为人民币金额记账，并登记外币金额和汇率。期末，各种外币账户的期末余额，应当按照期末的即期汇率折算为人民币，作为外币账户期末人民币余额。调整后的各种外币账户人民币余额与原账面余额的差额，作为汇兑损益计入当期费用。

涉及外币业务的银行存款业务账务处理如下：

其一，以外币购买物资、设备等，按照购入当日的即期汇率将支付的外币或应支付的外币折算为人民币金额，借记“库存物品”等科目，贷记本科目、“应付账款”等科目的外币账户。涉及增值税业务的，相关账务处理参见“应交增值税”科目。

其二，销售物品、提供服务以外币收取相关款项等，按照收入确认当日的即期汇率将收取的外币或应收取的外币折算为人民币金额，借记本科目、“应收账款”等科目的外币账户，贷记“事业收入”等相关科目。

其三，期末，根据各外币银行存款账户按照期末汇率调整后的人民币余额与原账面人民币余额的差额，作为汇兑损益，借记或贷记本科目，贷记或借记“业务活动费用”“单位管理费用”等科目。

⑥“银行存款日记账”应定期与“银行对账单”核对，至少每月核对一次。月度终了，单位银行存款日记账账面余额与银行对账单余额之间如有差额，应当逐笔查明原因并进行处理，按月编制“银行存款余额调节表”，调节相符。

⑦本科目期末借方余额，反映单位实际存放在银行或其他金融机构的款项。

（3）零余额账户用款额度

零余额账户用款额度是指实行国库集中支付的单位根据财政部门批复的用款计划收到和支用的零余额账户用款额度。零余额账户用于单位的财政授权支付。零余额账户只能用于办理财政性资金收付业务，单位的其他收入、往来款等非财政性资金，不得转入零余额账户。

为核算零余额账户用款额度，单位应设置“零余额账户用款额度”总账科目。本科目期末借方余额，反映单位尚未支用的零余额账户用款额度。年末注销单位零余额账户用款额度后，本科目应无余额。

零余额账户用款额度的主要账务处理如下：

①收到额度时：

单位根据收到的“财政授权支付到账通知书”所列金额，借记本科目，贷记“财政拨款收入”科目。

②支用额度时：

其一，支付日常活动费用时，按照支付的金额，借记“业务活动费用”“单位管理费用”等科目，贷记本科目。

其二，购买库存物品或购建固定资产，按照实际发生的成本，借记“库存物品”“固定资产”“在建工程”等科目，按照实际支付或应付的金额，贷记本科目、“应付账款”等科目。

其三，从零余额账户提取现金时，按照实际提取的金额，借记“库存现金”科目，贷记本科目。

③因购货退回等发生财政授权支付额度退回的，按照退回的金额，借记本科目，贷记“库存物品”等科目。

④年末，根据代理银行提供的对账单做注销额度的相关账务处理，借记“财政应返还额度——财政授权支付”科目，贷记本科目。

年末，单位本年度财政授权支付预算指标数大于零余额账户用款额度下达数的，根据未下达的用款额度，借记“财政应返还额度——财政授权支付”科目，贷记“财政拨款收入”科目。

下年年初，单位根据代理银行提供的上年度注销额度恢复到账通知书做恢复额度的相关账务处理，借记本科目，贷记“财政应返还额度——财政授权支付”科目。单位收到财政部门批复的上年未下达零余额账户用款额度，借记本科目，贷记“财政应返还额度——财政授权支付”科目。

【例5-2】某事业单位发生下列与零余额账户用款额度有关的经济业务：

①收到代理银行提供的上年度注销额度恢复到账通知书，恢复预算额度80 000元。

借：零余额账户用款额度　　80 000

　贷：财政应返还额度——财政授权支付　　80 000

②收到代理银行转来的“财政授权支付到账通知书”，本月用于基本支出的财政授权支付用款额度20 000元已经到账。

借：零余额账户用款额度　　20 000

　贷：财政拨款收入——基本支出拨款　　20 000

③开出授权支付凭证，通知代理银行向单位的车辆定点保养单位支付公务用车运行维护费6 000元。

借：单位管理费用　　6 000

　贷：零余额账户用款额度　　6 000

④该事业单位实行了公务卡结算制度。某工作人员以公务卡方式支付公务接待费900元，通过单位的零余额账户将报销款项划入该工作人员的公务卡账户。

借：单位管理费用　　900

　贷：零余额账户用款额度　　900

（4）其他货币资金

其他货币资金是指行政事业单位除库存现金、银行存款和零余额账户用款额度以外的资金，包括外埠存款、银行本票存款、银行汇票存款、信用卡存款等。单位通过支付宝、微信等方式取得相关收入的，对于尚未转入银行存款的支付宝、微信收付款等第三方支付平台账户的余额，应当通过“其他货币资金”科目核算。

单位应当加强对其他货币资金的管理，及时办理结算，对于逾期尚未办理结算的银行汇票、银行本票等，应当按照规定及时转回。

其他货币资金的主要账务处理如下：

①单位按照有关规定需要在异地开立银行账户，将款项委托本地银行汇往异地开立账户时，借记本科目，贷记“银行存款”科目。收到采购员交来供应单位发票账单等报销凭证时，借记“库存物品”等科目，贷记本科目。将多余的外埠存款转回本地银行时，根据银行的收账通知，借记“银行存款”科目，贷记本科目。

②将款项交存银行取得银行本票、银行汇票，按照取得的银行本票、银行汇票金额，借记本科目，贷记“银行存款”科目。使用银行本票、银行汇票购买库存物品等资产时，按照实际支付金额，借记“库存物品”等科目，贷记本科目。如有余款或因本票、汇票超过付款期等原因而退回款项，按照退款金额，借记“银行存款”科目，贷记本科目。

③将款项交存银行取得信用卡，按照交存金额，借记本科目，贷记“银行存款”科目。用信用卡购物或支付有关费用，按照实际支付金额，借记“单位管理费用”“库存物品”等科目，贷记本科目。单位信用卡在使用过程中，需向其账户续存资金的，按照续存金额，借记本科目，贷记“银行存款”科目。

④本科目期末借方余额，反映单位实际持有的其他货币资金。

【例5-3】某事业单位向开户银行申请办理银行汇票业务进行采购，将10 000元银行存款转存为银行汇票存款。

借：其他货币资金——银行汇票存款	10 000	
贷：银行存款		10 000

【例5-4】某事业单位持面值为10 000元的银行汇票购买一批库存物品，库存物品价款9 040元，库存物品已验收入库。剩余资金通过银行收回。

购买库存物品时：

借：库存物品	9 040	
贷：其他货币资金——银行汇票存款		9 040

收到银行退回的银行汇票多余款项时：

借：银行存款	960	
贷：其他货币资金——银行汇票存款		960

2）应收债权

行政事业单位的应收债权主要核算财政应返还额度、应收票据、应收账款、预付账款、应收股利、应收利息、其他应收款、坏账准备。

（1）财政应返还额度

实行国库集中收付制度后，行政事业单位的财政经费由财政部门通过国库单一账户统一拨付。行政事业单位的年度财政预算指标包括财政直接支付额度和财政授权支付额度。年度终了，行政单位需要对未实现的用款额度进行注销，形成财政应返还额度，再在下年度得以恢复。

为了核算行政单位年终注销的、需要在下年度恢复的年度未实现的用款额度，行政单位应设置“财政应返还额度”科目，并设置“财政直接支付”和“财政授权支付”两个明细科目。该科目是资产类科目，借方登记当年用款额度预算指标数与当年实际支出数的差额；贷方登记下年度恢复的财政直接支付额度的实际发生的支出数以及下年度收到的恢复财政授权支付额度。本科目期末借方余额，反映单位应收财政返还的资金额度。

财政应返还额度的主要账务处理如下：

①财政直接支付时：

年末，单位根据本年度财政直接支付预算指标数大于当年财政直接支付实际发生数的差额，借记本科目（财政直接支付），贷记“财政拨款收入”科目。

单位使用以前年度财政直接支付额度支付款项时，借记“业务活动费用”“单位管理费用”等科目，贷记本科目（财政直接支付）。

②财政授权支付时：

年末，根据代理银行提供的对账单做注销额度的相关账务处理，借记本科目（财政授权支付），贷记“零余额账户用款额度”科目。年末，单位本年度财政授权支付预算指标数大于零余额账户用款额度下达数的，根据未下达的用款额度，借记本科目（财政授权支付），贷记“财政拨款收入”科目。

下年年初，单位根据代理银行提供的上年度注销额度恢复到账通知书做恢复额度的相关账务处理，借记“零余额账户用款额度”科目，贷记本科目（财政授权支付）。单位收到财政部门批复的上年未下达零余额账户用款额度，借记“零余额账户用款额度”科目，贷记本科目（财政授权支付）。

【例5-5】某行政单位发生下列与财政应返还额度有关的业务：

①年度终了，通过对账确认年度财政直接支付预算指标数为1 000 000元，当年财政直接支付实际支出数为900 000元，存在尚未使用的财政直接支付预算指标100 000元。

借：财政应返还额度——财政直接支付　　100 000

　　贷：财政拨款收入　　100 000

②年度终了，收到代理银行转来的“财政授权支付注销额度到账通知书”，列示应注销的额度为50 000元。

借：财政应返还额度——财政授权支付　　50 000

　　贷：零余额账户用款额度　　50 000

③下年度初，收到代理银行转来的“财政直接支付入账通知书”，使用上年尚未使用的财政直接支付用款额度100 000元购买办公用电脑20台，已直接交付使用。

借：单位管理费用　　100 000

　　贷：财政应返还额度——财政直接支付　　100 000

④下年度初，收到代理银行转来的50 000元的“财政授权支付额度恢复到账通知书”。

借：零余额账户用款额度　　50 000

　　贷：财政应返还额度——财政授权支付　　50 000

（2）应收票据

应收票据是事业单位因开展经营活动销售产品、提供有偿服务等而收到的商业汇票，包括银行承兑汇票和商业承兑汇票。事业单位对应收票据进行核算时，应当按照开出、承兑商业汇票的单位等进行明细核算。事业单位还应当设置“应收票据备查簿”，逐笔登记每一应收票据的种类、号数、出票日期、到期日、票面金额、交易合同号和付款人、承兑人、背书人姓名或单位名称、背书转让日、贴现日期、贴现率和贴现净额、收款日期、收回金额和退票情况等。应收票据到期结清票款或退票后，应当在备查簿内逐笔注销。

应收票据的主要账务处理如下：

①因销售产品、提供服务等收到商业汇票，按照商业汇票的票面金额，借记本科目，按照确认的收入金额，贷记“经营收入”等科目。涉及增值税业务的，相关账务处理参见“应交增值税”科目。

②持未到期的商业汇票向银行贴现，按照实际收到的金额（即扣除贴现息后的净额），借记“银行存款”科目，按照贴现息金额，借记“经营费用”等科目，按照商业汇票的票面金额，贷记本科目（无追索权）或“短期借款”科目（有追索权）。附追索权的商业汇票到期未发生追索事项的，按照商业汇票的票面金额，借记“短期借款”科目，贷记本科目。

③将持有的商业汇票背书转让以取得所需物资时，按照取得物资的成本，借记“库存物品”等科目，按照商业汇票的票面金额，贷记本科目，如有差额，借记或贷记“银行存款”等科目。涉及增值税业务的，相关账务处理参见“应交增值税”科目。

④商业汇票到期时，应当分别以下情况处理：

其一，收回票款时，按照实际收到的商业汇票票面金额，借记“银行存款”科目，贷记本科目。

其二，因付款人无力支付票款，收到银行退回的商业承兑汇票、委托收款凭证、未付票款通知书或拒付款证明等，按照商业汇票的票面金额，借记“应收账款”科目，贷记本科目。

【例5-6】某事业单位开展经营业务活动，销售产品一批，价值51 000元，收到不带息银行承兑汇票一张，期限为3个月。

借：应收票据	51 000	
贷：经营收入		51 000

【例5-7】承【例5-6】，该事业单位将此商业汇票进行贴现，支付贴现息1 000元，贴现金额为50 000元。

借：银行存款	50 000	
经营费用	1 000	
贷：应收票据		51 000

（3）应收账款

应收账款是事业单位提供服务、销售产品等应收取的款项，以及单位因出租资产、出售物资等应收取的款项。事业单位核算应收账款时，应当按照债务单位（或个人）进行明细核算。

应收账款的主要账务处理如下：

①应收账款收回后不需上缴财政：

单位发生应收账款时，按照应收未收金额，借记本科目，贷记“事业收入”“经营收入”“租金收入”“其他收入”等科目。涉及增值税业务的，相关账务处理参见“应交增值税”科目。

收回应收账款时，按照实际收到的金额，借记“银行存款”等科目，贷记本科目。

事业单位应当于每年年末，对收回后不需上缴财政的应收账款进行全面检查，如发生不能收回的迹象，应当计提坏账准备。

其一，对于账龄超过规定年限、确认无法收回的应收账款，按照规定报经批准后予以核销。按照核销金额，借记“坏账准备”科目，贷记本科目。核销的应收账款应在备查簿中保留登记。

其二，已核销的应收账款在以后期间又收回的，按照实际收回金额，借记本科目，贷记“坏账准备”科目；同时，借记“银行存款”等科目，贷记本科目。

②应收账款收回后需上缴财政：

单位出租资产发生应收未收租金款项时，按照应收未收金额，借记本科目，贷记“应缴财政款”科目。收回应收账款时，按照实际收到的金额，借记“银行存款”等科目，贷记本科目。

单位出售物资发生应收未收款项时，按照应收未收金额，借记本科目，贷记“应缴财政款”科目。收回应收账款时，按照实际收到的金额，借记“银行存款”等科目，贷记本科目。涉及增值税业务的，相关账务处理参见“应交增值税”科目。

单位应当于每年年末，对收回后应当上缴财政的应收账款进行全面检查：

其一，对于账龄超过规定年限、确认无法收回的应收账款，按照规定报经批准后予以核销。按照核销金额，借记“应缴财政款”科目，贷记本科目。核销的应收账款应当在备查簿中保留登记。

其二，已核销的应收账款在以后期间又收回的，按照实际收回金额，借记“银行存款”等科目，贷记“应缴财政款”科目。

【例5-8】某事业单位发生如下与应收账款有关的业务：

①向甲单位出租一台办公设备，租金6 000元尚未收到，该设备属于国有资产，其租金收入应上缴财政。

借：应收账款——甲单位　　6 000
　贷：应缴财政款　　6 000

②将收到的办公设备租金6 000元存入银行。

借：银行存款　　6 000
　贷：应收账款——甲单位　　6 000

③将办公设备租金6 000元上缴财政。

借：应缴财政款　　6 000
　贷：银行存款　　6 000

④该事业单位附属独立核算单位将一批物资对外出售给乙公司，该物资的账面成本为

20 000元，出售价格为30 000元。出售物资已经发出，尚未收到款项。

借：应收账款——乙公司 30 000

贷：经营收入 30 000

⑤对应收账款的账龄进行分析，发现丙公司因破产所欠房租款10 000元已经无法收回。

借：应缴财政款 10 000

贷：应收账款——丙公司 10 000

（4）预付账款

预付账款是单位按照购货、服务合同或协议规定预付给供应单位（或个人）的款项，以及按照合同规定向承包工程的施工企业预付的备料款和工程款。单位对预付账款进行核算时，按照供应单位（或个人）及具体项目进行明细核算。对于基本建设项目发生的预付账款，还应当在“预付账款”科目所属基建项目明细科目下设置“预付备料款”“预付工程款”“其他预付款”等明细科目，进行明细核算。

预付账款的主要账务处理如下：

①根据购货、服务合同或协议规定预付款项时，按照预付金额，借记本科目，贷记“财政拨款收入”“零余额账户用款额度”“银行存款”等科目。

②收到所购资产或服务时，按照购入资产或服务的成本，借记“库存物品”“固定资产”“无形资产”“业务活动费用”等相关科目，按照相关预付账款的账面余额，贷记本科目，按照实际补付的金额，贷记“财政拨款收入”“零余额账户用款额度”“银行存款”等科目。涉及增值税业务的，还应当进行“应交增值税”的账务处理。

③根据工程进度结算工程价款及备料款时，按照结算金额，借记“在建工程”科目，按照相关预付账款的账面余额，贷记本科目，按照实际补付的金额，贷记“财政拨款收入”“零余额账户用款额度”“银行存款”等科目。

④发生预付账款退回的，按照实际退回金额，借记“财政拨款收入”[本年直接支付]、“财政应返还额度”[以前年度直接支付]、“零余额账户用款额度”、“银行存款”等科目，贷记本科目。

⑤单位应当于每年年末，对预付账款进行全面检查。如果有确凿证据表明预付账款不再符合预付款项性质，或者因供应单位破产、撤销等原因可能无法收到所购货物、服务的，应当先将其转入其他应收款，再按照规定进行处理。将预付账款账面余额转入其他应收款时，借记“其他应收款”科目，贷记本科目。

⑥本科目期末借方余额，反映单位实际预付但尚未结算的款项。

【例5-9】某科研机构向B公司订购甲材料，按合同约定已经于6月10日预付30 000元定金，用转账支票支付。25日，收到该公司的甲材料和发票账单，货款为53 000元。30日，开出转账支票，补付货款23 000元。

①预付货款时：

借：预付账款 30 000

贷：银行存款 30 000

②收到甲材料时：

借：库存物品　　53 000

　贷：预付账款　　53 000

③补付货款时：

借：预付账款　　23 000

　贷：银行存款　　23 000

（5）应收股利

应收股利是事业单位持有长期股权投资应当收取的现金股利或应当分得的利润。事业单位对应收股利进行核算时，应当按照被投资单位等进行明细核算。

应收股利的主要账务处理如下：

①取得长期股权投资，按照支付的价款中所包含的已宣告但尚未发放的现金股利，借记本科目，按照确定的长期股权投资成本，借记“长期股权投资”科目，按照实际支付的金额，贷记“银行存款”等科目。

收到取得投资时实际支付价款中所包含的已宣告但尚未发放的现金股利时，按照收到的金额，借记“银行存款”科目，贷记本科目。

②长期股权投资持有期间，被投资单位宣告发放现金股利或利润的，按照应享有的份额，借记本科目，贷记“投资收益”（成本法下）或“长期股权投资”（权益法下）科目。

③实际收到现金股利或利润时，按照收到的金额，借记“银行存款”等科目，贷记本科目。

④本科目期末借方余额，反映事业单位应当收取但尚未收到的现金股利或利润。

（6）应收利息

应收利息是事业单位长期债券投资应当收取的利息。事业单位购入的到期一次还本付息的长期债券投资持有期间的利息，应当通过“长期债券投资——应计利息”科目核算，不通过“应收利息”科目核算。本科目应当按照被投资单位等进行明细核算。

应收利息的主要账务处理如下：

①取得长期债券投资，按照确定的投资成本，借记“长期债券投资”科目，按照支付的价款中包含的已到付息期但尚未领取的利息，借记本科目，按照实际支付的金额，贷记“银行存款”等科目。

收到取得投资时实际支付价款中所包含的已到付息期但尚未领取的利息时，按照收到的金额，借记“银行存款”等科目，贷记本科目。

②按期计算确认长期债券投资利息收入时，对于分期付息、一次还本的长期债券投资，按照以票面金额和票面利率计算确定的应收未收利息金额，借记本科目，贷记“投资收益”科目。

③实际收到应收利息时，按照收到的金额，借记“银行存款”等科目，贷记本科目。

④本科目期末借方余额，反映事业单位应收未收的长期债券投资利息。

（7）其他应收款

其他应收款是单位除财政应返还额度、应收票据、应收账款、预付账款、应收股利、应收利息以外的其他各项应收及暂付款项，如职工预借的差旅费、已经偿还银行尚未报销的本单位公务卡欠款、拨付给内部有关部门的备用金、应向职工收取的各种垫付款项、支付的可以收回的订金或押金、应收的上级补助和附属单位上缴款项等。

其他应收款的主要账务处理如下：

①发生其他各种应收及暂付款项时，按照实际发生金额，借记本科目，贷记“零余额账户用款额度”“银行存款”“库存现金”“上级补助收入”“附属单位上缴收入”等科目。涉及增值税业务的，还应当进行“应交增值税”的账务处理。

②收回其他各种应收及暂付款项时，按照收回的金额，借记“库存现金”“银行存款”等科目，贷记本科目。

③单位内部实行备用金制度的，有关部门使用备用金以后应当及时到财务部门报销并补足备用金。财务部门核定并发放备用金时，按照实际发放金额，借记本科目，贷记“库存现金”等科目。根据报销金额用现金补足备用金定额时，借记“业务活动费用”“单位管理费用”等科目，贷记“库存现金”等科目，报销数和拨补数都不再通过本科目核算。

④偿还尚未报销的本单位公务卡欠款时，按照偿还的款项，借记本科目，贷记“零余额账户用款额度”“银行存款”等科目；持卡人报销时，按照报销金额，借记“业务活动费用”“单位管理费用”等科目，贷记本科目。

⑤将预付账款账面余额转入其他应收款时，借记本科目，贷记“预付账款”科目。具体说明参见“预付账款”科目。

⑥事业单位应当于每年年末，对其他应收款进行全面检查，如发生不能收回的迹象，应当计提坏账准备。

其一，对于账龄超过规定年限、确认无法收回的其他应收款，按照规定报经批准后予以核销。按照核销金额，借记“坏账准备”科目，贷记本科目。核销的其他应收款应当在备查簿中保留登记。

其二，已核销的其他应收款在以后期间又收回的，按照实际收回金额，借记本科目，贷记“坏账准备”科目；同时，借记“银行存款”等科目，贷记本科目。

⑦行政单位应当于每年年末，对其他应收款进行全面检查。对于超过规定年限、确认无法收回的其他应收款，应当按照有关规定报经批准后予以核销。核销的其他应收款应在备查簿中保留登记。

其一，经批准核销其他应收款时，按照核销金额，借记“资产处置费用”科目，贷记本科目。

其二，已核销的其他应收款在以后期间又收回的，按照收回金额，借记“银行存款”等科目，贷记“其他收入”科目。

⑧本科目期末借方余额，反映单位尚未收回的其他应收款。

【例5-10】某事业单位人员出差，预借差旅费2 500元，以现金支付。

借：其他应收款　　2 500

　贷：库存现金　　2 500

【例5-11】承【例5-10】，该事业单位人员出差归来，根据票据报销差旅费3 000元，列入单位管理费用。差额部分以现金支付。

借：单位管理费用　　3 000

贷：其他应收款　　2 500

　　库存现金　　500

（8）坏账准备

坏账准备是事业单位对收回后不需上缴财政的应收账款和其他应收款提取的坏账准备。为核算坏账准备，事业单位应设置"坏账准备"科目，并分别应收账款和其他应收款进行明细核算。事业单位应当于每年年末，对收回后不需上缴财政的应收账款和其他应收款进行全面检查，分析其可收回性，对预计可能产生的坏账损失计提坏账准备、确认坏账损失。

事业单位可以采用应收款项余额百分比法、账龄分析法、个别认定法等方法计提坏账准备。坏账准备计提方法一经确定，不得随意变更；如需变更，应当按照规定报经批准，并在财务报表附注中予以说明。

坏账准备的主要账务处理如下：

①提取坏账准备时，借记"其他费用"科目，贷记本科目；冲减坏账准备时，借记本科目，贷记"其他费用"科目。

②对于账龄超过规定年限并确认无法收回的应收账款、其他应收款，应当按照有关规定报经批准后，按照无法收回的金额，借记本科目，贷记"应收账款""其他应收款"科目。已核销的应收账款、其他应收款在以后期间又收回的，按照实际收回金额，借记"应收账款""其他应收款"科目，贷记本科目；同时，借记"银行存款"等科目，贷记"应收账款""其他应收款"科目。

【例5-12】某事业单位发生下列与坏账准备有关的业务：

①事业单位对20×7年年末收回后不需要上缴财政的应收账款进行全面的检查，分析其可收回性，确认应补提的应收账款的坏账损失为1 500元。

借：其他费用　　1 500

　　贷：坏账准备　　1 500

②20×8年，按照有关规定批准，20×7年发生的坏账损失无法收回。

借：坏账准备　　1 500

　　贷：应收账款　　1 500

③20×9年，该事业单位以前确认的坏账损失收回1 000元。

借：应收账款　　1 000

　　贷：坏账准备　　1 000

同时：

借：银行存款　　1 000

　　贷：应收账款　　1 000

3）存货

按照《政府会计准则第1号——存货》的规定，存货是指政府会计主体在开展业务活动及其他活动中为耗用或出售而储存的资产，如材料、产品、包装物和低值易耗品等，以及未达到固定资产标准的用具、装具、动植物等。目前，行政事业单位的存货主要核算在途物品、库存物品和加工物品。

(1) 在途物品

在途物品是单位采购材料等物资时货款已付或已开出商业汇票但尚未验收入库的在途物品的采购成本。单位可按照供应单位和物品种类对在途物品进行明细核算。

在途物品的主要账务处理如下：

①单位购入材料等物品，按照确定的物品采购成本的金额，借记本科目，按照实际支付的金额，贷记“财政拨款收入”“零余额账户用款额度”“银行存款”等科目。涉及增值税业务的，相关账务处理参见“应交增值税”科目。

②所购材料等物品到达并验收入库，按照确定的库存物品成本金额，借记“库存物品”科目，按照物品采购成本金额，贷记本科目，按照使得入库物品达到目前场所和状态所发生的其他支出，贷记“银行存款”等科目。

③本科目期末借方余额，反映单位在途物品的采购成本。

【例5-13】某事业单位发生下列与在途物品有关的业务：

①5月18日，购进一批乙材料，价款为2 000元，材料尚未验收入库，款项由财政拨款收入支付（不考虑增值税）。

借：在途物品	2 000	
贷：财政拨款收入		2 000

②为了使乙材料达到目前场所和状态，在运输途中发生运杂费500元。款项由银行存款支付。

借：在途物品	500	
贷：银行存款		500

③5月23日，该批乙材料验收入库。

借：库存物品	2 500	
贷：在途物品		2 500

(2) 库存物品

库存物品是单位在开展业务活动及其他活动中为耗用或出售而储存的各种材料、产品、包装物、低值易耗品，以及达不到固定资产标准的用具、装具、动植物等的成本。为核算库存物品，单位应设置“库存物品”总账科目。已完成的测绘、地质勘查、设计成果等的成本，也通过“库存物品”科目核算。单位应当按照库存物品的种类、规格、保管地点等进行明细核算。单位储存的低值易耗品、包装物较多的，可以在“库存物品”科目（低值易耗品、包装物）下按照“在库”、“在用”和“摊销”等进行明细核算。“库存物品”科目期末借方余额，反映单位库存物品的实际成本。

下列情况不应该通过“库存物品”科目核算：单位随买随用的零星办公用品，可以在购进时直接列作费用；单位控制的政府储备物资，应当通过“政府储备物资”科目核算；单位受托存储保管的物资和受托转赠的物资，应当通过“受托代理资产”科目核算；单位为在建工程购买和使用的材料物资，应当通过“工程物资”科目核算。

库存物品的主要账务处理如下：

第一，取得库存物品时，按照其取得时的成本入账。

①外购的库存物品验收入库，按照确定的成本，借记本科目，贷记“财政拨款收入”

“零余额账户用款额度”“银行存款”“应付账款”“在途物品”等科目。涉及增值税业务的，相关账务处理参见“应交增值税”科目。

②自制的库存物品加工完成并验收入库，按照确定的成本，借记本科目，贷记“加工物品——自制物品”科目。

③委托外单位加工收回的库存物品验收入库，按照确定的成本，借记本科目，贷记“加工物品——委托加工物品”等科目。

④接受捐赠的库存物品验收入库，按照确定的成本，借记本科目，按照发生的相关税费、运输费等，贷记“银行存款”等科目，按照其差额，贷记“捐赠收入”科目。接受捐赠的库存物品按照名义金额入账的，按照名义金额，借记本科目，贷记“捐赠收入”科目；同时，按照发生的相关税费、运输费等，借记“其他费用”科目，贷记“银行存款”等科目。

⑤无偿调入的库存物品验收入库，按照确定的成本，借记本科目，按照发生的相关税费、运输费等，贷记“银行存款”等科目，按照其差额，贷记“无偿调拨净资产”科目。

⑥置换换入的库存物品验收入库，按照确定的成本，借记本科目，按照换出资产的账面余额，贷记相关资产科目（换出资产为固定资产、无形资产的，还应当借记“固定资产累计折旧”“无形资产累计摊销”科目），按照置换过程中发生的其他相关支出，贷记“银行存款”等科目，按照借贷方差额，借记“资产处置费用”科目或贷记“其他收入”科目。涉及补价的，分别以下情况处理：

其一，支付补价的，按照确定的成本，借记本科目，按照换出资产的账面余额，贷记相关资产科目（换出资产为固定资产、无形资产的，还应当借记“固定资产累计折旧”“无形资产累计摊销”科目），按照支付的补价和置换过程中发生的其他相关支出，贷记“银行存款”等科目，按照借贷方差额，借记“资产处置费用”科目或贷记“其他收入”科目。

其二，收到补价的，按照确定的成本，借记本科目，按照收到的补价，借记“银行存款”等科目，按照换出资产的账面余额，贷记相关资产科目（换出资产为固定资产、无形资产的，还应当借记“固定资产累计折旧”“无形资产累计摊销”科目），按照置换过程中发生的其他相关支出，贷记“银行存款”等科目，按照补价扣减其他相关支出后的净收入，贷记“应缴财政款”科目，按照借贷方差额，借记“资产处置费用”科目或贷记“其他收入”科目。

第二，发出库存物品时，分别以下情况处理：

①单位开展业务活动等领用、按照规定自主出售发出或加工发出库存物品，按照领用、出售等发出物品的实际成本，借记“业务活动费用”“单位管理费用”“经营费用”“加工物品”等科目，贷记本科目。采用一次转销法摊销低值易耗品、包装物的，在首次领用时将其账面余额一次性摊销计入有关成本费用，借记有关科目，贷记本科目。采用五五摊销法摊销低值易耗品、包装物的，首次领用时，将其账面余额的50%摊销计入有关成本费用，借记有关科目，贷记本科目；使用完时，将剩余的账面余额转销计入有关成本费用，借记有关科目，贷记本科目。

②经批准对外出售的库存物品（不含可自主出售的库存物品）发出时，按照库存物品

的账面余额，借记“资产处置费用”科目，贷记本科目；同时，按照收到的价款，借记“银行存款”等科目，按照处置过程中发生的相关费用，贷记“银行存款”等科目，按照其差额，贷记“应缴财政款”科目。

③经批准对外捐赠的库存物品发出时，按照库存物品的账面余额和对外捐赠过程中发生的归属于捐出方的相关费用合计数，借记“资产处置费用”科目，按照库存物品账面余额，贷记本科目，按照对外捐赠过程中发生的归属于捐出方的相关费用，贷记“银行存款”等科目。

④经批准无偿调出的库存物品发出时，按照库存物品的账面余额，借记“无偿调拨净资产”科目，贷记本科目；同时，按照无偿调出过程中发生的归属于调出方的相关费用，借记“资产处置费用”科目，贷记“银行存款”等科目。

⑤经批准置换换出的库存物品，参照本科目有关置换换入库存物品的规定进行账务处理。

第三，单位定期对库存物品进行清查盘点时，对于发生的库存物品盘盈、盘亏或者报废、毁损，应当先记入“待处理财产损溢”科目，按照规定报经批准后及时进行后续账务处理。

①盘盈的库存物品，其成本按照有关凭据注明的金额确定；没有相关凭据、但按照规定经过资产评估的，其成本按照评估价值确定；没有相关凭据、也未经过评估的，其成本按照重置成本确定。如无法采用上述方法确定盘盈的库存物品成本的，按照名义金额入账。盘盈的库存物品，按照确定的入账成本，借记本科目，贷记“待处理财产损溢”科目。

②盘亏或者毁损、报废的库存物品，按照待处理库存物品的账面余额，借记“待处理财产损溢”科目，贷记本科目。属于增值税一般纳税人的，若因非正常原因导致库存物品盘亏或毁损，还应当将与该库存物品相关的增值税进项税额转出，按照其增值税进项税额，借记“待处理财产损溢”科目，贷记“应交增值税——应交税金（进项税额转出）”科目。

【例5-14】某行政单位发生下列与库存物品有关的业务：

①接受捐赠的库存物品验收入库，该库存物品成本为5 000元，发生相关税费、运输费共1 000元。

借：库存物品	5 000	
贷：银行存款		1 000
捐赠收入		4 000

②经批准，对外以60万元出售一批库存物品，该批库存物品的账面余额为50万元。

借：资产处置费用	500 000	
贷：库存物品		500 000
借：银行存款	600 000	
贷：应缴财政款		600 000

③年末对库存物品进行盘点，发现盘亏4 000元。

借：待处理财产损溢	4 000	

贷：库存物品　　4 000

(3) 加工物品

加工物品是行政事业单位自制或委托外单位加工的各种物品。为核算加工物品的实际成本，单位应设置“加工物品”总账科目。未完成的测绘、地质勘查、设计成果的实际成本，也通过“加工物品”科目核算。本科目下设置“自制物品”“委托加工物品”两个一级明细科目，并按照物品类别、品种、项目等设置明细账，进行明细核算。其中，“自制物品”一级明细科目下应当设置“直接材料”“直接人工”“其他直接费用”等二级明细科目归集自制物品发生的直接材料、直接人工（专门从事物品制造人员的人工费）等直接费用；对于自制物品发生的间接费用，应当在本科目“自制物品”一级明细科目下单独设置“间接费用”二级明细科目予以归集，期末，再按照一定的分配标准和方法，分配计入有关物品的成本。“加工物品”科目期末借方余额，反映单位自制或委托外单位加工但尚未完工的各种物品的实际成本。

加工物品的主要账务处理如下：

第一，自制物品的账务处理如下：

①为自制物品领用材料等，按照材料成本，借记本科目（自制物品——直接材料），贷记“库存物品”科目。

②专门从事物品制造的人员发生的直接人工费用，按照实际发生的金额，借记本科目（自制物品——直接人工），贷记“应付职工薪酬”科目。

③为自制物品发生的其他直接费用，按照实际发生的金额，借记本科目（自制物品——其他直接费用），贷记“零余额账户用款额度”“银行存款”等科目。

④为自制物品发生的间接费用，按照实际发生的金额，借记本科目（自制物品——间接费用），贷记“零余额账户用款额度”“银行存款”“应付职工薪酬”“固定资产累计折旧”“无形资产累计摊销”等科目。间接费用一般按照生产人员工资、生产人员工时、机器工时、耗用材料的数量或成本、直接费用（直接材料和直接人工）或产品产量等进行分配。单位可根据具体情况自行选择间接费用的分配方法。分配方法一经确定，不得随意变更。

⑤已经制造完成并验收入库的物品，按照所发生的实际成本（包括耗用的直接材料费用、直接人工费用、其他直接费用和分配的间接费用），借记“库存物品”科目，贷记本科目（自制物品）。

第二，委托加工物品的账务处理如下：

①发给外单位加工的材料等，按照其实际成本，借记本科目（委托加工物品），贷记“库存物品”科目。

②支付加工费、运输费等费用，按照实际支付的金额，借记本科目（委托加工物品），贷记“零余额账户用款额度”“银行存款”等科目。涉及增值税业务的，相关账务处理参见“应交增值税”科目。

③委托加工完成的材料等验收入库，按照加工前发出材料的成本和加工、运输成本等，借记“库存物品”等科目，贷记本科目（委托加工物品）。

【例5-15】某事业单位发生下列与加工物品有关的业务：

①为生产甲物品，从仓库领用材料2 000元，发生的直接人工费用为5 000元，以零余额账户用款额度支付其他费用1 000元。

借：加工物品——直接材料　　2 000

　　　　　　——直接人工　　5 000

　　　　　　——其他直接费用　　1 000

　贷：库存物品　　2 000

　　　应付职工薪酬　　5 000

　　　零余额账户用款额度　　1 000

②委托外单位加工周转材料，其中，发出库存材料的实际成本为8 000元，以银行存款支付加工费2 000元。

借：加工物品——委托加工物品　　10 000

　贷：库存物品　　8 000

　　　银行存款　　2 000

③委托外单位生产加工的材料已完成，将加工物品验收入库。

借：库存物品　　10 000

　贷：加工物品——委托加工物品　　10 000

4）待摊费用

待摊费用是单位已经支付，但应当由本期和以后各期分别负担的分摊期在1年以内（含1年）的各项费用，如预付航空保险费、预付租金等。为核算待摊费用，单位应设置“待摊费用”科目。本科目期末借方余额，反映单位各种已支付但尚未摊销的分摊期在1年以内（含1年）的费用。摊销期限在1年以上的租入固定资产改良支出和其他费用，应当通过“长期待摊费用”科目核算，不通过本科目核算。待摊费用应当在其受益期限内分期平均摊销，如预付航空保险费应在保险期的有效期内、预付租金应在租赁期内分期平均摊销，计入当期费用。

待摊费用的主要账务处理如下：

（1）发生待摊费用时，按照实际预付的金额，借记本科目，贷记“财政拨款收入”“零余额账户用款额度”“银行存款”等科目。

（2）按照受益期限分期平均摊销时，按照摊销金额，借记“业务活动费用”“单位管理费用”“经营费用”等科目，贷记本科目。

（3）如果某项待摊费用已经不能使单位受益，应当将其摊余金额一次全部转入当期费用。按照摊销金额，借记“业务活动费用”“单位管理费用”“经营费用”等科目，贷记本科目。

【例5-16】某行政单位10月份通过财政拨款预付租入固定资产租金10 000元，租入资产用于办公使用。该租金分5个月进行摊销。

①预付租金时：

借：待摊费用　　10 000

　贷：财政拨款收入　　10 000

②摊销本月租金时：

借：单位管理费用　　2 000

　贷：待摊费用　　2 000

5）对外投资

投资准则所规范的投资，是指政府会计主体按规定以货币资金、实物资产、无形资产等方式形成的股权和债券投资，分为短期投资和长期投资。其中，长期投资主要核算长期股权投资、长期债券投资。

（1）短期投资

短期投资是事业单位按照规定取得的，持有时间不超过1年（含1年）的投资。事业单位对短期投资进行核算时，应按照短期投资的种类等设置明细账，进行明细核算。“短期投资”科目期末借方余额，反映事业单位持有短期投资的成本。

短期投资的主要账务处理如下：

①取得短期投资时，按照确定的投资成本，借记本科目，贷记“银行存款”等科目。收到取得投资时实际支付价款中包含的已到付息期但尚未领取的利息，按照实际收到的金额，借记“银行存款”科目，贷记本科目。

②收到短期投资持有期间的利息，按照实际收到的金额，借记“银行存款”科目，贷记“投资收益”科目。

③出售短期投资或到期收回短期投资本息，按照实际收到的金额，借记“银行存款”科目，按照出售或收回短期投资的账面余额，贷记本科目，按照其差额，借记或贷记“投资收益”科目。涉及增值税业务的，相关账务处理参见“应交增值税”科目。

【例5-17】某事业单位发生下列与短期投资有关的业务：

①购入国库券，账面价值为100 000元。

借：短期投资　　100 000

　贷：银行存款　　100 000

②收到该国库券利息收入4 000元，款项已经存入银行。

借：银行存款　　4 000

　贷：投资收益　　4 000

③出售该国库券，获得出售款120 000元，款项存入银行。

借：银行存款　　120 000

　贷：短期投资　　100 000

　　　投资收益　　20 000

（2）长期股权投资

长期股权投资是事业单位按照规定取得的，持有时间超过1年（不含1年）的股权性质的投资。长期股权投资应当按照被投资单位和长期股权投资取得方式等进行明细核算。长期股权投资采用权益法核算的，还应当按照“成本”“损益调整”“其他权益变动”设置明细科目，进行明细核算。“长期股权投资”科目期末借方余额，反映事业单位持有的长期股权投资的价值。

长期股权投资的主要账务处理如下：

第一，长期股权投资在取得时，按照其实际成本作为初始投资成本。

①以现金取得的长期股权投资，按照确定的投资成本，借记本科目（成本），按照支付的价款中包含的已宣告但尚未发放的现金股利，借记“应收股利”科目，按照实际支付的全部价款，贷记“银行存款”等科目。实际收到取得投资时所支付价款中包含的已宣告但尚未发放的现金股利时，借记“银行存款”科目，贷记“应收股利”科目。

②以现金以外的其他资产置换取得的长期股权投资，参照“库存物品”科目中置换取得库存物品的相关规定进行账务处理。

③以未入账的无形资产取得的长期股权投资，按照评估价值加相关税费作为投资成本，借记本科目，按照发生的相关税费，贷记“银行存款”“其他应交税费”等科目，按其差额，贷记“其他收入”科目。

④接受捐赠的长期股权投资，按照确定的投资成本，借记本科目（成本），按照发生的相关税费，贷记“银行存款”等科目，按照其差额，贷记“捐赠收入”科目。

⑤无偿调入的长期股权投资，按照确定的投资成本，借记本科目（成本），按照发生的相关税费，贷记“银行存款”等科目，按照其差额，贷记“无偿调拨净资产”科目。

第二，长期股权投资持有期间，应当按照规定采用成本法或权益法进行核算。

长期股权投资后续计量的方法有成本法与权益法两种。成本法适用于以下两种情况：事业单位对被投资单位实施控制的长期股权投资；事业单位对被投资单位不具有共同控制或重大影响。权益法适用于事业单位对被投资单位具有共同控制或重大影响的长期股权投资。

①采用成本法核算

被投资单位宣告发放现金股利或利润时，按照应收的金额，借记“应收股利”科目，贷记“投资收益”科目。收到现金股利或利润时，按照实际收到的金额，借记“银行存款”等科目，贷记“应收股利”科目。

②采用权益法核算

被投资单位实现净利润的，按照应享有的份额，借记本科目（损益调整），贷记“投资收益”科目。被投资单位发生净亏损的，按照应分担的份额，借记“投资收益”科目，贷记本科目（损益调整），但以本科目的账面余额减记至零为限。发生亏损的被投资单位以后年度又实现净利润的，按照收益分享额弥补未确认的亏损分担额等后的金额，借记本科目（损益调整），贷记“投资收益”科目。

被投资单位宣告分派现金股利或利润的，按照应享有的份额，借记“应收股利”科目，贷记本科目（损益调整）。

被投资单位发生除净损益和利润分配以外的所有者权益变动的，按照应享有或应分担的份额，借记或贷记“权益法调整”科目，贷记或借记本科目（其他权益变动）。

③成本法与权益法的转换

其一，单位因处置部分长期股权投资等原因而对处置后的剩余股权投资由权益法改按成本法核算的，应当按照权益法下本科目账面余额作为成本法下本科目账面余额（成本）。其后，被投资单位宣告分派现金股利或利润时，属于单位已计入投资账面余额的部分，按照应分得的现金股利或利润份额，借记“应收股利”科目，贷记本科目。

其二，单位因追加投资等原因对长期股权投资的核算从成本法改为权益法的，应当按照成本法下本科目账面余额与追加投资成本的合计金额，借记本科目（成本），按照成本法下本科目账面余额，贷记本科目，按照追加投资的成本，贷记“银行存款”等科目。

第三，按照规定报经批准处置长期股权投资。

①按照规定报经批准出售（转让）长期股权投资时，应当区分长期股权投资取得方式分别进行处理。

其一，处置以现金取得的长期股权投资，按照实际取得的价款，借记“银行存款”等科目，按照被处置长期股权投资的账面余额，贷记本科目，按照尚未领取的现金股利或利润，贷记“应收股利”科目，按照发生的相关税费等支出，贷记“银行存款”等科目，按照借贷方差额，借记或贷记“投资收益”科目。

其二，处置以现金以外的其他资产取得的长期股权投资，按照被处置长期股权投资的账面余额，借记“资产处置费用”科目，贷记本科目；同时，按照实际取得的价款，借记“银行存款”等科目，按照尚未领取的现金股利或利润，贷记“应收股利”科目，按照发生的相关税费等支出，贷记“银行存款”等科目，按照贷方差额，贷记“应缴财政款”科目。按照规定将处置时取得的投资收益纳入本单位预算管理的，应当按照所取得价款大于被处置长期股权投资账面余额、应收股利账面余额和相关税费支出合计的差额，贷记“投资收益”科目。

②因被投资单位破产清算等原因，有确凿证据表明长期股权投资发生损失，按照规定报经批准后予以核销时，按照予以核销的长期股权投资的账面余额，借记“资产处置费用”科目，贷记本科目。

③报经批准置换转出长期股权投资时，参照“库存物品”科目中置换换入库存物品的规定进行账务处理。

④采用权益法核算的长期股权投资的处置，除进行上述账务处理外，还应结转原直接计入净资产的相关金额，借记或贷记“权益法调整”科目，贷记或借记“投资收益”科目。

【例5-18】某事业单位发生下列与长期股权投资有关的业务：

①1月份，以货币资金105 300元和一项专利技术对甲国有企业进行投资，该专利权账面原值130 000元，累计摊销价值29 000元，资产评估价为150 000元。通过该投资持有甲国有企业30%的股份，能够对甲国有企业产生重大影响。

借：长期股权投资——成本——甲国有企业	255 300	
无形资产累计摊销	29 000	
贷：无形资产——专利权		130 000
银行存款		105 300
其他收入		49 000

②1月末，甲国有企业实现净利润50 000元。

借：长期股权投资——损益调整	15 000	
贷：投资收益		15 000

③2月份，甲国有企业宣告发放红利10 000元。

借：应收股利	3 000	

贷：长期股权投资——损益调整 3 000

（3）长期债券投资

长期债券投资是指事业单位按照规定取得的，持有时间超过1年（不含1年）的债券投资。“长期债券投资”科目应当设置“成本”和“应计利息”明细科目，并按照债券投资的种类进行明细核算。

长期债券投资的主要账务处理如下：

①取得长期债券投资时的账务处理：

取得的长期债券投资，按照确定的投资成本，借记本科目（成本），按照支付的价款中包含的已到付息期但尚未领取的利息，借记“应收利息”科目，按照实际支付的金额，贷记“银行存款”等科目。

实际收到取得债券时所支付价款中包含的已到付息期但尚未领取的利息时，借记“银行存款”科目，贷记“应收利息”科目。

②持有长期债券投资期间的账务处理：

长期债券投资持有期间，按期以债券票面金额与票面利率计算确认利息收入时，如为到期一次还本付息的债券投资，借记本科目（应计利息），贷记“投资收益”科目；如为分期付息、到期一次还本的债券投资，借记“应收利息”科目，贷记“投资收益”科目。收到分期支付的利息时，按照实收的金额，借记“银行存款”等科目，贷记“应收利息”科目。

③收回长期债券投资的账务处理：

到期收回长期债券投资，按照实际收到的金额，借记“银行存款”科目，按照长期债券投资的账面余额，贷记本科目，按照相关应收利息金额，贷记“应收利息”科目，按照其差额，贷记“投资收益”科目。

④对外出售长期债券投资的账务处理：

对外出售长期债券投资，按照实际收到的金额，借记“银行存款”科目，按照长期债券投资的账面余额，贷记本科目，按照已记入“应收利息”科目但尚未收取的金额，贷记“应收利息”科目，按照其差额，贷记或借记“投资收益”科目。涉及增值税业务的，相关账务处理参见“应交增值税”科目。

【例5-19】某事业单位发生下列与长期债券投资有关的业务：

①购入3年期的国库券，实际支付价款500 000元，款项以银行存款支付。

借：长期债券投资——成本——国库券 500 000

　贷：银行存款 500 000

②以前年度购买的国库券到期，兑付本金20 000元，利息1 000元，款项已存入银行。

借：银行存款 21 000

　贷：长期债券投资——成本——国库券 20 000

　　　应收利息 1 000

6）固定资产

固定资产是指政府会计主体为满足自身开展业务活动或其他活动需要而控制的，使用年限超过1年（不含1年）、单位价值在规定标准以上，并在使用过程中基本保持原有物质形态的资产，一般包括房屋及构筑物、专用设备、通用设备等。单位价值虽未达到规定标准，但是使用年限超过1年（不含1年）的大批同类物资，如文物和陈列品、图书、档案、家具、用具、装具及动植物等，应当确认为固定资产。行政事业单位的固定资产主要核算固定资产及其累计折旧、工程物资与在建工程。

（1）固定资产

本科目核算单位固定资产的原值。本科目应当按照固定资产类别和项目进行明细核算。固定资产核算时，应当考虑以下情况：第一，购入需要安装的固定资产，应当先通过“在建工程”科目核算，安装完毕交付使用时再转入本科目核算。第二，以借入、经营租赁租入方式取得的固定资产，不通过本科目核算，应当设置备查簿进行登记。第三，采用融资租入方式取得的固定资产，通过本科目核算，并在本科目下设置“融资租入固定资产”明细科目。第四，经批准在境外购买具有所有权的土地，作为固定资产，通过本科目核算；单位应当在本科目下设置“境外土地”明细科目，进行相应明细核算。本科目期末借方余额，反映单位固定资产的原值。

固定资产的主要账务处理如下：

①取得固定资产时：

其一，行政单位取得固定资产时，应当按照其成本计价入账。对于购入不需安装的固定资产验收合格时，按照确定的固定资产成本，借记本科目，贷记“财政拨款收入”“零余额账户用款额度”“应付账款”“银行存款”等科目。购入需要安装的固定资产，在安装完毕交付使用前通过“在建工程”科目核算，安装完毕交付使用时再转入本科目。购入固定资产扣留质量保证金的，应当在取得固定资产时，按照确定的固定资产成本，借记本科目［不需安装］或“在建工程”科目［需要安装］，按照实际支付或应付的金额，贷记“财政拨款收入”、“零余额账户用款额度”、“应付账款”［不含质量保证金］、“银行存款”等科目，按照扣留的质量保证金数额，贷记“其他应付款”［扣留期在1年以内（含1年）］或“长期应付款”［扣留期超过1年］科目。

质保期满支付质量保证金时，借记“其他应付款”“长期应付款”科目，贷记“财政拨款收入”“零余额账户用款额度”“银行存款”等科目。

其二，自行建造的固定资产交付使用时，按照在建工程成本，借记本科目，贷记“在建工程”科目。已交付使用但尚未办理竣工决算手续的固定资产，按照估计价值入账，待办理竣工决算后再按照实际成本调整原来的暂估价值。

其三，融资租赁取得的固定资产，其成本按照租赁协议或者合同确定的租赁价款、相关税费以及固定资产交付使用前所发生的可归属于该项资产的运输费、途中保险费、安装调试费等确定。融资租入的固定资产，按照确定的成本，借记本科目［不需安装］或“在建工程”科目［需安装］，按照租赁协议或者合同确定的租赁付款额，贷记“长期应付款”科目，按照支付的运输费、途中保险费、安装调试费等金额，贷记“财政拨款收入”“零余额账户用款额度”“银行存款”等科目。定期支付租金时，按照实际支付金额，借记“长期应付款”科目，贷记“财政拨款收入”“零余额账户用款额度”“银行存款”等科目。

其四，按照规定跨年度分期付款购入固定资产的账务处理，参照融资租入固定资产。

其五，接受捐赠的固定资产，按照确定的固定资产成本，借记本科目［不需安装］或“在建工程”科目［需安装］，按照发生的相关税费、运输费等，贷记“零余额账户用款额度”“银行存款”等科目，按照其差额，贷记“捐赠收入”科目。接受捐赠的固定资产按照名义金额入账的，按照名义金额，借记本科目，贷记“捐赠收入”科目；按照发生的相关税费、运输费等，借记“其他费用”科目，贷记“零余额账户用款额度”“银行存款”等科目。

其六，无偿调入的固定资产，按照确定的固定资产成本，借记本科目［不需安装］或“在建工程”科目［需安装］，按照发生的相关税费、运输费等，贷记“零余额账户用款额度”“银行存款”等科目，按照其差额，贷记“无偿调拨净资产”科目。

其七，置换取得的固定资产，参照“库存物品”科目中置换取得库存物品的相关规定进行账务处理。

固定资产取得时涉及增值税业务的，相关账务处理参见“应交增值税”科目。

②固定资产有关后续支出：

其一，符合固定资产确认条件的后续支出。通常情况下，将固定资产转入改建、扩建时，按照固定资产的账面价值，借记“在建工程”科目，按照固定资产已计提折旧，借记“固定资产累计折旧”科目，按照固定资产的账面余额，贷记本科目。为增加固定资产使用效能或延长其使用年限而发生的改建、扩建等后续支出，借记“在建工程”科目，贷记“财政拨款收入”“零余额账户用款额度”“银行存款”等科目。固定资产改建、扩建等完成交付使用时，按照在建工程成本，借记本科目，贷记“在建工程”科目。

其二，不符合固定资产确认条件的后续支出。为保证固定资产正常使用发生的日常维修等支出，借记“业务活动费用”“单位管理费用”等科目，贷记“财政拨款收入”“零余额账户用款额度”“银行存款”等科目。

③固定资产处置：

固定资产处置是指行政单位因各种原因使固定资产退出日常业务活动的行为。固定资产处置的方式包括出售、转让、无偿调出、对外捐赠、对外投资、报废、毁损等。

其一，报经批准出售、转让固定资产，按照被出售、转让固定资产的账面价值，借记“资产处置费用”科目，按照固定资产已计提的折旧，借记“固定资产累计折旧”科目，按照固定资产账面余额，贷记本科目；同时，按照收到的价款，借记“银行存款”等科目，按照处置过程中发生的相关费用，贷记“银行存款”等科目，按照其差额，贷记“应缴财政款”科目。

其二，报经批准对外捐赠固定资产，按照固定资产已计提的折旧，借记“固定资产累计折旧”科目，按照被处置固定资产账面余额，贷记本科目，按照捐赠过程中发生的归属于捐出方的相关费用，贷记“银行存款”等科目，按照其差额，借记“资产处置费用”科目。

其三，报经批准无偿调出固定资产，按照固定资产已计提的折旧，借记“固定资产累计折旧”科目，按照被处置固定资产账面余额，贷记本科目，按照其差额，借记“无偿调拨净资产”科目；同时，按照无偿调出过程中发生的归属于调出方的相关费用，借记“资产处置费用”科目，贷记“银行存款”等科目。

其四，报经批准置换换出固定资产，参照“库存物品”中置换换入库存物品的规定进行账务处理。

固定资产处置时涉及增值税业务的，应当进行“应交增值税”的账务处理。

④固定资产清查：

单位应当定期对固定资产进行清查盘点，每年至少盘点一次。对于发生的固定资产盘盈、盘亏或毁损、报废，应当先记入“待处理财产损溢”科目，按照规定报经批准后及时进行后续账务处理。

其一，盘盈的固定资产，其成本按照有关凭据注明的金额确定；没有相关凭据、但按照规定经过资产评估的，其成本按照评估价值确定；没有相关凭据、也未经过评估的，其成本按照重置成本确定。如无法采用上述方法确定盘盈固定资产成本的，按照名义金额（人民币1元）入账。盘盈的固定资产，按照确定的入账成本，借记本科目，贷记“待处理财产损溢”科目。

其二，盘亏、毁损或报废的固定资产，按照待处理固定资产的账面价值，借记“待处理财产损溢”科目，按照已计提折旧，借记“固定资产累计折旧”科目，按照固定资产的账面余额，贷记本科目。

（2）固定资产累计折旧

折旧是指在固定资产的预计使用年限内，按照确定的方法对应计提的折旧金额进行系统分摊。单位应当对固定资产计提折旧，但文物和陈列品、动植物、图书、档案、单独计价入账的土地、以名义金额计量的固定资产除外。单位应当根据相关规定以及固定资产的性质和使用情况，合理确定固定资产的使用年限。固定资产的使用年限一经确定，不得随意变更。

“固定资产累计折旧”科目应当按照所对应固定资产的明细分类进行明细核算。本科目期末贷方余额，反映单位计提的固定资产折旧累计数。

公共基础设施和保障性住房计提的累计折旧，应当分别通过“公共基础设施累计折旧（摊销）”科目和“保障性住房累计折旧”科目核算，不通过本科目核算。单位计提融资租入固定资产折旧时，应当采用与自有固定资产相一致的折旧政策。能够合理确定租赁期届满时将会取得租入固定资产所有权的，应当在租入固定资产尚可使用年限内计提折旧；无法合理确定租赁期届满时能够取得租入固定资产所有权的，应当在租赁期与租入固定资产尚可使用年限两者中较短的期间内计提折旧。

固定资产累计折旧的主要账务处理如下：

①按月计提固定资产折旧时，按照应计提折旧金额，借记“业务活动费用”“单位管理费用”“经营费用”“加工物品”“在建工程”等科目，贷记本科目。

②经批准处置或处理固定资产时，按照所处置或处理固定资产的账面价值，借记“资产处置费用”“无偿调拨净资产”“待处理财产损溢”等科目，按照已计提折旧，借记本科目，按照固定资产的账面余额，贷记“固定资产”科目。

【例5-20】某行政单位发生下列与固定资产有关的业务：

①购买计算机一批，价款60 000元，款项通过零余额账户用款额度支付。

借：固定资产　　60 000

贷：零余额账户用款额度 60 000

②经主管部门批准，从系统内有偿调入一台设备，价值6 000元，用银行存款支付。

借：固定资产 6 000

贷：银行存款 6 000

③接受捐赠设备一台，价值50 000元，同时用银行存款支付运费等有关费用400元。

借：固定资产 50 000

贷：捐赠收入 49 600

银行存款 400

④对一台通用设备计提折旧30 000元。

借：业务活动费用 30 000

贷：固定资产累计折旧 30 000

⑤无偿调出一台不需用的专用设备，该专用设备的原价为80 000元，已计提累计折旧50 000元，账面价值为30 000元。

借：无偿调拨净资产 30 000

固定资产累计折旧 50 000

贷：固定资产 80 000

⑥报经批准报废一项固定资产。该项固定资产原价为58 000元，已计提的累计折旧为54 000元，账面价值为4 000元，收到变价收入1 500元现金。处置完毕后，处置净收入1 500元按规定应当上缴财政。

转入报废时：

借：待处理财产损溢 4 000

固定资产累计折旧 54 000

贷：固定资产 58 000

批准报废时：

借：资产处置费用 4 000

贷：待处理财产损溢 4 000

收到变价收入时：

借：库存现金 1 500

贷：待处理财产损溢 1 500

将变价收入转入应缴财政款时：

借：待处理财产损溢 1 500

贷：应缴财政款 1 500

（3）工程物资

工程物资是单位为在建工程准备的各种物资，包括工程用材料、设备、工具以及其他物资的供应。工程物资可按照“库存材料”“库存设备”等工程物资类别进行明细核算。

工程物资的主要账务处理如下：

①购入为工程准备的物资，按照确定的物资成本，借记本科目，贷记“财政拨款收入”“零余额账户用款额度”“银行存款”“应付账款”等科目。

②领用工程物资，按照物资成本，借记“在建工程”科目，贷记本科目。工程完工后将领出的剩余物资退库时做相反的会计分录。

③工程完工后将剩余的工程物资转作本单位存货等的，按照物资成本，借记“库存物品”等科目，贷记本科目。

涉及增值税业务的，相关账务处理参见“应交增值税”科目。

【例5-21】某行政单位发生下列与工程物资有关的业务：

①购买一批为工程准备的物资，价款为50 000元，款项通过零余额账户用款额度支付。

借：工程物资　　50 000

　贷：零余额账户用款额度　　50 000

②领用该批物资40 000元用于工程建设。

借：在建工程　　40 000

　贷：工程物资　　40 000

③工程完工后，该批物资剩余10 000元转为本单位存货。

借：库存物品　　10 000

　贷：工程物资　　10 000

（4）在建工程

单位在建的建设项目工程发生的实际成本，通过“在建工程”科目进行核算。单位在建的信息系统项目工程、公共基础设施项目工程、保障性住房项目工程的实际成本，也通过本科目核算。本科目期末借方余额，反映单位尚未完工的建设项目工程发生的实际成本。

本科目应当设置“建筑安装工程投资”“设备投资”“待摊投资”“其他投资”“待核销基建支出”“基建转出投资”等明细科目，并按照具体项目进行明细核算。

“建筑安装工程投资”明细科目，核算单位发生的构成建设项目实际支出的建筑工程和安装工程的实际成本，不包括被安装设备本身的价值以及按照合同规定支付给施工单位的预付备料款和预付工程款。本明细科目应当设置“建筑工程”和“安装工程”两个明细科目进行明细核算。

“设备投资”明细科目，核算单位发生的构成建设项目实际支出的各种设备的实际成本。

“待摊投资”明细科目，核算单位发生的构成建设项目实际支出的、按照规定应当分摊计入有关工程成本和设备成本的各项间接费用和税费支出。本明细科目的具体核算内容包括以下方面：

其一，勘察费、设计费、研究试验费、可行性研究费及项目其他前期费用。

其二，土地征用及迁移补偿费、土地复垦及补偿费、森林植被恢复费及其他为取得土地使用权、租用权而发生的费用。

其三，城镇土地使用税、耕地占用税、契税、车船税、印花税及按照规定缴纳的其他税费。

其四，项目建设管理费、代建管理费、临时设施费、监理费、招投标费、社会中介审计（审查）费及其他管理性质的费用。项目建设管理费是指项目建设单位从项目筹建之日起至办理竣工财务决算之日止发生的管理性质的支出，包括不在原单位发工资的工作人员工资及相关费用、办公费、办公场地租用费、差旅交通费、劳动保护费、工具用具使用费、固定资产使用费、招募生产工人费、技术图书资料费（含软件）、业务招待费、施工现场津贴、竣工验收费等。

其五，项目建设期间发生的各类专门借款利息支出或融资费用。

其六，工程检测费、设备检验费、负荷联合试车费及其他检验检测类费用。

其七，固定资产损失、器材处理亏损、设备盘亏及毁损、单项工程或单位工程报废、毁损净损失及其他损失。

其八，系统集成等信息工程的费用支出。

其九，其他待摊性质支出。

本明细科目应当按照上述费用项目进行明细核算，其中有些费用（如项目建设管理费等），还应当按照更为具体的费用项目进行明细核算。

“其他投资”明细科目，核算单位发生的构成建设项目实际支出的房屋购置支出，基本畜禽、林木等购置、饲养、培育支出，办公生活用家具、器具购置支出，软件研发和不能计入设备投资的软件购置等支出。单位为进行可行性研究而购置的固定资产，以及取得土地使用权支付的土地出让金，也通过本明细科目核算。本明细科目应当设置“房屋购置”“基本畜禽支出”“林木支出”“办公生活用家具、器具购置”“可行性研究固定资产购置”“无形资产”等明细科目。

“待核销基建支出”明细科目，核算建设项目发生的江河清障、航道清淤、飞播造林、补助群众造林、水土保持、城市绿化、取消项目的可行性研究费以及项目整体报废等不能形成资产部分的基建投资支出。本明细科目应按照待核销基建支出的类别进行明细核算。

“基建转出投资”明细科目，核算为建设项目配套而建成的、产权不归属本单位的专用设施的实际成本。本明细科目应按照转出投资的类别进行明细核算。

在建工程的主要账务处理如下：

①建筑安装工程投资：

将固定资产等资产转入改建、扩建等时，按照固定资产等资产的账面价值，借记本科目（建筑安装工程投资），按照已计提的折旧或摊销，借记“固定资产累计折旧”等科目，按照固定资产等资产的原值，贷记“固定资产”等科目。

固定资产等资产改建、扩建过程中涉及替换（或拆除）原资产的某些组成部分的，按照被替换（或拆除）部分的账面价值，借记“待处理财产损溢”科目，贷记本科目（建筑安装工程投资）。

单位对于发包建筑安装工程，根据建筑安装工程价款结算账单与施工企业结算工程价款时，按照应承付的工程价款，借记本科目（建筑安装工程投资），按照预付工程款余额，贷记“预付账款”科目，按照其差额，贷记“财政拨款收入”“零余额账户用款额度”“银行存款”“应付账款”等科目。

单位自行施工的小型建筑安装工程，按照发生的各项支出金额，借记本科目（建筑安装工程投资），贷记“工程物资”“零余额账户用款额度”“银行存款”“应付职工薪酬”等科目。

工程竣工，办妥竣工验收交接手续交付使用时，按照建筑安装工程成本（含应分摊的待摊投资），借记“固定资产”等科目，贷记本科目（建筑安装工程投资）。

②设备投资：

购入设备时，按照购入成本，借记本科目（设备投资），贷记“财政拨款收入”“零余额账户用款额度”“银行存款”等科目；采用预付款方式购入设备的，有关预付款的账务处理参照本科目有关“建筑安装工程投资”明细科目的规定。

设备安装完毕，办妥竣工验收交接手续交付使用时，按照设备投资成本（含设备安装工程成本和分摊的待摊投资），借记“固定资产”等科目，贷记本科目（设备投资、建筑安装工程投资——安装工程）。

将不需要安装的设备和达不到固定资产标准的工具、器具交付使用时，按照相关设备、工具、器具的实际成本，借记“固定资产”“库存物品”科目，贷记本科目（设备投资）。

③待摊投资：

建设工程发生的构成建设项目实际支出的、按照规定应当分摊计入有关工程成本和设备成本的各项间接费用和税费支出，先在本明细科目中归集；建设工程办妥竣工验收手续交付使用时，按照合理的分配方法，摊入相关工程成本、在安装设备成本等。

单位发生的构成待摊投资的各类费用，按照实际发生金额，借记本科目（待摊投资），贷记“财政拨款收入”“零余额账户用款额度”“银行存款”“应付利息”“长期借款”“其他应交税费”“固定资产累计折旧”“无形资产累计摊销”等科目。

对于建设过程中试生产、设备调试等产生的收入，按照取得的收入金额，借记“银行存款”等科目，按照依据有关规定应当冲减建设工程成本的部分，贷记本科目（待摊投资），按照其差额贷记“应缴财政款”或“其他收入”科目。

由于自然灾害、管理不善等原因造成的单项工程或单位工程报废或毁损，扣除残料价值和过失人或保险公司等赔款后的净损失，报经批准后计入继续施工的工程成本的，按照工程成本扣除残料价值和过失人或保险公司等赔款后的净损失，借记本科目（待摊投资），按照残料变价收入、过失人或保险公司赔款等，借记“银行存款”“其他应收款”等科目，按照报废或毁损的工程成本，贷记本科目（建筑安装工程投资）。

工程交付使用时，按照合理的分配方法分配待摊投资，借记本科目（建筑安装工程投资、设备投资），贷记本科目（待摊投资）。

待摊投资的分配方法，可按照下列公式计算：

一是按照实际分配率分配，适用于建设工期较短、整个项目的所有单项工程一次竣工的建设项目。

$$\text{实际分配率}=\frac{\text{待摊投资}}{\text{明细科目余额}}\div\left(\frac{\text{建筑工程}}{\text{明细科目余额}}+\frac{\text{安装工程}}{\text{明细科目余额}}+\frac{\text{设备投资}}{\text{明细科目余额}}\right)\times 100\%$$

二是按照概算分配率分配，适用于建设工期长、单项工程分期分批建成投入使用的建设项目。

$$\text{概算分配率}=\left(\frac{\text{概算中各待摊}}{\text{投资项目的合计数}}-\frac{\text{其中可直接}}{\text{分配部分}}\right)\div\left(\frac{\text{概算中建筑工程、安装工程}}{\text{和设备投资合计}}\right)\times 100\%$$

三是：$\frac{\text{某项固定资产}}{\text{应分配的待摊投资}}=\frac{\text{该项固定资产的建筑工程成本或该项固定资产}}{\text{（设备）的采购成本和安装成本合计}}\times\text{分配率}$

④其他投资：

单位为建设工程发生的房屋购置支出，基本畜禽、林木等的购置、饲养、培育支出，办公生活用家具、器具购置支出，软件研发和不能计入设备投资的软件购置等支出，按照实际发生金额，借记本科目（其他投资），贷记“财政拨款收入”“零余额账户用款额度”“银行存款”等科目。

工程完成将形成的房屋、基本畜禽、林木等各种财产以及无形资产交付使用时，按照其实际成本，借记“固定资产”“无形资产”等科目，贷记本科目（其他投资）。

⑤待核销基建支出：

建设项目发生的江河清障、航道清淤、飞播造林、补助群众造林、水土保持、城市绿化等不能形成资产的各类待核销基建支出，按照实际发生金额，借记本科目（待核销基建支出），贷记“财政拨款收入”“零余额账户用款额度”“银行存款”等科目。

取消的建设项目发生的可行性研究费，按照实际发生金额，借记本科目（待核销基建支出），贷记本科目（待摊投资）。

由于自然灾害等原因发生的建设项目整体报废所形成的净损失，报经批准后转入待核销基建支出，按照项目整体报废所形成的净损失，借记本科目（待核销基建支出），按照报废工程回收的残料变价收入、保险公司赔款等，借记“银行存款”“其他应收款”等科目，按照报废的工程成本，贷记本科目（建筑安装工程投资等）。

建设项目竣工验收交付使用时，对发生的待核销基建支出进行冲销，借记“资产处置费用”科目，贷记本科目（待核销基建支出）。

⑥基建转出投资：

为建设项目配套而建成的、产权不归属本单位的专用设施，在项目竣工验收交付使用时，按照转出的专用设施的成本，借记本科目（基建转出投资），贷记本科目（建筑安装工程投资）；同时，借记“无偿调拨净资产”科目，贷记本科目（基建转出投资）。

【例5-22】某行政单位发生下列与在建工程有关的业务：

①某行政单位改建一项建筑工程。该建筑工程的账面原价为688 000元，已计提累计折旧436 000元。

借：在建工程——建筑安装工程投资	252 000	
固定资产累计折旧	436 000	
贷：固定资产		688 000

②根据信息系统建设方案，以政府发包的方式建设工程，预付工程款800 000元，款项由财政部门以零余额账户用款额度支付。

借：在建工程	800 000	
贷：零余额账户用款额度		800 000

通过单位的零余额账户用款额度支付信息系统建设软件开发、专业安装、调试等费用

共计100 000元。

借：在建工程　　100 000

　贷：零余额账户用款额度　　100 000

信息系统工程建设完成交付使用时：

借：固定资产　　900 000

　贷：在建工程　　900 000

7）无形资产

无形资产是指政府会计主体控制的没有实物形态的可辨认非货币性资产，如专利权、商标权、著作权、土地使用权、非专利技术等。行政事业单位的无形资产主要有无形资产及其累计摊销和研发支出。

（1）无形资产的账务处理

①无形资产取得时的账务处理。

外购的无形资产，其成本包括实际支付的购买价款、相关税费以及可归属于该项资产达到预定用途前所发生的其他支出。外购的无形资产，按照确定的成本，借记本科目，贷记“财政拨款收入”“零余额账户用款额度”“应付账款”“银行存款”等科目。

委托软件公司开发软件，视同外购无形资产确定其成本。合同中约定预付开发费用的，按照预付金额，借记“预付账款”科目，贷记“财政拨款收入”“零余额账户用款额度”“银行存款”等科目。软件开发完成交付使用并支付剩余或全部软件开发费用时，按照软件开发费用总额，借记本科目，按照相关预付账款金额，贷记“预付账款”科目，按照支付的剩余金额，贷记“财政拨款收入”“零余额账户用款额度”“银行存款”等科目。

自行研究开发形成的无形资产，按照研究开发项目进入开发阶段后至达到预定用途前所发生的支出总额，借记本科目，贷记“研发支出——开发支出”科目。自行研究开发项目尚未进入开发阶段，或者确实无法区分研究阶段支出和开发阶段支出，但按照法律程序已申请取得无形资产的，按照依法取得时发生的注册费、聘请律师费等费用，借记本科目，贷记“财政拨款收入”“零余额账户用款额度”“银行存款”等科目；按照依法取得前所发生的研究开发支出，借记“业务活动费用”等科目，贷记“研发支出——研究支出”科目。

接受捐赠的无形资产，按照确定的无形资产成本，借记本科目，按照发生的相关税费等，贷记“零余额账户用款额度”“银行存款”等科目，按照其差额，贷记“捐赠收入”科目。接受捐赠的无形资产按照名义金额入账的，按照名义金额，借记本科目，贷记“捐赠收入”科目；同时，按照发生的相关税费等，借记“其他费用”科目，贷记“零余额账户用款额度”“银行存款”等科目。

无偿调入的无形资产，按照确定的无形资产成本，借记本科目，按照发生的相关税费等，贷记“零余额账户用款额度”“银行存款”等科目，按照其差额，贷记“无偿调拨净资产”科目。

②与无形资产有关的后续支出的账务处理。

第一，符合无形资产确认条件的后续支出的账务处理如下：

为增加无形资产的使用效能对其进行升级改造或扩展其功能时，如需暂停对无形资产进行摊销的，按照无形资产的账面价值，借记“在建工程”科目，按照无形资产已摊销金额，借记“无形资产累计摊销”科目，按照无形资产的账面余额，贷记本科目。

无形资产后续支出符合无形资产确认条件的，按照支出的金额，借记本科目［无须暂停摊销的］或“在建工程”科目［需暂停摊销的］，贷记“财政拨款收入”“零余额账户用款额度”“银行存款”等科目。

暂停摊销的无形资产升级改造或扩展功能等完成交付使用时，按照在建工程成本，借记本科目，贷记“在建工程”科目。

第二，不符合无形资产确认条件的后续支出的账务处理如下：

为保证无形资产正常使用发生的日常维护等支出，借记“业务活动费用”“单位管理费用”等科目，贷记“财政拨款收入”“零余额账户用款额度”“银行存款”等科目。

③报经批准处置无形资产的账务处理。

报经批准出售、转让无形资产，按照被出售、转让无形资产的账面价值，借记“资产处置费用”科目，按照无形资产已计提的摊销，借记“无形资产累计摊销”科目，按照无形资产账面余额，贷记本科目；同时，按照收到的价款，借记“银行存款”等科目，按照处置过程中发生的相关费用，贷记“银行存款”等科目，按照其差额，贷记“应缴财政款”［按照规定应上缴无形资产转让净收入的］或“其他收入”［按照规定将无形资产转让收入纳入本单位预算管理的］科目。

报经批准对外捐赠无形资产，按照无形资产已计提的摊销，借记“无形资产累计摊销”科目，按照被处置无形资产账面余额，贷记本科目，按照捐赠过程中发生的归属于捐出方的相关费用，贷记“银行存款”等科目，按照其差额，借记“资产处置费用”科目。

报经批准无偿调出无形资产，按照无形资产已计提的摊销，借记“无形资产累计摊销”科目，按照被处置无形资产账面余额，贷记本科目，按照其差额，借记“无偿调拨净资产”科目；同时，按照无偿调出过程中发生的归属于调出方的相关费用，借记“资产处置费用”科目，贷记“银行存款”等科目。

报经批准置换换出无形资产，参照“库存物品”科目中置换换入库存物品的规定进行账务处理。

无形资产预期不能为单位带来服务潜力或经济利益，按照规定报经批准核销时，按照待核销无形资产的账面价值，借记“资产处置费用”科目，按照已计提摊销，借记“无形资产累计摊销”科目，按照无形资产的账面余额，贷记本科目。

④无形资产清查的账务处理。

单位应当定期对无形资产进行清查盘点，每年至少盘点一次。单位资产清查盘点过程中发现的无形资产盘盈、盘亏等，参照“固定资产”科目相关规定进行账务处理。

（2）无形资产累计摊销

单位应当于取得或形成无形资产时合理确定其使用年限。无形资产的使用年限为有限的，应当估计该使用年限。无法预见无形资产为行政单位提供服务潜力或者带来经济利益期限的，应当视为使用年限不确定的无形资产。单位应当对使用年限有限的无形资产进行摊销，但已摊销完毕仍继续使用的无形资产和以名义金额计量的无形资产除外。

①无形资产摊销年限的确定。

通常，单位应当按照以下原则确定无形资产的摊销年限：

第一，法律规定了有效年限的，按照法律规定的有效年限作为摊销年限；

第二，法律没有规定有效年限的，按照相关合同或单位申请书中的受益年限作为摊销年限；

第三，法律没有规定有效年限、相关合同或单位申请书也没有规定受益年限的，应当根据无形资产为会计主体带来服务潜力或经济利益的实际情况，预计其使用年限；

第四，非大批量购入、单价小于1 000元的无形资产，可以于购买的当期将其成本直接计入当期费用。

②无形资产价值摊销方法与范围。

单位可以采用年限平均法或者工作量法对无形资产进行摊销，应摊销金额为其成本，不考虑预计残值。

单位应当自无形资产取得当月起，按月计提摊销。无形资产减少的当月，不再计提摊销。无形资产提足摊销后，无论能否继续带来服务潜力或经济利益，均不再计提摊销；核销的无形资产，如果未提足摊销，也不再补提摊销。因发生后续支出而增加无形资产成本的，对于使用年限有限的无形资产，应当按照重新确定的无形资产成本以及重新确定的摊销年限计算摊销额。

③无形资产累计摊销的账务处理。

其一，按月对无形资产进行摊销时，按照应摊销金额，借记“业务活动费用”“单位管理费用”“加工物品”“在建工程”等科目，贷记本科目。

其二，经批准处置无形资产时，按照所处置无形资产的账面价值，借记“资产处置费用”“无偿调拨净资产”“待处理财产损溢”等科目，按照已计提摊销，借记本科目，按照无形资产的账面余额，贷记“无形资产”科目。

（3）研发支出

研发支出是单位自行研究开发项目研究阶段和开发阶段发生的各项支出。建设项目中的软件研发支出，应当通过“在建工程”科目核算，不通过本科目核算。

研发支出的主要账务处理如下：

①自行研究开发项目研究阶段的支出，应当先在本科目归集。按照从事研究及其辅助活动人员计提的薪酬，研究活动领用的库存物品，发生的与研究活动相关的管理费、间接费和其他各项费用，借记本科目（研究支出），贷记“应付职工薪酬”“库存物品”“财政拨款收入”“零余额账户用款额度”“固定资产累计折旧”“银行存款”等科目。

期（月）末，应当将本科目归集的研究阶段的支出金额转入当期费用，借记“业务活动费用”等科目，贷记本科目（研究支出）。

②自行研究开发项目开发阶段的支出，先通过本科目进行归集。按照从事开发及其辅助活动人员计提的薪酬，开发活动领用的库存物品，发生的与开发活动相关的管理费、间接费和其他各项费用，借记本科目（开发支出），贷记“应付职工薪酬”“库存物品”“财政拨款收入”“零余额账户用款额度”“固定资产累计折旧”“银行存款”等科目。自行研究开发项目完成，达到预定用途形成无形资产的，按照本科目归集的开发阶段的支出金

额，借记“无形资产”科目，贷记本科目（开发支出）。

③单位应于每年年度终了评估研究开发项目是否能达到预定用途，如预计不能达到预定用途（如无法最终完成开发项目并形成无形资产的），应当将已发生的开发支出金额全部转入当期费用，借记“业务活动费用”等科目，贷记本科目（开发支出）。

【例5-23】某单位发生下列与无形资产有关的业务：

①自行研究开发一项新产品的专利技术，在研究开发过程中领用材料100 000元，应支付的职工工资为500 000元，另以银行存款支付其他相关费用60 000元。其中，研究阶段的支出金额为360 000元，开发阶段的支出金额为300 000元。

发生研发支出时：

借：研发支出　660 000

　贷：库存物品　100 000

　　应付职工薪酬　500 000

　　银行存款　60 000

将研究阶段的研发支出费用化处理：

借：业务活动费用　360 000

　贷：研发支出——研究支出　360 000

该专利技术达到预定可使用状态时：

借：无形资产——专利技术　300 000

　贷：研发支出——开发支出　300 000

该专利技术预计使用寿命5年，每月月末计提摊销额时：

借：业务活动费用　5 000

　贷：无形资产累计摊销　5 000

②报经批准无偿调出一项无形资产。该项无形资产的原价为150 000元，已计提累计摊销90 000元。发生处置费用10 000元，用银行存款支付。

借：无偿调拨净资产　60 000

　　无形资产累计摊销　90 000

　贷：无形资产　150 000

借：资产处置费用　10 000

　贷：银行存款　10 000

8）公共基础设施

公共基础设施是单位占有并直接负责维护管理、供社会公众使用的工程性公共基础设施资产，包括城市交通设施、公共照明设施、环保设施、防灾、健身设施、广场及公共构筑物等其他公共设施。

（1）公共基础设施

单位应设置“公共基础设施”科目核算单位控制的公共基础设施的原值。本科目应当按照公共基础设施的类别、项目等进行明细核算。单位应当根据行业主管部门对公共基础设施的分类规定，制定适合于本单位管理的公共基础设施目录、分类方法，作为进行公共基础设施核算的依据。

①公共基础设施取得时的账务处理。

自行建造的公共基础设施完工交付使用时，按照在建工程的成本，借记本科目，贷记“在建工程”科目。已交付使用但尚未办理竣工决算手续的公共基础设施，按照估计价值入账，待办理竣工决算后再按照实际成本调整原来的暂估价值。

接受其他单位无偿调入的公共基础设施，按照确定的成本，借记本科目，按照发生的归属于调入方的相关费用，贷记“财政拨款收入”“零余额账户用款额度”“银行存款”等科目，按照其差额，贷记“无偿调拨净资产”科目。无偿调入的公共基础设施成本无法可靠取得的，按照发生的相关税费、运输费等金额，借记“其他费用”科目，贷记“财政拨款收入”“零余额账户用款额度”“银行存款”等科目。

接受捐赠的公共基础设施，按照确定的成本，借记本科目，按照发生的相关费用，贷记“财政拨款收入”“零余额账户用款额度”“银行存款”等科目，按照其差额，贷记“捐赠收入”科目。接受捐赠的公共基础设施成本无法可靠取得的，按照发生的相关税费等金额，借记“其他费用”科目，贷记“财政拨款收入”“零余额账户用款额度”“银行存款”等科目。

外购的公共基础设施，按照确定的成本，借记本科目，贷记“财政拨款收入”“零余额账户用款额度”“银行存款”等科目。

对于成本无法可靠取得的公共基础设施，单位应当设置备查簿进行登记，待成本能够可靠确定后按照规定及时入账。

②与公共基础设施有关的后续支出的账务处理。

将公共基础设施转入改建、扩建时，按照公共基础设施的账面价值，借记“在建工程”科目，按照公共基础设施已计提的折旧，借记“公共基础设施累计折旧（摊销）”科目，按照公共基础设施的账面余额，贷记本科目。

为增加公共基础设施使用效能或延长其使用年限而发生的改建、扩建等后续支出，借记“在建工程”科目，贷记“财政拨款收入”“零余额账户用款额度”“银行存款”等科目。

公共基础设施改建、扩建完成，竣工验收交付使用时，按照在建工程成本，借记本科目，贷记“在建工程”科目。

为保证公共基础设施正常使用发生的日常维修等支出，借记“业务活动费用”“单位管理费用”等科目，贷记“财政拨款收入”“零余额账户用款额度”“银行存款”等科目。

③按照规定报经批准处置公共基础设施的账务处理。

报经批准对外捐赠公共基础设施，按照公共基础设施已计提的折旧或摊销，借记“公共基础设施累计折旧（摊销）”科目，按照被处置公共基础设施账面余额，贷记本科目，按照捐赠过程中发生的归属于捐出方的相关费用，贷记“银行存款”等科目，按照其差额，借记“资产处置费用”科目。

报经批准无偿调出公共基础设施，按照公共基础设施已计提的折旧或摊销，借记“公共基础设施累计折旧（摊销）”科目，按照被处置公共基础设施账面余额，贷记本科目，按照其差额，借记“无偿调拨净资产”科目；同时，按照无偿调出过程中发生的归属于调出方的相关费用，借记“资产处置费用”科目，贷记“银行存款”等科目。

④公共基础设施清查的账务处理。

对于发生的公共基础设施盘盈、盘亏、毁损或报废，应当先记入“待处理财产损溢”科目，按照规定报经批准后及时进行后续账务处理。

盘盈的公共基础设施，其成本按照有关凭据注明的金额确定；没有相关凭据、但按照规定经过资产评估的，其成本按照评估价值确定；没有相关凭据、也未经过评估的，其成本按照重置成本确定。盘盈的公共基础设施成本无法可靠取得的，单位应当设置备查簿进行登记，待成本确定后按照规定及时入账。盘盈的公共基础设施，按照确定的入账成本，借记本科目，贷记“待处理财产损溢”科目。

盘亏、毁损或报废的公共基础设施，按照待处置公共基础设施的账面价值，借记“待处理财产损溢”科目，按照已计提折旧或摊销，借记“公共基础设施累计折旧（摊销）”科目，按照公共基础设施的账面余额，贷记本科目。

（2）公共基础设施累计折旧（摊销）

单位应设置“公共基础设施累计折旧（摊销）”科目核算单位计提的公共基础设施累计折旧和累计摊销。

公共基础设施的主要账务处理如下：

①按月计提公共基础设施折旧时，按照应计提的折旧额，借记“业务活动费用”科目，贷记本科目。

②按月对确认为公共基础设施的单独计价入账的土地使用权进行摊销时，按照应计提的摊销额，借记“业务活动费用”科目，贷记本科目。

③处置公共基础设施时，按照所处置公共基础设施的账面价值，借记“资产处置费用”“无偿调拨净资产”“待处理财产损溢”等科目，按照已提取的折旧和摊销，借记本科目，按照公共基础设施账面余额，贷记“公共基础设施”科目。

【例5-24】某单位发生下列与公共基础设施有关的业务：

①与市政建设部门办理建设项目移交手续，一处公共广场由该行政单位负责维护管理，其账面价值为1 000 000元。

借：公共基础设施——公共广场	1 000 000	
贷：在建工程——公共基础设施		1 000 000

②用省财政拨款收入购买一处健身活动中心公共基础设施，该公共基础设施账面价值为6 000 000元。

借：公共基础设施	6 000 000	
贷：财政拨款收入		6 000 000

③对公共基础设施计提折旧40 000元。

借：业务活动费用	40 000	
贷：公共基础设施累计折旧（摊销）		40 000

④将健身活动中心公共基础设施移交所在小区的街道进行管理，该公共基础设施账面价值为6 000 000元，已提折旧3 000 000元。

借：无偿调拨净资产	3 000 000	
公共基础设施累计折旧（摊销）	3 000 000	

贷：公共基础设施 6 000 000

⑤报废一项公共基础设施，账面价值为5 600 000元，已提折旧3 400 000元，转入清理。

借：待处理财产损溢 2 200 000

公共基础设施累计折旧（摊销） 3 400 000

贷：公共基础设施 5 600 000

9）政府储备物资

政府储备物资是单位直接储存管理的各项政府应急或救灾储备物资等。对政府储备物资不负有行政管理职责但接受委托具体负责执行其存储保管等工作的单位，其受托代储的政府储备物资应当通过“受托代理资产”科目核算，不通过本科目核算。

单位对政府储备物资进行核算时，按照政府储备物资的种类、品种、存放地点等进行明细核算。单位根据需要，可在本科目下设置“在库”“发出”等明细科目进行明细核算。

（1）取得政府储备物资时的账务处理

①购入的政府储备物资，其成本包括购买价款、相关税费、运输费、装卸费、保险费以及其他使政府储备物资达到目前场所和状态所发生的支出；单位支付的政府储备物资保管费、仓库租赁费等日常储备费用，不计入政府储备物资的成本。购入的政府储备物资验收入库，按照确定的成本，借记本科目，贷记“财政拨款收入”“零余额账户用款额度”“银行存款”等科目。

②涉及委托加工政府储备物资业务的，相关账务处理参照“加工物品”科目。

③接受捐赠的政府储备物资验收入库，按照确定的成本，借记本科目，按照单位承担的相关税费、运输费等，贷记“零余额账户用款额度”“银行存款”等科目，按照其差额，贷记“捐赠收入”科目。

④接受无偿调入的政府储备物资验收入库，按照确定的成本，借记本科目，按照单位承担的相关税费、运输费等，贷记“零余额账户用款额度”“银行存款”等科目，按照其差额，贷记“无偿调拨净资产”科目。

（2）发出政府储备物资时的账务处理

政府储备物资发出时，应当根据实际情况采用先进先出法、加权平均法或者个别计价法确定发出政府储备物资的实际成本。计价方法一经确定，不得随意变更。

①因动用而发出无须收回的政府储备物资的，按照发出物资的账面余额，借记“业务活动费用”科目，贷记本科目。

②因动用而发出需要收回或者预期可能收回的政府储备物资的，在发出物资时，按照发出物资的账面余额，借记本科目（发出），贷记本科目（在库）；按照规定的质量验收标准收回物资时，按照收回物资原账面余额，借记本科目（在库），按照未收回物资的原账面余额，借记“业务活动费用”科目，按照物资发出时登记在本科目所属“发出”明细科目中的余额，贷记本科目（发出）。

③因行政管理主体变动等原因而将政府储备物资调拨给其他主体的，按照无偿调出政府储备物资的账面余额，借记“无偿调拨净资产”科目，贷记本科目。

④对外销售政府储备物资并将销售收入纳入单位预算统一管理的，发出物资时，按照

发出物资的账面余额，借记“业务活动费用”科目，贷记本科目；实现销售收入时，按照确认的收入金额，借记“银行存款”“应收账款”等科目，贷记“事业收入”等科目。

对外销售政府储备物资并按照规定将销售净收入上缴财政的，发出物资时，按照发出物资的账面余额，借记“资产处置费用”科目，贷记本科目；取得销售价款时，按照实际收到的款项金额，借记“银行存款”等科目，按照发生的相关税费，贷记“银行存款”等科目，按照销售价款大于所承担的相关税费后的差额，贷记“应缴财政款”科目。

（3）定期对政府储备物资进行清查时的账务处理

单位应当定期对政府储备物资进行清查盘点，每年至少盘点一次。对于发生的政府储备物资盘盈、盘亏或者报废、毁损，应当先记入“待处理财产损溢”科目，按照规定报经批准后及时进行后续账务处理。

①盘盈的政府储备物资，按照确定的入账成本，借记本科目，贷记“待处理财产损溢”科目。

②盘亏或者毁损、报废的政府储备物资，按照待处理政府储备物资的账面余额，借记“待处理财产损溢”科目，贷记本科目。

【例5-25】某行政单位发生下列与政府储备物资有关的业务：

①根据物资储备制度的要求，以财政直接支付方式购入抢险救援物资一批，价款300 000元。抢险救援物资已经交付，并验收入库。

借：政府储备物资	300 000	
贷：财政拨款收入		300 000

②根据应急物资储备预案，发出抢险救援物资一批，采用先进先出法确定其成本为50 000元，该项物资无须收回。

借：业务活动费用	50 000	
贷：政府储备物资		50 000

10）文物文化资产

文物文化资产是指用于展览、教育或研究等目的的历史文物、艺术品以及其他具有文化或者历史价值并长期或永久保存的典藏等。为核算文物文化资产，单位应设置“文物文化资产”总账科目，并按照文物文化资产的类别、项目等进行明细核算。本科目期末借方余额，反映文物文化资产的成本。单位为满足自身开展业务活动或其他活动需要而控制的文物和陈列品，应当通过“固定资产”科目核算，不通过本科目核算。

（1）取得文物文化资产的账务处理如下：

①外购的文物文化资产，其成本包括购买价款、相关税费以及可归属于该项资产达到预定用途前所发生的其他支出（如运输费、安装费、装卸费等）。外购的文物文化资产，按照确定的成本，借记本科目，贷记“财政拨款收入”“零余额账户用款额度”“银行存款”等科目。

②接受其他单位无偿调入的文物文化资产，其成本按照该项资产在调出方的账面价值加上归属于调入方的相关费用确定。调入的文物文化资产，按照确定的成本，借记本科目，按照发生的归属于调入方的相关费用，贷记“零余额账户用款额度”“银行存款”等科目，按照其差额，贷记“无偿调拨净资产”科目。无偿调入的文物文化资产成本无法可

靠取得的，按照发生的归属于调入方的相关费用，借记“其他费用”科目，贷记“零余额账户用款额度”“银行存款”等科目。

③接受捐赠的文物文化资产，其成本按照有关凭据注明的金额加上相关费用确定；没有相关凭据可供取得，但按照规定经过资产评估的，其成本按照评估价值加上相关费用确定；没有相关凭据可供取得、也未经评估的，其成本比照同类或类似资产的市场价格加上相关费用确定。

接受捐赠的文物文化资产，按照确定的成本，借记本科目，按照发生的相关税费、运输费等金额，贷记“零余额账户用款额度”“银行存款”等科目，按照其差额，贷记“捐赠收入”科目。

接受捐赠的文物文化资产成本无法可靠取得的，按照发生的相关税费、运输费等金额，借记“其他费用”科目，贷记“零余额账户用款额度”“银行存款”等科目。

④对于成本无法可靠取得的文物文化资产，单位应当设置备查簿进行登记，待成本能够可靠确定后按照规定及时入账。

(2) 与文物文化资产有关的后续支出，参照“公共基础设施”科目的相关规定进行处理。

(3) 按照规定报经批准处置文物文化资产，应当分别以下情况处理：

①报经批准对外捐赠文物文化资产，按照被处置文物文化资产账面余额和捐赠过程中发生的归属于捐出方的相关费用合计数，借记“资产处置费用”科目，按照被处置文物文化资产账面余额，贷记本科目，按照捐赠过程中发生的归属于捐出方的相关费用，贷记“银行存款”等科目。

②报经批准无偿调出文物文化资产，按照被处置文物文化资产账面余额，借记“无偿调拨净资产”科目，贷记本科目；同时，按照无偿调出过程中发生的归属于调出方的相关费用，借记“资产处置费用”科目，贷记“银行存款”等科目。

(4) 单位应当定期对文物文化资产进行清查盘点，每年至少盘点一次。对于发生的文物文化资产盘盈、盘亏、毁损或报废等，参照“公共基础设施”科目的相关规定进行账务处理。

【例5-26】某行政单位发生下列与文物文化资产有关的业务：

①接受其他单位无偿调入一项文物文化资产，该项文物文化资产账面价值为5 000万元。调入该项资产的相关费用为40万元，以银行存款付讫相关费用。

借：文物文化资产	50 000 000	
贷：银行存款		400 000
无偿调拨净资产		49 600 000

②经批准，对外捐赠一项文物文化资产，该项文物文化资产的账面价值为40万元。调出该项资产发生的相关费用为5万元，以银行存款付讫相关费用。

借：资产处置费用	450 000	
贷：文物文化资产		400 000
银行存款		50 000

③经批准，无偿调出一项文物文化资产，该项文物文化资产的账面价值为40万元。

调出该项资产发生的相关费用为5万元，以银行存款付讫相关费用。

借：无偿调拨净资产　400 000

　贷：文物文化资产　400 000

借：资产处置费用　50 000

　贷：银行存款　50 000

11）保障性住房

政府为中低收入住房困难家庭所提供的限定标准、限定价格或租金的住房，一般由廉价住房、经济适用房、政策性租赁住房、定向安置房等构成。这种类型的住房有别于完全由市场形成价格的商品房。

（1）保障性住房

单位应设置“保障性住房”科目核算为满足社会公共需求而控制的保障性住房的原值。本科目应当按照保障性住房的类别、项目等进行明细核算。本科目期末借方余额，反映保障性住房的原值。

①取得保障性住房时的账务处理如下：

外购的保障性住房，其成本包括购买价款、相关税费以及可归属于该项资产达到预定用途前所发生的其他支出。外购的保障性住房，按照确定的成本，借记本科目，贷记“财政拨款收入”“零余额账户用款额度”“银行存款”等科目。

自行建造的保障性住房交付使用时，按照在建工程成本，借记本科目，贷记“在建工程”科目。已交付使用但尚未办理竣工决算手续的保障性住房，按照估计价值入账，待办理竣工决算后再按照实际成本调整原来的暂估价值。

接受其他单位无偿调入的保障性住房，其成本按照该项资产在调出方的账面价值加上归属于调入方的相关费用确定。无偿调入的保障性住房，按照确定的成本，借记本科目，按照发生的归属于调入方的相关费用，贷记“零余额账户用款额度”“银行存款”等科目，按照其差额，贷记“无偿调拨净资产”科目。

接受捐赠、融资租赁取得的保障性住房，参照“固定资产”科目的相关规定进行处理。

②与保障性住房有关的后续支出，参照“固定资产”科目的相关规定进行处理。

③按照规定出租保障性住房并将出租收入上缴同级财政，按照收取的租金金额，借记“银行存款”等科目，贷记“应缴财政款”科目。

④按照规定报经批准处置保障性住房，应当分别以下情况处理：

报经批准无偿调出保障性住房，按照保障性住房已计提的折旧，借记“保障性住房累计折旧”科目，按照被处置保障性住房账面余额，贷记本科目，按照其差额，借记“无偿调拨净资产”科目；同时，按照无偿调出过程中发生的归属于调出方的相关费用，借记“资产处置费用”科目，贷记“银行存款”等科目。

报经批准出售保障性住房，按照被出售保障性住房的账面价值，借记“资产处置费用”科目，按照保障性住房已计提的折旧，借记“保障性住房累计折旧”科目，按照保障性住房账面余额，贷记本科目；同时，按照收到的价款，借记“银行存款”等科目，按照出售过程中发生的相关费用，贷记“银行存款”等科目，按照其差额，贷记“应缴财政款”科目。

⑤单位应当定期对保障性住房进行清查盘点。对于发生的保障性住房盘盈、盘亏、毁损或报废等，参照“固定资产”科目的相关规定进行账务处理。

（2）保障性住房累计折旧

保障性住房累计折旧是指行政事业单位拥有或控制的保障性住房计提的折旧。单位应设置“保障性住房累计折旧”科目核算计提的保障性住房的累计折旧。本科目应当按照所对应保障性住房的类别进行明细核算。单位应当参照《政府会计准则第3号——固定资产》及其应用指南的相关规定，按月对其控制的保障性住房计提折旧。本科目期末贷方余额，反映单位计提的保障性住房折旧累计数。

保障性住房累计折旧的主要账务处理如下：

①按月计提保障性住房折旧时，按照应计提的折旧额，借记“业务活动费用”科目，贷记本科目。

②报经批准处置保障性住房时，按照所处置保障性住房的账面价值，借记“资产处置费用”“无偿调拨净资产”“待处理财产损溢”等科目，按照已计提折旧，借记本科目，按照保障性住房的账面余额，贷记“保障性住房”科目。

【例5-27】某行政单位发生下列与保障性住房有关的业务：

①政府出资自行建造保障性住房，已竣工并交付使用，该住房结算价值5 000万元。

借：保障性住房	50 000 000	
贷：在建工程		50 000 000

②出租一套保障性住房，租金为每个月5 000元。

借：银行存款	5 000	
贷：应缴财政款		5 000

③计提保障性住房折旧100 000元。

借：业务活动费用	100 000	
贷：保障性住房累计折旧		100 000

④报经批准以150万元的价格出售一套保障性住房。保障性住房的原始成本为120万元，已计提折旧20万元。在出售的过程中发生相关费用10万元，以银行存款支付。

借：资产处置费用	1 000 000	
保障性住房累计折旧	200 000	
贷：保障性住房		1 200 000
借：银行存款	1 400 000	
贷：应缴财政款		1 400 000

12）长期待摊费用

长期待摊费用是指单位已经支出，但应由本期和以后各期负担的分摊期限在1年以上（不含1年）的各项费用，如以经营租赁方式租入固定资产发生的改良支出以及分摊期限在1年以上的其他待摊费用。

长期待摊费用的账务处理与待摊费用基本相同。

（1）发生长期待摊费用时，按照支出金额，借记本科目，贷记“财政拨款收入”“零余额账户用款额度”“银行存款”等科目。

（2）按照受益期间摊销长期待摊费用时，按照摊销金额，借记“业务活动费用”“单位管理费用”“经营费用”等科目，贷记本科目。

（3）如果某项长期待摊费用已经不能使单位受益，应当将其摊余金额一次全部转入当期费用。按照摊销金额，借记“业务活动费用”“单位管理费用”“经营费用”等科目，贷记本科目。

13）待处理财产损溢

“待处理财产损溢”科目核算单位在资产清查过程中查明的各种资产盘盈、盘亏和报废、毁损的价值。本科目应当按照待处理的资产项目进行明细核算；对于在资产处理过程中取得收入或发生相关费用的项目，还应当设置“待处理财产价值”“处理净收入”明细科目，进行明细核算。

单位资产清查中查明的资产盘盈、盘亏、报废和毁损，一般应当先记入本科目，按照规定报经批准后及时进行账务处理。年末结账前一般应处理完毕。

有关该科目的账务处理在前述章节中均有所涉及，基本包括：

（1）账款核对时发现的库存现金短缺或溢余的账务处理

①每日账款核对中发现现金短缺或溢余，属于现金短缺，按照实际短缺的金额，借记本科目，贷记“库存现金”科目；属于现金溢余，按照实际溢余的金额，借记“库存现金”科目，贷记本科目。

②如为现金短缺，属于应由责任人赔偿或向有关人员追回的，借记“其他应收款”科目，贷记本科目；属于无法查明原因的，报经批准核销时，借记“资产处置费用”科目，贷记本科目。

③如为现金溢余，属于应支付给有关人员或单位的，借记本科目，贷记“其他应付款”科目；属于无法查明原因的，报经批准后，借记本科目，贷记“其他收入”科目。

（2）资产清查过程中发现的存货、固定资产、无形资产、公共基础设施、政府储备物资、文物文化资产、保障性住房等各种资产盘盈、盘亏或报废、毁损的账务处理：

①盘盈的各类资产：

转入待处理资产时，按照确定的成本，借记“库存物品”“固定资产”“无形资产”“公共基础设施”“政府储备物资”“文物文化资产”“保障性住房”等科目，贷记本科目。

按照规定报经批准后处理时，对于盘盈的流动资产，借记本科目，贷记“单位管理费用”［事业单位］或“业务活动费用”［行政单位］科目。对于盘盈的非流动资产，如属于本年度取得的，按照当年新取得相关资产进行账务处理；如属于以前年度取得的，按照前期差错处理，借记本科目，贷记“以前年度盈余调整”科目。

②盘亏或者毁损、报废的各类资产：

转入待处理资产时，借记本科目（待处理财产价值）［盘亏、毁损、报废固定资产、无形资产、公共基础设施、保障性住房的，还应借记“固定资产累计折旧”“无形资产累计摊销”“公共基础设施累计折旧（摊销）”“保障性住房累计折旧”科目］，贷记“库存物品”“固定资产”“无形资产”“公共基础设施”“政府储备物资”“文物文化资产”“保障性住房”“在建工程”等科目。涉及增值税业务的，相关账务处理参见“应交增值税”科目。报经批准处理时，借记“资产处置费用”科目，贷记本科目（待处理财产价值）。

处理毁损、报废实物资产过程中取得的残值或残值变价收入、保险理赔和过失人赔偿等，借记“库存现金”“银行存款”“库存物品”“其他应收款”等科目，贷记本科目（处理净收入）；处理毁损、报废实物资产过程中发生的相关费用，借记本科目（处理净收入），贷记“库存现金”“银行存款”等科目。

处理收支结清，如果处理收入大于相关费用，按照处理收入减去相关费用后的净收入，借记本科目（处理净收入），贷记“应缴财政款”等科目；如果处理收入小于相关费用，按照相关费用减去处理收入后的净支出，借记“资产处置费用”科目，贷记本科目（处理净收入）。

【例5-28】某事业单位年末对库存物品进行盘点，发现实际价值比账面价值多出900 000元，经批准后，计入单位管理费用。

①清查发现盘盈时：

借：库存物品	900 000	
贷：待处理财产损溢		900 000

②报经批准处理时：

借：待处理财产损溢	900 000	
贷：单位管理费用		900 000

【例5-29】某行政单位一项软件技术已经落后于目前的新型技术，不能再为单位带来服务潜力，经批准予以核销。该软件技术的账面余额为900 000元，累计摊销为180 000元。

①批准核销时：

借：待处理财产损溢——待处理资产价值	720 000	
无形资产累计摊销	180 000	
贷：无形资产		900 000

②报经批准处理时：

借：资产处置费用	720 000	
贷：待处理财产损溢——待处理资产价值		720 000

14）受托代理资产

受托代理资产是单位接受委托方委托管理的各项资产，包括受托指定转赠的物资、受托存储保管的物资等的成本。单位应设置“受托代理资产”科目核算单位受托代理资产的增减变动及结存情况。本科目应当按照资产的种类和委托人进行明细核算；属于转赠资产的，还应当按照受赠人进行明细核算。单位管理的罚没物资也应当通过本科目核算。

单位收到的受托代理资产为现金和银行存款的，不通过本科目核算，应当通过“库存现金”“银行存款”科目进行核算。

受托代理资产的主要账务处理如下：

（1）受托转赠物资

①接受委托人委托需要转赠给受赠人的物资，其成本按照有关凭据注明的金额确定。接受委托转赠的物资验收入库，按照确定的成本，借记本科目，贷记“受托代理负债”科目。受托协议约定由受托方承担相关税费、运输费等的，还应当按照实际支付的相关税费、运输费等金额，借记“其他费用”科目，贷记“银行存款”等科目。

②将受托转赠物资交付受赠人时，按照转赠物资的成本，借记“受托代理负债”科目，贷记本科目。

③转赠物资的委托人取消了对捐赠物资的转赠要求，且不再收回捐赠物资的，应当将转赠物资转为单位的存货、固定资产等。按照转赠物资的成本，借记“受托代理负债”科目，贷记本科目；同时，借记“库存物品”“固定资产”等科目，贷记“其他收入”科目。

（2）受托存储保管物资

①接受委托人委托存储保管的物资，其成本按照有关凭据注明的金额确定。接受委托储存的物资验收入库，按照确定的成本，借记本科目，贷记“受托代理负债”科目。

②发生由受托单位承担的与受托存储保管的物资相关的运输费、保管费等费用时，按照实际发生的费用金额，借记“其他费用”等科目，贷记“银行存款”等科目。

③根据委托人要求交付或发出受托存储保管的物资时，按照发出物资的成本，借记“受托代理负债”科目，贷记本科目。

（3）罚没物资

①取得罚没物资时，其成本按照有关凭据注明的金额确定。罚没物资验收（入库），按照确定的成本，借记本科目，贷记“受托代理负债”科目。罚没物资成本无法可靠确定的，单位应当设置备查簿进行登记。

②按照规定处置或移交罚没物资时，按照罚没物资的成本，借记“受托代理负债”科目，贷记本科目。处置时取得款项的，按照实际取得的款项金额，借记“银行存款”等科目，贷记“应缴财政款”等科目。

【例5-30】某事业单位发生下列与受托代理资产有关的业务：

①接受甲公司受托转赠的物资验收入库，其成本为560 000元。

借：受托代理资产　　560 000

　贷：受托代理负债　　560 000

②将上述物资交给受赠人。

借：受托代理负债　　560 000

　贷：受托代理资产　　560 000

5.2.2 负债的核算

负债，是指政府会计主体过去的经济业务或者事项形成的，预期会导致经济资源流出政府会计主体的现时义务。

满足负债定义的现时义务，在同时满足以下两个条件时，确认为负债：（1）履行该义务很可能导致含有服务潜力或者经济利益的经济资源流出政府会计主体；（2）该义务的金额能够可靠地计量。

负债按流动性可以分为流动负债和非流动负债。流动负债是指预计在1年内（含1年）偿还的负债，包括短期借款、应付短期政府债券、应付及预收款项、应缴款项等。非流动负债是指流动负债以外的负债，包括长期借款、长期应付款、应付长期政府债券等。

负债按照偿还时间与金额是否确定，分为偿还时间和金额基本确定的负债和由或有事项形成的预计负债。其中，偿还时间与金额基本确定的负债按政府会计主体的业务性质及风险程度，分为融资活动形成的举借债务及其应付利息、运营活动形成的应付及预收款项和暂收性负债。

1）举借债务

举借债务是指政府会计主体通过融资活动借入的债务，包括政府举借的债务以及其他政府会计主体借入的款项。政府举借的债务包括政府发行的政府债券，向外国政府、国际经济组织等借入的款项，以及向上级政府借入转贷资金形成的借入转贷款。其他政府会计主体借入的款项是指除政府以外的其他政府会计主体从银行或其他金融机构等借入的款项。

对于举借债务，政府会计主体应当在与债权人签订借款合同或协议并取得举借资金时，按实际发生额计量并确认为负债。

（1）短期借款

短期借款是指事业单位经批准向银行或其他金融机构等借入的期限在1年内（含1年）的各种借款。有关短期借款的主要账务处理如下：

①借入各种短期借款时，按照实际借入的金额，借记“银行存款”科目，贷记本科目。

②银行承兑汇票到期，本单位无力支付票款的，按照应付票据的账面余额，借记“应付票据”科目，贷记本科目。

③归还短期借款时，借记本科目，贷记“银行存款”科目。

短期借款业务的账务处理与企业会计基本相同，在此不再举例。

（2）长期借款

长期借款是事业单位经批准向银行或其他金融机构等借入的期限超过1年（不含1年）的各种借款本息。为核算长期借款，事业单位应设置“长期借款”总账科目。本科目应当设置“本金”和“应计利息”明细科目，并按照贷款单位和贷款种类进行明细核算。对于建设项目借款，还应按照具体项目进行明细核算。长期借款的主要账务处理如下：

①借入各项长期借款时，按照实际借入的金额，借记“银行存款”科目，贷记本科目（本金）。

②为建造固定资产、公共基础设施等应支付的专门借款利息，按期计提利息时，分别以下情况处理：

A.属于工程项目建设期间发生的利息，计入工程成本，按照计算确定的应支付的利息金额，借记“在建工程”科目，贷记“应付利息”科目。

B.属于工程项目完工交付使用后发生的利息，计入当期费用，按照计算确定的应支付的利息金额，借记“其他费用”科目，贷记“应付利息”科目。

C.按期计提其他长期借款的利息时，按照计算确定的应支付的利息金额，借记“其他费用”科目，贷记“应付利息”科目［分期付息、到期还本借款的利息］或本科目（应计利息）［到期一次还本付息借款的利息］。

D.到期归还长期借款本金、利息时，借记本科目（本金、应计利息），贷记“银行存款”科目。

（3）应付利息

应付利息是事业单位按照合同约定应支付的借款利息，包括短期借款、分期付息到期还本的长期借款等应支付的利息。为核算应付利息，事业单位应设置“应付利息”科目。应付利息的主要账务处理如下：

①为建造固定资产、公共基础设施等借入的专门借款的利息，属于建设期间发生的，按期计提利息费用时，按照计算确定的金额，借记“在建工程”科目，贷记本科目；不属于建设期间发生的，按期计提利息费用时，按照计算确定的金额，借记“其他费用”科目，贷记本科目。

②对于其他借款，按期计提利息费用时，按照计算确定的金额，借记“其他费用”科目，贷记本科目。

③实际支付应付利息时，按照支付的金额，借记本科目，贷记“银行存款”等科目。

2）应付及预收款项

应付及预收款项，是指政府会计主体在运营活动中形成的应当支付而尚未支付的款项及预先收到但尚未实现收入的款项，包括应付票据、应付账款、应收政府补贴款、预收账款、应付职工薪酬、应交增值税、应付国库集中支付结余和其他应付未付款项。

（1）应付票据

应付票据是事业单位因购买材料、物资等而开出、承兑的商业汇票，包括银行承兑汇票和商业承兑汇票。为核算应付票据，事业单位应设置“应付票据”总账科目，本科目应当按照债权人进行明细核算。本科目期末贷方余额，反映事业单位开出、承兑的尚未到期的应付票据金额。单位应当设置“应付票据备查簿”，详细登记每一应付票据的种类、号数、出票日期、到期日、票面金额、交易合同号、收款人姓名或单位名称，以及付款日期和金额等。应付票据到期结清票款后，应当在备查簿内逐笔注销。应付票据的主要账务处理如下：

①开出、承兑商业汇票时，借记“库存物品”“固定资产”等科目，贷记本科目。涉及增值税业务的，相关账务处理参见“应交增值税”科目。以商业汇票抵付应付账款时，借记“应付账款”科目，贷记本科目。

②支付银行承兑汇票的手续费时，借记“业务活动费用”“经营费用”等科目，贷记“银行存款”“零余额账户用款额度”等科目。

③商业汇票到期时，应当分别以下情况处理：收到银行支付到期票据的付款通知时，借记本科目，贷记“银行存款”科目；银行承兑汇票到期，单位无力支付票款的，按照应付票据账面余额，借记本科目，贷记“短期借款”科目；商业承兑汇票到期，单位无力支付票款的，按照应付票据账面余额，借记本科目，贷记“应付账款”科目。

（2）应付账款

应付账款是政府会计主体因取得资产、接受劳务、开展工程建设等而形成的负债。为核算应付账款，单位应设置“应付账款”总账科目。本科目应当按照债权单位（或个人）进行明细核算。对于建设项目，还应设置“应付器材款”“应付工程款”等明细科目，并按照具体项目进行明细核算。应付账款的主要账务处理如下：

①收到所购材料、物资、设备或服务以及确认完成工程进度但尚未付款时，根据发票及账单等有关凭证，按照应付未付款项的金额，借记“库存物品”“固定资产”“在建工程”等科目，贷记本科目。

②偿付应付账款时，按照实际支付的金额，借记本科目，贷记“财政拨款收入”“零余额账户用款额度”“银行存款”等科目。

③开出、承兑商业汇票抵付应付账款时，借记本科目，贷记“应付票据”科目。

④无法偿付或债权人豁免偿还的应付账款，应当按照规定报经批准后进行账务处理。经批准核销时，借记本科目，贷记“其他收入”科目。核销的应付账款应在备查簿中保留登记。

【例5-31】某事业单位发生下列与应付账款有关的业务：

①向甲供应商购买A材料一批，价款20 000元，材料已经入库，款项未付。

借：库存物品　20 000

　贷：应付账款——甲供应商　20 000

②通过单位零余额账户向甲供应商支付上述货款。

借：应付账款——甲供应商　20 000

　贷：零余额账户用款额度　20 000

③通过财政直接支付方式偿还前欠乙单位货款90 000元。

借：应付账款——乙单位　90 000

　贷：财政拨款收入　90 000

④得到通知，原欠丙公司的货款20 000元，因丙公司解散无法偿还，经批准核销。

借：应付账款——丙公司　20 000

　贷：其他收入　20 000

（3）应付政府补贴款

应付政府补贴款是指负责发放政府补贴的行政单位，按照规定应当支付给政府补贴接受者的各种政府补贴款。为核算应付政府补贴款，行政单位应设置“应付政府补贴款”总账科目，并按应支付的政府补贴种类进行明细核算。单位还应当根据需要按照补贴接受者进行明细核算，或者建立备查簿对补贴接受者予以登记。应付政府补贴款的主要账务处理如下：

①发生应付政府补贴时，按照依规定计算确定的应付政府补贴金额，借记“业务活动费用”科目，贷记本科目。

②支付应付政府补贴款时，按照支付金额，借记本科目，贷记“零余额账户用款额度”“银行存款”等科目。

【例5-32】某行政单位发生下列与应付政府补贴款有关的业务：

①向公益养老院发放政府补贴。甲养老院共有100张床位，按规定政府针对每张床位给予一次性补助1 000元，应付的政府补贴款为100 000元。

借：业务活动费用　100 000

　贷：应付政府补贴款——甲养老院床位补贴款　100 000

②通过单位的零余额账户向甲养老院支付补贴款100 000元。

借：应付政府补贴款——甲养老院床位补贴款　100 000

　贷：零余额账户用款额度　100 000

（4）预收账款

预收账款是指政府会计主体按照货物、服务合同或协议等的相关规定，向接受货物或服务的主体预先收款而形成的负债。预收账款的主要账务处理如下：

①从付款方预收款项时，按照实际预收的金额，借记“银行存款”等科目，贷记本科目。

②确认有关收入时，按照预收账款账面余额，借记本科目，按照应确认的收入金额，贷记“事业收入”“经营收入”等科目，按照付款方补付或退回付款方的金额，借记或贷记“银行存款”等科目。涉及增值税业务的，相关账务处理参见“应交增值税”科目。

③无法偿付或债权人豁免偿还的预收账款，应当按照规定报经批准后进行账务处理。经批准核销时，借记本科目，贷记“其他收入”科目。核销的预收账款应在备查簿中保留登记。

（5）应付职工薪酬

①应付职工薪酬的概念与科目设置。

应付职工薪酬，是指政府会计主体为获得职工（含长期聘用人员）提供的服务而给予的各种形式的报酬或因辞退等原因而给予职工补偿所形成的负债。职工薪酬包括工资、津贴补贴、奖金、社会保险费等。

单位对应付职工薪酬进行核算时，应当根据国家有关规定按照“基本工资”（含离退休费）、“国家统一规定的津贴补贴”、“规范津贴补贴”（绩效工资）、“改革性补贴”、“社会保险费”、“住房公积金”、“其他个人收入”等进行明细核算。其中，“社会保险费”“住房公积金”明细科目核算内容包括单位从职工工资中代扣代缴的社会保险费、住房公积金，以及单位为职工计算缴纳的社会保险费、住房公积金。

②应付职工薪酬的账务处理。

A.计算确认当期应付职工薪酬（含单位为职工计算缴纳的社会保险费、住房公积金）时的账务处理如下：

其一，计提从事专业及其辅助活动人员的职工薪酬，借记“业务活动费用”“单位管理费用”科目，贷记本科目。

其二，计提应由在建工程、加工物品、自行研发无形资产负担的职工薪酬，借记“在建工程”“加工物品”“研发支出”等科目，贷记本科目。

其三，计提从事专业及其辅助活动之外的经营活动人员的职工薪酬，借记“经营费用”科目，贷记本科目。

其四，因解除与职工的劳动关系而给予的补偿，借记“单位管理费用”等科目，贷记本科目。

B.向职工支付工资、津贴补贴等薪酬时，按照实际支付的金额，借记本科目，贷记“财政拨款收入”“零余额账户用款额度”“银行存款”等科目。

C.按照税法的规定代扣职工个人所得税时，借记本科目（基本工资），贷记“其他应交税费——应交个人所得税”科目。从应付职工薪酬中代扣为职工垫付的水电费、房租等费用时，按照实际扣除的金额，借记本科目（基本工资），贷记“其他应收款”等科目。从应付职工薪酬中代扣社会保险费和住房公积金，按照代扣的金额，借记本科目（基本工资），贷记本科目（社会保险费、住房公积金）。

D.按照国家有关规定缴纳职工社会保险费和住房公积金时，按照实际支付的金额，借记本科目（社会保险费、住房公积金），贷记“财政拨款收入”“零余额账户用款额度”“银行存款”等科目。

E.从应付职工薪酬中支付其他款项时，借记本科目，贷记“零余额账户用款额度”“银行存款”等科目。

【例5-33】某单位发生下列与应付职工薪酬有关的业务：

①计提从事专业及其辅助活动人员的工资400 000元。

借：业务活动费用　　400 000

　贷：应付职工薪酬——工资　　400 000

②通过零余额账户用款额度缴纳职工社会保险费120 000元、住房公积金60 000元。

借：应付职工薪酬——社会保险费　　120 000

　　　　　　　——住房公积金　　60 000

　贷：零余额账户用款额度　　180 000

（6）应交增值税

应交增值税是单位按照税法的规定计算应缴纳的增值税。

①科目设置。

单位在核算增值税时，应当在“应交增值税”科目下设置“应交税金”“未交税金”“预交税金”“待转销项税额”“简易计税”“转让金融商品应交增值税”“代扣代交增值税”等明细科目。

其一，“应交税金”明细账内应当设置“进项税额”“已交税金”“转出未交增值税”“减免税款”“销项税额”“进项税额转出”“转出多交增值税”等专栏。其中：

“进项税额”专栏，记录单位购进货物、加工修理修配劳务、服务、无形资产或不动产而支付或负担的、准予从当期销项税额中抵扣的增值税税额；

“已交税金”专栏，记录单位当月已缴纳的应交增值税税额；

“转出未交增值税”和“转出多交增值税”专栏，分别记录一般纳税人月度终了转出当月应交未交或多交的增值税税额；

“减免税款”专栏，记录单位按照现行增值税制度规定准予减免的增值税税额；

“销项税额”专栏，记录单位销售货物、加工修理修配劳务、服务、无形资产或不动产应收取的增值税税额；

“进项税额转出”专栏，记录单位购进货物、加工修理修配劳务、服务、无形资产或不动产等发生非正常损失以及其他原因而不应从销项税额中抵扣、按规定转出的进项税额。

其二，“未交税金”明细科目，核算单位月度终了从“应交税金”或“预交税金”明细科目转入当月应交未交、多交或预交的增值税税额，以及当月缴纳以前期间未交的增值税税额。

其三，“预交税金”明细科目，核算单位转让不动产、提供不动产经营租赁服务等，以及其他按照现行增值税制度的规定应预交的增值税税额。

其四，“待转销项税额”明细科目，核算单位销售货物、加工修理修配劳务、服务、无形资产或不动产，已确认相关收入（或利得）但尚未发生增值税纳税义务而需于以后期间确认为销项税额的增值税税额。

其五，“简易计税”明细科目，核算单位采用简易计税方法发生的增值税计提、扣减、预交、缴纳等业务。

其六，“转让金融商品应交增值税”明细科目，核算单位转让金融商品发生的增值税税额。

其七，“代扣代交增值税”明细科目，核算单位购进在境内未设经营机构的境外单位或个人在境内的应税行为代扣代交的增值税。

属于增值税小规模纳税人的单位只需在本科目下设置“转让金融商品应交增值税”“代扣代交增值税”明细科目。

需要注意的是，如不特别说明，本部分内容中的“单位”指增值税一般纳税人。

本科目期末贷方余额，反映单位应交未交的增值税；期末如为借方余额，反映单位尚未抵扣或多交的增值税。

②应交增值税的账务处理。

其一，单位取得资产或接受劳务等业务的账务处理如下：

A.采购等业务进项税额允许抵扣：

单位购买用于增值税应税项目的资产或服务等时，按照应计入相关成本费用或资产的金额，借记“业务活动费用”“在途物品”“库存物品”“工程物资”“在建工程”“固定资产”“无形资产”等科目，按照当月已认证的可抵扣增值税税额，借记本科目（应交税金——进项税额），按照应付或实际支付的金额，贷记“应付账款”“应付票据”“银行存款”“零余额账户用款额度”等科目。发生退货的，应根据税务机关开具的红字增值税专用发票做相反的会计分录。小规模纳税人购买资产或服务等时不能抵扣增值税，发生的增值税计入资产成本或相关成本费用。

B.采购等业务进项税额不允许抵扣：

采购等业务进项税额不得抵扣单位购进资产或服务等，用于简易计税方法计税项目、免征增值税项目、集体福利或个人消费等，其进项税额按照现行增值税制度的规定不得从销项税额中抵扣的，取得增值税专用发票时，应按照增值税发票注明的金额，借记相关成本费用或资产科目，按照待认证的增值税进项税额，借记本科目（待认证进项税额），按照实际支付或应付的金额，贷记“银行存款”“应付账款”“零余额账户用款额度”等科目。经税务机关认证为不可抵扣进项税额时，借记本科目（应交税金——进项税额）科目，贷记本科目（待认证进项税额），同时，将进项税额转出，借记相关成本费用科目，贷记本科目（应交税金——进项税额转出）。

C.购进不动产或不动产在建工程按照规定进项税额抵扣：

单位取得应税项目为不动产或者不动产在建工程，应当按照取得成本，借记“固定资产”“在建工程”等科目，按照应抵扣的增值税税额，借记本科目（应交税金——进项税额），贷记“应付账款”“应付票据”“银行存款”“零余额账户用款额度”等科目。

D.进项税额抵扣情况发生改变：

单位因发生非正常损失或改变用途等，原已计入进项税额，但按照现行增值税制度的规定不得从销项税额中抵扣的，借记“待处理财产损溢”“固定资产”“无形资产”等科目，贷记本科目（应交税金——进项税额转出）。

E.购买方作为扣缴义务人：

按照现行增值税制度的规定，境外单位或个人在境内发生应税行为，在境内未设有经营机构的，以购买方为增值税扣缴义务人。境内一般纳税人购进服务或资产时，按照应计入相关成本费用或资产的金额，借记“业务活动费用”“在途物品”“库存物品”“工程物资”“在建工程”“固定资产”“无形资产”等科目，按照可抵扣的增值税税额，借记本科目（应交税金——进项税额）[小规模纳税人应借记相关成本费用或资产科目]，按照应付或实际支付的金额，贷记“银行存款”“应付账款”等科目，按照应代扣代交的增值税税额，贷记本科目（代扣代交增值税）。实际缴纳代扣代交增值税时，按照代扣代交的增值税税额，借记本科目（代扣代交增值税），贷记“银行存款”“零余额账户用款额度”等科目。

其二，单位销售资产或提供服务等业务的账务处理如下：

A.销售资产或提供服务业务：

单位销售货物或提供服务，应当按照应收或已收的金额，借记“应收账款”“应收票据”“银行存款”等科目，按照确认的收入金额，贷记“经营收入”“事业收入”等科目，按照现行增值税制度规定计算的销项税额（或采用简易计税方法计算的应纳增值税税额），贷记本科目（应交税金——销项税额）或本科目（简易计税）[小规模纳税人应贷记本科目]。发生销售退回的，应根据按照规定开具的红字增值税专用发票做相反的会计分录。按照《政府会计制度——行政事业单位会计科目和报表》及相关政府会计准则确认收入的时点早于按照增值税制度确认增值税纳税义务发生时点的，应将相关销项税额记入本科目（待转销项税额），待实际发生纳税义务时再转入本科目（应交税金——销项税额）或本科目（简易计税）。按照增值税制度确认增值税纳税义务发生时点早于按照《政府会计制度——行政事业单位会计科目和报表》及相关政府会计准则确认收入的时点的，应按照应纳增值税税额，借记“应收账款”科目，贷记本科目（应交税金——销项税额）或本科目（简易计税）。

B.金融商品转让按照规定以盈亏相抵后的余额作为销售额：

金融商品实际转让月末，如产生转让收益，则按照应纳税额，借记“投资收益”科目，贷记本科目（转让金融商品应交增值税）；如产生转让损失，则按照可结转下月抵扣税额，借记本科目（转让金融商品应交增值税），贷记“投资收益”科目。缴纳增值税时，应借记本科目（转让金融商品应交增值税），贷记“银行存款”等科目。年末，本科目（转让金融商品应交增值税）如有借方余额，则借记“投资收益”科目，贷记本科目（转让金融商品应交增值税）。

其三，月末转出多交增值税和未交增值税的账务处理如下：

月度终了，单位应当将当月应交未交或多交的增值税自“应交税金”明细科目转入“未交税金”明细科目。对于当月应交未交的增值税，借记本科目（应交税金——转出未交增值税），贷记本科目（未交税金）；对于当月多交的增值税，借记本科目（未交税金），贷记本科目（应交税金——转出多交增值税）。

其四，缴纳增值税的账务处理如下：

A.缴纳当月应交增值税。单位缴纳当月应交的增值税，借记本科目（应交税金——已交税金）[小规模纳税人借记本科目]，贷记“银行存款”等科目。

B.缴纳以前期间未交增值税。单位缴纳以前期间未交的增值税，借记本科目（未交税金）[小规模纳税人借记本科目]，贷记“银行存款”等科目。

C.预交增值税。单位预交增值税时，借记本科目（预交税金），贷记“银行存款”等科目。月末，单位应将“预交税金”明细科目余额转入“未交税金”明细科目，借记本科目（未交税金），贷记本科目（预交税金）。

D.减免增值税。对于当期直接减免的增值税，借记本科目（应交税金——减免税款），贷记“业务活动费用”“经营费用”等科目。按照现行增值税制度的规定，单位初次购买增值税税控系统专用设备支付的费用以及缴纳的技术维护费允许在增值税应纳税额中全额抵减的，按照规定抵减的增值税应纳税额，借记本科目（应交税金——减免税款）[小规模纳税人借记本科目]，贷记“业务活动费用”“经营费用”等科目。

（7）其他应交税费

单位应当设置“其他应交税费”科目核算按照税法等规定计算应缴纳的除增值税以外的各种税费，包括城市维护建设税、教育费附加、地方教育附加、车船税、房产税、城镇土地使用税和企业所得税等。单位代扣代缴的个人所得税，也通过本科目核算。单位应缴纳的印花税不需要预提应交税费，直接通过“业务活动费用”“单位管理费用”“经营费用”等科目核算，不通过本科目核算。

其他应交税费的主要账务处理如下：

①发生城市维护建设税、教育费附加、地方教育附加、车船税、房产税、城镇土地使用税等纳税义务的，按照税法规定计算的应缴税费金额，借记“业务活动费用”“单位管理费用”“经营费用”等科目，贷记本科目（应交城市维护建设税、应交教育费附加、应交地方教育附加、应交车船税、应交房产税、应交城镇土地使用税等）。

②按照税法规定计算应代扣代缴职工（含长期聘用人员）的个人所得税，借记“应付职工薪酬”科目，贷记本科目（应交个人所得税）。按照税法规定计算应代扣代缴支付给职工（含长期聘用人员）以外人员劳务费的个人所得税，借记“业务活动费用”“单位管理费用”等科目，贷记本科目（应交个人所得税）。

③发生行政事业单位所得税纳税义务的，按照税法规定计算的应交所得税税额，借记“所得税费用”科目，贷记本科目（单位应交所得税）。

④单位实际缴纳上述各种税费时，借记本科目（应交城市维护建设税、应交教育费附加、应交地方教育附加、应交车船税、应交房产税、应交城镇土地使用税、应交个人所得税、单位应交所得税等），贷记“财政拨款收入”“零余额账户用款额度”“银行存款”等科目。

【例5-34】某单位发生下列与其他应交税费有关的业务：

①第一季度发生城市维护建设税14 000元、教育费附加6 000元、地方教育附加4 000元、车船税2 000元、房产税2 000元。

借：业务活动费用　　　　28 000

贷：其他应交税费——应交城市维护建设税　14 000
　　　　　　　　——应交教育费附加　6 000
　　　　　　　　——应交地方教育附加　4 000
　　　　　　　　——应交车船税　2 000
　　　　　　　　——应交房产税　2 000

②第一季度按照税法的规定计算应代扣代缴职工（含长期聘用人员）的个人所得税10 000元。

借：应付职工薪酬　10 000
　贷：其他应交税费——应交个人所得税　10 000

③第二季度初，该单位实际缴纳以上税费38 000元。

借：其他应交税费——应交城市维护建设税　14 000
　　　　　　　　——应交教育费附加　6 000
　　　　　　　　——应交地方教育附加　4 000
　　　　　　　　——应交车船税　2 000
　　　　　　　　——应交房产税　2 000
　　　　　　　　——应交个人所得税　10 000
　贷：银行存款　38 000

（8）其他应付款

其他应付款是单位除应交增值税、其他应交税费、应缴财政款、应付职工薪酬、应付票据、应付账款、应付政府补贴款、应付利息、预收账款以外，其他各项偿还期限在1年内（含1年）的应付及暂收款项。为核算其他应付款，单位应设置“其他应付款”总账科目。同级政府财政部门预拨的下期预算款和没有纳入预算的暂付款项，以及采用实拨资金方式通过本单位转拨给下属单位的财政拨款，也通过本科目核算。本科目应当按照其他应付款的类别以及债权人等进行明细核算。其他应付款的主要账务处理如下：

①发生其他应付及暂收款项时，借记“银行存款”等科目，贷记本科目。支付（或退回）其他应付及暂收款项时，借记本科目，贷记“银行存款”等科目。将暂收款项转为收入时，借记本科目，贷记“事业收入”等科目。

②收到同级政府财政部门预拨的下期预算款和没有纳入预算的暂付款项，按照实际收到的金额，借记“银行存款”等科目，贷记本科目；待到下一预算期或批准纳入预算时，借记本科目，贷记“财政拨款收入”科目。采用实拨资金方式通过本单位转拨给下属单位的财政拨款，按照实际收到的金额，借记“银行存款”科目，贷记本科目；向下属单位转拨财政拨款时，按照转拨的金额，借记本科目，贷记“银行存款”科目。

③本单位公务卡持卡人报销时，按照审核报销的金额，借记“业务活动费用”“单位管理费用”等科目，贷记本科目；偿还公务卡欠款时，借记本科目，贷记“零余额账户用款额度”等科目。

④涉及质保金形成其他应付款的，相关账务处理参见“固定资产”科目。

⑤无法偿付或债权人豁免偿还的其他应付款项，应当按照规定报经批准后进行账务处理。经批准核销时，借记本科目，贷记“其他收入”科目。核销的其他应付款应在备查簿

中保留登记。

【例5-35】某行政单位发生下列与其他应付款有关的业务：

①向甲企业退回原向其收取的业务保证金50 000元。

借：其他应付款——甲企业　　50 000

　贷：银行存款　　50 000

②收到乙单位租用会议室押金6 000元存入银行。

借：银行存款　　6 000

　贷：其他应付款——乙单位　　6 000

③乙单位会议室租用结束，以银行存款退回其押金6 000元。

借：其他应付款——乙单位　　6 000

　贷：银行存款　　6 000

（9）预提费用

①预提费用的概念与科目设置。

预提费用是单位预先提取的已经发生但尚未支付的费用，如预提租金费用等。为核算预提费用，行政事业单位应设置“预提费用”总账科目。事业单位按规定从科研项目收入中提取的项目间接费用或管理费，也通过本科目核算。事业单位计提的借款利息费用，通过“应付利息”“长期借款”科目核算，不通过本科目核算。本科目应当按照预提费用的种类进行明细核算。对于提取的项目间接费用或管理费，应当在本科目下设置“项目间接费用或管理费”明细科目，并按项目进行明细核算。

②预提费用的账务处理。

其一，项目间接费用或管理费。

按规定从科研项目收入中提取项目间接费用或管理费时，按照提取的金额，借记“业务活动费用”“单位管理费用”科目，贷记本科目（项目间接费用或管理费）。

实际使用计提的项目间接费用或管理费时，按照实际支付的金额，借记本科目（项目间接费用或管理费），贷记“银行存款”“零余额账户用款额度”“财政拨款收入”等科目。

其二，其他预提费用。

按期预提租金等费用时，按照预提的金额，借记“业务活动费用”“单位管理费用”“经营费用”等科目，贷记本科目。

实际支付款项时，按照支付金额，借记本科目，贷记“零余额账户用款额度”“银行存款”等科目。

【例5-36】某高校发生下列与预提费用有关的业务：

①按照规定从科研项目收入30 000元中按10%提取项目间接费用。

借：单位管理费用　　3 000

　贷：预提费用　　3 000

②在项目结束之前的3个月中，其使用该项预提费用2 700元。

借：预提费用　　2 700

　贷：银行存款　　2 700

（10）长期应付款

长期应付款是单位发生的偿还期限超过1年（不含1年）的应付款项，如以融资租赁方式取得固定资产应付的租赁费等。为核算长期应付款，单位应设置“长期应付款”总账科目，并按照长期应付款的类别以及债权单位（或个人）进行明细核算。长期应付款核算的主要账务处理如下：

①发生长期应付款时，借记“固定资产”“在建工程”等科目，贷记本科目。

②支付长期应付款时，按照实际支付的金额，借记本科目，贷记“财政拨款收入”“零余额账户用款额度”“银行存款”等科目。涉及增值税业务的，还应当进行“应交增值税”的账务处理。

③无法偿付或债权人豁免偿还的长期应付款，应当按照规定报经批准后进行账务处理。经批准核销时，借记本科目，贷记“其他收入”科目。核销的长期应付款应在备查簿中保留登记。

④涉及质保金形成长期应付款的，相关账务处理参见“固定资产”科目。

【例5-37】某行政单位发生下列与长期应付款有关的业务：

①以分期付款方式从甲公司购入一台价值400 000元的大型设备，合同规定分4年支付。

借：固定资产	400 000	
贷：长期应付款——甲公司		400 000

②年末，通过零余额账户用款额度偿还甲公司租赁款项100 000元。

借：长期应付款——甲公司	100 000	
贷：零余额账户用款额度		100 000

3）暂收性负债

暂收性负债是指政府会计主体暂时收取，随后应做上缴、退回、转拨等处理的款项。暂收性负债主要包括应缴财政款和其他暂收款项。

（1）应缴财政款的概念与内容

应缴财政款，是指政府会计主体暂时收取、按规定应当上缴国库或财政专户的款项而形成的负债。应缴财政款的内容主要有：

其一，政府性基金，主要是指养路费、铁路建设基金、公路建设基金、民航基础设施建设基金、电力建设基金、三峡工程建设基金等数额较大的政府性基金，纳入财政预算管理，并实行专款专用。

其二，行政事业性收费，是指国家机关、事业单位、代行政府职能的社会团体及其他组织根据法律、行政法规、地方性法规等有关规定，依照国务院规定程序批准，在向公民、法人提供特定服务的过程中，按照成本补偿和非营利原则向特定服务对象收取的费用。如公安部门收取的户籍管理证件费、出入境管理费；司法部门收取的民事诉讼费、律师工作执照费；税务部门收取的税务登记费等。

其三，罚没收入，是指国家各级司法机关、行政执法机关和经济管理部门等行政单位依法查处的应上缴国库的各种罚款和没收财物的变价款以及无主财物变价款。

其四，其他按国家预算管理规定应上缴财政的各种款项，如国有资产处置和出租收入等。

（2）应缴财政款的账务处理

单位取得或应收按照规定应缴财政的款项时，借记“银行存款”“应收账款”等科目，贷记本科目。

单位处置资产取得的应上缴财政的净收入的账务处理，参见“待处理财产损溢”等科目。

单位上缴应缴财政的款项时，按照实际上缴的金额，借记本科目，贷记“银行存款”科目。

【例5-38】某行政单位发生下列与应缴财政款有关的业务：

①征收某政府性基金100 000元，款项已经由缴款人缴入单位的银行账户。

借：银行存款　100 000

　贷：应缴财政款——应缴政府性基金　100 000

②将追回的赃物变价出售，取得款项9 000元存入银行。

借：银行存款　9 000

　贷：应缴财政款——罚没收入　9 000

③将本年应缴财政款214 000元上缴财政。

借：应缴财政款　214 000

　贷：银行存款　214 000

4）预计负债

预计负债是单位对因或有事项所产生的现时义务而确认的负债，如对未决诉讼等确认的负债。为核算预计负债，单位应设置“预计负债”总账科目，并按照预计负债项目进行明细核算。预计负债的主要账务处理如下：

（1）确认预计负债时，按照预计的金额，借记“业务活动费用”“经营费用”“其他费用”等科目，贷记本科目。

（2）实际偿付预计负债时，按照偿付的金额，借记本科目，贷记“银行存款”“零余额账户用款额度”等科目。

（3）根据确凿证据需要对已确认的预计负债账面余额进行调整的，按照调整增加的金额，借记有关科目，贷记本科目；按照调整减少的金额，借记本科目，贷记有关科目。

5）受托代理负债

受托代理负债是单位接受委托取得受托代理资产时形成的负债。为核算受托代理负债，单位应设置“受托代理负债”总账科目。本科目应当按照委托人等进行明细核算；属于指定转赠物资和资金的，还应当按照指定受赠人进行明细核算。

受托代理负债的主要账务处理参见“受托代理资产”“库存现金”“银行存款”等科目。

5.2.3 收入的核算

收入是指报告期内导致政府会计主体净资产增加的、含有服务潜力或者经济利益的经济资源的流入。

收入的确认应当同时满足以下条件：（1）与收入相关的含有服务潜力或者经济利益的

经济资源很可能流入政府会计主体；（2）含有服务潜力或者经济利益的经济资源流入会导致政府会计主体资产增加或者负债减少；（3）流入金额能够可靠地计量。

1）财政拨款收入

（1）财政拨款收入的概念与科目设置

财政拨款收入是单位从同级政府财政部门取得的各类财政拨款。为核算财政拨款收入，单位应设置“财政拨款收入”科目。

同级政府财政部门预拨的下期预算款和没有纳入预算的暂付款项，以及采用实拨资金方式通过本单位转拨给下属单位的财政拨款，通过“其他应付款”科目核算，不通过本科目核算。本科目可按照一般公共预算财政拨款、政府性基金预算财政拨款等拨款种类进行明细核算。

（2）财政拨款收入的账务处理

①财政直接支付方式下，根据收到的“财政直接支付入账通知书”及相关原始凭证，按照通知书中的直接支付入账金额，借记“库存物品”“固定资产”“业务活动费用”“单位管理费用”“应付职工薪酬”等科目，贷记本科目。年末，根据本年度财政直接支付预算指标数与当年财政直接支付实际支付数的差额，借记“财政应返还额度——财政直接支付”科目，贷记本科目。

②财政授权支付方式下，根据收到的“财政授权支付额度到账通知书”，按照通知书中的授权支付额度，借记“零余额账户用款额度”科目，贷记本科目。年末，本年度财政授权支付预算指标数大于零余额账户用款额度下达数的，根据未下达的用款额度，借记“财政应返还额度——财政授权支付”科目，贷记本科目。

③其他方式下收到财政拨款收入时，按照实际收到的金额，借记“银行存款”等科目，贷记本科目。

④因差错更正或购货退回等发生国库直接支付款项退回的，属于以前年度支付的款项，按照退回金额，借记“财政应返还额度——财政直接支付”科目，贷记“以前年度盈余调整”“库存物品”等科目；属于本年度支付的款项，按照退回金额，借记本科目，贷记“业务活动费用”“库存物品”等科目。

⑤期末，将本科目本期发生额转入本期盈余，借记本科目，贷记“本期盈余”科目。期末结转后，本科目应无余额。

【例5-39】某行政单位20×8年发生下列与财政拨款收入有关的业务：

①收到财政部门拨来当月基本支出经费240 000元存入银行。

借：银行存款　　240 000

　　贷：财政拨款收入——基本支出拨款　　240 000

②收到财政部门拨来专项经费80 000元。

借：银行存款　　80 000

　　贷：财政拨款收入——项目支出拨款　　80 000

③单位收到财政部门委托代理银行转来的财政直接支付入账通知书，财政部门为该行政单位支付在职人员工资250 000元。

借：应付职工薪酬　　250 000

贷：财政拨款收入——基本支出拨款——人员经费　　250 000

④单位收到银行转来财政授权支付额度到账通知书，本期授权支付额度900 000元到账，该额度用于日常行政活动。

借：零余额账户用款额度　　900 000

贷：财政拨款收入——基本支出拨款　　900 000

⑤年末结账，将“财政拨款收入——基本支出拨款”贷方余额1 390 000元、“财政拨款收入——项目支出拨款”80 000元转入本期盈余。

借：财政拨款收入——基本支出拨款　　1 390 000

——项目支出拨款　　80 000

贷：本期盈余　　1 470 000

2）事业收入

（1）事业收入的概念与科目设置

事业收入是事业单位开展专业业务活动及其辅助活动实现的收入，不包括从同级政府财政部门取得的各类财政拨款。为核算事业收入，事业单位应设置“事业收入”科目。本科目应当按照事业收入的类别、来源等进行明细核算。对于因开展科研及其辅助活动从非同级政府财政部门取得的经费拨款，应当在本科目下单设“非同级财政拨款”明细科目进行核算。

（2）事业收入的账务处理

①采用财政专户返还方式管理的事业收入。实现应上缴财政专户的事业收入时，按照实际收到或应收的金额，借记“银行存款”“应收账款”等科目，贷记“应缴财政款”科目。向财政专户上缴款项时，按照实际上缴的款项金额，借记“应缴财政款”科目，贷记“银行存款”等科目。收到从财政专户返还的事业收入时，按照实际收到的返还金额，借记“银行存款”等科目，贷记本科目。

②采用预收款方式确认的事业收入。实际收到预收款项时，按照收到的款项金额，借记“银行存款”等科目，贷记“预收账款”科目。以合同完成进度确认事业收入时，按照基于合同完成进度计算的金额，借记“预收账款”科目，贷记本科目。

③采用应收款方式确认的事业收入。根据合同完成进度计算本期应收的款项，借记“应收账款”科目，贷记本科目。实际收到款项时，借记“银行存款”等科目，贷记“应收账款”科目。

④其他方式下确认的事业收入。按照实际收到的金额，借记“银行存款”“库存现金”等科目，贷记本科目。

⑤期末，将本科目本期发生额转入本期盈余，借记本科目，贷记“本期盈余”科目。

【例5-40】某教育事业单位20×8年发生下列与事业收入有关的业务：

①收到一项应上缴财政专户的事业收入，内容为教育事业收入268 000元，款项已存入开户银行。

借：银行存款　　268 000

贷：应缴财政款　　268 000

②通过开户银行向财政专户上缴以前收到的一项教育事业收入268 000元。

借：应缴财政款　268 000

　贷：银行存款　268 000

③收到从财政专户返还的一项事业收入，金额为108 000元，款项已存入开户银行，适用的政府支出功能分类科目为“科学技术支出——基础研究——自然科学基金”。

借：银行存款　108 000

　贷：事业收入（科研事业收入）——项目支出　108 000

④该单位与一公司签订协议为其高管进行培训，已经收到预收款50 000元。

借：银行存款　50 000

　贷：预收账款　50 000

⑤该单位培训结束后确认该项收入。

借：预收账款　50 000

　贷：事业收入　50 000

3）上级补助收入

（1）上级补助收入的概念与科目设置

上级补助收入是事业单位从主管部门和上级单位取得的非财政补助收入。为核算上级补助收入，事业单位应设置“上级补助收入”科目。上级补助收入并不是事业单位的常规性收入，主管部门或上级单位一般根据自身的资金情况和事业单位的需要进行拨付。

（2）上级补助收入的账务处理

①确认上级补助收入时，按照应收或实际收到的金额，借记“其他应收款”“银行存款”等科目，贷记本科目。实际收到应收的上级补助款时，按照实际收到的金额，借记“银行存款”等科目，贷记“其他应收款”科目。

②期末，将本科目本期发生额转入本期盈余，借记本科目，贷记“本期盈余”科目。

【例5-41】某事业单位20×8年发生下列与上级补助收入有关的业务：

①1月，为修建市民广场，该事业单位向上级政府申请补助。3月，该单位收到上级政府财政补助收入150 000元。

借：银行存款　150 000

　贷：上级补助收入　150 000

②年末，结转本科目贷方余额346 000元。

借：上级补助收入　346 000

　贷：本期盈余　346 000

4）附属单位上缴收入

（1）附属单位上缴收入的概念与科目设置

附属单位上缴收入是事业单位取得的附属独立核算单位按照有关规定上缴的收入。为核算附属单位上缴收入，事业单位应设置“附属单位上缴收入”科目。本科目应当按照附属单位、缴款项目等进行明细核算。

（2）附属单位上缴收入的账务处理

①确认附属单位上缴收入时，按照应收或收到的金额，借记“其他应收款”“银行存款”等科目，贷记本科目。实际收到应收附属单位上缴款时，按照实际收到的金额，借记

“银行存款”等科目，贷记“其他应收款”科目。

②期末，将本科目本期发生额转入本期盈余，借记本科目，贷记“本期盈余”科目。期末结转后，本科目应无余额。

【例5-42】某事业单位20×8年发生下列与附属单位上缴收入有关的业务：

①年末进行清算，其附属单位本年度应上缴收入400 000元。

借：其他应收款　　400 000

　贷：附属单位上缴收入　　400 000

②年末，“附属单位上缴收入”科目贷方余额400 000元，将其转入本期盈余。

借：附属单位上缴收入　　400 000

　贷：本期盈余　　400 000

5）经营收入

（1）经营收入的概念与科目设置

经营收入是事业单位在专业业务活动及其辅助活动之外开展非独立核算经营活动取得的收入。为核算经营收入，事业单位应设置“经营收入”科目。本科目应当按照经营活动类别、项目和收入来源等进行明细核算。经营收入应当在提供服务或发出存货，同时收讫价款或者取得索取价款的凭据时，按照实际收到或应收的金额予以确认。

（2）经营收入的账务处理

①事业单位在提供服务或发出存货，同时收讫价款或者取得索取价款的凭据时，按照实际收到或应收的金额，借记“银行存款”“应收账款”“应收票据”等科目，贷记本科目。涉及增值税业务的，还应当进行“应交增值税”科目的处理。

②期末，将本科目本期发生额转入本期盈余，借记本科目，贷记“本期盈余”科目。

【例5-43】某事业单位20×8年发生下列与经营收入有关的业务：

①5月，该单位通过开展经营活动取得收入5 000元存入银行。

借：银行存款　　5 000

　贷：经营收入　　5 000

②年末，该单位“经营收入”科目贷方余额共计15 800元，将其转入本期盈余。

借：经营收入　　15 800

　贷：本期盈余　　15 800

6）非同级财政拨款收入

（1）非同级财政拨款收入的概念与科目设置

非同级财政拨款收入是单位从非同级政府财政部门取得的经费拨款，包括从同级政府其他部门取得的横向转拨财政款、从上级或下级政府财政部门取得的经费拨款等。

为核算非同级财政拨款收入，单位应设置“非同级财政拨款收入”科目。事业单位因开展科研及其辅助活动从非同级政府财政部门取得的经费拨款，应当通过“事业收入——非同级财政拨款”科目核算，不通过本科目核算。本科目应当按照本级横向转拨财政款和非本级财政拨款进行明细核算，并按照收入来源进行明细核算。

（2）非同级财政拨款收入的账务处理

①确认非同级财政拨款收入时，按照应收或实际收到的金额，借记“其他应收款”

“银行存款”等科目，贷记本科目。

②期末，将本科目本期发生额转入本期盈余，借记本科目，贷记“本期盈余”科目。期末结转后，本科目应无余额。

【例5-44】某行政单位20×8年发生下列与非同级财政拨款收入有关的业务：

①年末进行整理核算，发现本年非同级单位向本单位拨款收入共计300 000元，均以银行存款的形式存入银行。

借：银行存款　　300 000

　贷：非同级财政拨款收入　　300 000

②年末，“非同级财政拨款收入”科目贷方余额300 000元，将其转入本期盈余。

借：非同级财政拨款收入　　300 000

　贷：本期盈余　　300 000

7）投资收益

（1）投资收益的概念与科目设置

投资收益是事业单位股权投资和债券投资所实现的收益或发生的损失。为核算投资收益，事业单位应设置“投资收益”科目。本科目应当按照投资的种类等进行明细核算。

（2）投资收益的账务处理

①收到短期投资持有期间的利息，按照实际收到的金额，借记“银行存款”科目，贷记“投资收益”科目。

②出售或到期收回短期债券本息，按照实际收到的金额，借记“银行存款”科目，按照出售或收回短期投资的成本，贷记“短期投资”科目，按照其差额，贷记或借记本科目。涉及增值税业务的，相关账务处理参见“应交增值税”科目。

③持有的分期付息、一次还本的长期债券投资，按期确认利息收入时，按照计算确定的应收未收利息，借记“应收利息”科目，贷记本科目；持有的到期一次还本付息的长期债券投资，按期确认利息收入时，按照计算确定的应收未收利息，借记“长期债券投资——应计利息”科目，贷记本科目。

④出售长期债券投资或到期收回长期债券投资本息，按照实际收到的金额，借记“银行存款”等科目，按照债券初始投资成本和已计未收利息金额，贷记“长期债券投资——成本、应计利息”科目［到期一次还本付息债券］或“长期债券投资”“应收利息”科目［分期付息债券］，按照其差额，贷记或借记本科目。涉及增值税业务的，相关账务处理参见“应交增值税”科目。

⑤采用成本法核算的长期股权投资持有期间，被投资单位宣告分派现金股利或利润时，按照宣告分派的现金股利或利润中属于单位应享有的份额，借记“应收股利”科目，贷记本科目。

采用权益法核算的长期股权投资持有期间，按照应享有或应分担的被投资单位实现的净损益的份额，借记或贷记“长期股权投资——损益调整”科目，贷记或借记本科目；被投资单位发生净亏损，但以后年度又实现净利润的，单位在其收益分享额弥补未确认的亏损分担额等后，恢复确认投资收益，借记“长期股权投资——损益调整”科目，贷记本科目。

⑥按照规定处置长期股权投资时有关投资收益的账务处理，参见“长期股权投资”科目。

⑦期末，将本科目本期发生额转入本期盈余，借记或贷记本科目，贷记或借记“本期盈余”科目。期末结转后，本科目应无余额。

【例5-45】某事业单位20×8年发生下列与投资收益有关的业务：

①6月份，将部分闲置资金250 000元用于3个月期限的短期投资，月末收到利息收入5 000元存入银行。

借：银行存款　　5 000
　贷：投资收益　　5 000

②9月份，将持有的短期投资出售，转让款290 000元。

借：银行存款　　290 000
　贷：短期投资　　250 000
　　　投资收益　　40 000

8）捐赠收入

（1）捐赠收入的概念与科目设置

捐赠收入是单位接受其他单位或者个人捐赠取得的收入。为核算捐赠收入，单位应设置“捐赠收入”科目。本科目应当按照捐赠资产的用途和捐赠单位等进行明细核算。

（2）捐赠收入的账务处理

①接受捐赠的货币资金，按照实际收到的金额，借记“银行存款”“库存现金”等科目，贷记本科目。

②接受捐赠的存货、固定资产等非现金资产，按照确定的成本，借记“库存物品”“固定资产”等科目，按照发生的相关税费、运输费等，贷记“银行存款”等科目，按照其差额，贷记本科目。

③接受捐赠的资产按照名义金额入账的，按照名义金额，借记“库存物品”“固定资产”等科目，贷记本科目；同时，按照发生的相关税费、运输费等，借记“其他费用”科目，贷记“银行存款”等科目。

④期末，将本科目本期发生额转入本期盈余，借记本科目，贷记“本期盈余”科目。期末结转后，本科目应无余额。

【例5-46】某教育事业单位20×8年发生下列与捐赠收入有关的业务：

①9月份，收到某企业捐赠款项1 000 000元，收到捐赠的打印设备80 000元。

借：银行存款　　1 000 000
　　固定资产　　80 000
　贷：捐赠收入　　1 080 000

②年末，结转“捐赠收入”科目贷方余额1 080 000元。

借：捐赠收入　　1 080 000
　贷：本期盈余　　1 080 000

9）利息收入

（1）利息收入的概念与科目设置

利息收入是单位取得的银行存款利息收入。为核算利息收入，单位应设置“利息收入”科目。

（2）利息收入的账务处理

①取得银行存款利息时，按照实际收到的金额，借记“银行存款”科目，贷记本科目。

②期末，将本科目本期发生额转入本期盈余，借记本科目，贷记“本期盈余”科目。期末结转后，本科目应无余额。

10）租金收入

（1）租金收入的概念与科目设置

租金收入是单位经批准利用国有资产出租取得并按照规定纳入本单位预算管理的租金收入。为核算租金收入，单位应设置“租金收入”科目。本科目应当按照出租国有资产类别和收入来源等进行明细核算。

（2）租金收入的账务处理

①国有资产出租收入，应当在租赁期内各个期间按照直线法予以确认。

采用预收租金方式的，预收租金时，按照收到的金额，借记“银行存款”等科目，贷记“预收账款”科目；分期确认租金收入时，按照各期租金金额，借记“预收账款”科目，贷记本科目。

采用后付租金方式的，每期确认租金收入时，按照各期租金金额，借记“应收账款”科目，贷记本科目；收到租金时，按照实际收到的金额，借记“银行存款”等科目，贷记“应收账款”科目。

采用分期收取租金方式的，每期收取租金时，按照租金金额，借记“银行存款”等科目，贷记本科目。

涉及增值税业务的，相关账务处理参见“应交增值税”科目。

②期末，将本科目本期发生额转入本期盈余，借记本科目，贷记“本期盈余”科目。期末结转后，本科目应无余额。

【例5-47】某事业单位于20×8年1月将暂时不用的房屋出租，预收1年的租金300 000元。出租后每个月末确认租金收入25 000元。

①该事业单位预收1年租金时：

借：银行存款	300 000	
贷：预收账款		300 000

②每个月末确认租金收入时：

借：预收账款	25 000	
贷：租金收入		25 000

11）其他收入

（1）其他收入的概念与科目设置

其他收入是单位取得的除财政拨款收入、事业收入、上级补助收入、附属单位上缴收入、经营收入、非同级财政拨款收入、投资收益、捐赠收入、利息收入、租金收入以外的各项收入，包括现金盘盈收入、按照规定纳入单位预算管理的科技成果转化收入、行政单位收回已核销的其他应收款、无法偿付的应付及预收款项、置换换出资产评估增值等收入款项。单位应设置“其他收入”科目对上述内容进行核算。本科目应当按照其他收入的类别、来源等进行明细核算。

（2）其他收入的账务处理

①现金盘盈收入：每日现金账款核对中发现的现金溢余，属于无法查明原因的部分，报经批准后，借记“待处理财产损溢”科目，贷记本科目。

②科技成果转化收入：单位科技成果转化所取得的收入，按照规定留归本单位的，按照所取得收入扣除相关费用之后的净收益，借记“银行存款”等科目，贷记本科目。

③收回已核销的其他应收款：行政单位已核销的其他应收款在以后期间收回的，按照实际收回的金额，借记“银行存款”等科目，贷记本科目。

④无法偿付的应付及预收款项：无法偿付或债权人豁免偿还的应付账款、预收账款、其他应付款及长期应付款，借记“应付账款”“预收账款”“其他应付款”“长期应付款”等科目，贷记本科目。

⑤置换换出资产评估增值：资产置换过程中，换出资产评估增值的，按照评估价值高于资产账面价值或账面余额的金额，借记有关科目，贷记本科目。以未入账的无形资产取得的长期股权投资，按照评估价值加相关税费作为投资成本，借记“长期股权投资”科目，按照发生的相关税费，贷记“银行存款”“其他应交税费”等科目，按其差额，贷记本科目。

⑥确认①至⑤以外的其他收入时，按照应收或实际收到的金额，借记“其他应收款”“银行存款”“库存现金”等科目，贷记本科目。

⑦期末，将本科目本期发生额转入本期盈余，借记本科目，贷记“本期盈余”科目。

【例5-48】某行政单位20×8年发生下列与其他收入有关的业务：

①现金账款进行每日核对时发现，现金溢余中有500元属于无法查明原因的部分，报经批准后，记入“待处理财产损溢”科目。

借：待处理财产损溢　500

　贷：其他收入　500

②收回已核销的其他应收款1 200元。

借：银行存款　1 200

　贷：其他收入　1 200

③出售废旧报刊，获得现金收入160元。

借：库存现金　160

　贷：其他收入　160

④年末，将“其他收入”科目贷方余额9 060元转入本期盈余。

借：其他收入　9 060

　贷：本期盈余　9 060

5.2.4　费用的核算

费用是指报告期内导致政府会计主体净资产减少的、含有服务潜力或者经济利益的经济资源的流出。

费用的确认应当同时满足以下条件：(1) 与费用相关的含有服务潜力或者经济利益的经济资源很可能流出政府会计主体；(2) 含有服务潜力或者经济利益的经济资源流出会导致政府会计主体资产减少或者负债增加；(3) 流出金额能够可靠地计量。

1) 业务活动费用

(1) 业务活动费用的概念与科目设置

业务活动费用是单位为实现其职能目标，依法履职或开展专业业务活动及其辅助活动所发生的各项费用。为核算业务活动费用，行政事业单位应设置“业务活动费用”科目。

本科目应当按照项目、服务或者业务类别、支付对象等进行明细核算。为了满足成本核算需要，本科目下还可按照“工资福利费用”“商品和服务费用”“对个人和家庭的补助费用”“对企业补助费用”“固定资产折旧费”“无形资产摊销费”“公共基础设施折旧（摊销）费”“保障性住房折旧费”“计提专用基金”等成本项目设置明细科目，归集能够直接计入业务活动或采用一定方法计算后计入业务活动的费用。

(2) 业务活动费用的账务处理

①为履职或开展业务活动人员计提的薪酬，按照计算确定的金额，借记本科目，贷记“应付职工薪酬”科目。

②为履职或开展业务活动发生的外部人员劳务费，按照计算确定的金额，借记本科目，按照代扣代缴个人所得税的金额，贷记“其他应交税费——应交个人所得税”科目，按照扣税后应付或实际支付的金额，贷记“其他应付款”“财政拨款收入”“零余额账户用款额度”“银行存款”等科目。

③为履职或开展业务活动领用库存物品，以及动用发出相关政府储备物资，按照领用库存物品或发出相关政府储备物资的账面余额，借记本科目，贷记“库存物品”“政府储备物资”科目。

④为履职或开展业务活动所使用的固定资产、无形资产以及为所控制的公共基础设施、保障性住房计提的折旧、摊销，按照计提金额，借记本科目，贷记“固定资产累计折旧”“无形资产累计摊销”“公共基础设施累计折旧（摊销）”“保障性住房累计折旧”科目。

⑤为履职或开展业务活动发生的城市维护建设税、教育费附加、地方教育附加、车船税、房产税、城镇土地使用税等，按照计算确定应缴纳的金额，借记本科目，贷记“其他应交税费”等科目。

⑥为履职或开展业务活动发生其他各项费用时，按照费用确认金额，借记本科目，贷记“财政拨款收入”“零余额账户用款额度”“银行存款”“应付账款”“其他应付款”“其他应收款”等科目。

⑦按照规定从收入中提取专用基金并计入费用的，一般按照预算会计下基于预算收入计算提取的金额，借记本科目，贷记“专用基金”科目。国家另有规定的，从其

规定。

⑧发生当年购货退回等业务，对于已计入本年业务活动费用的，按照收回或应收的金额，借记“财政拨款收入”“零余额账户用款额度”“银行存款”“其他应收款”等科目，贷记本科目。

⑨期末，将本科目本期发生额转入本期盈余，借记“本期盈余”科目，贷记本科目。

【例5-49】某事业单位20×8年6月份发生下列与业务活动费用有关的业务：

①计提开展业务活动人员的职工薪酬900 000元。

借：业务活动费用　900 000
　贷：应付职工薪酬　900 000

②开展业务活动领用政府储备物资840 000元。

借：业务活动费用　840 000
　贷：政府储备物资　840 000

③该单位开展业务活动所使用的办公楼，本月计提折旧160 000元。

借：业务活动费用　160 000
　贷：固定资产累计折旧　160 000

④使用计提的修购基金修缮房屋，金额为50 000元。

借：业务活动费用　50 000
　贷：专用基金　50 000

⑤为开展教育公益活动，发生业务活动费用100 000元，由财政直接支付。

借：业务活动费用　100 000
　贷：财政拨款收入　100 000

2）单位管理费用

（1）单位管理费用的概念与科目设置

单位管理费用是事业单位本级行政及后勤管理部门开展管理活动发生的各项费用，包括单位行政及后勤管理部门发生的人员经费、公用经费、资产折旧（摊销）等费用，以及由单位统一负担的离退休人员经费、工会经费、诉讼费、中介费等。事业单位应设置“单位管理费用”对上述内容进行核算。

本科目应当按照项目、费用类别、支付对象等进行明细核算。为了满足成本核算需要，本科目下还可按照“工资福利费用”“商品和服务费用”“对个人和家庭的补助费用”“固定资产折旧费”“无形资产摊销费”等成本项目设置明细科目，归集能够直接计入单位管理活动或采用一定方法计算后计入单位管理活动的费用。

（2）单位管理费用的账务处理

①为管理活动人员计提的薪酬，按照计算确定的金额，借记本科目，贷记“应付职工薪酬”科目。

②为开展管理活动发生的外部人员劳务费，按照计算确定的费用金额，借记本科目，按照代扣代缴个人所得税的金额，贷记“其他应交税费——应交个人所得税”科目，按照扣税后应付或实际支付的金额，贷记“其他应付款”“财政拨款收入”“零余额账户用款额度

度”“银行存款”等科目。

③开展管理活动内部领用库存物品，按照领用物品实际成本，借记本科目，贷记“库存物品”科目。

④为管理活动所使用固定资产、无形资产计提的折旧、摊销，按照应提折旧、摊销额，借记本科目，贷记“固定资产累计折旧”“无形资产累计摊销”科目。

⑤为开展管理活动发生城市维护建设税、教育费附加、地方教育附加、车船税、房产税、城镇土地使用税等，按照计算确定应缴纳的金额，借记本科目，贷记“其他应交税费”等科目。

⑥为开展管理活动发生的其他各项费用，按照费用确认金额，借记本科目，贷记“财政拨款收入”“零余额账户用款额度”“银行存款”“其他应付款”“其他应收款”等科目。

⑦发生当年购货退回等业务，对于已计入本年单位管理费用的，按照收回或应收的金额，借记“财政拨款收入”“零余额账户用款额度”“银行存款”“其他应收款”等科目，贷记本科目。

⑧期末，将本科目本期发生额转入本期盈余，借记“本期盈余”科目，贷记本科目。

【例5-50】某事业单位20×8年12月发生下列与单位管理费用有关的业务：

①1日，因开展管理活动内部领用库存的笔记本作为活动奖励，领用的笔记本实际成本为1 000元。

借：单位管理费用　　1 000

　贷：库存物品　　1 000

②用零余额账户用款额度支付开展管理业务活动发生的费用250 000元。

借：单位管理费用　　250 000

　贷：零余额账户用款额度　　250 000

③月末，计提管理用的软件摊销额，该软件价值300 000元，预计使用年限为5年，无残值。

每月摊销金额=300 000÷60=5 000（元）

借：单位管理费用　　5 000

　贷：无形资产累计摊销　　5 000

④年末，结转“单位管理费用”借方发生额470 000元。

借：本期盈余　　470 000

　贷：单位管理费用　　470 000

3）经营费用

（1）经营费用的概念与科目设置

经营费用是事业单位在专业业务活动及其辅助活动之外开展非独立核算经营活动发生的各项费用。为核算经营费用，事业单位应设置“经营费用”科目。

本科目应当按照经营活动类别、项目、支付对象等进行明细核算。为了满足成本核算需要，本科目下还可按照“工资福利费用”“商品和服务费用”“对个人和家庭的补助费用”“固定资产折旧费”“无形资产摊销费”等成本项目设置明细科目，归集能够直接计入单位经营活动或采用一定方法计算后计入单位经营活动的费用。

（2）经营费用的账务处理

①为经营活动人员计提的薪酬，按照计算确定的金额，借记本科目，贷记“应付职工薪酬”科目。

②开展经营活动领用或发出库存物品，按照物品实际成本，借记本科目，贷记“库存物品”科目。

③为经营活动所使用固定资产、无形资产计提的折旧、摊销，按照应提折旧、摊销额，借记本科目，贷记“固定资产累计折旧”“无形资产累计摊销”科目。

④开展经营活动发生城市维护建设税、教育费附加、地方教育附加、车船税、房产税、城镇土地使用税等，按照计算确定应缴纳的金额，借记本科目，贷记“其他应交税费”等科目。

⑤发生与经营活动相关的其他各项费用时，按照费用确认金额，借记本科目，贷记“银行存款”“其他应付款”“其他应收款”等科目。涉及增值税业务的，还应当进行“应交增值税”科目的处理。

⑥发生当年购货退回等业务，对于已计入本年经营费用的，按照收回或应收的金额，借记“银行存款”“其他应收款”等科目，贷记本科目。

⑦期末，将本科目本期发生额转入本期盈余，借记“本期盈余”科目，贷记本科目。

【例5-51】某事业单位20×8年6月领用A材料12 000元用于制造甲产品，同时计提相关职工工资费用8 000元。

借：经营费用——甲产品	12 000	
——职工工资	8 000	
贷：库存物品——A材料		12 000
应付职工薪酬		8 000

【例5-52】某事业单位20×8年年末“经营费用”科目本期发生额为6 800元，将其转入本期盈余。

借：本期盈余	6 800	
贷：经营费用		6 800

4）资产处置费用

（1）资产处置费用的概念与科目设置

资产处置费用是单位经批准处置资产时发生的费用，包括转销的被处置资产价值，以及在处置过程中发生的相关费用或者处置收入小于相关费用形成的净支出。资产处置的形式按照规定包括无偿调拨、出售、出让、转让、置换、对外捐赠、报废、毁损以及货币性资产损失核销等。

单位应设置“资产处置费用”科目对上述内容进行核算。单位在资产清查中查明的资产盘亏、毁损以及资产报废等，应当先通过“待处理财产损溢”科目进行核算，再将处理资产价值和处理净支出计入本科目。短期投资、长期股权投资、长期债券投资的处置，不在本科目核算的范围内，按照相关资产科目的规定进行账务处理。

（2）资产处置费用的账务处理

①按照规定报经批准处置资产时，按照处置资产的账面价值，借记本科目［处置固定资产、无形资产、公共基础设施、保障性住房的，还应借记“固定资产累计折旧”“无形资产累计摊销”“公共基础设施累计折旧（摊销）”“保障性住房累计折旧”科目］，按照处置资产的账面余额，贷记“库存物品”“固定资产”“无形资产”“公共基础设施”“政府储备物资”“文物文化资产”“保障性住房”“其他应收款”“在建工程”等科目。

②处置资产过程中仅发生相关费用的，按照实际发生金额，借记本科目，贷记“银行存款”“库存现金”等科目。

③处置资产过程中取得收入的，按照取得的价款，借记“库存现金”“银行存款”等科目，按照处置资产过程中发生的相关费用，贷记“银行存款”“库存现金”等科目，按照其差额，借记本科目或贷记“应缴财政款”等科目。

④单位账款核对中发现的现金短缺，属于无法查明原因的，报经批准核销时，借记本科目，贷记“待处理财产损溢”科目。

⑤单位资产清查过程中盘亏或者毁损、报废的存货、固定资产、无形资产、公共基础设施、政府储备物资、文物文化资产、保障性住房等，报经批准处理时，按照处理资产价值，借记本科目，贷记“待处理财产损溢——待处理财产价值”科目。处理收支结清时，处理过程中所取得收入小于所发生相关费用的，按照相关费用减去处理收入后的净支出，借记本科目，贷记“待处理财产损溢——处理净收入”科目。

⑥期末，将本科目本期发生额转入本期盈余，借记“本期盈余”科目，贷记本科目。期末结转后，本科目应无余额。

【例5-53】某事业单位20×8年12月发生下列与资产处置费用有关的业务：

①31日，该单位按照规定报经批准处置一批旧计算机。该批计算机原值80 000元，已计提折旧75 000元。处置该批计算机过程中发生搬运等费用1 000元，以银行存款支付。

转销该批电脑账面价值：

借：资产处置费用	5 000	
固定资产累计折旧	75 000	
贷：固定资产——计算机		80 000

发生处置费用：

借：资产处置费用	1 000	
贷：银行存款		1 000

②年末，该单位账款核对过程中发现现金短缺213元，经核查，仍无法找出具体原因，报经批准核销该库存现金。

借：资产处置费用	213	
贷：待处理财产损溢		213

③年末，结转“资产处置费用”科目本期借方发生额56 800元。

借：本期盈余	56 800	
贷：资产处置费用		56 800

5）上缴上级费用

（1）上缴上级费用的概念与科目设置

上缴上级费用是事业单位按照财政部门和主管部门的规定上缴上级单位款项发生的费用。上缴上级费用的事业单位是实行独立核算并附属于上级单位的事业单位。根据本单位与上级单位之间的体制安排，事业单位取得的各项收入，应当按规定的标准或比例上缴上级单位，形成事业单位的上缴上级费用。因此，上缴上级费用与附属单位上缴收入在上下级单位之间形成业务上的对应关系。

事业单位应设置“上缴上级费用”科目对上述内容进行核算。本科目应当按照收缴款项单位、缴款项目等进行明细核算。

（2）上缴上级费用的账务处理

①单位发生上缴上级支出的，按照实际上缴的金额或者按照规定计算出应当上缴上级单位的金额，借记本科目，贷记“银行存款”“其他应付款”等科目。

②期末，将本科目本期发生额转入本期盈余，借记“本期盈余”科目，贷记本科目。期末结转后，本科目应无余额。

【例5-54】某主管单位所属独立核算二级事业单位20×8年发生下列与上缴上级费用有关的业务：

①该二级事业单位按规定的标准上缴上级主管单位款项25 000元，已经通过银行存款支付该上缴款。

借：上缴上级费用——上级主管单位	25 000	
贷：银行存款		25 000

②年末，该二级事业单位结转“上缴上级费用”科目本年发生额25 000元。

借：本期盈余	25 000	
贷：上缴上级费用		25 000

6）对附属单位补助费用

（1）对附属单位补助费用的概念与科目设置

对附属单位补助费用是事业单位用财政拨款收入之外的收入对附属单位补助发生的费用。事业单位对附属单位的补助款项属于非财政资金，通常是事业单位自身取得的事业收入、经营收入和其他收入，或者是事业单位从其他附属单位取得的附属单位上缴收入等。对附属单位补助费用与上级补助收入在上下级单位间的业务内容上形成对应关系。事业单位无论是对附属单位进行补助还是收到上级补助收入，它们所涉及的款项均为非财政性资金，这些资金是有关单位调剂收支余缺的机动财力。

为核算对附属单位补助费用，事业单位应设置“对附属单位补助费用”总账科目。本科目应当按照接受补助单位、补助项目等进行明细核算。

（2）对附属单位补助费用的账务处理

①单位发生对附属单位补助支出的，按照实际补助的金额或者按照规定计算出应当对附属单位补助的金额，借记本科目，贷记“银行存款”“其他应付款”等科目。

②期末，将本科目本期发生额转入本期盈余，借记“本期盈余”科目，贷记本科目。期末结转后，本科目应无余额。

【例5-55】某事业单位20×8年发生下列与对附属单位补助费用有关的业务：

①使用一部分事业收入和其他收入对附属单位进行补助，共计58 000元，款项以银行存款支付。

借：对附属单位补助费用　58 000

　贷：银行存款　58 000

②年末结账，"对附属单位补助费用"科目本期发生额为106 300元，将其转入本期盈余。

借：本期盈余　106 300

　贷：对附属单位补助费用　106 300

7）所得税费用

（1）所得税费用的概念与科目设置

所得税费用是有企业所得税缴纳义务的事业单位按规定缴纳企业所得税所形成的费用。为核算所得税费用，事业单位应设置"所得税费月"科目。

（2）所得税费用的账务处理

①发生企业所得税纳税义务的，按照税法规定计算的应交税费数额，借记本科目，贷记"其他应交税费——单位应交所得税"科目。实际缴纳时，按照缴纳金额，借记"其他应交税费——单位应交所得税"科目，贷记"银行存款"科目。

②年末，将本科目本年发生额转入本期盈余，借记"本期盈余"科目，贷记本科目。年末结转后，本科目应无余额。

【例5-56】某事业单位20×8年12月发生下列与所得税费用有关的业务：

①按照税法规定计算的应交所得税数额为250 000元。

核算应交所得税费用时：

借：所得税费用　250 000

　贷：其他应交税费——单位应交所得税　250 000

实际缴纳所得税费用时：

借：其他应交税费——单位应交所得税　250 000

　贷：银行存款　250 000

②年末，将"所得税费用"科目本年发生额250 000元转入本期盈余。

借：本期盈余　250 000

　贷：所得税费用　250 000

8）其他费用

（1）其他费用的概念与科目设置

其他费用是单位发生的除业务活动费用、单位管理费用、经营费用、资产处置费用、上缴上级费用、对附属单位补助费用、所得税费用以外的各项费用，包括利息费用、坏账损失、罚没支出、现金资产捐赠支出以及相关税费、运输费等。为核算其他费用，单位应设置"其他费用"总账科目。本科目应当按照其他费用的类别等进行明细核算。单位发生的利息费用较多的，可以单独设置"5701 利息费用"科目。

（2）其他费用的账务处理

①按期计算确认借款利息费用时，按照计算确定的金额，借记“在建工程”科目或本科目，贷记“应付利息”“长期借款——应计利息”科目。

②年末，事业单位按照规定对收回后不需上缴财政的应收账款和其他应收款计提坏账准备时，按照计提金额，借记本科目，贷记“坏账准备”科目；冲减多提的坏账准备时，按照冲减金额，借记“坏账准备”科目，贷记本科目。

③单位发生罚没支出的，按照实际缴纳或应当缴纳的金额，借记本科目，贷记“银行存款”“库存现金”“其他应付款”等科目。

④单位对外捐赠现金资产的，按照实际捐赠的金额，借记本科目，贷记“银行存款”“库存现金”等科目。

⑤单位接受捐赠（或无偿调入）以名义金额计量的存货、固定资产、无形资产，以及成本无法可靠取得的公共基础设施、文物文化资产等发生的相关税费、运输费等，按照实际支付的金额，借记本科目，贷记“财政拨款收入”“零余额账户用款额度”“银行存款”“库存现金”等科目。单位发生的与受托代理资产相关的税费、运输费、保管费等，按照实际支付或应付的金额，借记本科目，贷记“零余额账户用款额度”“银行存款”“库存现金”“其他应付款”等科目。

⑥期末，将本科目本期发生额转入本期盈余，借记“本期盈余”科目，贷记本科目。期末结转后，本科目应无余额。

【例5-57】某事业单位20×8年12月发生下列与其他费用有关的业务：

①核算12月应付银行短期借款利息，该项借款本金480 000元，借款期限3个月，年利率6%。

借：其他费用　　2 400

　贷：应付利息　　2 400

②捐赠500 000元资金用于某希望小学校园建设。

借：其他费用　　500 000

　贷：银行存款　　500 000

5.2.5 行政事业单位的净资产

净资产是指政府会计主体资产扣除负债后的余额。行政事业单位的净资产包括累计盈余、专用基金、权益法调整、本期盈余、本年盈余分配、无偿调拨净资产、以前年度盈余调整。

1）权益法调整

（1）权益法调整的概念与科目设置

权益法调整是事业单位持有的长期股权投资采用权益法核算时，按照被投资单位除净损益和利润分配以外的所有者权益变动份额调整长期股权投资账面余额而计入净资产的金额。为核算权益法调整，事业单位应设置“权益法调整”总账科目，并按照被投资单位进行明细核算。

（2）权益法调整的账务处理

①年末，按照被投资单位除净损益和利润分配以外的所有者权益变动应享有（或应分

担）的份额，借记或贷记“长期股权投资——其他权益变动”科目，贷记或借记本科目。

②采用权益法核算的长期股权投资，因被投资单位除净损益和利润分配以外的所有者权益变动而将应享有（或应分担）的份额计入单位净资产的，处置该项投资时，按照原计入净资产的相应部分金额，借记或贷记本科目，贷记或借记“投资收益”科目。

2）本期盈余

（1）本期盈余的概念与科目设置

本期盈余是单位本期各项收入、费用相抵后的余额，类似企业会计中的本年利润。为核算本期盈余，单位应设置“本期盈余”科目。

（2）本期盈余的账务处理

①期末，将各类收入科目的本期发生额转入本期盈余，借记“财政拨款收入”“事业收入”“上级补助收入”“附属单位上缴收入”“经营收入”“非同级财政拨款收入”“投资收益”“捐赠收入”“利息收入”“租金收入”“其他收入”科目，贷记本科目；将各类费用科目本期发生额转入本期盈余，借记本科目，贷记“业务活动费用”“单位管理费用”“经营费用”“所得税费用”“资产处置费用”“上缴上级费用”“对附属单位补助费用”“其他费用”科目。

②年末，完成上述结转后，将本科目余额转入“本年盈余分配”科目，借记或贷记本科目，贷记或借记“本年盈余分配”科目。

【例5-58】某事业单位20×8年年末对收入、费用类科目进行结转。

①各收入类科目的余额如下：财政拨款收入12 000元，事业收入9 800元，上级补助收入9 000元，附属单位上缴收入78 000元，经营收入50 000元，捐赠收入20 000元，其他收入7 800元，均为贷方余额。

借：财政拨款收入	12 000	
事业收入	9 800	
上级补助收入	9 000	
附属单位上缴收入	78 000	
经营收入	50 000	
捐赠收入	20 000	
其他收入	7 800	
贷：本期盈余		186 600

②各费用类科目的余额如下：业务活动费用67 000元，单位管理费用4 500元，经营费用60 000元，资产处置费用3 400元，其他费用5 000元，均为借方余额。

借：本期盈余	139 900	
贷：业务活动费用		67 000
单位管理费用		4 500
经营费用		60 000
资产处置费用		3 400
其他费用		5 000

③本期盈余年末贷方余额46 700元。

借：本期盈余　　46 700

　贷：本年盈余分配　　46 700

3）本年盈余分配

（1）本年盈余分配的概念与科目设置

本年盈余分配类似企业会计中的利润分配。为核算单位本年度盈余分配的情况和结果，单位应设置"本年盈余分配"科目。

（2）本年盈余分配的账务处理

①年末，将"本期盈余"科目余额转入本科目，借记或贷记"本期盈余"科目，贷记或借记本科目。

②年末，根据有关规定从本年度非财政拨款结余或经营结余中提取专用基金的，按照预算会计下计算的提取金额，借记本科目，贷记"专用基金"科目。

③年末，按照规定完成上述①②处理后，将本科目余额转入累计盈余，借记或贷记本科目，贷记或借记"累计盈余"科目。

"本年盈余分配"的例题参见"专用基金""本期盈余"等科目的核算。

4）无偿调拨净资产

（1）无偿调拨净资产的概念与科目设置

无偿调拨净资产是指单位无偿调入或调出非现金资产所引起的净资产变动金额。为核算无偿调拨净资产，单位应设置"无偿调拨净资产"科目。

（2）无偿调拨净资产的账务处理

①按照规定取得无偿调入的存货、长期股权投资、固定资产、无形资产、公共基础设施、政府储备物资、文物文化资产、保障性住房等，按照确定的成本，借记"库存物品""长期股权投资""固定资产""无形资产""公共基础设施""政府储备物资""文物文化资产""保障性住房"等科目，按照调入过程中发生的归属于调入方的相关费用，贷记"零余额账户用款额度""银行存款"等科目，按照其差额，贷记本科目。

②按照规定经批准无偿调出存货、长期股权投资、固定资产、无形资产、公共基础设施、政府储备物资、文物文化资产、保障性住房等，按照调出资产的账面余额或账面价值，借记本科目，按照固定资产累计折旧、无形资产累计摊销、公共基础设施累计折旧或摊销、保障性住房累计折旧的金额，借记"固定资产累计折旧""无形资产累计摊销""公共基础设施累计折旧（摊销）""保障性住房累计折旧"科目，按照调出资产的账面余额，贷记"库存物品""长期股权投资""固定资产""无形资产""公共基础设施""政府储备物资""文物文化资产""保障性住房"等科目；同时，按照调出过程中发生的归属于调出方的相关费用，借记"资产处置费用"科目，贷记"零余额账户用款额度""银行存款"等科目。

③年末，将本科目余额转入累计盈余，借记或贷记本科目，贷记或借记"累计盈余"科目。年末结账后，本科目应无余额。

【例5-59】某行政单位20×8年发生下列与无偿调拨净资产有关的业务：

①无偿调入一台打印设备，该打印设备价值6 000元，发生运费500元，由本单位

承担。

借：固定资产　　6 000

　贷：银行存款　　500

　　　无偿调拨净资产　　5 500

②无偿向山区小学调出一批电脑，该批电脑账面价值50 000元，已计提折旧30 000元。调出过程中发生相关费用1 000元，以银行存款支付。

借：无偿调拨净资产　　20 000

　　固定资产累计折旧　　30 000

　贷：固定资产　　50 000

借：资产处置费用　　1 000

　贷：银行存款　　1 000

③年末，将“无偿调拨净资产”科目借方余额14 500元转入累计盈余。

借：累计盈余　　14 500

　贷：无偿调拨净资产　　14 500

5）以前年度盈余调整

（1）以前年度盈余调整的概念与科目设置

为核算本年度发生的调整以前年度盈余的事项，包括本年度发生的重要前期差错更正涉及调整以前年度盈余的事项，单位应设置“以前年度盈余调整”科目。

（2）以前年度盈余调整的账务处理

①调整增加以前年度收入时，按照调整增加的金额，借记有关科目，贷记本科目。调整减少的，做相反的会计分录。

②调整增加以前年度费用时，按照调整增加的金额，借记本科目，贷记有关科目。调整减少的，做相反的会计分录。

③盘盈的各种非流动资产，报经批准后处理时，借记“待处理财产损益”科目，贷记本科目。

④经上述调整后，应将本科目的余额转入累计盈余，借记或贷记“累计盈余”科目，贷记或借记本科目。本科目结转后应无余额。

【例5-60】某事业单位20×8年年末汇算清缴时，发生下列与以前年度盈余调整有关的业务：

①调整增加以前年度未入账的经营费用10 000元。

借：以前年度盈余调整　　10 000

　贷：经营费用　　10 000

②调整增加以前年度未入账的经营收入30 000元。

借：经营收入　　30 000

　贷：以前年度盈余调整　　30 000

③将“以前年度盈余调整”科目贷方余额20 000元转入累计盈余。

借：以前年度盈余调整　　20 000

　贷：累计盈余　　20 000

6）专用基金

（1）专用基金的概念与管理

专用基金是事业单位按照规定提取或设置的具有专门用途的净资产，主要包括职工福利基金、科技成果转换基金等。事业单位的各类专用基金应按以下原则进行管理：

①专款专用。各项专用基金都具有专门用途和使用范围，一般不允许互相占用、挪用。

②按比例提取，按规定支出。专用基金的提取，要按国家统一规定执行，按照比例提取。各项专用基金，要严格按专门的用途使用，并注意划清各项专用基金的界限。

③先提后用，专设账户。各项专用基金应按规定的来源渠道，在取得资金后，安排使用。同时，对各项专用基金应单独设立账户进行管理和核算。

（2）专用基金的科目设置

为核算专用基金，事业单位应设置“专用基金”总账科目。本科目应当按照专用基金的类别进行明细核算。

（3）专用基金的账务处理

①年末，根据有关规定从本年度非财政拨款结余或经营结余中提取专用基金的，按照预算会计下计算的提取金额，借记“本年盈余分配”科目，贷记本科目。

②根据有关规定从收入中提取专用基金并计入费用的，一般按照预算会计下基于预算收入计算提取的金额，借记“业务活动费用”等科目，贷记本科目。国家另有规定的，从其规定。

③根据有关规定设置的其他专用基金，按照实际收到的基金金额，借记“银行存款”等科目，贷记本科目。

④按照规定使用提取的专用基金时，借记本科目，贷记“银行存款”等科目。

使用提取的专用基金购置固定资产、无形资产的，按照固定资产、无形资产成本金额，借记“固定资产”“无形资产”科目，贷记“银行存款”等科目；同时，按照专用基金使用金额，借记本科目，贷记“累计盈余”科目。

【例5-61】某事业单位20×8年发生下列与专用基金有关的业务：

①根据有关规定从经营结余中提取专用基金1 500元。

借：本年盈余分配	1 500	
贷：专用基金		1 500

②根据有关规定从事业收入中提取专用基金，用于职工福利30 000元。

借：业务活动费用	30 000	
贷：专用基金		30 000

③使用提取的专用基金采购一台大型办公用打印机，采购成本是10 000元。

借：固定资产——打印机	10 000	
贷：银行存款		10 000

同时：

借：专用基金	10 000	
贷：累计盈余		10 000

7）累计盈余

（1）累计盈余的概念与科目设置

累计盈余是单位历年实现的盈余扣除盈余分配后滚存的金额，以及因无偿调入调出资产产生的净资产变动额，类似企业会计中的“利润分配——未分配利润”。为核算累计盈余，单位应设置“累计盈余”科目。按照规定上缴、缴回、单位间调剂结转结余资金产生的净资产变动额，以及对以前年度盈余的调整金额，也通过本科目核算。

（2）累计盈余的账务处理

①年末，将“本年盈余分配”科目的余额转入累计盈余，借记或贷记“本年盈余分配”科目，贷记或借记本科目。

②年末，将“无偿调拨净资产”科目的余额转入累计盈余，借记或贷记“无偿调拨净资产”科目，贷记或借记本科目。

③按照规定上缴财政拨款结转结余、缴回非财政拨款结转资金、向其他单位调出财政拨款结转资金时，按照实际上缴、缴回、调出金额，借记本科目，贷记“财政应返还额度”“零余额账户用款额度”“银行存款”等科目。按照规定从其他单位调入财政拨款结转资金时，按照实际调入金额，借记“零余额账户用款额度”“银行存款”等科目，贷记本科目。

④将“以前年度盈余调整”科目的余额转入本科目，借记或贷记“以前年度盈余调整”科目，贷记或借记本科目。

⑤按照规定使用专用基金购置固定资产、无形资产的，按照固定资产、无形资产成本金额，借记“固定资产”“无形资产”科目，贷记“银行存款”等科目；同时，按照专用基金使用金额，借记“专用基金”科目，贷记本科目。

【例5-62】20×8年年末，某行政单位“本年盈余分配”科目贷方余额18 000元，“无偿调拨净资产”科目贷方余额24 000元，“以前年度盈余调整”科目借方余额6 000元，按照规定上缴财政拨款结转结余4 000元。

借：本年盈余分配	18 000	
无偿调拨净资产	24 000	
贷：累计盈余		32 000
以前年度盈余调整		6 000
财政应返还额度		4 000

5.3 行政事业单位预算会计

5.3.1 预算收入的核算

行政事业单位的预算收入包括财政拨款预算收入、事业预算收入、上级补助预算收入、附属单位上缴预算收入、经营预算收入、债务预算收入、非同级财政拨款预算收入、投资预算收益、其他预算收入等项目。

行政事业单位发生的收入业务，既要按权责发生制原则核算财务会计收入，也应按收付实现制原则核算预算会计收入，即财务会计收入与预算会计收入的平行核算。财务会计收入科目与预算会计收入科目之间基于业务的对应关系见表5-2。

表5-2 行政事业单位收入会计科目对应关系

预算会计收入科目	对应业务	财务会计收入科目
行政单位		行政单位
财政拨款预算收入	财政拨款	财政拨款收入
非同级财政拨款预算收入	非同级财政拨款	非同级财政拨款收入
其他预算收入	其他业务	捐赠收入
		利息收入
		租金收入
事业单位		事业单位
财政拨款预算收入	财政拨款	财政拨款收入
事业预算收入	专业活动	事业收入
上级补助预算收入	上级补助	上级补助收入
附属单位上缴预算收入	附属单位上缴	附属单位上缴收入
经营预算收入	非独立核算经营	经营收入
非同级财政拨款预算收入	非同级财政拨款	非同级财政拨款收入
投资预算收益	投资业务	投资收益
其他预算收入	其他业务	捐赠收入

1）财政拨款预算收入

（1）财政拨款预算收入的概念与科目设置

财政拨款预算收入是单位从同级政府财政部门取得的各类财政拨款。单位应当设置"财政拨款预算收入"总账科目核算从同级政府财政部门取得的各类财政拨款，设置"基本支出"和"项目支出"两个明细科目，并按照《政府收支分类科目》中"支出功能分类科目"的项级科目进行明细核算；同时，在"基本支出"明细科目下按照"人员经费"和"日常公用经费"进行明细核算，在"项目支出"明细科目下按照具体项目进行明细核算。有一般公共预算财政拨款、政府性基金预算财政拨款等两种或两种以上财政拨款的单位，还应当按照财政拨款的种类进行明细核算。

（2）财政拨款预算收入的账务处理

①财政直接支付方式下，单位根据收到的"财政直接支付入账通知书"及相关原始凭证，按照通知书中的直接支付金额，借记"行政支出""事业支出"等科目，贷记本科目。年末，根据本年度财政直接支付预算指标数与当年财政直接支付实际支出数的差额，借记"资金结存——财政应返还额度"科目，贷记本科目。

②财政授权支付方式下，单位根据收到的"财政授权支付额度到账通知书"，按照通知书中的授权支付额度，借记"资金结存——零余额账户用款额度"科目，贷记本科目。年末，单位本年度财政授权支付预算指标数大于零余额账户用款额度下达数的，按照两者差额，借记"资金结存——财政应返还额度"科目，贷记本科目。

③其他方式下，单位按照本期预算收到财政拨款预算收入时，按照实际收到的金额，借记"资金结存——货币资金"科目，贷记本科目。单位收到下期预算的财政预拨款，应当在

下一个预算期，按照预收的金额，借记“资金结存——货币资金”科目，贷记本科目。

④因差错更正、购货退回等发生国库直接支付款项退回的，属于本年度支付的款项，按照退回金额，借记本科目，贷记“行政支出”“事业支出”等科目。

⑤年末，将本科目本年发生额转入财政拨款结转，借记本科目，贷记“财政拨款结转——本年收支结转”科目。年末结转后，本科目应无余额。

【例5-63】某行政单位20×8年发生下列与财政拨款预算收入有关的业务：

①3月，某市财政局收到上级政府发送的“财政直接支付入账通知书”，列示金额50 000元。年末，本年度财政直接支付预算指标数与当年财政直接支付实际支出数之间相差7 500元。

该业务的预算会计分录为：

借：行政支出　50 000

　贷：财政拨款预算收入　50 000

年末：

借：资金结存——财政应返还额度　7 500

　贷：财政拨款预算收入　7 500

该业务的财务会计分录为：

借：业务活动费用　50 000

　贷：财政拨款收入　50 000

年末：

借：财政应返还额度——财政直接支付　7 500

　贷：财政拨款收入　7 500

②5月，该市财政局收到上级政府发送的“财政授权支付额度到账通知书”，列示金额120 000元。

该业务的预算会计分录为：

借：资金结存——零余额账户用款额度　120 000

　贷：财政拨款预算收入　120 000

该业务的财务会计分录为：

借：零余额账户用款额度——财政授权支付　120 000

　贷：财政拨款收入　120 000

③6月，该财政局收到财政拨款预算收入金额28 000元。

该业务的预算会计分录为：

借：资金结存——货币资金　28 000

　贷：财政拨款预算收入　28 000

该业务的财务会计分录为：

借：银行存款　28 000

　贷：财政拨款收入　28 000

④年末，结转“财政拨款预算收入”科目本年贷方发生额570 000元。

该业务的预算会计分录为：

借：财政拨款预算收入　570 000

贷：财政拨款结转——本年收支结转　570 000

该业务的财务会计分录为：

借：财政拨款收入　570 000

贷：本期盈余　570 000

2）事业预算收入

（1）事业预算收入的概念与科目设置

事业预算收入是事业单位开展专业业务活动及其辅助活动取得的现金流入。事业单位应当设置“事业预算收入”科目核算开展专业业务活动及其辅助活动取得的现金流入。事业单位因开展科研及其辅助活动从非同级政府财政部门取得的经费拨款，也通过本科目核算。本科目应当按照事业预算收入类别、项目、来源、《政府收支分类科目》中“支出功能分类科目”项级科目等进行明细核算。对于因开展科研及其辅助活动从非同级政府财政部门取得的经费拨款，应当在本科目下单设“非同级财政拨款”明细科目进行明细核算；事业预算收入中如有专项资金收入，还应按照具体项目进行明细核算。

（2）事业预算收入的账务处理

①收到从财政专户返还的事业预算收入时，按照实际收到的返还金额，借记“资金结存——货币资金”科目，贷记本科目。

②收到其他事业预算收入时，按照实际收到的金额，借记“资金结存——货币资金”科目，贷记本科目。

③年末，将本科目本年发生额中的专项资金收入转入非财政拨款结转，借记本科目下各专项资金收入明细科目，贷记“非财政拨款结转——本年收支结转”科目；将本科目本年发生额中的非专项资金收入转入其他结余，借记本科目下各非专项资金收入明细科目，贷记“其他结余”科目。年末结转后，本科目应无余额。

【例5-64】某事业单位20×8年发生下列与事业预算收入有关的业务：

①该事业单位采用财政专户返还方式对事业预算收入进行管理，8月收到从财政专户返还的事业预算收入70 000元。

该业务的预算会计分录为：

借：资金结存——货币资金　70 000

贷：事业预算收入　70 000

该业务的财务会计分录为：

借：银行存款　70 000

贷：事业收入　70 000

②20×8年年末，“事业预算收入”科目的本年贷方发生额累计560 000元，该事业单位将其转入非财政拨款结转。

该业务的预算会计分录为：

借：事业预算收入　560 000

贷：非财政拨款结转——本年收支结转　560 000

该业务的财务会计分录为：

借：事业收入　560 000

贷：本期盈余　　560 000

3）上级补助预算收入

（1）上级补助预算收入的概念与科目设置

上级补助预算收入是事业单位从主管部门和上级单位取得的非财政补助现金流入。事业单位应当设置“上级补助预算收入”科目核算从主管部门和上级单位取得的非财政补助现金流入。本科目应当按照发放补助单位、补助项目、《政府收支分类科目》中“支出功能分类科目”的项级科目等进行明细核算。上级补助预算收入中如有专项资金收入，还应按照具体项目进行明细核算。

（2）上级补助预算收入的账务处理

①收到上级补助预算收入时，按照实际收到的金额，借记“资金结存——货币资金”科目，贷记本科目。

②年末，将本科目本年发生额中的专项资金收入转入非财政拨款结转，借记本科目下各专项资金收入明细科目，贷记“非财政拨款结转——本年收支结转”科目；将本科目本年发生额中的非专项资金收入转入其他结余，借记本科目下各非专项资金收入明细科目，贷记“其他结余”科目。年末结转后，本科目应无余额。

【例5-65】某事业单位发生下列与上级补助预算收入有关的业务：

①该事业单位20×8年年初收到上级补助预算收入1 000 000元。该款项已经存到银行。

该业务的预算会计分录为：

借：资金结存——货币资金　　1 000 000

　贷：上级补助预算收入　　1 000 000

该业务的财务会计分录为：

借：银行存款　　1 000 000

　贷：上级补助收入　　1 000 000

②20×8年年末，“上级补助预算收入”科目的本年贷方发生额累计785 000元，该事业单位将其转入非财政拨款结转。

该业务的预算会计分录为：

借：上级补助预算收入　　785 000

　贷：非财政拨款结转——本年收支结转　　785 000

该业务的财务会计分录为：

借：上级补助收入　　785 000

　贷：本期盈余　　785 000

4）附属单位上缴预算收入

（1）附属单位上缴预算收入的概念与科目设置

附属单位上缴预算收入是事业单位取得附属独立核算单位根据有关规定上缴的现金流入。附属独立核算单位，是指事业单位内部设立的，实行独立核算的下级单位。事业单位的附属独立核算单位通常按规定的标准或比例向事业单位上缴款项，从而形成事业单位的附属单位上缴收入，通常包括附属的事业单位上缴的收入和附属的企业上缴的利润等。需要注意的是，附属单位补偿上级单位在事业支出中垫支的各种费用，应当冲减相应支出，而不能作为缴款收入处理。

为核算附属单位上缴预算收入业务，事业单位应当设置“附属单位上缴预算收入”总账科目，本科目应当按照附属单位、缴款项目、《政府收支分类科目》中“支出功能分类科目”的项级科目等进行明细核算。附属单位上缴预算收入中如有专项资金收入，还应按照具体项目进行明细核算。

（2）附属单位上缴预算收入的账务处理

①收到附属单位缴来款项时，按照实际收到的金额，借记“资金结存——货币资金”科目，贷记本科目。

②年末，将本科目本年发生额中的专项资金收入转入非财政拨款结转，借记本科目下各专项资金收入明细科目，贷记“非财政拨款结转——本年收支结转”科目；将本科目本年发生额中的非专项资金收入转入其他结余，借记本科目下各非专项资金收入明细科目，贷记“其他结余”科目。年末结转后，本科目应无余额。

【例5-66】某事业单位实行资金划拨制度，20×8年度收到独立核算的附属单位按规定的净利润上缴比例缴来款项566 000元。

该业务的预算会计分录为：

借：资金结存——货币资金　　566 000

　贷：附属单位上缴预算收入——非专项资金收入　　566 000

该业务的财务会计分录为：

借：银行存款　　566 000

　贷：附属单位上缴收入　　566 000

【例5-67】某事业单位20×8年年末将“附属单位上缴预算收入——非专项资金收入”账户余额310 000元转入其他结余，将“附属单位上缴预算收入——专项资金收入”账户余额150 000元转入非财政拨款结转。

该业务的预算会计分录为：

借：附属单位上缴预算收入——非专项资金收入　　310 000

　　　　　　　　　　　——专项资金收入　　150 000

　贷：其他结余　　310 000

　　　非财政拨款结转——本年收支结转　　150 000

该业务的财务会计分录为：

借：附属单位上缴收入　　460 000

　贷：本期盈余　　460 000

5）经营预算收入

（1）经营预算收入的概念与科目设置

经营预算收入是事业单位在专业业务活动及其辅助活动之外开展非独立核算经营活动取得的现金流入。经营收入是一种有偿收入，以提供各项服务或商品为前提，主要包括商品销售收入、提供服务收入、租赁收入等。

事业单位应当设置“经营预算收入”科目核算在专业业务活动及其辅助活动之外开展非独立核算经营活动取得的现金流入。本科目应当按照经营活动类别、项目、《政府收支分类科目》中“支出功能分类科目”的项级科目等进行明细核算。

（2）经营预算收入的账务处理

①收到经营预算收入时，按照实际收到的金额，借记“资金结存——货币资金”科目，贷记本科目。

②年末，将本科目本年发生额转入经营结余，借记本科目，贷记“经营结余”科目。年末结转后，本科目应无余额。

【例5-68】某事业单位20×8年发生下列与经营预算收入有关的业务：

①6月收到经营预算收入500 000元。

该业务的预算会计分录为：

借：资金结存——货币资金　　500 000

　贷：经营预算收入　　500 000

该业务的财务会计分录为：

借：银行存款　　500 000

　贷：经营收入　　500 000

②年末，结转“经营预算收入”科目本年贷方发生额573 000元。

该业务的预算会计分录为：

借：经营预算收入　　573 000

　贷：经营结余　　573 000

该业务的财务会计分录为：

借：经营收入　　573 000

　贷：本期盈余　　573 000

6）债务预算收入

（1）债务预算收入的概念与科目设置

债务预算收入是事业单位按照规定从银行和其他金融机构等借入的、纳入部门预算管理的、不以财政资金作为偿还来源的债务本金。

为核算债务预算收入，事业单位应当按照贷款单位、贷款种类、《政府收支分类科目》中“支出功能分类科目”的项级科目等进行明细核算。债务预算收入中如有专项资金收入，还应按照具体项目进行明细核算。

（2）债务预算收入的账务处理

①借入各项短期或长期借款时，按照实际借入的金额，借记“资金结存——货币资金”科目，贷记本科目。

②年末，将本科目本年发生额中的专项资金收入转入非财政拨款结转，借记本科目下各专项资金收入明细科目，贷记“非财政拨款结转——本年收支结转”科目；将本科目本年发生额中的非专项资金收入转入其他结余，借记本科目下各非专项资金收入明细科目，贷记“其他结余”科目。年末结转后，本科目应无余额。

7）非同级财政拨款预算收入

（1）非同级财政拨款预算收入的概念与科目设置

非同级财政拨款预算收入是单位从非同级政府财政部门取得的财政拨款，包括本级横向转拨财政款和非本级财政拨款。

为核算从非同级政府财政部门取得的财政拨款，单位应设置“非同级财政拨款预算收入”总账科目，并按照非同级财政拨款预算收入的类别、来源、《政府收支分类科目》中“支出功能分类科目”的项级科目等进行明细核算。非同级财政拨款预算收入中如有专项资金收入，还应按照具体项目进行明细核算。

对于因开展科研及其辅助活动从非同级政府财政部门取得的经费拨款，应当通过“事业预算收入——非同级财政拨款”科目进行核算，不通过本科目核算。

（2）非同级财政拨款预算收入的账务处理

①取得非同级财政拨款预算收入时，按照实际收到的金额，借记“资金结存——货币资金”科目，贷记本科目。

②年末，将本科目本年发生额中的专项资金收入转入非财政拨款结转，借记本科目下各专项资金收入明细科目，贷记“非财政拨款结转——本年收支结转”科目；将本科目本年发生额中的非专项资金收入转入其他结余，借记本科目下各非专项资金收入明细科目，贷记“其他结余”科目。年末结转后，本科目应无余额。

8）投资预算收益

（1）投资预算收益的概念与科目设置

投资预算收益是事业单位取得的按照规定纳入部门预算管理的属于投资收益性质的现金流入，包括股权投资收益、出售或收回债券投资所取得的收益和债券投资利息收入。

为核算纳入部门预算管理的属于投资收益性质的现金流入，事业单位应设置“投资预算收益”总账科目，并按照《政府收支分类科目》中“支出功能分类科目”的项级科目等进行明细核算。

（2）投资预算收益的账务处理

①出售或到期收回本年度取得的短期、长期债券，按照实际取得的价款或实际收到的本息金额，借记“资金结存——货币资金”科目，按照取得债券时“投资支出”科目的发生额，贷记“投资支出”科目，按照其差额，贷记或借记本科目。

出售或到期收回以前年度取得的短期、长期债券，按照实际取得的价款或实际收到的本息金额，借记“资金结存——货币资金”科目，按照取得债券时“投资支出”科目的发生额，贷记“其他结余”科目，按照其差额，贷记或借记本科目。

出售、转让以货币资金取得的长期股权投资的，其账务处理参照出售或到期收回债券投资。

②持有的短期投资以及分期付息、一次还本的长期债券投资收到利息时，按照实际收到的金额，借记“资金结存——货币资金”科目，贷记本科目。

③持有长期股权投资取得被投资单位分派的现金股利或利润时，按照实际收到的金额，借记“资金结存——货币资金”科目，贷记本科目。

④出售、转让以非货币性资产取得的长期股权投资时，按照实际取得的价款扣减支付的相关费用和应缴财政款后的余额（按照规定纳入单位预算管理的），借记“资金结存——货币资金”科目，贷记本科目。

⑤年末，将本科目本年发生额转入其他结余，借记或贷记本科目，贷记或借记“其他结余”科目。年末结转后，本科目应无余额。

【例5-69】某事业单位20×8年取得投资收益情况如下：收到购买国债利息收入20 000元，收到联营投资企业乙公司分配的20×7年利润500 000元，均已存入银行。

该业务的预算会计分录为：

借：资金结存——货币资金　　520 000

　贷：投资预算收益——投资收益　　520 000

该业务的财务会计分录为：

借：银行存款　　520 000

　贷：投资收益　　20 000

　　　应收股利　　500 000

9）其他预算收入

（1）其他预算收入的概念和科目设置

其他预算收入是单位除财政拨款预算收入、事业预算收入、上级补助预算收入、附属单位上缴预算收入、经营预算收入、债务预算收入、非同级财政拨款预算收入、投资预算收益之外的纳入部门预算管理的现金流入，包括捐赠预算收入、利息预算收入、租金预算收入、现金盘盈收入等。

单位应设置“其他预算收入”科目对其他预算收入进行核算，本科目应当按照其他收入类别、《政府收支分类科目》中“支出功能分类科目”的项级科目等进行明细核算。其他预算收入中如有专项资金收入，还应按照具体项目进行明细核算。单位发生的捐赠预算收入、利息预算收入、租金预算收入金额较大或业务较多的，可单独设置“捐赠预算收入”“利息预算收入”“租金预算收入”等科目。

（2）其他预算收入的账务处理

①接受捐赠现金资产、收到银行存款利息、收到资产承租人支付的租金时，按照实际收到的金额，借记“资金结存——货币资金”科目，贷记本科目。

②每日现金账款核对中如发现现金溢余，按照溢余的现金金额，借记“资金结存——货币资金”科目，贷记本科目。经核实，属于应支付给有关个人和单位的部分，按照实际支付的金额，借记本科目，贷记“资金结存——货币资金”科目。

③收到其他预算收入时，按照收到的金额，借记“资金结存——货币资金”科目，贷记本科目。

④年末，将本科目本年发生额中的专项资金收入转入非财政拨款结转，借记本科目下各专项资金收入明细科目，贷记“非财政拨款结转——本年收支结转”科目；将本科目本年发生额中的非专项资金收入转入其他结余，借记本科目下各非专项资金收入明细科目，贷记“其他结余”科目。年末结转后，本科目应无余额。

【例5-70】某事业单位20×8年发生下列与其他预算收入有关的业务：

①该事业单位20×8年6月22日现金账款核对中发现现金溢余，金额是470元。

该业务的预算会计分录为：

借：资金结存——货币资金　　470

　贷：其他预算收入　　470

该业务的财务会计分录为：

借：库存现金　　470

　　贷：待处理财产损溢　　470

②经查，该现金溢余属于应支付给单位员工李某的费用。

该业务的预算会计分录为：

借：其他预算收入　　470

　　贷：资金结存——货币资金　　470

该业务的财务会计分录为：

借：待处理财产损溢　　470

　　贷：其他应付款　　470

③该事业单位将一暂时不用的办公楼租赁给某公司用于办公。20×8年12月，收到当年租金200 000元。

该业务的预算会计分录为：

借：资金结存——货币资金　　200 000

　　贷：其他预算收入　　200 000

该业务的财务会计分录为：

借：银行存款　　200 000

　　贷：应收账款　　200 000

5.3.2 预算支出的核算

行政事业单位的预算支出主要包括行政支出、事业支出、经营支出、上缴上级支出、对附属单位补助支出、投资支出、债务还本支出和其他支出。

行政事业单位发生的支出业务，既要按权责发生制原则核算财务会计费用，也应按收付实现制原则核算预算会计支出，即财务会计费用与预算会计支出的平行核算。财务会计费用与预算会计支出科目之间基于业务的对应关系见表5-3。

表5-3　行政事业单位费用与支出会计科目对应关系

预算会计支出科目	对应业务	财务会计费用科目
行政单位		行政单位
行政支出	专业业务及辅助活动	业务活动费用
其他支出	其他业务活动	资产处置费用
		其他费用
事业单位		事业单位
事业支出	专业活动	业务活动费用
		单位管理费用
经营支出	非独立核算经营	经营费用
上缴上级支出	上缴上级单位	上缴上级费用
对附属单位补助支出	补助附属单位	对附属单位补助费用
其他支出	资产处置	资产处置费用
	其他业务活动	其他费用

注：预算会计投资支出、债务还本支出科目与财务会计费用类科目无直接对应关系；财务会计所得税费用与预算会计支出科目也无直接对应关系，表中没有列示。

1）行政支出

（1）行政支出的概念

行政支出是行政单位履行其职责实际发生的各项现金流出。行政单位需要严格按照预算管理的有关规定对行政支出进行管理。具体要求如下：

①行政单位的支出应严格遵守国家规定的开支范围和开支标准。开支范围是按照行政单位的工作任务、工作性质和特点，根据有关部门预算规定的支出用途对行政单位的各项支出所确定的开支内容。开支标准是指在开支范围确定的基础上，对行政单位的各项支出项目所规定的开支额度。开支范围和开支标准是行政单位编制预算的依据，也是财政部门核定预算和考核分析预算执行情况的依据，行政单位必须严格执行，不得随意扩大开支范围和提高开支标准。

②行政单位应建立健全支出的内部管理制度，包括支出的统一管理制度和重大支出项目的审批制度。行政单位的各项支出都要纳入单位预算，由单位财务部门实行统一管理。不允许在财务部门之外设立账户和私设小金库，应严格执行财政部门批准的预算，不得超预算安排支出。对于单位的重大支出项目要严格执行审批制度，包括重大支出项目的立项、审批等。比如，对于重大支出项目，应由单位领导集体讨论决定，并列入单位预算或财务计划予以实施，未经有关审批程序，不得发生重大支出项目。

③行政单位要保证基本支出的需要，严格管理项目支出。行政单位的基本支出包括人员经费和日常公用经费支出，这些开支是行政单位的基本支出需要，要优先保障、优先安排，只有在基本支出得到保证后，才能安排项目支出。行政单位的项目支出要保证专款专用，不得任意改变项目内容或扩大使用范围。一般情况下，每一项目都要单独核算，单独分析资金的使用情况。

④行政单位要采取有效措施，重点管理节约潜力大、管理薄弱的支出。在人员经费支出管理方面，严格执行主管部门核定的人员编制数和人员工资标准。在日常公用经费支出管理方面，要重点控制车辆购置标准、数量，控制会议数量、参加人数和会议费支出等。

（2）行政支出的科目设置

行政单位应当设置“行政支出”科目核算履行其职责实际发生的各项现金流出。

本科目应当分别按照“财政拨款支出”、“非财政专项资金支出”和“其他资金支出”，“基本支出”和“项目支出”等进行明细核算，并按照《政府收支分类科目》中“支出功能分类科目”的项级科目进行明细核算；“基本支出”和“项目支出”明细科目下应当按照《政府收支分类科目》中“部门预算支出经济分类科目”的款级科目进行明细核算，同时在“项目支出”明细科目下按照具体项目进行明细核算。

有一般公共预算财政拨款、政府性基金预算财政拨款等两种或两种以上财政拨款的行政单位，还应当在“财政拨款支出”明细科目下按照财政拨款的种类进行明细核算。

对于预付款项，可通过在本科目下设置“待处理”明细科目进行核算，待确认具体支出项目后再转入本科目下相关明细科目。年末结账前，应将本科目“待处理”明细科目余额全部转入本科目下相关明细科目。

（3）行政支出的账务处理

①向单位职工个人支付薪酬时，按照实际支付的金额，借记本科目，贷记“财政拨款

预算收入”“资金结存”科目。按照规定代扣代缴个人所得税以及代扣代缴或为职工缴纳职工社会保险费、住房公积金等时，按照实际缴纳的金额，借记本科目，贷记“财政拨款预算收入”“资金结存”科目。

②按照实际支付给外部人员个人的金额，借记本科目，贷记“财政拨款预算收入”“资金结存”科目。按照规定代扣代缴个人所得税时，按照实际缴纳的金额，借记本科目，贷记“财政拨款预算收入”“资金结存”科目。

③为购买存货、固定资产、无形资产等以及在建工程支付相关款项时，按照实际支付的金额，借记本科目，贷记“财政拨款预算收入”“资金结存”科目。

④发生预付账款时，按照实际支付的金额，借记本科目，贷记“财政拨款预算收入”“资金结存”科目。对于暂付款项，在支付款项时可不做预算会计处理，待结算或报销时，按照结算或报销的金额，借记本科目，贷记“资金结存”科目。

⑤发生其他各项支出时，按照实际支付的金额，借记本科目，贷记“财政拨款预算收入”“资金结存”科目。

⑥因购货退回等发生款项退回，或者发生差错更正的，属于当年支出收回的，按照收回或更正金额，借记“财政拨款预算收入”“资金结存”科目，贷记本科目。

⑦年末，将本科目本年发生额中的财政拨款支出转入财政拨款结转，借记“财政拨款结转——本年收支结转”科目，贷记本科目下各财政拨款支出明细科目；将本科目本年发生额中的非财政专项资金支出转入非财政拨款结转，借记“非财政拨款结转——本年收支结转”科目，贷记本科目下各非财政专项资金支出明细科目；将本科目本年发生额中的其他资金支出（非财政非专项资金支出）转入其他结余，借记“其他结余”科目，贷记本科目下其他资金支出明细科目。年末结转后，本科目应无余额。

【例5-71】某行政单位20×8年发生下列与行政支出有关的业务：

①通过财政直接支付方式支付本单位职工薪酬580 000元。

该业务的预算会计分录为：

借：行政支出——财政拨款支出——基本支出　　580 000

　贷：财政拨款预算收入　　580 000

该业务的财务会计分录为：

借：应付职工薪酬　　580 000

　贷：财政拨款收入　　580 000

②用非财政资金银行存款60 000元支付B项目的外部人员劳务费。

该业务的预算会计分录为：

借：行政支出——其他资金支出——项目支出　　60 000

　贷：资金结存——货币资金　　60 000

该业务的财务会计分录为：

借：其他应付款　　60 000

　贷：银行存款　　6 0000

③通过单位零余额账户预付购买固定资产款项95 500元。

该业务的预算会计分录为：

借：行政支出——财政拨款支出——基本支出　　95 500

　贷：资金结存——零余额账户用款额度　　95 500

该业务的财务会计分录为：

借：预付账款　　95 500

　贷：零余额账户用款额度　　95 500

④收到财政直接支付入账通知书，通过财政直接支付方式购入计算机100台，价款400 000元。

该业务的预算会计分录为：

借：行政支出——财政拨款支出——基本支出　　400 000

　贷：财政拨款预算收入——基本支出拨款　　400 000

该业务的财务会计分录为：

借：固定资产　　400 000

　贷：财政拨款收入　　400 000

⑤通过单位零余额账户支付A专门项目的会议费用100 000元。

该业务的预算会计分录为：

借：行政支出——财政拨款支出——项目支出　　100 000

　贷：资金结存——零余额账户用款额度　　100 000

该业务的财务会计分录为：

借：业务活动费用　　100 000

　贷：零余额账户用款额度　　100 000

⑥年末，结转本年度“行政支出”科目余额，其中财政拨款支出1 300 000元，非财政专项资金支出25 500元，其他资金支出60 000元。

该业务的预算会计分录为：

借：财政拨款结转——本年收支结转　　1 300 000

　　非财政拨款结转——本年收支结转　　25 500

　　其他结余　　60 000

　贷：行政支出——财政拨款支出　　1 300 000

　　　　　　——非财政专项资金支出　　25 500

　　　　　　——其他资金支出　　60 000

该业务的财务会计分录为：

借：本期盈余　　1 385 500

　贷：业务活动费用　　1 385 500

2）事业支出

（1）事业支出的概念与分类

事业支出是事业单位开展专业业务活动及其辅助活动实际发生的各项现金流出。专业业务活动是指事业单位根据本单位专业特点所从事或开展的主要业务活动，如教育事业单位的教学活动、卫生事业单位的医疗保健活动等。为加强对事业支出的管理与核算，根据财政部门的要求，事业单位需要对事业支出进行适当的分类。事业支出的主要分类如下：

①按经费性质划分，事业支出分为财政补助支出和非财政补助支出。财政补助支出是指事业单位使用事业财政补助预算收入而发生的事业支出。非财政补助支出是指事业单位使用除财政补助收入以外的资金而发生的支出。

②按部门预算管理的要求划分，事业支出分为基本支出和项目支出两类。基本支出是事业单位为了保障其正常运转、完成日常工作而发生的支出，包括人员经费支出和日常公用经费支出。项目支出是事业单位为了完成特定工作任务和事业发展目标，在基本支出之外发生的支出。

③按预算科目的要求，事业支出需要进行经济分类。根据《政府收支分类科目》的规定，事业支出需要按其经济内容分设类、款两级预算科目，并分别按照人员经费支出和日常公用经费支出进行核算。

人员经费支出，是指用于事业单位人员方面的经费支出，主要是《政府收支分类科目》中的“工资福利支出”和“对个人和家庭的补助”类别的具体款项。

日常公用经费支出，是指用于事业单位日常公务活动方面的经费支出，主要是《政府收支分类科目》中的“商品和服务支出”和“基本建设支出”类别的具体款项。

（2）事业支出的管理要求

事业单位的事业支出必须严格按照部门预算规定的用途和数额使用，不可办理无预算、超预算范围的事业支出。对于违反财经纪律的开支，事业单位一律不得办理报销支付。

事业单位的事业支出应当保证单位的基本支出，包括人员经费和日常公用经费的需要。对于单位的基本支出，应当实行优先保障、优先安排的管理原则，只有在基本支出安排得到保证后，才能安排项目支出。事业单位的基本支出一般采用定员、定额的管理方法。

事业单位的项目支出应当实行区别轻重进行科学论证、合理排序申报、专款专用、追踪问效的管理制度。

事业单位应当严格划清事业支出和经营支出的界限，不可将应列入经营支出的项目列入事业支出，也不可将应列入事业支出的项目列入经营支出。

（3）事业支出的科目设置

事业单位应当设置“事业支出”科目核算开展专业业务活动及其辅助活动实际发生的各项现金流出。单位发生教育、科研、医疗、行政管理、后勤保障等活动的，可在本科目下设置相应的明细科目进行核算，或单设“教育支出”“科研支出”“医疗支出”“行政管理支出”“后勤保障支出”等一级会计科目进行核算。本科目应当分别按照“财政拨款支出”、“非财政专项资金支出”和“其他资金支出”，“基本支出”和“项目支出”等进行明细核算，并按照《政府收支分类科目》中“支出功能分类科目”的项级科目进行明细核算；“基本支出”和“项目支出”明细科目下应当按照《政府收支分类科目》中“部门预算支出经济分类科目”的款级科目进行明细核算，同时在“项目支出”明细科目下按照具体项目进行明细核算。

有一般公共预算财政拨款、政府性基金预算财政拨款等两种或两种以上财政拨款的事业单位，还应当在“财政拨款支出”明细科目下按照财政拨款的种类进行明细核算。

对于预付款项，可通过在本科目下设置“待处理”明细科目进行明细核算，待确认具体支出项目后再转入本科目下相关明细科目。年末结账前，应将本科目“待处理”明细科目余额全部转入本科目下相关明细科目。

（4）事业支出的账务处理

①支付单位职工（经营部门职工除外）薪酬。向单位职工个人支付薪酬时，按照实际支付的数额，借记本科目，贷记“财政拨款预算收入”“资金结存”科目。按照规定代扣代缴个人所得税以及代扣代缴或为职工缴纳职工社会保险费、住房公积金等时，按照实际缴纳的金额，借记本科目，贷记“财政拨款预算收入”“资金结存”科目。

②为专业业务活动及其辅助活动支付外部人员劳务费。按照实际支付给外部人员个人的金额，借记本科目，贷记“财政拨款预算收入”“资金结存”科目。按照规定代扣代缴个人所得税时，按照实际缴纳的金额，借记本科目，贷记“财政拨款预算收入”“资金结存”科目。

③开展专业业务活动及其辅助活动过程中为购买存货、固定资产、无形资产等以及在建工程支付相关款项时，按照实际支付的金额，借记本科目，贷记“财政拨款预算收入”“资金结存”科目。

④开展专业业务活动及其辅助活动过程中发生预付账款时，按照实际支付的金额，借记本科目，贷记“财政拨款预算收入”“资金结存”科目。对于暂付款项，在支付款项时可不做预算会计处理，待结算或报销时，按照结算或报销的金额，借记本科目，贷记“资金结存”科目。

⑤开展专业业务活动及其辅助活动过程中缴纳的相关税费以及发生的其他各项支出，按照实际支付的金额，借记本科目，贷记“财政拨款预算收入”“资金结存”科目。

⑥开展专业业务活动及其辅助活动过程中因购货退回等发生款项退回，或者发生差错更正的，属于当年支出收回的，按照收回或更正金额，借记“财政拨款预算收入”“资金结存”科目，贷记本科目。

⑦年末，将本科目本年发生额中的财政拨款支出转入财政拨款结转，借记“财政拨款结转——本年收支结转”科目，贷记本科目下各财政拨款支出明细科目；将本科目本年发生额中的非财政专项资金支出转入非财政拨款结转，借记“非财政拨款结转——本年收支结转”科目，贷记本科目下各非财政专项资金支出明细科目；将本科目本年发生额中的其他资金支出（非财政非专项资金支出）转入其他结余，借记“其他结余”科目，贷记本科目下其他资金支出明细科目。年末结转后，本科目应无余额。

【例5-72】某教育事业单位20×8年发生下列与事业支出有关的业务：

①采用直接支付方式，为从事专业活动以及辅助活动人员发放职工薪酬226 100元。

该业务的预算会计分录为：

借：事业支出——财政补助支出——基本支出　　226 100

　　贷：财政拨款预算收入　　226 100

该业务的财务会计分录为：

借：应付职工薪酬　　226 100

　　贷：财政拨款收入　　226 100

②通过银行存款账户支付了一笔事业支出，具体为“事业支出——其他资金支出——基本支出——人员经费——工资福利支出——伙食补助费”6 000元。

该业务的预算会计分录为：

借：事业支出——其他资金支出——基本支出——伙食补助费　　6 000

　贷：资金结存——货币资金　　6 000

该业务的财务会计分录为：

借：应付职工薪酬　　6 000

　贷：银行存款　　6 000

③收到财政国库支付执行机构委托其代理银行转来的财政直接支出支付入账通知书，财政国库支付执行机构通过财政零余额账户为事业单位支付了一笔事业支出，金额为9 800元，该笔款项用于购置教学设备等固定资产。

该业务的预算会计分录为：

借：事业支出——财政补助支出——项目支出——教学设备购置　　9 800

　贷：财政拨款预算收入　　9 800

该业务的财务会计分录为：

借：固定资产　　9 800

　贷：财政拨款收入　　9 800

④该事业单位年终“事业支出”总账科目的本期发生额为711 800元。其中，“事业支出——财政补助支出——基本支出”本年发生额为335 500元，“事业支出——财政补助支出——项目支出”本年发生额为226 000元，“事业支出——非财政专项资金支出——项目支出”本年发生额为68 100元，“事业支出——其他资金支出——基本支出”本年发生额为82 200元。这些支出中，业务活动费用金额为511 800元，单位管理费用为200 000元。

该业务的预算会计分录为：

借：财政拨款结转——本年收支结转——基本支出结转　　335 500

　　　　　　　　　　　　　　　——项目支出结转　　226 000

　非财政拨款结转——本年收支结转　　68 100

　其他结余　　82 200

　贷：事业支出——财政补助支出——基本支出　　335 500

　　　　　　　　　　　　　　　——项目支出　　226 000

　　事业支出——非财政专项资金支出——项目支出　　68 100

　　事业支出——其他资金支出——基本支出　　82 200

该业务的财务会计分录为：

借：本期盈余　　711 800

　贷：业务活动费用　　511 800

　　单位管理费用　　200 000

3）经营支出

（1）经营支出的概念与科目设置

经营支出是指事业单位在专业业务活动及其辅助活动之外开展非独立核算经营活动实

际发生的各项现金流出。非独立核算单位是指事业单位内部的不具备独立法人资格、没有完整会计工作组织体系的部门或单位。事业单位从事非独立核算的经营部门所发生的全部支出都应纳入经营支出核算范围，并实行经营支出与经营收入相互配比。

经营支出和事业支出均为事业单位向社会提供产品或服务时发生的支出。不同之处是经营支出体现了保本获利原则，其支出只能从商品或服务接受方获得补偿；而事业支出体现了事业活动的公益性原则，既可能从产品或服务的接受方得到补偿，也可能从财政取得补偿。

事业单位开展非独立核算经营活动的，应当正确归集开展经营活动发生的各项费用数；无法直接归集的，应当按照规定的标准和比例合理分摊。

（2）经营支出的科目设置

事业单位应当设置“经营支出”科目核算在专业业务活动及其辅助活动之外开展非独立核算经营活动实际发生的各项现金流出。本科目应当按照经营活动类别、项目、《政府收支分类科目》中“支出功能分类科目”的项级科目和“部门预算支出经济分类科目”的款级科目等进行明细核算。

对于预付款项，可通过在本科目下设置“待处理”明细科目进行明细核算，待确认具体支出项目后再转入本科目下相关明细科目。年末结账前，应将本科目“待处理”明细科目余额全部转入本科目下相关明细科目。

（3）经营支出的账务处理

①支付经营部门职工薪酬。向职工个人支付薪酬时，按照实际的金额，借记本科目，贷记“资金结存”科目。按照规定代扣代缴个人所得税以及代扣代缴或为职工缴纳社会保险费、住房公积金时，按照实际缴纳的金额，借记本科目，贷记“资金结存”科目。

②为经营活动支付外部人员劳务费。按照实际支付给外部人员个人的金额，借记本科目，贷记“资金结存”科目。按照规定代扣代缴个人所得税时，按照实际缴纳的金额，借记本科目，贷记“资金结存”科目。

③开展经营活动过程中为购买存货、固定资产、无形资产等以及在建工程支付相关款项时，按照实际支付的金额，借记本科目，贷记“资金结存”科目。

④开展经营活动过程中发生预付账款时，按照实际支付的金额，借记本科目，贷记“资金结存”科目。对于暂付款项，在支付款项时可不做预算会计处理，待结算或报销时，按照结算或报销的金额，借记本科目，贷记“资金结存”科目。

⑤因开展经营活动缴纳的相关税费以及发生的其他各项支出，按照实际支付的金额，借记本科目，贷记“资金结存”科目。

⑥开展经营活动中因购货退回等发生款项退回，或者发生差错更正的，属于当年支出收回的，按照收回或更正金额，借记“资金结存”科目，贷记本科目。

⑦年末，将本科目本年发生额转入经营结余，借记“经营结余”科目，贷记本科目。年末结转后，本科目应无余额。

【例5-73】某事业单位经营部门20×8年发生下列与经营支出有关的业务：

①支付本单位经营部门工作人员工资52 000元。

该业务的预算会计分录为：

借：经营支出　52 000

　贷：资金结存——货币资金　52 000

该业务的财务会计分录为：

借：应付职工薪酬　52 000

　贷：银行存款　52 000

②支付经营部门水电费2 000元。

该业务的预算会计分录为：

借：经营支出　2 000

　贷：资金结存——货币资金　2 000

该业务的财务会计分录为：

借：经营费用　2 000

　贷：银行存款　2 000

③本单位购买打印机，价值100 000元，实际支付62 000元，系售货方给予的优惠价格。

该业务的预算会计分录为：

借：经营支出　62 000

　贷：资金结存——货币资金　62 000

该业务的财务会计分录为：

借：固定资产　62 000

　贷：银行存款　62 000

④年末，结转“经营支出”科目本年发生额780 000元。

该业务的预算会计分录为：

借：经营结余　780 000

　贷：经营支出　780 000

该业务的财务会计分录为：

借：本期盈余　780 000

　贷：经营费用　780 000

4）上缴上级支出

（1）上缴上级支出的概念与科目设置

上缴上级支出是指事业单位按照财政部门和主管部门的规定上缴上级单位款项发生的现金流出。上缴上级支出的事业单位是实行独立核算并附属于上级单位的事业单位，根据本单位与上级之间的体制安排，事业单位取得的各项收入应当按规定的标准或比例上缴上级单位，形成事业单位的上缴上级支出。因此，上缴上级支出与附属单位上缴预算收入在上下级单位之间形成业务上的对应关系。

事业单位应当设置“上缴上级支出”科目核算按照财政部门和主管部门的规定上缴上级单位款项发生的现金流出。本科目应当按照收缴款项单位、缴款项目、《政府收支分类科目》中“支出功能分类科目”的项级科目和“部门预算支出经济分类科目”的款级科目等进行明细核算。

(2) 上缴上级支出的账务处理

①按照规定将款项上缴上级单位的，按照实际上缴的金额，借记本科目，贷记“资金结存”科目。

②年末，将本科目本年发生额转入其他结余，借记“其他结余”科目，贷记本科目。年末结转后，本科目应无余额。

【例5-74】某事业单位20×8年发生下列与上缴上级支出有关的业务：

①该单位发生上缴上级单位金额240 000元。

该业务的预算会计分录为：

借：上缴上级支出　240 000

　贷：资金结存——货币资金　240 000

该业务的财务会计分录为：

借：上缴上级费用　240 000

　贷：银行存款　240 000

②年末，结转“上缴上级支出”科目本年借方发生额500 000元。

该业务的预算会计分录为：

借：其他结余　500 000

　贷：上缴上级支出　500 000

该业务的财务会计分录为：

借：本期盈余　500 000

　贷：上缴上级费用　500 000

5）对附属单位补助支出

(1) 对附属单位补助支出的概念与科目设置

对附属单位补助支出是指事业单位用财政拨款预算收入之外的收入对附属单位补助发生的现金流出。事业单位对附属单位的补助款项属于非财政资金，通常是事业单位自身取得的事业收入、经营收入和其他收入，或者是事业单位从其他附属单位取得的附属单位上缴预算收入等。对附属单位补助支出与上级补助预算收入在上下级单位间的业务内容上形成对应关系。事业单位无论是对附属单位进行补助还是收到上级补助预算收入，其所涉及的款项均为非财政性资金，这些资金是有关单位调剂收支余缺的机动财力。

为核算对附属单位补助支出，事业单位应设置“对附属单位补助支出”总账科目。本科目应当按照接受补助单位、补助项目、《政府收支分类科目》中“支出功能分类科目”的项级科目和“部门预算支出经济分类科目”的款级科目等进行明细核算。

(2) 对附属单位补助支出的账务处理

发生对附属单位补助支出的，按照实际补助的金额，借记本科目，贷记“资金结存”科目。年末，将本科目本年发生额转入其他结余，借记“其他结余”科目，贷记本科目。期末结转后，本科目应无余额。

【例5-75】某事业单位20×8年使用一部分事业收入和其他收入对附属单位进行补助，共计58 000元，款项以银行存款支付。

该业务的预算会计分录为：

借：对附属单位补助支出　　58 000

　贷：资金结存——货币资金　　58 000

该业务的财务会计分录为：

借：对附属单位补助费用　　58 000

　贷：银行存款　　58 000

【例5-76】某事业单位20×8年年末将“对附属单位补助支出”科目本期发生额106 300元转入其他结余。

该业务的预算会计分录为：

借：其他结余　　106 300

　贷：对附属单位补助支出　　106 300

该业务的财务会计分录为：

借：本期盈余　　106 300

　贷：对附属单位补助费用　　106 300

6）投资支出

（1）投资支出的概念与科目设置

投资支出是事业单位以货币资金对外投资发生的现金流出。为核算投资支出，事业单位应设置“投资支出”总账科目。本科目应当按照投资类型、投资对象、《政府收支分类科目》中“支出功能分类科目”的项级科目和“部门预算支出经济分类科目”的款级科目等进行明细核算。

（2）投资支出的账务处理

①以货币资金对外投资时，按照投资金额和所支付的相关税费金额的合计数，借记本科目，贷记“资金结存”科目。

②出售、对外转让或到期收回本年度以货币资金取得的对外投资的，如果按规定将投资收益纳入单位预算，按照实际收到的金额，借记“资金结存”科目，按照取得投资时“投资支出”科目的发生额，贷记本科目，按照其差额，贷记或借记“投资预算收益”科目；如果按规定将投资收益上缴财政的，按照取得投资时“投资支出”科目的发生额，借记“资金结存”科目，贷记本科目。

出售、对外转让或到期收回以前年度以货币资金取得的对外投资的，如果按规定将投资收益纳入单位预算，按照实际收到的金额，借记“资金结存”科目，按照取得投资时“投资支出”科目的发生额，贷记“其他结余”科目，按照其差额，贷记或借记“投资预算收益”科目；如果按规定将投资收益上缴财政的，按照取得投资时“投资支出”科目的发生额，借记“资金结存”科目，贷记“其他结余”科目。

③年末，将本科目本年发生额转入其他结余，借记“其他结余”科目，贷记本科目。年末结转后，本科目应无余额。

7）债务还本支出

（1）债务还本支出的概念与科目设置

债务还本支出是事业单位偿还自身承担的纳入预算管理的从金融机构举借的债务本金的现金流出。为核算债务还本支出，事业单位应设置“债务还本支出”总账科目。本科目应当按照贷款单位、贷款种类、《政府收支分类科目》中“支出功能分类科目”的项级科目和“部门预算支出经济分类科目”的款级科目等进行明细核算。

（2）债务还本支出的账务处理

偿还各项短期或长期借款时，按照偿还的借款本金，借记本科目，贷记“资金结存”科目。年末，将本科目本年发生额转入其他结余，借记“其他结余”科目，贷记本科目。年末结转后，本科目应无余额。

8）其他支出

（1）其他支出的概念与科目设置

其他支出是单位除行政支出、事业支出、经营支出、上缴上级支出、对附属单位补助支出、投资支出、债务还本支出以外的各项现金流出，包括利息支出、对外捐赠现金支出、现金盘亏损失、接受捐赠（调入）和对外捐赠（调出）非现金资产发生的税费支出、资产置换过程中发生的相关税费支出、罚没支出等。为核算其他支出，单位应设置“其他支出”科目。

本科目应当按照其他支出的类别，“财政拨款支出”、“非财政专项资金支出”和“其他资金支出”，《政府收支分类科目》中“支出功能分类科目”的项级科目和“部门预算支出经济分类科目”的款级科目等进行明细核算。其他支出中如有专项资金支出，还应按照具体项目进行明细核算。

有一般公共预算财政拨款、政府性基金预算财政拨款等两种或两种以上财政拨款的事业单位，还应当在“财政拨款支出”明细科目下按照财政拨款的种类进行明细核算。单位发生利息支出、捐赠支出等其他支出金额较大或业务较多的，可单独设置“利息支出”“捐赠支出”等科目。

（2）其他支出的账务处理

①利息支出。支付银行借款利息时，按照实际支付金额，借记本科目，贷记“资金结存”科目。

②对外捐赠现金资产。对外捐赠现金资产时，按照捐赠金额，借记本科目，贷记“资金结存——货币资金”科目。

③现金盘亏损失。每日现金账款核对中如发现现金短缺，按照短缺的现金金额，借记本科目，贷记“资金结存——货币资金”科目。经核实，属于应当由有关人员赔偿的，按照收到的赔偿金额，借记“资金结存——货币资金”科目，贷记本科目。

④接受捐赠（无偿调入）和对外捐赠（无偿调出）非现金资产发生的税费支出。接受捐赠（无偿调入）非现金资产发生的归属于捐入方（调入方）的相关税费、运输费等，以及对外捐赠（无偿调出）非现金资产发生的归属于捐出方（调出方）的相关税费、运输费等，按照实际支付金额，借记本科目，贷记“资金结存”科目。

⑤资产置换过程中发生的相关税费支出。资产置换过程中发生的相关税费，按照实际支付金额，借记本科目，贷记“资金结存”科目。

⑥其他支出。发生罚没等其他支出时，按照实际支出金额，借记本科目，贷记“资金结存”科目。

⑦年末，将本科目本年发生额中的财政拨款支出转入财政拨款结转，借记“财政拨款结转——本年收支结转”科目，贷记本科目下各财政拨款支出明细科目；将本科目本年发

生额中的非财政专项资金支出转入非财政拨款结转，借记“非财政拨款结转——本年收支结转”科目，贷记本科目下各非财政专项资金支出明细科目；将本科目本年发生额中的其他资金支出（非财政非专项资金支出）转入其他结余，借记“其他结余”科目，贷记本科目下各其他资金支出明细科目。年末结转后，本科目应无余额。

【例5-77】某事业单位20×8年发生下列与其他支出有关的业务：

①该单位向银行借款100 000元，年利率6%，年末支付利息。

该业务的预算会计分录为：

借：其他支出——利息支出　6 000

　贷：资金结存——货币资金　6 000

该业务的财务会计分录为：

借：应付利息　6 000

　贷：银行存款　6 000

②向某希望小学捐赠支出80 000元。

该业务的预算会计分录为：

借：其他支出——捐赠支出　80 000

　贷：资金结存——货币资金　80 000

该业务的财务会计分录为：

借：其他费用——捐赠支出　80 000

　贷：银行存款　80 000

③因违规停车被交通管理部门罚款500元。

该业务的预算会计分录为：

借：其他支出　500

　贷：资金结存——货币资金　500

该业务的财务会计分录为：

借：其他费用——罚没支出　500

　贷：银行存款　500

5.3.3 预算结余的核算

预算结余是指政府会计主体预算年度内预算收入扣除预算支出后的资金余额，以及历年滚存的资金余额。预算结余包括结余资金和结转资金。结余资金是指年度预算执行终了，预算收入实际完成数扣除预算支出和结转资金后剩余的资金。结转资金是指预算安排项目的支出年终尚未执行完毕或者因故未执行，且下年需要按原用途继续使用的资金。预算结余主要核算资金结存、财政拨款结余、财政拨款结转、非财政拨款结余、非财政拨款结转、专用结余、经营结余、其他结余、非财政拨款结余分配。

上述预算结余中，专用结余、经营结余和非财政拨款结余分配为事业单位专有，其他均为行政事业单位共用结余项目。

1）资金结存

（1）资金结存的概念与科目设置

资金结存是单位纳入部门预算管理的资金的流入、流出、调整和滚存等。为核算资金结存情况，单位应设置“资金结存”总账科目。本科目下应当设置下列明细科目：

①“零余额账户用款额度”：本明细科目核算实行国库集中支付的单位根据财政部门批复的用款计划收到和支用的零余额账户用款额度。年末结账后，本明细科目应无余额。

②“货币资金”：本明细科目核算单位以库存现金、银行存款、其他货币资金形态存在的资金。本明细科目年末借方余额，反映单位尚未使用的货币资金。

③“财政应返还额度”：本明细科目核算实行国库集中支付的单位可以使用的以前年度财政直接支付资金额度和财政应返还的财政授权支付资金额度。本明细科目下可设置“财政直接支付”“财政授权支付”两个明细科目进行明细核算。本明细科目年末借方余额，反映单位应收财政返还的资金额度。

(2) 资金结存的账务处理

①财政授权支付方式下，单位根据代理银行转来的财政授权支付额度到账通知书，按照通知书中的授权支付额度，借记本科目（零余额账户用款额度），贷记“财政拨款预算收入”科目。以国库集中支付以外的其他支付方式取得预算收入时，按照实际收到的金额，借记本科目（货币资金），贷记“财政拨款预算收入”“事业预算收入”“经营预算收入”等科目。

②财政授权支付方式下，发生相关支出时，按照实际支付的金额，借记“行政支出”“事业支出”等科目，贷记本科目（零余额账户用款额度）。从零余额账户提取现金时，借记本科目（货币资金），贷记本科目（零余额账户用款额度）。退回现金时，做相反的会计分录。使用以前年度财政直接支付额度发生支出时，按照实际支付金额，借记“行政支出”“事业支出”等科目，贷记本科目（财政应返还额度）。国库集中支付以外的其他支付方式下，发生相关支出时，按照实际支付的金额，借记“事业支出”“经营支出”等科目，贷记本科目（货币资金）。

③按照规定上缴财政拨款结转结余资金或注销财政拨款结转结余资金额度的，按照实际上缴资金数额或注销的资金额度数额，借记“财政拨款结转——归集上缴”或“财政拨款结余——归集上缴”科目，贷记本科目（财政应返还额度、零余额账户用款额度、货币资金）。按规定向原资金拨入单位缴回非财政拨款结转资金的，按照实际缴回资金数额，借记“非财政拨款结转——缴回资金”科目，贷记本科目（货币资金）。收到从其他单位调入的财政拨款结转资金的，按照实际调入资金数额，借记本科目（财政应返还额度、零余额账户用款额度、货币资金），贷记“财政拨款结转——归集调入”科目。

④按照规定使用专用基金时，按照实际支付金额，借记“专用结余”科目［从非财政拨款结余中提取的专用基金］或“事业支出”等科目［从预算收入中计提的专用基金］，贷记本科目（货币资金）。

⑤因购货退回、发生差错更正等退回国库直接支付、授权支付款项，或者收回货币资金的，属于本年度支付的，借记“财政拨款预算收入”科目或本科目（零余额账户用款额度、货币资金），贷记相关支出科目；属于以前年度支付的，借记本科目（财政应返还额度、零余额账户用款额度、货币资金），贷记“财政拨款结转”“财政拨款结余”“非财政

拨款结转”“非财政拨款结余”科目。

⑥有企业所得税缴纳义务的事业单位缴纳所得税时，按照实际缴纳金额，借记“非财政拨款结余——累计结余”科目，贷记本科目（货币资金）。

⑦年末，根据本年度财政直接支付预算指标数与当年财政直接支付实际支出数的差额，借记本科目（财政应返还额度），贷记“财政拨款预算收入”科目。

⑧年末，单位依据代理银行提供的对账单做注销额度的相关账务处理，借记本科目（财政应返还额度），贷记本科目（零余额账户用款额度）；本年度财政授权支付预算指标数大于零余额账户用款额度下达数的，根据未下达的用款额度，借记本科目（财政应返还额度），贷记“财政拨款预算收入”科目。

下年年初，单位依据代理银行提供的额度恢复到账通知书做恢复额度的相关账务处理，借记本科目（零余额账户用款额度），贷记本科目（财政应返还额度）。单位收到财政部门批复的上年年末未下达零余额账户用款额度的，借记本科目（零余额账户用款额度），贷记本科目（财政应返还额度）。本科目年末借方余额，反映单位预算资金的累计滚存情况。

【例5-78】某行政单位20×8年发生下列与资金结存有关的业务：

①单位代理银行转来财政授权支付额度300 000元到账通知书。

该业务的预算会计分录为：

借：资金结存——零余额账户用款额度　　300 000

　贷：财政拨款预算收入　　300 000

该业务的财务会计分录为：

借：零余额账户用款额度　　300 000

　贷：财政拨款收入　　300 000

②单位用这笔款项购置行政用办公桌椅一套，价值5 000元。

该业务的预算会计分录为：

借：行政支出　　5 000

　贷：资金结存——零余额账户用款额度　　5 000

该业务的财务会计分录为：

借：固定资产　　5 000

　贷：零余额账户用款额度　　5 000

③按规定使用从非财政拨款结余中提取的专用基金10 000元。

该业务的预算会计分录为：

借：专用结余——从非财政拨款结余中提取的专用基金　　10 000

　贷：资金结存——货币资金　　10 000

该业务的财务会计分录为：

借：专用基金　　10 000

　贷：银行存款　　10 000

④年末，本年度财政直接支付预算指标数与当年财政直接支付实际支出数差额2 900元。

该业务的预算会计分录为：

借：资金结存——财政应返还额度　　2 900

贷：财政拨款预算收入 2 900

该业务的财务会计分录为：

借：财政应返还额度 2 900

贷：财政拨款收入 2 900

2）财政拨款结转

（1）财政拨款结转的概念与科目设置

财政拨款结转属于结转资金，是指单位当年预算已执行但尚未完成，或因故未执行，下一年度需要按照原用途继续使用的财政拨款滚存资金。单位应设置“财政拨款结转”科目核算取得的同级财政拨款结转资金的调整、结转和滚存情况。按照财政拨款结转变动原因，“财政拨款结转”科目还应当设置下列明细科目：

①与会计差错更正、以前年度支出收回相关的明细科目

“年初余额调整”：本明细科目核算因发生会计差错更正、以前年度支出收回等原因，需要调整财政拨款结转的金额。年末结账后，本明细科目应无余额。

②与财政拨款结转结余调整业务相关的明细科目

“归集调入”：本明细科目核算按照规定从其他单位调入财政拨款结转资金时，实际调增的额度数额或调入的资金数额。年末结账后，本明细科目应无余额。

“归集调出”：本明细科目核算按照规定向其他单位调出财政拨款结转资金时，实际调减的额度数额或调出的资金数额。年末结账后，本明细科目应无余额。

“归集上缴”：本明细科目核算按照规定上缴财政拨款结转资金时，实际核销的额度数额或上缴的资金数额。年末结账后，本明细科目应无余额。

“单位内部调剂”：本明细科目核算经财政部门批准对财政拨款结余资金改变用途，调整用于本单位其他未完成项目等的调整金额。年末结账后，本明细科目应无余额。

③与年末财政拨款结转和结余业务相关的明细科目

“本年收支结转”：本明细科目核算单位本年度财政拨款收支相抵后的余额。年末结账后，本明细科目应无余额。

“累计结转”：本明细科目核算单位滚存的财政拨款结转资金。本明细科目年末贷方余额，反映单位财政拨款滚存的结转资金数额。本科目还应当设置“基本支出结转”“项目支出结转”两个明细科目，并在“基本支出结转”明细科目下按照“人员经费”“日常公用经费”进行明细核算，在“项目支出结转”明细科目下按照具体项目进行明细核算；同时，本科目还应按照《政府收支分类科目》中“支出功能分类科目”的相关科目进行明细核算。

有一般公共预算财政拨款、政府性基金预算财政拨款等两种或两种以上财政拨款的，还应当在本科目下按照财政拨款的种类进行明细核算。

（2）财政拨款结转的账务处理

①与会计差错更正、以前年度支出收回相关的账务处理

因发生会计差错更正退回以前年度国库直接支付、授权支付款项或财政性货币资金，或者因发生会计差错更正增加以前年度国库直接支付、授权支付支出或财政性货币资金支出，属于以前年度财政拨款结转资金的，借记或贷记“资金结存——财政应返还额度、零

余额账户用款额度、货币资金”科目，贷记或借记本科目（年初余额调整）。

因购货退回、预付款项收回等发生以前年度支出又收回国库直接支付、授权支付款项或收回财政性货币资金，属于以前年度财政拨款结转资金的，借记“资金结存——财政应返还额度、零余额账户用款额度、货币资金”科目，贷记本科目（年初余额调整）。

②与财政拨款结转结余资金调整业务相关的账务处理

按照规定从其他单位调入财政拨款结转资金的，按照实际调增的额度数额或调入的资金数额，借记“资金结存——财政应返还额度、零余额账户用款额度、货币资金”科目，贷记本科目（归集调入）。

按照规定向其他单位调出财政拨款结转资金的，按照实际调减的额度数额或调出的资金数额，借记本科目（归集调出），贷记“资金结存——财政应返还额度、零余额账户用款额度、货币资金”科目。

按照规定上缴财政拨款结转资金或注销财政拨款结转资金额度的，按照实际上缴资金数额或注销的资金额度数额，借记本科目（归集上缴），贷记“资金结存——财政应返还额度、零余额账户用款额度、货币资金”科目。

经财政部门批准对财政拨款结余资金改变用途，调整用于本单位基本支出或其他未完成项目支出的，按照批准调剂的金额，借记“财政拨款结余——单位内部调剂”科目，贷记本科目（单位内部调剂）。

③与年末财政拨款结转和结余业务相关的账务处理

年末，将财政拨款预算收入本年发生额转入本科目，借记“财政拨款预算收入”科目，贷记本科目（本年收支结转）；将各项支出中财政拨款支出本年发生额转入本科目，借记本科目（本年收支结转），贷记各项支出（财政拨款支出）科目。

年末冲销有关明细科目余额。将本科目（本年收支结转、年初余额调整、归集调入、归集调出、归集上缴、单位内部调剂）余额转入本科目（累计结转）。结转后，本科目除“累计结转”明细科目外，其他明细科目应无余额。

年末完成上述结转后，应当对财政拨款结转各明细项目执行情况进行分析，按照有关规定将符合财政拨款结余性质的项目余额转入财政拨款结余，借记本科目（累计结转），贷记“财政拨款结余——结转转入”科目。

④本科目年末贷方余额，反映单位滚存的财政拨款结转资金数额。

【例5-79】某省教育厅20×8年发生下列与财政拨款结转有关的业务：

①2月份收回以前年度支出18 000元存入银行。

该业务的预算会计分录为：

借：资金结存——货币资金　　18 000

　贷：财政拨款结转——年初余额调整　　18 000

该业务的财务会计分录为：

借：银行存款　　18 000

　贷：以前年度盈余调整　　18 000

②原资助所属高校的建设项目到期完工，按资助规定，剩余资金4 000元划回该教育厅存入银行。

该业务的预算会计分录为：

借：资金结存——货币资金　　4 000

　贷：财政拨款结转——归集调入　　4 000

该业务的财务会计分录为：

借：银行存款　　4 000

　贷：累计盈余　　4 000

③该教育厅资助所属高校的建设项目系教育部拨款，本批建设项目结余资金共计100 000元，按规定全部上缴教育部。

该业务的预算会计分录为：

借：财政拨款结转——归集上缴　　100 000

　贷：资金结存——货币资金　　100 000

该业务的财务会计分录为：

借：累计盈余　　100 000

　贷：银行存款　　100 000

④经财政部门批准，该教育厅对财政拨款结余资金400 000元改变用途，用于下一批建设项目的资助。

该业务的预算会计分录为：

借：财政拨款结余——单位内部调剂　　400 000

　贷：财政拨款结转——单位内部调剂　　400 000

该业务不需要编制财务会计分录

⑤年终，该教育厅有关财政拨款预算收入和支出科目余额见表5-4。

表5-4　**相关预算收入及预算支出科目余额表**　单位：元

科目名称	余额
财政拨款预算收入——基本支出拨款	16 000 000
——项目支出拨款	4 000 000
行政支出——财政拨款支出——基本支出	15 200 000
——财政拨款支出——项目支出	3 400 000

该收支结转业务不需要编制财务会计分录，预算会计分录为：

结转收入时：

借：财政拨款预算收入——基本支出拨款　　16 000 000

　　——项目支出拨款　　4 000 000

　贷：财政拨款结转——本年收支结转　　20 000 000

结转支出时：

借：财政拨款结转——本年收支结转　　18 500 000

　贷：行政支出——财政拨款支出——基本支出　　15 200 000

　　——财政拨款支出——项目支出　　3 400 000

⑥12月31日，该教育厅冲销与财政拨款结转科目相关的明细科目余额。

该业务只需要编制预算会计分录：

借：财政拨款结转——本年收支结转　　20 000 000
　　　　　　　　——年初余额调整　　18 000
　　　　　　　　——归集调入　　4 000
　　　　　　　　——单位内部调剂　　400 000
　贷：财政拨款结转——累计结转　　20 422 000

借：财政拨款结转——累计结转　　18 700 000
　贷：财政拨款结转——本年收支结转　　18 600 000
　　　　　　　　　——归集上缴　　100 000

⑦年终，该教育厅将本年度经分析符合结余性质的已经完工的项目结余400 000元转入财政拨款结余。

该业务只需要编制预算会计分录：

借：财政拨款结转——累计结转　　400 000
　贷：财政拨款结余——结转转入　　400 000

3）财政拨款结余

（1）财政拨款结余的概念与科目设置

财政拨款结余是单位当年预算工作目标已完成或因故终止而剩余的财政拨款滚存资金。结转资金在规定使用年限内未使用或者未使用完的，视为结余资金。单位应当设置“财政拨款结余”科目核算单位取得的同级财政拨款项目支出结余资金的调整、结转和滚存情况。该科目应当设置下列明细科目：

①与会计差错更正、以前年度支出收回相关的明细科目

“年初余额调整”：本明细科目核算因发生会计差错更正、以前年度支出收回等原因，需要调整财政拨款结余的金额。年末结账后，本明细科目应无余额。

②与财政拨款结余资金调整业务相关的明细科目

“归集上缴”：本明细科目核算按照规定上缴财政拨款结余资金时，实际核销的额度数额或上缴的资金数额。年末结账后，本明细科目应无余额。

“单位内部调剂”：本明细科目核算经财政部门批准对财政拨款结余资金改变用途，调整用于本单位其他未完成项目等的调整金额。年末结账后，本明细科目应无余额。

③与年末财政拨款结转和结余业务相关的明细科目

“结转转入”：本明细科目核算单位按照规定转入财政拨款结余的财政拨款结转资金。年末结账后，本明细科目应无余额。

“累计结余”：本明细科目核算单位滚存的财政拨款结余资金。本明细科目年末贷方余额，反映单位财政拨款滚存的结余资金数额。

本科目还应当按照具体项目、《政府收支分类科目》中“支出功能分类科目”的相关科目等进行明细核算。

有一般公共预算财政拨款、政府性基金预算财政拨款等两种或两种以上财政拨款的，还应当在本科目下按照财政拨款的种类进行明细核算。

(2) 财政拨款结余的账务处理

①与会计差错更正、以前年度支出收回相关的账务处理

因发生会计差错更正退回以前年度国库直接支付、授权支付款项或财政性货币资金，或者因发生会计差错更正增加以前年度国库直接支付、授权支付支出或财政性货币资金支出，属于以前年度财政拨款结余资金的，借记或贷记“资金结存——财政应返还额度、零余额账户用款额度、货币资金”科目，贷记或借记本科目（年初余额调整）。

因购货退回、预付款项收回等发生以前年度支出又收回国库直接支付、授权支付款项或收回财政性货币资金，属于以前年度财政拨款结余资金的，借记“资金结存——财政应返还额度、零余额账户用款额度、货币资金”科目，贷记本科目（年初余额调整）。

②与财政拨款结余资金调整业务相关的账务处理

经财政部门批准对财政拨款结余资金改变用途，调整用于本单位基本支出或其他未完成项目支出的，按照批准调剂的金额，借记本科目（单位内部调剂），贷记“财政拨款结转——单位内部调剂”科目。

按照规定上缴财政拨款结余资金或注销财政拨款结余资金额度的，按照实际上缴资金数额或注销的资金额度数额，借记本科目（归集上缴），贷记“资金结存——财政应返还额度、零余额账户用款额度、货币资金”科目。

③与年末财政拨款结转和结余业务相关的账务处理

年末，对财政拨款结转各明细项目执行情况进行分析，按照有关规定将符合财政拨款结余性质的项目余额转入财政拨款结余，借记“财政拨款结转——累计结转”科目，贷记本科目（结转转入）。

年末冲销有关明细科目余额。将本科目（年初余额调整、归集上缴、单位内部调剂、结转转入）余额转入本科目（累计结余）。结转后，本科目除“累计结余”明细科目外，其他明细科目应无余额。

④本科目年末贷方余额，反映单位滚存的财政拨款结余资金数额。

【例5-80】某行政单位20×8年发生下列与财政拨款结余有关的业务：

①该单位上年度发生的一笔收入业务已经收到现金1 500元，但没有进行会计记录。现对差错进行调整，调增财政拨款结余。

该业务的预算会计分录为：

借：资金结存——货币资金　　1 500

　贷：财政拨款结余——年初余额调整　　1 500

该业务的财务会计分录为：

借：银行存款　　1 500

　贷：以前年度盈余调整　　1 500

②年末，该行政单位经财政部门批准将本单位已完成A项目的结余资金10 000元调整用于未完成项目（B项目）的支出。

该业务不需要编制财务会计分录，预算会计分录为：

借：财政拨款结余——单位内部调剂——A项目　　10 000

贷：财政拨款结转——单位内部调剂——B项目　10 000

③该单位按照规定通过单位零余额账户上缴财政拨款项目结余资金30 000元。

该业务的预算会计分录为：

借：财政拨款结余——归集上缴　30 000

贷：资金结存——零余额账户用款额度　30 000

该业务的财务会计分录为：

借：累计盈余　30 000

贷：零余额账户用款额度　30 000

④年末，该行政单位将已完成的D项目结余金额50 000元转入财政拨款结余。

该业务不需要编制财务会计分录，预算会计分录为：

借：财政拨款结转——累计结转　50 000

贷：财政拨款结余——结转转入　50 000

⑤12月31日，该行政单位冲销与财政拨款结余科目相关的明细科目余额。

该业务不需要编制财务会计分录，预算会计分录为：

借：财政拨款结余——年初余额调整　1 500

——结转转入　50 000

贷：财政拨款结余——累计结余　51 500

借：财政拨款结余——累计结余　40 000

贷：财政拨款结余——归集上缴　30 000

——单位内部调剂——A项目　10 000

4）非财政拨款结转

（1）非财政拨款结转的概念与科目设置

非财政拨款结转是单位除财政拨款收支、经营收支以外的各非同级财政拨款专项资金收入与其相关支出相抵后剩余滚存的、须按规定用途使用的结转资金。

单位应设置“非财政拨款结转”科目核算除财政拨款收支、经营收支以外各非同级财政拨款专项资金的调整、结转和滚存情况。本科目应当设置下列明细科目：

①“年初余额调整”：本明细科目核算因发生会计差错更正、以前年度支出收回等原因，需要调整非财政拨款结转的资金。年末结账后，本明细科目应无余额。

②“缴回资金”：本明细科目核算按照规定缴回非财政拨款结转资金时，实际缴回的资金数额。年末结账后，本明细科目应无余额。

③“项目间接费用或管理费”：本明细科目核算单位取得的科研项目预算收入中，按照规定计提项目间接费用或管理费的数额。年末结账后，本明细科目应无余额。

④“本年收支结转”：本明细科目核算单位本年度非同级财政拨款专项收支相抵后的余额。年末结账后，本明细科目应无余额。

⑤“累计结转”：本明细科目核算单位滚存的非同级财政拨款专项结转资金。本明细科目年末贷方余额，反映单位非同级财政拨款滚存的专项结转资金数额。

本科目还应当按照具体项目、《政府收支分类科目》中“支出功能分类科目”的相关科目等进行明细核算。

（2）非财政拨款结转的账务处理

①按照规定从科研项目预算收入中提取项目间接费用或管理费时，按照提取金额，借记本科目（项目间接费用或管理费），贷记“非财政拨款结余——项目间接费用或管理费”科目。

②因会计差错更正收到或支出非同级财政拨款货币资金，属于非财政拨款结转资金的，按照收到或支出的金额，借记或贷记“资金结存——货币资金”科目，贷记或借记本科目（年初余额调整）。因收回以前年度支出等收到非同级财政拨款货币资金，属于非财政拨款结转资金的，按照收到的金额，借记“资金结存——货币资金”科目，贷记本科目（年初余额调整）。

③按照规定缴回非财政拨款结转资金的，按照实际缴回资金数额，借记本科目（缴回资金），贷记“资金结存——货币资金”科目。

④年末，将事业预算收入、上级补助预算收入、附属单位上缴预算收入、非同级财政拨款预算收入、债务预算收入、其他预算收入本年发生额中的专项资金收入转入本科目，借记“事业预算收入”“上级补助预算收入”“附属单位上缴预算收入”“非同级财政拨款预算收入”“债务预算收入”“其他预算收入”科目下各专项资金收入明细科目，贷记本科目（本年收支结转）；将行政支出、事业支出、其他支出本年发生额中的非财政拨款专项资金支出转入本科目，借记本科目（本年收支结转），贷记“行政支出”“事业支出”“其他支出”科目下各非财政拨款专项资金支出明细科目。

⑤年末冲销有关明细科目余额。将本科目（年初余额调整、项目间接费用或管理费、缴回资金、本年收支结转）余额转入本科目（累计结转）。结转后，本科目除“累计结转”明细科目外，其他明细科目应无余额。

⑥年末完成上述结转后，应当对非财政拨款专项结转资金各项目情况进行分析，将留归本单位使用的非财政拨款专项（项目已完成）剩余资金转入非财政拨款结余，借记本科目（累计结转），贷记“非财政拨款结余——结转转入”科目。

本科目年末贷方余额，反映单位滚存的非同级财政拨款专项结转资金数额。

【例5-81】某科研事业单位20×8年发生下列与非财政拨款结转有关的业务：

①从科研项目预算收入中提取项目管理费160 000元。

该业务的预算会计分录为：

借：非财政拨款结转——项目管理费　　160 000

　贷：非财政拨款结余——项目管理费　　160 000

该业务的财务会计分录为：

借：单位管理费用　　160 000

　贷：预提费用—— 项目管理费　　160 000

②按照科学研究项目的合同约定，将已结项的专项科研拨款结余资金60 000元缴回上级单位。

该业务的预算会计分录为：

借：非财政拨款结转——缴回资金　　60 000

　贷：资金结存——货币资金　　60 000

该业务的财务会计分录为：

借：累计盈余　　60 000

　贷：银行存款　　60 000

③年末，结转非财政拨款专项资金收入和支出的本年发生额（见表5-5）。

表5-5　**非财政拨款专项资金收入和支出本年发生额**　单位：元

非财政拨款专项资金收入	金额	非财政拨款专项资金支出	金额
事业预算收入	156 000	事业支出	650 000
上级补助预算收入	13 000	其他支出	18 000
附属单位上缴预算收入	12 000		
非同级财政拨款预算收入	200 000		
债务预算收入	400 000		
其他预算收入	60 000		

该业务不需要编制财务会计分录，预算会计分录为：

借：事业预算收入　　156 000

　　上级补助预算收入　　13 000

　　附属单位上缴预算收入　　12 000

　　非同级财政拨款预算收入　　200 000

　　债务预算收入　　400 000

　　其他预算收入　　60 000

　贷：非财政拨款结转——本年收支结转　　841 000

借：非财政拨款结转——本年收支结转　　668 000

　贷：事业支出　　650 000

　　　其他支出　　18 000

④年末，该事业单位冲销与非财政拨款结转科目相关的明细科目余额。

该业务不需要编制财务会计分录，预算会计分录为：

借：非财政拨款结转——累计结转　　888 000

　贷：非财政拨款结转——项目管理费　　160 000

　　　　　　　　　——缴回资金　　60 000

　　　　　　　　　——本年收支结转　　668 000

借：非财政拨款结转——本年收支结转　　841 000

　贷：非财政拨款结转——累计结转　　841 000

⑤年末，对非财政拨款专项结转资金各项目情况进行分析后，计算出将留归本单位使用的非财政拨款专项剩余资金为30 000元。

该业务不需要编制财务会计分录，预算会计分录为：

借：非财政拨款结转——累计结转　　30 000

　贷：非财政拨款结余——结转转入　　30 000

5）非财政拨款结余

（1）非财政拨款结余的概念与科目设置

非财政拨款结余是单位历年滚存的非限定用途的非同级财政拨款结余资金，主要为非财政拨款结余扣除结余分配后滚存的金额。为核算非财政拨款结余，单位应设置“非财政拨款结余”总账科目。本科目应当设置下列明细科目：

①“年初余额调整”：本明细科目核算因发生会计差错更正、以前年度支出收回等原因，需要调整非财政拨款结余的资金。年末结账后，本明细科目应无余额。

②“项目间接费用或管理费”：本明细科目核算单位取得的科研项目预算收入中，按照规定计提的项目间接费用或管理费数额。年末结账后，本明细科目应无余额。

③“结转转入”：本明细科目核算按照规定留归单位使用，由单位统筹调配，纳入单位非财政拨款结余的非同级财政拨款专项剩余资金。年末结账后，本明细科目应无余额。

④“累计结余”：本明细科目核算单位历年滚存的非同级财政拨款、非专项结余资金。本明细科目年末贷方余额，反映单位非同级财政拨款滚存的非专项结余资金数额。

本科目还应当按照《政府收支分类科目》中“支出功能分类科目”的相关科目进行明细核算。

（2）非财政拨款结余的账务处理

①按照规定从科研项目预算收入中提取项目间接费用或管理费时，借记“非财政拨款结转——项目间接费用或管理费”科目，贷记本科目（项目间接费用或管理费）。

②有企业所得税缴纳义务的事业单位实际缴纳企业所得税时，按照缴纳金额，借记本科目（累计结余），贷记“资金结存——货币资金”科目。

③因会计差错更正收到或支出非同级财政拨款货币资金，属于非财政拨款结余资金的，按照收到或支出的金额，借记或贷记“资金结存——货币资金”科目，贷记或借记本科目（年初余额调整）。因收回以前年度支出等收到非同级财政拨款货币资金，属于非财政拨款结余资金的，按照收到的金额，借记“资金结存——货币资金”科目，贷记本科目（年初余额调整）。

④年末，将留归本单位使用的非财政拨款专项（项目已完成）剩余资金转入本科目，借记“非财政拨款结转——累计结转”科目，贷记本科目（结转转入）。

⑤年末冲销有关明细科目余额。将本科目（年初余额调整、项目间接费用或管理费、结转转入）余额转入本科目（累计结余）。结转后，本科目除“累计结余”明细科目外，其他明细科目应无余额。

⑥年末，事业单位将“非财政拨款结余分配”科目余额转入非财政拨款结余。“非财政拨款结余分配”科目为借方余额的，借记本科目（累计结余），贷记“非财政拨款结余分配”科目；“非财政拨款结余分配”科目为贷方余额的，借记“非财政拨款结余分配”科目，贷记本科目（累计结余）。

年末，行政单位将“其他结余”科目余额转入非财政拨款结余。“其他结余”科目为借方余额的，借记本科目（累计结余），贷记“其他结余”科目；“其他结余”科目为贷方余额的，借记“其他结余”科目，贷记本科目（累计结余）。

本科目年末贷方余额，反映单位非同级财政拨款结余资金的累计滚存数额。

【例5-82】某科研事业单位20×8年发生下列与非财政拨款结余有关的业务：

①从科研项目预算收入中提取间接费用60 000元。

该业务的预算会计分录为：

借：非财政拨款结转——项目间接费用　　60 000

　贷：非财政拨款结余——项目间接费用　　60 000

该业务的财务会计分录为：

借：单位管理费用　　60 000

　贷：预提费用——项目间接费用　　60 000

②向税务部门缴纳企业所得税119 000元。

该业务的预算会计分录为：

借：非财政拨款结余——累计结余　　119 000

　贷：资金结存——货币资金　　119 000

该业务的财务会计分录为：

借：其他应交税费——单位应交所得税　　119 000

　贷：银行存款　　119 000

③按照科学研究项目的合同约定，将已结项的专项科研拨款结余资金100 000元的40%留归本单位使用。

该业务不需要编制财务会计分录，预算会计分录为：

借：非财政拨款结转——累计结转　　40 000

　贷：非财政拨款结余——结转转入　　40 000

④年末，冲销上述有关业务中与非财政拨款结余科目相关的明细科目余额。

该业务不需要编制财务会计分录，预算会计分录为：

借：非财政拨款结余——项目间接费用　　60 000

　　　　　　　　　——结转转入　　40 000

　贷：非财政拨款结余——累计结余　　100 000

⑤年末，结转“非财政拨款结余分配”科目贷方余额35 000元。

该业务不需要编制财务会计分录，预算会计分录为：

借：非财政拨款结余分配　　35 000

　贷：非财政拨款结余——累计结余　　35 000

6）专用结余

（1）专用结余的概念与科目设置

专用结余是事业单位按照规定从非财政拨款结余中提取的具有专门用途的资金，主要包括修购基金、职工福利基金等。事业单位的各类专用结余资金应按以下原则进行管理：

①专款专用。各项专用结余都具有专门用途和使用范围，一般不允许互相占用、挪用。

②按比例提取，按规定支出。专用结余的提取，要按国家统一规定执行，按照比例提取。各项专用基金，要严格按专门的用途使用，并注意划清各项专用基金的界限。

③先提后用，专设账户。各项专用基金应按规定的来源渠道，在取得资金后，安排使用。同时，对各项专用基金应单独设立账户进行管理和核算。

事业单位应设置“专用结余”科目核算按照规定从非财政拨款结余中提取的具有专门用途的资金的变动和滚存情况。本科目应当按照专用结余的类别进行明细核算。

（2）专用结余的账务处理

①根据有关规定从本年度非财政拨款结余或经营结余中提取基金的，按照提取金额，借记“非财政拨款结余分配”科目，贷记本科目。

②根据规定使用从非财政拨款结余或经营结余中提取的专用基金时，按照使用金额，借记本科目，贷记“资金结存——货币资金”科目。

③本科目年末贷方余额，反映事业单位从非同级财政拨款结余中提取的专用基金的累计滚存数额。

【例5-83】某事业单位20×8年发生下列与专用结余有关的业务：

①根据有关规定从本年度非财政拨款结余中提取修购基金150 000元。

该业务的预算会计分录为：

借：非财政拨款结余分配　　150 000

　贷：专用结余　　150 000

该业务的财务会计分录为：

借：本年盈余分配　　150 000

　贷：专用基金　　150 000

②根据规定使用从非财政拨款结余中提取的修购基金维修房屋，共150 000元。

该业务的预算会计分录为：

借：专用结余　　150 000

　贷：资金结存——货币资金　　150 000

该业务的财务会计分录为：

借：专用基金　　150 000

　贷：银行存款　　150 000

7）经营结余

（1）经营结余的概念与科目设置

经营结余是事业单位本年度经营活动收支相抵后余额弥补以前年度经营亏损后的余额。为核算经营结余，事业单位应设置“经营结余”总账科目。本科目可以按照经营活动类别进行明细核算。

（2）经营结余的账务处理

①年末，将经营预算收入本年发生额转入本科目，借记“经营预算收入”科目，贷记本科目；将经营支出本年发生额转入本科目，借记本科目，贷记“经营支出”科目。

②年末，完成上述①结转后，如本科目为贷方余额，将本科目贷方余额转入“非财政拨款结余分配”科目，借记本科目，贷记“非财政拨款结余分配”科目；如本科目为借方余额，为经营亏损，不予结转。

③年末结账后，本科目一般无余额；如为借方余额，反映事业单位累计发生的经营亏损。

【例5-84】某事业单位20×8年发生下列与经营结余有关的业务：

①年末，结转该单位经营预算收入本年发生额260 000元，经营支出本年发生额

228 000元。

该业务不需要编制财务会计分录，预算会计分录为：

借：经营预算收入　　260 000

　贷：经营结余　　260 000

借：经营结余　　228 000

　贷：经营支出　　228 000

②年末，完成上述结转后，“经营结余”科目为贷方余额32 000元，将其转入非财政拨款结余分配。

该业务不需要编制财务会计分录，预算会计分录为：

借：经营结余　　32 000

　贷：非财政拨款结余分配　　32 000

8）其他结余

（1）其他结余的概念与科目设置

其他结余是单位本年度除财政拨款收支、非同级财政专项资金收支和经营收支以外各项收支相抵后的余额。为核算其他结余，事业单位应设置“其他结余”科目。

（2）其他结余的账务处理

①年末，将事业预算收入、上级补助预算收入、附属单位上缴预算收入、非同级财政拨款预算收入、债务预算收入、其他预算收入本年发生额中的非专项资金收入以及投资预算收益本年发生额转入本科目，借记“事业预算收入”“上级补助预算收入”“附属单位上缴预算收入”“非同级财政拨款预算收入”“债务预算收入”“其他预算收入”科目下各非专项资金收入明细科目和“投资预算收益”科目，贷记本科目（“投资预算收益”科目本年发生额为借方净额时，借记本科目，贷记“投资预算收益”科目）；将行政支出、事业支出、其他支出本年发生额中的非同级财政、非专项资金支出，以及上缴上级支出、对附属单位补助支出、投资支出、债务还本支出本年发生额转入本科目，借记本科目，贷记“行政支出”“事业支出”“其他支出”科目下各非同级财政、非专项资金支出明细科目和“上缴上级支出”“对附属单位补助支出”“投资支出”“债务还本支出”科目。

②年末，完成上述①结转后，行政单位将本科目余额转入“非财政拨款结余——累计结余”科目；事业单位将本科目余额转入“非财政拨款结余分配”科目。当本科目为贷方余额时，借记本科目，贷记“非财政拨款结余——累计结余”或“非财政拨款结余分配”科目；当本科目为借方余额时，借记“非财政拨款结余——累计结余”或“非财政拨款结余分配”科目，贷记本科目。

③年末结账后，本科目应无余额。

9）非财政拨款结余分配

（1）非财政拨款结余分配的概念与科目设置

非财政拨款结余分配是指事业单位本年度非财政拨款结余分配的情况和结果。为核算非财政补助结余分配，事业单位应设置“非财政拨款结余分配”科目。

（2）非财政拨款结余分配的账务处理

①年末，将“其他结余”科目余额转入本科目，当“其他结余”科目为贷方余额时，

借记“其他结余”科目，贷记本科目；当“其他结余”科目为借方余额时，借记本科目，贷记“其他结余”科目。年末，将“经营结余”科目贷方余额转入本科目，借记“经营结余”科目，贷记本科目。

②根据有关规定提取专用基金的，按照提取的金额，借记本科目，贷记“专用结余”科目。

③年末，按照规定完成上述①至②处理后，将本科目余额转入非财政拨款结余。当本科目为借方余额时，借记“非财政拨款结余——累计结余”科目，贷记本科目；当本科目为贷方余额时，借记本科目，贷记“非财政拨款结余——累计结余”科目。年末结账后，本科目应无余额。

5.4 行政事业单位会计报表

5.4.1 行政事业单位的财务报表

行政事业单位的财务报表包括资产负债表、收入费用表、净资产变动表、现金流量表以及附注。除编制年度报表外，资产负债表和收入费用表可以按月编制。

1）资产负债表

（1）资产负债表的含义及格式

资产负债表是反映行政事业单位在某一特定日期（月末、季末、年末）财务状况的报表。它是行政事业单位最基本、最重要的报表。它提供的资料包括行政事业单位在某一特定日期的资产、负债、净资产情况。我国行政事业单位的资产负债表一般采用账户式，具体格式见表5-6。

表5-6　　资产负债表　　会政财01表

编制单位：______　　____年__月__日　　单位：元

资　产	期末余额	年初余额	负债和净资产	期末余额	年初余额
流动资产：			流动负债：		
货币资金			短期借款		
短期投资			应交增值税		
财政应返还额度			其他应交税费		
应收票据			应缴财政款		
应收账款净额			应付职工薪酬		
预付账款			应付票据		
应收股利			应付账款		
应收利息			应付政府补贴款		
其他应收款净额			应付利息		
存货			预收账款		
待摊费用			其他应付款		
一年内到期的非流动资产			预提费用		
其他流动资产			一年内到期的非流动负债		

续表

资产	期末余额	年初余额	负债和净资产	期末余额	年初余额
流动资产合计			其他流动负债		
非流动资产：			流动负债合计		
长期股权投资			非流动负债：		
长期债券投资			长期借款		
固定资产原值			长期应付款		
减：固定资产累计折旧			预计负债		
固定资产净值			其他非流动负债		
工程物资			非流动负债合计		
在建工程			受托代理负债		
无形资产原值			负债合计		
减：无形资产累计摊销					
无形资产净值					
研发支出					
公共基础设施原值					
减：公共基础设施累计折旧（摊销）					
公共基础设施净值					
政府储备物资					
文物文化资产					
保障性住房原值					
减：保障性住房累计折旧			净资产：		
保障性住房净值			累计盈余		
长期待摊费用			专用基金		
待处理财产损溢			权益法调整		
其他非流动资产			无偿调拨净资产*		
非流动资产合计			本期盈余*		
受托代理资产			净资产合计		
资产总计			负债和净资产总计		

注："*"标识项目为月报项目，年报中不需列示。

（2）资产负债表的编制

本表"年初余额"栏内各项数字，应当根据上年年末资产负债表"期末余额"栏内数字填列。

如果本年度资产负债表规定的项目的名称和内容同上年度不一致，应当对上年年末资产负债表项目的名称和数字按照本年度的规定进行调整，将调整后数字填入本表"年初余额"栏内。

如果本年度单位发生了因前期差错更正、会计政策变更等调整以前年度盈余的事项，还应当对"年初余额"栏中的有关项目金额进行相应调整。

本表中“资产总计”项目期末（年初）余额应当与“负债和净资产总计”项目期末（年初）余额相等。

“货币资金”项目，反映单位期末库存现金、银行存款、零余额账户用款额度、其他货币资金的合计数。本项目应当根据“库存现金”“银行存款”“零余额账户用款额度”“其他货币资金”科目的期末余额的合计数填列；若单位存在通过“库存现金”“银行存款”科目核算的受托代理资产，还应当按照前述合计数扣减“库存现金”“银行存款”科目下“受托代理资产”明细科目的期末余额后的金额填列。

“短期投资”项目，反映事业单位期末持有的短期投资账面余额。本项目应当根据“短期投资”科目的期末余额填列。

“财政应返还额度”项目，反映单位期末财政应返还额度的金额。本项目应当根据“财政应返还额度”科目的期末余额填列。

“应收票据”项目，反映事业单位期末持有的应收票据的票面金额。本项目应当根据“应收票据”科目的期末余额填列。

“应收账款净额”项目，反映单位期末尚未收回的应收账款减去已计提的坏账准备后的净额。本项目应当根据“应收账款”科目的期末余额，减去“坏账准备”科目中对应收账款计提的坏账准备的期末余额后的金额填列。

“预付账款”项目，反映单位期末预付给商品或者劳务供应单位的款项。本项目应当根据“预付账款”科目的期末余额填列。

“应收股利”项目，反映事业单位期末因股权投资而应收取的现金股利或应当分得的利润。本项目应当根据“应收股利”科目的期末余额填列。

“应收利息”项目，反映事业单位期末因债券投资等而应收取的利息。事业单位购入的到期一次还本付息的长期债券投资持有期间应收的利息，不包括在本项目内。本项目应当根据“应收利息”科目的期末余额填列。

“其他应收款净额”项目，反映单位期末尚未收回的其他应收款减去已计提的坏账准备后的净额。本项目应当根据“其他应收款”科目的期末余额减去“坏账准备”科目中对其他应收款计提的坏账准备的期末余额后的金额填列。

“存货”项目，反映单位期末存储的存货的实际成本。本项目应当根据“在途物品”“库存物品”“加工物品”科目的期末余额的合计数填列。

“待摊费用”项目，反映单位期末已经支出，但应当由本期和以后各期负担的分摊期在1年以内（含1年）的各项费用。本项目应当根据“待摊费用”科目的期末余额填列。

“一年内到期的非流动资产”项目，反映单位期末非流动资产项目中将在1年内（含1年）到期的金额，如事业单位将在1年内（含1年）到期的长期债券投资金额。本项目应当根据“长期债券投资”等科目的明细科目的期末余额分析填列。

“其他流动资产”项目，反映单位期末除本表中上述各项之外的其他流动资产的合计金额。本项目应当根据有关科目期末余额的合计数填列。

“流动资产合计”项目，反映单位期末流动资产的合计数。本项目应当根据本表中“货币资金”“短期投资”“财政应返还额度”“应收票据”“应收账款净额”“预付账款”“应收股利”“应收利息”“其他应收款净额”“存货”“待摊费用”“一年内到期的非流动资产”“其他流动资产”项目金额的合计数填列。

“长期股权投资”项目，反映事业单位期末持有的长期股权投资的账面余额。本项目应当根据“长期股权投资”科目的期末余额填列。

“长期债券投资”项目，反映事业单位期末持有的长期债券投资的账面余额。本项目应当根据“长期债券投资”科目的期末余额减去其中将于1年内（含1年）到期的长期债券投资余额后的金额填列。

“固定资产原值”项目，反映单位期末固定资产的原值。本项目应当根据“固定资产”科目的期末余额填列。“固定资产累计折旧”项目，反映单位期末固定资产已计提的累计折旧金额。本项目应当根据“固定资产累计折旧”科目的期末余额填列。“固定资产净值”项目，反映单位期末固定资产的账面价值。本项目应当根据“固定资产”科目期末余额减去“固定资产累计折旧”科目期末余额后的金额填列。

“工程物资”项目，反映单位期末为在建工程准备的各种物资的实际成本。本项目应当根据“工程物资”科目的期末余额填列。

“在建工程”项目，反映单位期末所有的建设项目工程的实际成本。本项目应当根据“在建工程”科目的期末余额填列。

“无形资产原值”项目，反映单位期末无形资产的原值。本项目应当根据“无形资产”科目的期末余额填列。“无形资产累计摊销”项目，反映单位期末无形资产已计提的累计摊销金额。本项目应当根据“无形资产累计摊销”科目的期末余额填列。“无形资产净值”项目，反映单位期末无形资产的账面价值。本项目应当根据“无形资产”科目期末余额减去“无形资产累计摊销”科目期末余额后的金额填列。

“研发支出”项目，反映单位期末正在进行的无形资产开发项目开发阶段发生的累计支出数。本项目应当根据“研发支出”科目的期末余额填列。

“公共基础设施原值”项目，反映单位期末控制的公共基础设施的原值。本项目应当根据“公共基础设施”科目的期末余额填列。“公共基础设施累计折旧（摊销）”项目，反映单位期末控制的公共基础设施已计提的累计折旧和累计摊销金额。本项目应当根据“公共基础设施累计折旧（摊销）”科目的期末余额填列。“公共基础设施净值”项目，反映单位期末控制的公共基础设施的账面价值。本项目应当根据“公共基础设施”科目期末余额减去“公共基础设施累计折旧（摊销）”科目期末余额后的金额填列。

“政府储备物资”项目，反映单位期末控制的政府储备物资的实际成本。本项目应当根据“政府储备物资”科目的期末余额填列。

“文物文化资产”项目，反映单位期末控制的文物文化资产的成本。本项目应当根据“文物文化资产”科目的期末余额填列。

“保障性住房原值”项目，反映单位期末控制的保障性住房的原值。本项目应当根据“保障性住房”科目的期末余额填列。“保障性住房累计折旧”项目，反映单位期末控制的保障性住房已计提的累计折旧金额。本项目应当根据“保障性住房累计折旧”科目的期末余额填列。“保障性住房净值”项目，反映单位期末控制的保障性住房的账面价值。本项目应当根据“保障性住房”科目期末余额减去“保障性住房累计折旧”科目期末余额后的金额填列。

“长期待摊费用”项目，反映单位期末已经支出，但应由本期和以后各期负担的分摊期限在1年以上（不含1年）的各项费用。本项目应当根据“长期待摊费用”科目的期末余额填列。

“待处理财产损溢”项目，反映单位期末尚未处理完毕的各种资产的净损失或净溢余。本项目应当根据“待处理财产损溢”科目的期末借方余额填列；如“待处理财产损溢”科目期末为贷方余额，以“-”号填列。

“其他非流动资产”项目，反映单位期末除本表中上述各项之外的其他非流动资产的合计数。本项目应当根据有关科目的期末余额合计数填列。

“非流动资产合计”项目，反映单位期末非流动资产的合计数。本项目应当根据本表中“长期股权投资”“长期债券投资”“固定资产净值”“工程物资”“在建工程”“无形资产净值”“研发支出”“公共基础设施净值”“政府储备物资”“文物文化资产”“保障性住房净值”“长期待摊费用”“待处理财产损溢”“其他非流动资产”项目金额的合计数填列。

“受托代理资产”项目，反映单位期末受托代理资产的价值。本项目应当根据“受托代理资产”科目的期末余额与“库存现金”“银行存款”科目下“受托代理资产”明细科目的期末余额的合计数填列。

“资产总计”项目，反映单位期末资产的合计数。本项目应当根据本表中“流动资产合计”“非流动资产合计”“受托代理资产”项目金额的合计数填列。

“短期借款”项目，反映事业单位期末短期借款的余额。本项目应当根据“短期借款”科目的期末余额填列。

“应交增值税”项目，反映单位期末应缴未缴的增值税税额。本项目应当根据“应交增值税”科目的期末余额填列；如“应交增值税”科目期末为借方余额，以“-”号填列。

“其他应交税费”项目，反映单位期末应缴未缴的除增值税以外的税费金额。本项目应当根据“其他应交税费”科目的期末余额填列；如“其他应交税费”科目期末为借方余额，以“-”号填列。

“应缴财政款”项目，反映单位期末应当上缴财政但尚未缴纳的款项。本项目应当根据“应缴财政款”科目的期末余额填列。

“应付职工薪酬”项目，反映单位期末按有关规定应付给职工及为职工支付的各种薪酬。本项目应当根据“应付职工薪酬”科目的期末余额填列。

“应付票据”项目，反映事业单位期末应付票据的金额。本项目应当根据“应付票据”科目的期末余额填列。

“应付账款”项目，反映单位期末应当支付但尚未支付的偿还期限在1年以内（含1年）的应付账款的金额。本项目应当根据“应付账款”科目的期末余额填列。

“应付政府补贴款”项目，反映负责发放政府补贴的行政单位期末按照规定应当支付给政府补贴接受者的各种政府补贴款余额。本项目应当根据“应付政府补贴款”科目的期末余额填列。

“应付利息”项目，反映事业单位期末按照合同约定应支付的借款利息。事业单位到期一次还本付息的长期借款利息不包括在本项目内。本项目应当根据“应付利息”科目的期末余额填列。

“预收账款”项目，反映事业单位期末预先收取但尚未确认收入和实际结算的款项余额。本项目应当根据“预收账款”科目的期末余额填列。

“其他应付款”项目，反映单位期末其他各项偿还期限在1年内（含1年）的应付及暂收款项余额。本项目应当根据“其他应付款”科目的期末余额填列。

“预提费用”项目，反映单位期末已预先提取的已经发生但尚未支付的各项费用。本项目应当根据“预提费用”科目的期末余额填列。

“一年内到期的非流动负债”项目，反映单位期末将于1年内（含1年）偿还的非流动负债的余额。本项目应当根据“长期应付款”“长期借款”等科目的明细科目的期末余额分析填列。

“其他流动负债”项目，反映单位期末除本表中上述各项之外的其他流动负债的合计数。本项目应当根据有关科目的期末余额的合计数填列。

“流动负债合计”项目，反映单位期末流动负债合计数。本项目应当根据本表“短期借款”“应交增值税”“其他应交税费”“应缴财政款”“应付职工薪酬”“应付票据”“应付账款”“应付政府补贴款”“应付利息”“预收账款”“其他应付款”“预提费用”“一年内到期的非流动负债”“其他流动负债”项目金额的合计数填列。

“长期借款”项目，反映事业单位期末长期借款的余额。本项目应当根据“长期借款”科目的期末余额减去其中将于1年内（含1年）到期的长期借款余额后的金额填列。

“长期应付款”项目，反映单位期末长期应付款的余额。本项目应当根据“长期应付款”科目的期末余额减去其中将于1年内（含1年）到期的长期应付款余额后的金额填列。

“预计负债”项目，反映单位期末已确认但尚未偿付的预计负债的余额。本项目应当根据“预计负债”科目的期末余额填列。

“其他非流动负债”项目，反映单位期末除本表中上述各项之外的其他非流动负债的合计数。本项目应当根据有关科目的期末余额合计数填列。

“非流动负债合计”项目，反映单位期末非流动负债合计数。本项目应当根据本表中“长期借款”“长期应付款”“预计负债”“其他非流动负债”项目金额的合计数填列。

“受托代理负债”项目，反映单位期末受托代理负债的金额。本项目应当根据“受托代理负债”科目的期末余额填列。

“负债合计”项目，反映单位期末负债的合计数。本项目应当根据本表中“流动负债合计”“非流动负债合计”“受托代理负债”项目金额的合计数填列。

“累计盈余”项目，反映单位期末未分配盈余（或未弥补亏损）以及无偿调拨净资产变动的累计数。本项目应当根据“累计盈余”科目的期末余额填列。

“专用基金”项目，反映事业单位期末累计提取或设置但尚未使用的专用基金余额。本项目应当根据“专用基金”科目的期末余额填列。

“权益法调整”项目，反映事业单位期末在被投资单位除净损益和利润分配以外的所有者权益变动中累积享有的份额。本项目应当根据“权益法调整”科目的期末余额填列。如“权益法调整”科目期末为借方余额，以“-”号填列。

“无偿调拨净资产”项目，反映单位本年度截至报告期期末无偿调入的非现金资产价值扣减无偿调出的非现金资产价值后的净值。本项目仅在月度报表中列示，年度报表中不列示。月度报表中本项目应当根据“无偿调拨净资产”科目的期末余额填列；“无偿调拨净资产”科目期末为借方余额时，以“-”号填列。

“本期盈余”项目，反映单位本年度截至报告期期末实现的累计盈余或亏损。本项目仅在月度报表中列示，年度报表中不列示。月度报表中本项目应当根据“本期盈余”科目的期末余额填列；“本期盈余”科目期末为借方余额时，以“-”号填列。

“净资产合计”项目，反映单位期末净资产合计数。本项目应当根据本表中“累计盈余”、“专用基金”、“权益法调整”、“无偿调拨净资产”［月度报表］、“本期盈余”［月度报表］项目金额的合计数填列。

“负债和净资产总计”项目，应当按照本表中“负债合计”“净资产合计”项目金额的合计数填列。

2）收入费用表

（1）收入费用表的含义及格式

收入费用表是反映单位在某一会计期间内发生的收入、费用及当期盈余情况的财务报表。收入费用表的格式见表5-7。

表5-7　**收入费用表**　会政财02表

编制单位：＿＿＿＿　＿＿年＿＿月　单位：元

项　目	本月数	本年累计数
一、本期收入		
（一）财政拨款收入		
其中：政府性基金收入		
（二）事业收入		
（三）上级补助收入		
（四）附属单位上缴收入		
（五）经营收入		
（六）非同级财政拨款收入		
（七）投资收益		
（八）捐赠收入		
（九）利息收入		
（十）租金收入		
（十一）其他收入		
二、本期费用		
（一）业务活动费用		
（二）单位管理费用		
（三）经营费用		
（四）资产处置费用		
（五）上缴上级费用		
（六）对附属单位补助费用		
（七）所得税费用		
（八）其他费用		
三、本期盈余		

（2）收入费用表的编制

本表“本月数”栏反映各项目的本月实际发生数。编制年度收入费用表时，应当将本栏改为“本年数”，反映本年度各项目的实际发生数。

本表“本年累计数”栏反映各项目自年初至报告期期末的累计实际发生数。编制年度收入费用表时，应当将本栏改为“上年数”，反映上年度各项目的实际发生数，“上年数”栏应当根据上年年度收入费用表中“本年数”栏内所列数字填列。

如果本年度收入费用表规定的项目的名称和内容同上年度不一致，应当对上年度收入费用表项目的名称和数字按照本年度的规定进行调整，将调整后的金额填入本年度收入费用表的“上年数”栏内。

如果本年度单位发生了因前期差错更正、会计政策变更等调整以前年度盈余的事项，还应当对年度收入费用表中“上年数”栏中的有关项目金额进行相应调整。

“本期收入”项目，反映单位本期收入总额。本项目应当根据本表中“财政拨款收入”“事业收入”“上级补助收入”“附属单位上缴收入”“经营收入”“非同级财政拨款收入”“投资收益”“捐赠收入”“利息收入”“租金收入”“其他收入”项目金额的合计数填列。

“财政拨款收入”项目，反映单位本期从同级政府财政部门取得的各类财政拨款。本项目应当根据“财政拨款收入”科目的本期发生额填列。“政府性基金收入”项目，反映单位本期取得的财政拨款收入中属于政府性基金预算拨款的金额。本项目应当根据“财政拨款收入”相关明细科目的本期发生额填列。

“事业收入”项目，反映事业单位本期开展专业业务活动及其辅助活动实现的收入。本项目应当根据“事业收入”科目的本期发生额填列。

“上级补助收入”项目，反映事业单位本期从主管部门和上级单位收到或应收的非财政拨款收入。本项目应当根据“上级补助收入”科目的本期发生额填列。

“附属单位上缴收入”项目，反映事业单位本期收到或应收的独立核算的附属单位按照有关规定上缴的收入。本项目应当根据“附属单位上缴收入”科目的本期发生额填列。

“经营收入”项目，反映事业单位本期在专业业务活动及其辅助活动之外开展非独立核算经营活动实现的收入。本项目应当根据“经营收入”科目的本期发生额填列。

“非同级财政拨款收入”项目，反映单位本期从非同级政府财政部门取得的财政拨款，不包括事业单位因开展科研及其辅助活动从非同级财政部门取得的经费拨款。本项目应当根据“非同级财政拨款收入”科目的本期发生额填列。

“投资收益”项目，反映事业单位本期股权投资和债券投资所实现的收益或发生的损失。本项目应当根据“投资收益”科目的本期发生额填列；如为投资净损失，以“-”号填列。

“捐赠收入”项目，反映单位本期接受捐赠取得的收入。本项目应当根据“捐赠收入”科目的本期发生额填列。

“利息收入”项目，反映单位本期取得的银行存款利息收入。本项目应当根据“利息收入”科目的本期发生额填列。

“租金收入”项目，反映单位本期经批准利用国有资产出租取得并按规定纳入本单位预算管理的租金收入。本项目应当根据“租金收入”科目的本期发生额填列。

“其他收入”项目，反映单位本期取得的除以上收入项目外的其他收入的总额。本项目应当根据“其他收入”科目的本期发生额填列。

“本期费用”项目，反映单位本期费用总额。本项目应当根据本表中“业务活动费用”“单位管理费用”“经营费用”“资产处置费用”“上缴上级费用”“对附属单位补助费用”“所得税费用”“其他费用”项目金额的合计数填列。

“业务活动费用”项目，反映单位本期为实现其职能目标，依法履职或开展专业业务活动及其辅助活动所发生的各项费用。本项目应当根据“业务活动费用”科目本期发生额填列。

“单位管理费用”项目，反映事业单位本期本级行政及后勤管理部门开展管理活动发生的各项费用，以及由单位统一负担的离退休人员经费、工会经费、诉讼费、中介费等。本项目应当根据“单位管理费用”科目的本期发生额填列。

“经营费用”项目，反映事业单位本期在专业业务活动及其辅助活动之外开展非独立核算经营活动发生的各项费用。本项目应当根据“经营费用”科目的本期发生额填列。

“资产处置费用”项目，反映单位本期经批准处置资产时转销的资产价值以及在处置过程中发生的相关费用或者处置收入小于处置费用形成的净支出。本项目应当根据“资产处置费用”科目的本期发生额填列。

“上缴上级费用”项目，反映事业单位按照规定上缴上级单位款项发生的费用。本项目应当根据“上缴上级费用”科目的本期发生额填列。

“对附属单位补助费用”项目，反映事业单位用财政拨款收入之外的收入对附属单位补助发生的费用。本项目应当根据“对附属单位补助费用”科目的本期发生额填列。

“所得税费用”项目，反映有企业所得税缴纳义务的事业单位本期计算应缴纳的企业所得税。本项目应当根据“所得税费用”科目的本期发生额填列。

“其他费用”项目，反映单位本期发生的除以上费用项目外的其他费用的总额。本项目应当根据“其他费用”科目的本期发生额填列。

“本期盈余”项目，反映单位本期收入扣除本期费用后的净额。本项目应当根据本表中“本期收入”项目金额减去“本期费用”项目金额后的金额填列；如为负数，以“-”号填列。

3）净资产变动表

（1）净资产变动表的含义及格式

净资产变动表是反映单位在某一会计年度内净资产项目的变动情况。净资产变动表的格式见表5-8。

表 5-8 **净资产变动表** 会政财 03 表

编制单位：＿＿＿＿＿ ＿＿＿＿年 单位：元

项目	本年数				上年数			
	累计盈余	专用基金	权益法调整	净资产合计	累计盈余	专用基金	权益法调整	净资产合计
一、上年年末余额								
二、以前年度盈余调整（减少以“-”号填列）		—	—			—	—	
三、本年年初余额								
四、本年变动金额（减少以“-”号填列）								
（一）本年盈余		—	—			—	—	
（二）无偿调拨净资产		—	—			—	—	
（三）归集调整预算结转结余		—	—			—	—	
（四）提取或设置专用基金			—				—	
其中：从预算收入中提取	—		—		—		—	
从预算结余中提取			—				—	
设置的专用基金	—		—		—		—	
（五）使用专用基金			—				—	
（六）权益法调整	—	—			—	—		
五、本年年末余额								

注：“—”标识单元格不需填列。

（2）净资产变动表的编制

本表“本年数”栏反映本年度各项目的实际变动数。本表“上年数”栏反映上年度各项目的实际变动数，应当根据上年度净资产变动表中“本年数”栏内所列数字填列。如果上年度净资产变动表规定的项目的名称和内容与本年度不一致，应对上年度净资产变动表项目的名称和数字按照本年度的规定进行调整，将调整后金额填入本年度净资产变动表“上年数”栏内。

“上年年末余额”行，反映单位净资产各项目上年年末的余额。本行各项目应当根据“累计盈余”“专用基金”“权益法调整”科目上年年末余额填列。

“以前年度盈余调整”行，反映单位本年度调整以前年度盈余的事项对累计盈余进行调整的金额。本行“累计盈余”项目应当根据本年度“以前年度盈余调整”科目转入“累计盈余”科目的金额填列；如调整减少累计盈余，以“-”号填列。

“本年年初余额”行，反映经过以前年度盈余调整后，单位净资产各项目的本年年初余额。本行“累计盈余”“专用基金”“权益法调整”项目应当根据其各自在“上年年末余额”和“以前年度盈余调整”行对应项目金额的合计数填列。

“本年变动金额”行，反映单位净资产各项目本年变动总金额。本行“累计盈余”“专用基金”“权益法调整”项目应当根据其各自在“本年盈余”“无偿调拨净资产”“归集调整预算结转结余”“提取或设置专用基金”“使用专用基金”“权益法调整”行对应项目金额的合计数填列。

“本年盈余”行，反映单位本年发生的收入、费用对净资产的影响。本行“累计盈余”项目应当根据年末由“本期盈余”科目转入“本年盈余分配”科目的金额填列；如转入时借记“本年盈余分配”科目，则以“-”号填列。

“无偿调拨净资产”行，反映单位本年无偿调入、调出非现金资产事项对净资产的影响。本行“累计盈余”项目应当根据年末由“无偿调拨净资产”科目转入“累计盈余”科目的金额填列；如转入时借记“累计盈余”科目，则以“-”号填列。

“归集调整预算结转结余”行，反映单位本年财政拨款结转结余资金归集调入、归集上缴或调出，以及非财政拨款结转资金缴回对净资产的影响。本行“累计盈余”项目应当根据“累计盈余”科目明细账记录分析填列；如归集调整减少预算结转结余，则以“-”号填列。

“提取或设置专用基金”行，反映单位本年提取或设置专用基金对净资产的影响。本行“累计盈余”项目应当根据“从预算结余中提取”行“累计盈余”项目的金额填列。本行“专用基金”项目应当根据“从预算收入中提取”“从预算结余中提取”“设置的专用基金”行“专用基金”项目金额的合计数填列。“从预算收入中提取”行，反映单位本年从预算收入中提取专用基金对净资产的影响。本行“专用基金”项目应当通过对“专用基金”科目明细账记录的分析，根据本年按有关规定从预算收入中提取基金的金额填列。“从预算结余中提取”行，反映单位本年根据有关规定从本年度非财政拨款结余或经营结余中提取专用基金对净资产的影响。本行“累计盈余”“专用基金”项目应当通过对“专用基金”科目明细账记录的分析，根据本年按有关规定从本年度非财政拨款结余或经营结余中提取专用基金的金额填列；本行“累计盈余”项目以“-”号填列。“设置的专用基金”行，反映单位本年根据有关规定设置的其他专用基金对净资产的影响。本行“专用基金”项目应当通过对“专用基金”科目明细账记录的分析，根据本年按有关规定设置的其他专用基金的金额填列。

“使用专用基金”行，反映单位本年按规定使用专用基金对净资产的影响。本行“累计盈余”“专用基金”项目应当通过对“专用基金”科目明细账记录的分析，根据本年按规定使用专用基金的金额填列；本行“专用基金”项目以“-”号填列。

“权益法调整”行，反映单位本年按照被投资单位除净损益和利润分配以外的所有者权益变动份额而调整长期股权投资账面余额对净资产的影响。本行“权益法调整”项目应当根据“权益法调整”科目本年发生额填列；若本年净发生额为借方时，以“-”号填列。

“本年年末余额”行，反映单位本年各净资产项目的年末余额。本行“累计盈余”“专用基金”“权益法调整”项目应当根据其各自在“本年年初余额”“本年变动金额”行对应项目金额的合计数填列。

本表各行“净资产合计”项目，应当根据所在行“累计盈余”“专用基金”“权益法调整”项目金额的合计数填列。

4）现金流量表

（1）现金流量表的含义及格式

现金流量表是反映单位在某一会计年度内现金流入和流出的信息的报表。本表所指的现金，是指单位可以随时用于支付的款项，包括库存现金、银行存款、其他货币资金、零余额账户用款额度、财政应返还额度等。现金流量表按照日常活动、投资活动、筹资活动的现金流量分别反映。现金流量表的格式见表5-9。

表5-9　　**现金流量表**　　会政财04表

编制单位：＿＿＿＿＿　　＿＿＿＿年　　单位：元

项　目	本年金额	上年金额
一、日常活动产生的现金流量：		
财政基本支出拨款收到的现金		
财政非资本性项目拨款收到的现金		
事业活动收到的除财政拨款以外的现金		
收到的其他与日常活动有关的现金		
日常活动的现金流入小计		
购买商品、接受劳务支付的现金		
支付给职工以及为职工支付的现金		
支付的各项税费		
支付的其他与日常活动有关的现金		
日常活动的现金流出小计		
日常活动产生的现金流量净额		
二、投资活动产生的现金流量：		
收回投资收到的现金		
取得投资收益收到的现金		
处置固定资产、无形资产、公共基础设施等收回的现金净额		
收到的其他与投资活动有关的现金		
投资活动的现金流入小计		
购建固定资产、无形资产、公共基础设施等支付的现金		
对外投资支付的现金		
上缴处置固定资产、无形资产、公共基础设施等净收入支付的现金		
支付的其他与投资活动有关的现金		
投资活动的现金流出小计		
投资活动产生的现金流量净额		
三、筹资活动产生的现金流量：		
财政资本性项目拨款收到的现金		
取得借款收到的现金		
收到的其他与筹资活动有关的现金		
筹资活动的现金流入小计		
偿还借款支付的现金		
偿还利息支付的现金		
支付的其他与筹资活动有关的现金		
筹资活动的现金流出小计		
筹资活动产生的现金流量净额		
四、汇率变动对现金的影响额		
五、现金净增加额		

（2）现金流量表的编制

本表“本年金额”栏反映各项目的本年实际发生数。本表“上年金额”栏反映各项目的上年实际发生数，应当根据上年现金流量表中“本年金额”栏内所列数字填列。单位应当采用直接法编制现金流量表。

本表“本年金额”栏各项目的填列方法如下：

①日常活动产生的现金流量

“财政基本支出拨款收到的现金”项目，反映单位本年接受财政基本支出拨款取得的现金。本项目应当根据“零余额账户用款额度”“财政拨款收入”“银行存款”等科目及其所属明细科目的记录分析填列。

“财政非资本性项目拨款收到的现金”项目，反映单位本年接受除用于购建固定资产、无形资产、公共基础设施等资本性项目以外的财政项目拨款取得的现金。本项目应当根据“银行存款”“零余额账户用款额度”“财政拨款收入”等科目及其所属明细科目的记录分析填列。

“事业活动收到的除财政拨款以外的现金”项目，反映事业单位本年开展专业业务活动及其辅助活动取得的除财政拨款以外的现金。本项目应当根据“库存现金”“银行存款”“其他货币资金”“应收账款”“应收票据”“预收账款”“事业收入”等科目及其所属明细科目的记录分析填列。

“收到的其他与日常活动有关的现金”项目，反映单位本年收到的除以上项目之外的与日常活动有关的现金。本项目应当根据“库存现金”“银行存款”“其他货币资金”“上级补助收入”“附属单位上缴收入”“经营收入”“非同级财政拨款收入”“捐赠收入”“利息收入”“租金收入”“其他收入”等科目及其所属明细科目的记录分析填列。

“日常活动的现金流入小计”项目，反映单位本年日常活动产生的现金流入的合计数。本项目应当根据本表中“财政基本支出拨款收到的现金”“财政非资本性项目拨款收到的现金”“事业活动收到的除财政拨款以外的现金”“收到的其他与日常活动有关的现金”项目金额的合计数填列。

“购买商品、接受劳务支付的现金”项目，反映单位本年在日常活动中用于购买商品、接受劳务支付的现金。本项目应当根据“库存现金”“银行存款”“财政拨款收入”“零余额账户用款额度”“预付账款”“在途物品”“库存物品”“应付账款”“应付票据”“业务活动费用”“单位管理费用”“经营费用”等科目及其所属明细科目的记录分析填列。

“支付给职工以及为职工支付的现金”项目，反映单位本年支付给职工以及为职工支付的现金。本项目应当根据“库存现金”“银行存款”“零余额账户用款额度”“财政拨款收入”“应付职工薪酬”“业务活动费用”“单位管理费用”“经营费用”等科目及其所属明细科目的记录分析填列。

“支付的各项税费”项目，反映单位本年用于缴纳日常活动相关税费而支付的现金。本项目应当根据“库存现金”“银行存款”“零余额账户用款额度”“应交增值税”“其他应交税费”“业务活动费用”“单位管理费用”“经营费用”“所得税费用”等科目及其所属明细科目的记录分析填列。

“支付的其他与日常活动有关的现金”项目，反映单位本年支付的除上述项目之外与日常活动有关的现金。本项目应当根据“库存现金”“银行存款”“零余额账户用款额度”“财政拨款收入”“其他应付款”“业务活动费用”“单位管理费用”“经营费用”“其他费用”等科目及其所属明细科目的记录分析填列。

“日常活动的现金流出小计”项目，反映单位本年日常活动产生的现金流出的合计数。本项目应当根据本表中“购买商品、接受劳务支付的现金”“支付给职工以及为职工支付的现金”“支付的各项税费”“支付的其他与日常活动有关的现金”项目金额的合计数填列。

“日常活动产生的现金流量净额”项目，应当按照本表中“日常活动的现金流入小计”项目金额减去“日常活动的现金流出小计”项目金额后的金额填列；如为负数，以“-”号填列。

②投资活动产生的现金流量

“收回投资收到的现金”项目，反映单位本年出售、转让或者收回投资收到的现金。本项目应该根据“库存现金”“银行存款”“短期投资”“长期股权投资”“长期债券投资”等科目的记录分析填列。

“取得投资收益收到的现金”项目，反映单位本年因对外投资而收到被投资单位分配的股利或利润，以及收到投资利息而取得的现金。本项目应当根据“库存现金”“银行存款”“应收股利”“应收利息”“投资收益”等科目的记录分析填列。

“处置固定资产、无形资产、公共基础设施等收回的现金净额”项目，反映单位本年处置固定资产、无形资产、公共基础设施等非流动资产所取得的现金，减去为处置这些资产而支付的有关费用之后的净额。由于自然灾害所造成的固定资产等长期资产损失而收到的保险赔款收入，也在本项目反映。本项目应当根据“库存现金”“银行存款”“待处理财产损溢”等科目的记录分析填列。

“收到的其他与投资活动有关的现金”项目，反映单位本年收到的除上述项目之外与投资活动有关的现金。对于金额较大的现金流入，应当单列项目反映。本项目应当根据“库存现金”“银行存款”等有关科目的记录分析填列。

“投资活动的现金流入小计”项目，反映单位本年投资活动产生的现金流入的合计数。本项目应当根据本表中“收回投资收到的现金”“取得投资收益收到的现金”“处置固定资产、无形资产、公共基础设施等收回的现金净额”“收到的其他与投资活动有关的现金”项目金额的合计数填列。

“购建固定资产、无形资产、公共基础设施等支付的现金”项目，反映单位本年购买和建造固定资产、无形资产、公共基础设施等非流动资产所支付的现金；融资租入固定资产支付的租赁费不在本项目反映，在筹资活动的现金流量中反映。本项目应当根据“库存现金”“银行存款”“固定资产”“工程物资”“在建工程”“无形资产”“研发支出”“公共基础设施”“保障性住房”等科目的记录分析填列。

“对外投资支付的现金”项目，反映单位本年为取得短期投资、长期股权投资、长期债券投资而支付的现金。本项目应当根据“库存现金”“银行存款”“短期投资”“长期股权投资”“长期债券投资”等科目的记录分析填列。

“上缴处置固定资产、无形资产、公共基础设施等净收入支付的现金”项目，反映本年单位将处置固定资产、无形资产、公共基础设施等非流动资产所收回的现金净额予以上缴财政所支付的现金。本项目应当根据“库存现金”“银行存款”“应缴财政款”等科目的记录分析填列。

“支付的其他与投资活动有关的现金”项目，反映单位本年支付的除上述项目之外与投资活动有关的现金。对于金额较大的现金流出，应当单列项目反映。本项目应当根据“库存现金”“银行存款”等有关科目的记录分析填列。

“投资活动的现金流出小计”项目，反映单位本年投资活动产生的现金流出的合计数。本项目应当根据本表中“购建固定资产、无形资产、公共基础设施等支付的现金”“对外投资支付的现金”“上缴处置固定资产、无形资产、公共基础设施等净收入支付的现金”“支付的其他与投资活动有关的现金”项目金额的合计数填列。

“投资活动产生的现金流量净额”项目，应当按照本表中“投资活动的现金流入小计”项目金额减去“投资活动的现金流出小计”项目金额后的金额填列；如为负数，以“-”号填列。

③筹资活动产生的现金流量

“财政资本性项目拨款收到的现金”项目，反映单位本年接受用于购建固定资产、无形资产、公共基础设施等资本性项目的财政项目拨款取得的现金。本项目应当根据“银行存款”“零余额账户用款额度”“财政拨款收入”等科目及其所属明细科目的记录分析填列。

“取得借款收到的现金”项目，反映事业单位本年举借短期、长期借款所收到的现金。本项目应当根据“库存现金”“银行存款”“短期借款”“长期借款”等科目记录分析填列。

“收到的其他与筹资活动有关的现金”项目，反映单位本年收到的除上述项目之外与筹资活动有关的现金。对于金额较大的现金流入，应当单列项目反映。本项目应当根据“库存现金”“银行存款”等有关科目的记录分析填列。

“筹资活动的现金流入小计”项目，反映单位本年筹资活动产生的现金流入的合计数。本项目应当根据本表中“财政资本性项目拨款收到的现金”“取得借款收到的现金”“收到的其他与筹资活动有关的现金”项目金额的合计数填列。

“偿还借款支付的现金”项目，反映事业单位本年偿还借款本金所支付的现金。本项目应当根据“库存现金”“银行存款”“短期借款”“长期借款”等科目的记录分析填列。

“偿付利息支付的现金”项目，反映事业单位本年支付的借款利息等。本项目应当根据“库存现金”“银行存款”“应付利息”“长期借款”等科目的记录分析填列。

“支付的其他与筹资活动有关的现金”项目，反映单位本年支付的除上述项目之外与筹资活动有关的现金，如融资租入固定资产所支付的租赁费。本项目应当根据“库存现金”“银行存款”“长期应付款”等科目的记录分析填列。

“筹资活动的现金流出小计”项目，反映单位本年筹资活动产生的现金流出的合计数。本项目应当根据本表中“偿还借款支付的现金”“偿付利息支付的现金”“支付的其他与筹资活动有关的现金”项目金额的合计数填列。

“筹资活动产生的现金流量净额”项目，应当按照本表中“筹资活动的现金流入小计”项目金额减去“筹资活动的现金流出小计”项目金额后的金额填列；如为负数，以“-”号填列。

"汇率变动对现金的影响额"项目，反映单位本年外币现金流量折算为人民币时，所采用的现金流量发生日的汇率折算的人民币金额与外币现金流量净额按期末汇率折算的人民币金额之间的差额。

"现金净增加额"项目，反映单位本年现金变动的净额。本项目应当根据本表中"日常活动产生的现金流量净额""投资活动产生的现金流量净额""筹资活动产生的现金流量净额""汇率变动对现金的影响额"项目金额的合计数填列；如为负数，以"-"号填列。

5）附注

附注是对在会计报表中列示的项目所做的进一步说明，以及对未能在会计报表中列示项目的说明。附注是财务报表的重要组成部分。凡对报表使用者的决策有重要影响的会计信息，不论《政府会计制度——行政事业单位会计科目和报表》是否有明确规定，单位均应当充分披露。

附注主要包括下列内容：

（1）单位的基本情况。单位应当简要披露其基本情况，包括单位主要职能、主要业务活动、所在地、预算管理关系等。

（2）会计报表编制基础。

（3）遵循政府会计准则、制度的声明。

（4）重要会计政策和会计估计。

（5）会计报表重要项目说明。

5.4.2 行政事业单位的预算会计报表

行政事业单位的预算会计报表主要包括预算收入支出表、预算结转结余变动表和财政拨款预算收入支出表。

1）预算收入支出表

（1）预算收入支出表的格式

预算收入支出表反映单位在某一会计年度内各项预算收入、预算支出和预算收支差额的情况。该表的格式见表5-10。

表5-10　　**预算收入支出表**　　会政预01表

编制单位：________　　________年　　单位：元

项　目	本年数	上年数
一、本年预算收入		
（一）财政拨款预算收入		
其中：政府性基金收入		
（二）事业预算收入		
（三）上级补助预算收入		
（四）附属单位上缴预算收入		
（五）经营预算收入		
（六）债务预算收入		
（七）非同级财政拨款预算收入		
（八）投资预算收益		

续表

项　目	本年数	上年数
（九）其他预算收入		
其中：利息预算收入		
捐赠预算收入		
租金预算收入		
二、本年预算支出		
（一）行政支出		
（二）事业支出		
（三）经营支出		
（四）上缴上级支出		
（五）对附属单位补助支出		
（六）投资支出		
（七）债务还本支出		
（八）其他支出		
其中：利息支出		
捐赠支出		
三、本年预算收支差额		

（2）预算收入支出表的编制说明

本表“本年数”栏反映各项目的本年实际发生数。本表“上年数”栏反映各项目上年度的实际发生数，应当根据上年度预算收入支出表中“本年数”栏内所列数字填列。

如果本年度预算收入支出表规定的项目的名称和内容同上年度不一致，应当对上年度预算收入支出表项目的名称和数字按照本年度的规定进行调整，将调整后金额填入本年度预算收入支出表的“上年数”栏。

“本年预算收入”项目，反映单位本年预算收入总额。本项目应当根据本表中“财政拨款预算收入”“事业预算收入”“上级补助预算收入”“附属单位上缴预算收入”“经营预算收入”“债务预算收入”“非同级财政拨款预算收入”“投资预算收益”“其他预算收入”项目金额的合计数填列。

“财政拨款预算收入”项目，反映单位本年从同级政府财政部门取得的各类财政拨款。本项目应当根据“财政拨款预算收入”科目的本年发生额填列。“政府性基金收入”项目，反映单位本年取得的财政拨款收入中属于政府性基金预算拨款的金额。本项目应当根据“财政拨款预算收入”相关明细科目的本年发生额填列。

“事业预算收入”项目，反映事业单位本年开展专业业务活动及其辅助活动取得的预算收入。本项目应当根据“事业预算收入”科目的本年发生额填列。

“上级补助预算收入”项目，反映事业单位本年从主管部门和上级单位取得的非财政补助预算收入。本项目应当根据“上级补助预算收入”科目的本年发生额填列。

“附属单位上缴预算收入”项目，反映事业单位本年收到的独立核算的附属单位按照有关规定上缴的预算收入。本项目应当根据“附属单位上缴预算收入”科目的本年发生额填列。

"经营预算收入"项目，反映事业单位本年在专业业务活动及其辅助活动之外开展非独立核算经营活动取得的预算收入。本项目应当根据"经营预算收入"科目的本年发生额填列。

"债务预算收入"项目，反映事业单位本年按照规定从金融机构等借入的、纳入部门预算管理的债务预算收入。本项目应当根据"债务预算收入"的本年发生额填列。

"非同级财政拨款预算收入"项目，反映单位本年从非同级政府财政部门取得的财政拨款。本项目应当根据"非同级财政拨款预算收入"科目的本年发生额填列。

"投资预算收益"项目，反映事业单位本年取得的按规定纳入单位预算管理的投资收益。本项目应当根据"投资预算收益"科目的本年发生额填列。

"其他预算收入"项目，反映单位本年取得的除上述收入以外的纳入单位预算管理的各项预算收入。本项目应当根据"其他预算收入"科目的本年发生额填列。"利息预算收入"项目，反映单位本年取得的利息预算收入。本项目应当根据"其他预算收入"科目的明细账记录分析填列。单位单设"利息预算收入"科目的，应当根据"利息预算收入"科目的本年发生额填列。"捐赠预算收入"项目，反映单位本年取得的捐赠预算收入。本项目应当根据"其他预算收入"科目明细账记录分析填列。单位单设"捐赠预算收入"科目的，应当根据"捐赠预算收入"科目的本年发生额填列。"租金预算收入"项目，反映单位本年取得的租金预算收入。本项目应当根据"其他预算收入"科目明细账记录分析填列。单位单设"租金预算收入"科目的，应当根据"租金预算收入"科目的本年发生额填列。

"本年预算支出"项目，反映单位本年预算支出总额。本项目应当根据本表中"行政支出""事业支出""经营支出""上缴上级支出""对附属单位补助支出""投资支出""债务还本支出""其他支出"项目金额的合计数填列。

"行政支出"项目，反映行政单位本年履行职责实际发生的支出。本项目应当根据"行政支出"科目的本年发生额填列。

"事业支出"项目，反映事业单位本年开展专业业务活动及其辅助活动发生的支出。本项目应当根据"事业支出"科目的本年发生额填列。

"经营支出"项目，反映事业单位本年在专业业务活动及其辅助活动之外开展非独立核算经营活动发生的支出。本项目应当根据"经营支出"科目的本年发生额填列。

"上缴上级支出"项目，反映事业单位本年按照财政部门和主管部门的规定上缴上级单位的支出。本项目应当根据"上缴上级支出"科目的本年发生额填列。

"对附属单位补助支出"项目，反映事业单位本年用财政拨款收入之外的收入对附属单位补助发生的支出。本项目应当根据"对附属单位补助支出"科目的本年发生额填列。

"投资支出"项目，反映事业单位本年以货币资金对外投资发生的支出。本项目应当根据"投资支出"科目的本年发生额填列。

"债务还本支出"项目，反映事业单位本年偿还自身承担的纳入预算管理的从金融机构举借的债务本金的支出。本项目应当根据"债务还本支出"科目的本年发生额填列。

"其他支出"项目，反映单位本年除以上支出以外的各项支出。本项目应当根据"其他支出"科目的本年发生额填列。"利息支出"项目，反映单位本年发生的利息支出。本项目应当根据“其他支出”科目明细账记录分析填列。单位单设“利息支出”科目的，应当根据“利息支出”科目的本年发生额填列。“捐赠支出”项目，反映单位本年发生的捐赠支出。本项目应当根据“其他支出”科目明细账记录分析填列。单位单设“捐赠支出”科目的，应当根据“捐赠支出”科目的本年发生额填列。

“本年预算收支差额”项目，反映单位本年各项预算收支相抵后的差额。本项目应当根据本表中“本期预算收入”项目金额减去“本期预算支出”项目金额后的金额填列；如相减后金额为负数，以“-”号填列。

2）预算结转结余变动表

（1）预算结转结余变动表的概念及格式

预算结转结余变动表反映单位在某一会计年度内预算结转结余的变动情况。预算结转结余变动表见表5-11。

表5-11 **预算结转结余变动表** 会政预02表

编制单位：________ ____年 单位：元

项目	本年数	上年数
一、年初预算结转结余		
（一）财政拨款结转结余		
（二）其他资金结转结余		
二、年初余额调整（减少以“-”号填列）		
（一）财政拨款结转结余		
（二）其他资金结转结余		
三、本年变动金额（减少以“-”号填列）		
（一）财政拨款结转结余		
1.本年收支差额		
2.归集调入		
3.归集上缴或调出		
（二）其他资金结转结余		
1.本年收支差额		
2.缴回资金		
3.使用专用结余		
4.支付所得税		
四、年末预算结转结余		
（一）财政拨款结转结余		
1.财政拨款结转		
2.财政拨款结余		
（二）其他资金结转结余		
1.非财政拨款结转		
2.非财政拨款结余		
3.专用结余		
4.经营结余（如有余额，以“-”号填列）		

（2）预算结转结余变动表的编制说明

“本年数”栏反映各项目的本年实际发生数。本表“上年数”栏反映各项目的上年实际发生数，应当根据上年度预算结转结余变动表中“本年数”栏内所列数字填列。如果本年度预算结转结余变动表规定的项目的名称和内容同上年度不一致，应当对上年度预算结转结余变动表项目的名称和数字按照本年度的规定进行调整，将调整后金额填入本年度预算结转结余变动表的“上年数”栏。

本表中“年末预算结转结余”项目金额等于“年初预算结转结余”“年初余额调整”“本年变动金额”三个项目的合计数。

“年初预算结转结余”项目，反映单位本年预算结转结余的年初余额。本项目应当根据本项目下“财政拨款结转结余”“其他资金结转结余”项目金额的合计数填列。

“财政拨款结转结余”项目，反映单位本年财政拨款结转结余资金的年初余额。本项目应当根据“财政拨款结转”“财政拨款结余”科目本年年初余额合计数填列。

“其他资金结转结余”项目，反映单位本年其他资金结转结余的年初余额。本项目应当根据“非财政拨款结转”“非财政拨款结余”“专用结余”“经营结余”科目本年年初余额的合计数填列。

“年初余额调整”项目，反映单位本年预算结转结余年初余额调整的金额。本项目应当根据本项目下“财政拨款结转结余”“其他资金结转结余”项目金额的合计数填列。

“财政拨款结转结余”项目，反映单位本年财政拨款结转结余资金的年初余额调整金额。本项目应当根据“财政拨款结转”“财政拨款结余”科目下“年初余额调整”明细科目的本年发生额的合计数填列；如调整减少年初财政拨款结转结余，以“-”号填列。

“其他资金结转结余”项目，反映单位本年其他资金结转结余的年初余额调整金额。本项目应当根据“非财政拨款结转”“非财政拨款结余”科目下“年初余额调整”明细科目的本年发生额的合计数填列；如调整减少年初其他资金结转结余，以“-”号填列。

“本年变动金额”项目，反映单位本年预算结转结余变动的金额。本项目应当根据本项目下“财政拨款结转结余”“其他资金结转结余”项目金额的合计数填列。

“财政拨款结转结余”项目，反映单位本年财政拨款结转结余资金的变动。本项目应当根据本项目下“本年收支差额”“归集调入”“归集上缴或调出”项目金额的合计数填列。

“本年收支差额”项目，反映单位本年财政拨款资金收支相抵后的差额。本项目应当根据“财政拨款结转”科目下“本年收支结转”明细科目本年转入的预算收入与预算支出的差额填列；差额为负数的，以“-”号填列。

“归集调入”项目，反映单位本年按照规定从其他单位归集调入的财政拨款结转资金。本项目应当根据“财政拨款结转”科目下“归集调入”明细科目的本年发生额填列。

“归集上缴或调出”项目，反映单位本年按照规定上缴的财政拨款结转结余资金及按照规定向其他单位调出的财政拨款结转资金。本项目应当根据“财政拨款结转”“财政拨款结余”科目下“归集上缴”明细科目，以及“财政拨款结转”科目下“归集调出”明细科目本年发生额的合计数填列，以“-”号填列。

“其他资金结转结余”项目，反映单位本年其他资金结转结余的变动。本项目应当根据本项目下“本年收支差额”“缴回资金”“使用专用结余”“支付所得税”项目金额的合计数填列。

“本年收支差额”项目，反映单位本年除财政拨款外的其他资金收支相抵后的差额。本项目应当根据“非财政拨款结转”科目下“本年收支结转”明细科目、“其他结余”科目、“经营结余”科目本年转入的预算收入与预算支出的差额的合计数填列；如为负数，以“-”号填列。

“缴回资金”项目，反映单位本年按照规定缴回的非财政拨款结转资金。本项目应当根据“非财政拨款结转”科目下“缴回资金”明细科目本年发生额的合计数填列，以“-”号填列。

“使用专用结余”项目，反映本年事业单位根据规定使用从非财政拨款结余或经营结余中提取的专用基金的金额。本项目应当根据“专用结余”科目明细账中本年使用专用结余业务的发生额填列，以“-”号填列。

“支付所得税”项目，反映有企业所得税缴纳义务的事业单位本年实际缴纳的企业所得税金额。本项目应当根据“非财政拨款结余”明细账中本年实际缴纳企业所得税业务的发生额填列，以“-”号填列。

“年末预算结转结余”项目，反映单位本年预算结转结余的年末余额。本项目应当根据本项目下“财政拨款结转结余”“其他资金结转结余”项目金额的合计数填列。

“财政拨款结转结余”项目，反映单位本年财政拨款结转结余的年末余额。本项目应当根据本项目下“财政拨款结转”“财政拨款结余”项目金额的合计数填列。本项目下“财政拨款结转”“财政拨款结余”项目，应当分别根据“财政拨款结转”“财政拨款结余”科目的本年年末余额填列。

“其他资金结转结余”项目，反映单位本年其他资金结转结余的年末余额。本项目应当根据本项目下“非财政拨款结转”“非财政拨款结余”“专用结余”“经营结余”项目金额的合计数填列。本项目下“非财政拨款结转”“非财政拨款结余”“专用结余”“经营结余”项目，应当分别根据“非财政拨款结转”“非财政拨款结余”“专用结余”“经营结余”科目的本年年末余额填列。

3）财政拨款预算收入支出表

（1）财政拨款预算收入支出表的概念及格式

财政拨款预算收入支出表反映单位本年财政拨款预算资金收入、支出及相关变动的具体情况。该表的格式见表5-12。

表5-12　　　　　　　　　　　**财政拨款预算收入支出表**　　　　　　　　　　　会政预03表

编制单位：________　　　　　　　　　　____年　　　　　　　　　　　　单位：元

项　目	年初财政拨款结转结余		调整年初财政拨款结转结余	本年归集调入	本年归集上缴或调出	单位内部调剂		本年财政拨款收入	本年财政拨款支出	年末财政拨款结转结余	
	结转	结余				结转	结余			结转	结余
一、一般公共预算财政拨款											
（一）基本支出											
1.人员经费											
2.日常公用经费											
（二）项目支出											
1.××项目											
2.××项目											
……											
二、政府性基金预算财政拨款											
（一）基本支出											
1.人员经费											
2.日常公用经费											
（二）项目支出											
1.××项目											
2.××项目											
……											
总计											

（2）财政拨款预算收入支出表编制说明

本表“项目”栏内各项目，应当根据单位取得的财政拨款种类分项设置。其中“项目支出”项目下，根据每个项目设置；单位取得除一般公共预算财政拨款和政府性基金预算财政拨款以外的其他财政拨款的，应当按照财政拨款种类增加相应的资金项目及其明细项目。

“年初财政拨款结转结余”栏中各项目，反映单位年初各项财政拨款结转结余的金额。各项目应当根据“财政拨款结转”“财政拨款结余”及其明细科目的年初余额填列。本栏中各项目的数额应当与上年度财政拨款预算收入支出表中“年末财政拨款结转结余”栏中各项目的数额相等。

“调整年初财政拨款结转结余”栏中各项目，反映单位对年初财政拨款结转结余的调整金额。各项目应当根据“财政拨款结转”“财政拨款结余”科目下“年初余额调整”明细科目及其所属明细科目的本年发生额填列；如调整减少年初财政拨款结转结余，以“-”号填列。

“本年归集调入”栏中各项目，反映单位本年按规定从其他单位调入的财政拨款结转资金金额。各项目应当根据“财政拨款结转”科目下“归集调入”明细科目及其所属明细科目的本年发生额填列。

“本年归集上缴或调出”栏中各项目，反映单位本年按规定实际上缴的财政拨款结转结余资金，及按照规定向其他单位调出的财政拨款结转资金金额。各项目应当根据“财政拨款结转”“财政拨款结余”科目下“归集上缴”科目和“财政拨款结转”科目下“归集调出”明细科目，及其所属明细科目的本年发生额填列，以“-”号填列。

“单位内部调剂”栏中各项目，反映单位本年财政拨款结转结余资金在单位内部不同项目之间的调剂金额。各项目应当根据“财政拨款结转”和“财政拨款结余”科目下的“单位内部调剂”明细科目及其所属明细科目的本年发生额填列；对单位内部调剂减少的财政拨款结余金额，以“-”号填列。

“本年财政拨款收入”栏中各项目，反映单位本年从同级财政部门取得的各类财政预算拨款金额。各项目应当根据“财政拨款预算收入”科目及其所属明细科目的本年发生额填列。

“本年财政拨款支出”栏中各项目，反映单位本年发生的财政拨款支出金额。各项目应当根据“行政支出”“事业支出”等科目及其所属明细科目本年发生额中的财政拨款支出数的合计数填列。

“年末财政拨款结转结余”栏中各项目，反映单位年末财政拨款结转结余的金额。各项目应当根据“财政拨款结转”“财政拨款结余”科目及其所属明细科目的年末余额填列。

本章小结

行政事业单位会计可以提供各单位预算收支情况、财务状况、运行情况和现金流量等方面的信息。行政事业单位会计包括行政事业单位预算会计和行政事业单位财务会计两部分内容。其中，行政事业单位财务会计以权责发生制为基础对行政事业单位发生的各项经济业务和事项进行会计核算，反映和监督政府财务状况、运行情况、运行成本和现金流量等信息的会计。行政事业单位预算会计以收付实现制为基础，对行政事业单位预算收支执行情况和结果进行核算、反映和监督。现行行政事业单位会计具有双功能、双基础、双报告的特点。

行政事业单位预算会计的三个会计要素是预算收入、预算支出和预算结余。

行政事业单位财务会计的会计要素是收入、费用、资产、负债和净资产。行政事业单位的预算会计报表包括预算收入支出表、预算结转结余变动表和财政拨款预算收入支出表。

行政事业单位的财务报表包括资产负债表、收入费用表、净资产变动表、现金流量表以及附注。

思考与练习题

一、简答题

1.行政事业单位会计核算的主要特点是什么？

2.行政事业单位的会计要素有哪些？

3.行政事业单位的预算收入核算哪些内容？

4.行政事业单位的预算支出核算哪些内容？

5.行政事业单位的预算结余包括哪些内容？如何核算？

6.行政事业单位财务会计的资产、负债核算哪些内容？与企业财务会计的资产、负债的核算有何异同？

7.行政事业单位财务会计的收入、费用核算哪些内容？与企业财务会计的收入、费用的核算有何异同？

8.行政事业单位财务会计的净资产核算哪些内容？与企业财务会计的净资产的核算有何异同？

9.行政事业单位需要编制哪些报表？

二、业务题

1.根据政府会计主体发生的下列经济业务，编制相应财务会计分录。

（1）某事业单位员工出差暂借差旅费5 000元，以银行存款转账支付。出差回来后实际报销5 200元，以银行存款转账补足。

（2）某事业单位以现金对外捐赠20 000元。

（3）某事业单位收到受托代理、代管的现金30 000元。

（4）某行政单位期末现金核查发现短缺7 000元。

（5）某事业单位收到银行存款利息收入580元。

（6）某行政单位支付银行手续费500元。

（7）某事业单位支付银行手续费300元。

（8）某事业单位以财政授权支付方式支付日常活动费用5 000元。

（9）某事业单位购买国债700元，一个月后获得利息50元。半年后以850元出售。

（10）某事业单位从事经营活动，实现收入8 000元，收到商业汇票。

（11）某事业单位从事专业业务活动，取得收入9 000元，款项尚未收到。

（12）某事业单位取得长期股权投资75 000元，其中包括已经宣告但尚未发放的现金股利5 000元。

（13）某事业单位发生与长期债券投资有关的如下业务：

①取得长期债券投资85 000元，其中已到付息期但尚未领取的利息为5 000元。

②提取长期债券投资的本年利息200元。该债券为分期付息、到期还本债券。

（14）某事业单位年末对不需要上缴财政的应收账款计提坏账准备，确认坏账损失900元。

（15）某事业单位不需要上缴财政的应收账款600元逾期，无法收回。

（16）某事业单位发生下列与自制物品有关的业务：

①以财政直接支付方式购买材料8 000元，收到结算凭证但货未到。

②上述物资已经到达并验收入库。

③为自制物品领用材料2 000元。

④自制物品发生人工费用3 000元。

⑤以银行存款支付上述自制物品的其他间接费用1 000元。

⑥上述自制物品完工，验收入库。

（17）某行政单位无偿调入物品9 000元。

（18）某行政单位开展业务活动，发出库存物品6 500元。

（19）某行政单位经批准无偿调出库存物品8 600元。发生归属于调出方的相关费用400元。

（20）某事业单位以财政授权支付方式支付一年的财产险60 000元。

（21）摊销一个月的财产险。

（22）某行政单位发生如下与固定资产购入有关的业务：

①以财政直接支付方式购入需要安装的设施96 000元。

②以银行存款支付安装费用4 000元。

③上述设施安装完成。

（23）某行政单位接受捐赠的固定资产，以名义金额入账，并负担相关运费500元，以银行存款支付。

（24）某行政单位无偿调入固定资产80 000元，以银行存款支付相关税金及运费1 000元。

（25）某事业单位对某固定资产进行改扩建，相关业务如下：

①该固定资产的账面余额8 500元，累计折旧500元，转入改扩建。

②以财政直接支付方式支付在建工程的扩建支出6 000元。

③上述项目完工。

（26）某事业单位对外捐赠固定资产一台，账面余额50 000元，累计折旧10 000元。以银行存款支付发生的运费500元。

（27）某行政单位无偿调拨固定资产一台，账面余额65 000元，累计折旧5 000元。

（28）某事业单位对外出售固定资产一台，账面余额9 500元，累计折旧3 500元，收到变卖款项7 000元，应上缴财政。

（29）某行政单位以财政直接支付方式购入专利权90 000元。

（30）某事业单位委托软件公司开发软件，以财政授权支付方式预付开发费40 000元。

（31）某事业单位自行研究开发无形资产，相关业务如下：

①研究阶段支出75 000元，其中研发人员工资45 000元，领用库存物品30 000元。

②月末将上述研究阶段支出转为费用。

③该事业单位自行研究开发项目开发阶段支出50 000元，全部为研发人员工资。

④上述自行研究开发项目完成，达到预定使用用途。

（32）某事业单位摊销本月无形资产价值5 000元。

（33）某事业单位出售转让无形资产，账面余额50 000元，累计摊销10 000元，处置价款60 000元上缴财政。

（34）某行政单位接受无偿调入的公共基础设施，价值80 000元。

（35）某行政单位接受捐赠的公共基础设施，价值75 000元，以银行存款支付该设施的运输费用2 000元。

（36）某行政单位以财政授权支付方式支付公共基础设施的日常维修维护费用5 000元。

（37）某行政单位公共基础设施盘亏，账面余额89 000元，累计折旧9 000元。

（38）某行政单位以财政直接支付方式购入政府储备物资一批，价值900 000元。

（39）某行政单位无偿调入政府储备物资，价值50 000元。

（40）某事业单位以财政授权支付方式购买文物文化资产80 000元。

（41）某事业单位接受捐赠文物文化资产，价值87 000元，以银行存款支付运输费用2 000元。

（42）某行政单位以财政直接支付方式购入保障性住房，价值80 000 000元。

（43）某行政单位出租保障性住房，收到本月租金50 000元存入银行。

（44）某行政单位按月计提保障性住房折旧60 000元。

（45）某事业单位借入短期借款，其相关业务如下：

①借入3个月的短期借款500 000元。

②每月月末计提短期借款利息20 000元。

③归还到期的短期借款及3个月利息。

（46）某行政单位本年应支付车船税15 000元。

（47）以银行存款支付车船税15 000元。

（48）某行政单位从事业务活动人员工资600 000元，代扣个人所得税10 000元。

（49）以财政直接支付方式支付上述工资。

（50）某行政单位通过银行存款上缴应上缴财政的罚没款56 000元。

（51）某行政单位确认拨付的政府补贴款为56 000元。

（52）以财政授权支付方式向相关单位支付上述政府补贴款。

（53）某事业单位预提本月承担的在建工程借款利息50 000元，工程尚未完工，利息到期一次性支付。

（54）某行政单位按照规定预提本月的租金60 000元。

（55）某行政单位收到财政授权支付下的拨款6 500 000元。

（56）某事业单位本年因为购货退回发生了财政直接支付款项退回50 000元。

（57）某事业单位收到上级补助收入450 000元、附属单位上缴收入60 000元、非同级财政拨款收入700 000元、经营活动实现的收入为80 000元。

（58）某事业单位出售长期债券投资65 000元，取得价款75 000元。

（59）某事业单位用权益法核算的长期股权投资，应享有被投资单位净利润63 000元。

（60）某行政单位收回已核销的其他应收款50 000元。

（61）某事业单位应付账款6 000元无法偿还。

（62）某行政单位为开展业务活动提取固定资产折旧5 000元、无形资产摊销5 000元、公共基础设施折旧5 000元、保障性住房折旧5 000元。

（63）某行政单位从收入中按比例提取专用基金 6 500元。

（64）某事业单位计提经营活动人员的工资89 000元，代扣个人所得税2 000元，以财政授权支付方式支付工资。

（65）以银行存款上缴上述个人所得税。

（66）某事业单位通过银行转账向上级单位上缴费用50 000元。

（67）某事业单位通过银行转账向附属单位补助金额60 000元。

（68）某事业单位按照规定计提应收账款的坏账准备5 000元。

（69）某行政单位通过银行转账支付罚没支出500元。

（70）某事业单位期末对相关科目余额进行结转：

①本期发生财政拨款收入50 000元、上级补助收入10 000元、附属单位上缴收入10 000元、非同级财政拨款收入10 000元、捐赠收入10 000元、利息收入10 000元、租金收入10 000元、其他收入10 000元。

②本期发生业务活动费用10 000元、资产处置费用10 000元、上缴上级费用10 000元、对附属单位补助费用10 000元、其他费用10 000元。

③将本期盈余70 000元转入本年盈余分配。

④按照规定从本年度非财政拨款结余中提取专用基金20 000元。

⑤结转本年盈余分配的贷方余额50 000元。

⑥结转无偿调拨净资产的贷方余额56 000元。

⑦结转以前年度盈余调整的借方余额8 000元。

2.根据政府会计主体发生的下列经济业务，做出相应账务处理（编制财务会计和预算会计的平行分录。单位：万元）。

（1）某行政单位在财政直接支付方式下，购买固定资产1万元。

（2）某行政单位收到财政授权支付额度5万元。

（3）某行政单位在其他方式下收到财政拨款5万元。

（4）某事业单位本年度财政直接支付预算指标数是50万元，当年财政直接支付实际支付数是47万元。

（5）某事业单位本年度财政授权支付预算指标数是50万元，当年财政授权支付实际支付数是48万元。

（6）财政拨款收入共100万元，年末进行结转。

（7）某事业单位以财政专户返还的方式收到从财政专户返还的款项5万元。

（8）期末对事业收入的专项资金收入2万元和非专项资金收入1万元进行结转。

（9）收到上级补助收入50万元。

（10）期末对上级补助收入的专项资金收入2万元和非专项资金收入1万元进行结转。

（11）收到附属单位上缴的收入50万元。

（12）期末对附属单位上缴收入的专项资金收入2万元和非专项资金收入1万元进行结转。

（13）收到经营活动实现的收入5万元。

（14）年末对经营收入60万元进行结转。

（15）某事业单位取得短期借款80万元。

（16）某事业单位归还短期借款本金80万元。

（17）期末结转债务预算收入中专项资金80万元、非专项资金20万元。

（18）期末结转债务还本支出90万元。

（19）收到非同级财政拨款收入85万元。

（20）期末将非同级财政拨款收入中的专项资金45万元和非专项资金40万元进行结转。

（21）出售成本为80万元的短期投资，获得价款85万元。

（22）收到分期付息、一次还本的长期债券投资利息5万元。

（23）出售成本为90万元的长期债券投资，取得变卖所得95万元。

（24）期末将投资收益50万元进行结转。

（25）取得捐赠的货币资金100万元。

（26）接受捐赠的固定资产10万元，以银行存款支付1万元相关税费。

（27）期末结转捐赠收入10万元，其中专项资金2万元、非专项资金8万元。

（28）收到科技成果转化收入50万元，按规定留归本单位。

（29）某行政单位收回已经核销的其他应收款50万元。

（30）期末结转其他收入10万元、专项资金3万元、非专项资金7万元。

（31）某行政单位本月工资总额100万元，代扣个人所得税10万元，以财政直接支付方式支付90万元工资，以财政授权支付方式支付个人所得税。

（32）某行政单位开展业务活动，以财政直接支付方式支付费用10万元。

（33）期末结转行政单位发生的业务活动费用50万元，其中财政拨款支出15万元、非同级财政专项资金支出25万元、非同级财政非专项资金支出10万元。

（34）某事业单位发生与管理活动有关的费用56万元，以财政直接支付方式支付。

（35）某事业单位以银行存款支付由于开展管理活动而负担的税金及附加2万元。

（36）期末结转事业单位发生的单位管理费用50万元，其中财政拨款支出15万元，非同级财政专项资金支出25万元、非同级财政非专项资金支出10万元。

（37）某事业单位本月经营活动人员的工资总额10万元，代扣个人所得税1万元，以财政授权支付方式支付9万元工资，以银行存款支付个人所得税。

（38）以银行存款支付经营活动发生的费用2万元。

（39）对本期经营费用2万元进行结转。

（40）处置资产过程中发生相关费用1万元，以银行存款支付。

（41）发生企业所得税纳税义务60万元，以银行存款支付。

（42）以银行存款支付本月短期借款利息费用5万元。

（43）期末结转其他费用50万元，其中非财政专项资金支出20万元、非财政非专项资金支出30万元。

（44）从其他单位调入财政拨款结转资金80万元，存入银行。

（45）以财政授权支付方式向其他单位调出财政拨款结转资金950万元。

（46）单位内部将财政拨款结余资金500万元调剂为结转资金。

（47）对某行政单位年末的下列业务进行账务处理：

①结转财政拨款预算收入620万元、财政拨款预算支出520万元。

②冲销财政拨款结转以下明细科目的余额：

——年初余额调整（贷方50万元）　　——归集调入（贷方50万元）

——单位内部调剂（贷方50万元）　　——本年收支结转（贷方50万元）

——归集上缴（借方40万元）　　——归集调出（借方40万元）

③将符合财政拨款结余性质的项目余额80万元转入财政拨款结余。

④按照规定以财政授权支付方式上缴财政拨款结余资金60万元。

⑤对财政拨款结余相关明细账户余额进行结转。

——年初余额调整（贷方50万元）　　——归集上缴（借方20万元）
——单位内部调剂（借方20万元）

（48）对某事业单位年末的下列业务进行账务处理：

①结转下列预算收入和预算支出中的专项收支余额：
——事业预算收入50万元　　——非同级财政拨款预算收入50万元
——上级补助预算收入50万元　　——附属单位上缴预算收入50万元
——债务预算收入50万元　　——其他预算收入50万元
——事业支出100万元

②对非财政拨款结转相关明细科目余额进行结转。
——年初余额调整（贷方50万元）　——本年收支结转（贷方50万元）
——缴回资金（借方50万元）　　——项目管理费（借方50万元）

③将留归本单位使用的非财政拨款专项剩余资金6万元转入非财政拨款结余。

④对非财政拨款结余相关明细科目余额进行结转。
——年初余额调整（贷方50万元）　——项目间接费用（贷方50万元）
——结转转入（贷方50万元）　　——缴回资金（借方100万元）

⑤结转下列预算收入和预算支出中的非专项收支余额。
——事业预算收入5万元　　——上级补助预算收入5万元
——附属单位上缴预算收入5万元　——非同级财政拨款预算收入5万元
——债务预算收入5万元　　——其他预算收入5万元
——投资预算收益5万元　　——事业支出4万元
——其他支出4万元　　——上缴上级支出4万元
——对附属单位补助支出4万元　　——投资支出4万元
——债务还本支出4万元

⑥结转其他结余贷方余额6万元。

⑦结转经营预算收入800万元、经营支出700万元。

⑧结转经营结余100万元。

⑨结转非财政拨款结余分配贷方余额800万元。

第5章思考与练习题参考答案

第三篇
民间非营利组织会计

第6章/
民间非营利组织会计

【学习目标】通过本章内容学习，掌握民间非营利组织会计的概念及其会计核算原则；掌握民间非营利组织会计资产、负债、收入、费用和净资产各要素的会计核算；了解民间非营利组织的主要会计报表及其编制方法。

6.1 民间非营利组织会计概述

6.1.1 民间非营利组织

1）民间非营利组织的概念

非营利组织是为社会提供政府和企业难于充分提供或不便提供的服务的组织，是介于第一部门（政府组织）和第二部门（营利组织，一般指企业）之间的第三部门（除政府组织和营利组织之外的一切社会组织）。由于公立的非营利组织被纳入政府会计核算范畴，因此，我国的非营利组织一般是指民间非营利组织。

民间非营利组织包括依照国家法律、行政法规设立或登记的社会团体、基金会、社会服务机构、宗教活动场所、宗教院校和境外非政府组织代表机构等。其中，社会团体包括学术性、行业性和专业性社会团体等种类；基金会包括公募基金会和非公募基金会等种类；社会服务机构是指自然人、法人或者其他组织为了提供社会服务，主要利用非国有资产设立的非营利性法人，包括教育、卫生、文化、科技、体育、社会中介、法律服务单位等种类，基金会包括公募基金会和非公募基金会等种类。

2）民间非营利组织的特征

尽管民间非营利组织种类繁多，但根据我国《民间非营利组织会计制度》的规定，各种民间非营利组织应该同时具有如下三个方面的基本特征：

（1）该组织为公益目的或者其他非营利目的的成立

民间非营利组织不以营利为目的，这是民间非营利组织与营利性企业之间的本质区别。对于营利性企业来说，其设立和业务活动的最终目标都是增加其利润，为投资者积累更多的资本。营利性组织决策是否成功、业务活动的最终目标是否能够实现，在很大程度上取决于赚取利润的多少。而对于民间非营利组织来讲，其设立和开展业务活动并不是为了追逐利润，其目的在于按照资金提供者的期望和要求，为社会提供更多的服务或商品。

（2）该组织不向出资人、设立人或者会员分配所取得利润

营利性企业的资源是投资者出资形成的，其所有权归属于出资者，投资者出资的目的是将其资源投入生产经营过程后，与其他生产要素相结合，生产社会所需要的产品或服务，并使投入的资本增值。同时，营利性企业的所有者将资产交付组织后，不但保留收回投资的权利，而且对经营利润以及解散、破产的剩余财产也有按一定比例分享的权利。

而非营利组织财产的提供者，其出资目的并不是期望得到同等或成比例的出资回报，而是希望组织为整个社会或特定团体提供更多的服务或商品，他们不指望获取对非营利组织净资产予以分享的权利。

（3）出资人对投入该组织的财产不保留或享有任何财产权利

营利性组织的资产归出资者所有，因积累形成的新资产也归属其出资者。而民间非营利组织的净资产既不属于组织所有，也不属于出资者（如捐赠人、会员等）。任何单位或个人不因为出资而拥有民间非营利组织的所有权，也不存在该组织一旦清算可以分享剩余财产的净资产。非营利组织一旦进行清算，清算后的剩余财产只能交给政府或其他非营利组织或继续服务社会的公益事业。

6.1.2 民间非营利组织会计

民间非营利组织会计是核算、反映和监督民间非营利组织经济活动过程及其结果的专业会计。

《民间非营利组织会计制度》规定，会计核算所提供的信息应当能够满足会计信息使用者（如捐赠人、会员、监管者等）的需要。因此，民间非营利组织会计属于财务会计的范畴，是对外报告会计，侧重为捐赠人、会员、监管者等外部会计信息使用者服务。

6.1.3 民间非营利组织会计核算的原则

为了规范会计核算行为，保证会计信息质量，《民间非营利组织会计制度》第一章第七条规定了民间非营利组织会计核算的基本原则：

1）客观性原则

民间非营利组织的会计核算应当以实际发生的经济业务为依据，如实反映其财务状况收支结余和现金流量。

2）实质重于形式原则

民间非营利组织应当按照经济业务的经济实质进行会计核算，而不应当仅仅按照它们的法律形式作为会计核算的依据。

3）相关性原则

民间非营利组织提供的会计信息应当能够真实、完整地反映其财务状况、收支结余和现金流量，以满足会计信息使用者的需要。

4）一致性原则

民间非营利组织的会计核算方法前后各期应当保持一致，不得随意变更。如有必要变更，应当将变更的情况、原因和对单位财务收支情况及结果的影响在会计报表附注中予以说明。

5）可比性原则

民间非营利组织应当按照规定的会计处理方法进行会计核算，会计指标应当口径一

致、相互可比。

6）及时性原则

民间非营利组织的会计核算应当及时进行，不得提前或延后。

7）明晰性原则

民间非营利组织的会计核算应当清晰明了，便于理解和利用。

8）权责发生制原则

民间非营利组织的会计核算一般以权责发生制为基础。

9）配比性原则

民间非营利组织在进行会计核算时，收入与其成本、费用应当相互配比，同一会计期间内的各项收入和与其相关的成本、费用，应当在该会计期间内确认。

10）实际成本计量原则

民间非营利组织的各项财产在取得时应当按照实际成本计量。其后，各项财产发生减值，应当按照本制度规定计提相应的减值准备。除法律、行政法规和国家统一的会计制度另有规定者外，民间非营利组织一律不得自行调整其账面价值。

11）谨慎性原则

民间非营利组织的会计核算不得多计资产或收益，也不得少计负债或费用。

12）合理划分收益性支出与资本性支出原则

凡支出的效益仅与本年度相关的，应当作为收益性支出；凡支出的效益与几个会计年度相关的，应当作为资本性支出。

13）重要性原则

民间非营利组织的会计核算应当遵循重要性原则，对资产、负债、结余等有较大影响，进而影响财务会计报告使用者据以做出合理判断的重要会计事项，必须按照规定的会计方法和程序进行处理，并在财务会计报告中予以充分的披露；对于次要的会计事项，在不影响会计信息真实性和不至于误导会计信息使用者做出正确判断的前提下，可适当简化处理。

6.1.4　民间非营利组织会计的要素与会计科目

民间非营利组织会计设置了资产、负债、净资产、收入、费用五个会计要素。

根据《民间非营利组织会计制度》，民间非营利组织会计共设置会计科目54个。其中资产类24个，负债类12个，净资产类3个，收入类8个，费用类7个。具体内容见表6-1。

表6-1　**民间非营利组织会计科目表**

序号	编号	科目名称	序号	编号	科目名称
一、资产			二、负债		
1	1001	现金	25	2101	短期借款
2	1002	银行存款	26	2201	应付票据
3	1009	其他货币资金	27	2202	应付账款
4	1101	短期投资	28	2203	预收账款

续表

序号	编号	科目名称	序号	编号	科目名称
5	1102	短期投资跌价准备	29	2204	应付工资
6	1111	应收票据	30	2206	应交税金
7	1121	应收账款	31	2209	其他应付款
8	1122	其他应收款	32	2301	预提费用
9	1131	坏账准备	33	2401	预计负债
10	1141	预付账款	34	2501	长期借款
11	1201	存货	35	2502	长期应付款
12	1202	存货跌价准备	36	2601	受托代理负债
13	1301	待摊费用	三、净资产		
14	1401	长期股权投资	37	3101	非限定性净资产
15	1402	长期债权投资	38	3102	限定性净资产
16	1421	长期投资减值准备	39	3201	以前年度净资产调整
17	1501	固定资产	四、收入		
18	1502	累计折旧	40	4101	捐赠收入
19	1505	在建工程	41	4201	会费收入
20	1506	文物文化资产	42	4301	提供服务收入
21	1509	固定资产清理	43	4401	政府补助收入
22	1601	无形资产	44	4501	商品销售收入
23	1701	受托代理资产	45	4601	投资收益
24	1801	长期待摊费用	46	4701	总部拨款收入
			47	4901	其他收入
五、费用					
48	5101	业务活动成本			
49	5201	管理费用			
50	5301	筹资费用			
51	5401	其他费用			
52	5501	税金及附加			
53	5601	所得税费用			
54	5701	资产减值损失			

6.2 民间非营利组织的资产

6.2.1 民间非营利组织资产的概念与分类

1）民间非营利组织资产的概念

民间非营利组织资产是指过去的交易或者事项形成并由民间非营利组织拥有或者控制的资源，该资源预期会给民间非营利组织带来经济利益或者服务潜力。

2）民间非营利组织资产的分类

民间非营利组织的资产按流动性分为流动资产、非流动资产，此外还包括受托代理资产。

（1）流动资产

流动资产是指预期可在1年内（含1年）变现或者耗用的资产，包括货币资产、短期投资、应收及预付款项、存货等。

（2）非流动资产

非流动资产是指变现或者耗用周期在1年以上（不含1年）的资产，包括长期投资、固定资产、文物文化资产、在建工程、无形资产等。

（3）受托代理资产

受托代理资产是民间非营利组织接受委托方委托从事受托代理业务而收到的资产。

6.2.2 民间非营利组织资产的确认与计量

民间非营利组织的资产在取得时应当按照实际成本计量。

民间非营利组织接受捐赠的短期投资、存货、长期投资、固定资产和无形资产等，在接受捐赠时，如果捐赠人提供了诸如发票等有关凭据，应当按照凭据上标明的金额作为入账价值；如果捐赠人没有提供诸如发票等有关凭据，应当以公允价值作为入账价值。

后续计量时，民间非营利组织应当定期或至少每年年度终了，对短期投资、应收账款、存货、长期投资等资产是否发生减值进行检查。如果这些资产发生了减值，应计提减值准备。对于已经计提减值准备的资产价值在以后会计期间得以恢复时，应当在该资产已经计提的资产减值准备范围内部分或全部转回。

民间非营利组织对于受托代理资产，比照接受捐赠资产的计量原则计量。即捐赠者能够提供凭证的，按照凭证上注明的金额入账，但若凭证上注明的金额与其公允价值相差较大，应按公允价值计量；捐赠者不能提供凭证的，按照其公允价值计量。

6.2.3 民间非营利组织资产的核算

为核算资产业务，民间非营利组织应设置的有关流动资产的总账科目包括“现金”“银行存款”“其他货币资金”“短期投资”“短期投资跌价准备”“应收票据”“应收账款”“其他应收款”“坏账准备”“预付账款”“存货”“存货跌价准备”“待摊费用”等；应设置的有关长期投资的总账科目包括“长期股权投资”“长期债权投资”“长期投资减值准备”等；应设置的有关固定资产的总账科目包括“固定资产”“累计折旧”“在建工程”“文物文化资产”“固定资产清理”等；应设置的有关无形资产和受托代理资产的总账科目包括“无形资产”“无形资产减值准备”“累计摊销”“受托代理资产”等。

上述会计科目，大多数与营利性企业相应会计科目的核算类似，在此不再一一赘述。下面主要对民间非营利组织的“文物文化资产”“受托代理资产”“存货”“长期投资”等相关业务的核算进行介绍。

1）文物文化资产

文物文化资产是指用于展览、教育或研究等目的的历史文物、艺术品以及其他具有文化或者历史价值并将长期或者永久保存的典藏等。

民间非营利组织在设置“文物文化资产”科目核算文物文化资产业务的同时，还应设置文物文化资产登记簿和文物文化资产卡片，按文物文化资产类别设置明细科目，进行明细核算。有关文物文化资产的账务处理主要有：

（1）取得文物文化资产时，按取得时的实际成本，借记“文物文化资产”科目，贷记“银行存款”“应付账款”“捐赠收入”等科目。

（2）对文物文化资产进行盘点时，如果出现盘盈文物文化资产，应按照其公允价值，借记“文物文化资产”科目，贷记“其他收入”科目；如果出现盘亏的文物文化资产，则按照其账面余额扣除可以收回的保险赔偿和过失人的赔偿等后的金额，借记“管理费用”科目；按照可以收回的保险赔偿和过失人赔偿等，借记“现金”“银行存款”“其他应收款”等科目；按照文物文化资产的账面余额，贷记“文物文化资产”科目。

（3）处置文物文化资产时，按照所处置文物文化资产的账面余额，借记“固定资产清理”科目，贷记“文物文化资产”科目。

【例6-1】某文物展览馆外购一批陶瓷类历史文物，买价500 000元，运输费3 600元，复原费2 100元，运输费、复原费以银行存款支付，买价尚未支付。

借：文物文化资产——陶瓷类	505 700	
贷：银行存款		5 700
应付账款——某单位		500 000

【例6-2】某个人向文物展览馆捐赠一项历史藏书。捐赠者没有提供凭证。其同类市场公允价值450 000元。

借：文物文化资产——藏书	450 000	
贷：捐赠收入——非限定性收入		450 000

【例6-3】某历史文物展览馆，年末盘点发现丢失一件古字画，价值550 000元。经保险公司确认赔偿330 000元。应由本单位责任人赔偿20 000元，款项尚未收到。

借：其他应收款——保险赔偿	330 000	
——责任人	20 000	
管理费用	200 000	
贷：文物文化资产——古字画		550 000

【例6-4】某历史文物展览馆处置一项文物文化资产，该文物文化资产的账面余额为120 000元。

借：固定资产清理	120 000	
贷：文物文化资产		120 000

2）受托代理资产

受托代理资产是民间非营利组织接受委托方的委托从事委托代理业务而收到的资产。

随着经济的发展，各种各样受托代理业务应运而生，如接受委托代理保管财物、代理转移资产、代理捐赠等业务。在受托代理过程中，民间非营利组织通常只是从委托方收到受托资产，并按照委托人的意愿将资产转赠给指定的其他组织或者个人。民间非营利组织本身只是在委托过程中起到中介作用，无权改变受托代理资产的用途或者变更受益人。所以民间非营利组织收到受托代理资产时，实际上是增加了一项义务——负债义务，即应将有关资产（受托代理资产）转赠给某单位或者个人。因此，受托方在收到代理的资产时，既增加一项资产，同时又发生一笔负债。所以，民间非营利组织接受委托代理时，确认受托代理资产的同时，还应确认受托代理负债。

为核算受托代理资产业务，民间非营利组织应设置“受托代理资产”科目，民间非营利组织还应当设置“受托代理资产登记簿”，并根据具体情况设置明细账户，进行明细核算。有关受托代理资产的具体账务处理是：

（1）若受托代理资产为非货币资产，则在收到受托代理资产时，按照应确认的入账金额，借记“受托代理资产”科目，贷记“受托代理负债”科目；转赠或转出受托代理资产时，按照转出受托代理资产的账面余额，借记“受托代理负债”科目，贷记“受托代理资产”科目。

（2）若受托代理资产为货币资产，可以在“现金”“银行存款”“其他货币资金”科目下设置“受托代理资产”明细科目进行明细核算。当收到货币性受托代理资产时，借记“现金——受托代理资产”、“银行存款——受托代理资产”或“其他货币资金——受托代理资产”科目，贷记“受托代理负债”；转赠或转出受托代理货币资产时，借记“受托代理负债”科目，贷记“现金——受托代理资产”、“银行存款——受托代理资产”或“其他货币资金——受托代理资产”科目。

【例6-5】某民间非营利组织受到甲方委托，为其代理捐赠。收到甲方资金100 000元，存入银行。

借：银行存款——受托代理资产　　100 000

　贷：受托代理负债——甲方　　100 000

【例6-6】承【例6-5】，按照委托方的捐赠意愿，该民间非营利组织将资金捐赠给中国红十字会。

借：受托代理负债——甲方　　100 000

　贷：银行存款——受托代理资产　　100 000

【例6-7】某民间非营利组织受到某单位委托，通过该单位向受灾地区捐赠物资一批，其公允价值300 000元。根据受托有关协议等凭证，编制会计分录：

借：受托代理资产——物资　　300 000

　贷：受托代理负债　　300 000

【例6-8】承【例6-7】，当该民间非营利组织向灾区移交捐赠物资时，根据有关凭证，编制如下会计分录：

借：受托代理负债　　300 000

贷：受托代理资产——物资　　300 000

3）存货

存货是指民间非营利组织在日常业务活动中持有以备出售或捐赠的，或者为了出售或捐赠仍处在生产过程中的，或者将在生产、提供服务或日常管理过程中耗用的材料、物资、商品等，包括材料、库存商品、委托加工材料，以及达不到固定资产标准的工具、器具等。

为核算民间非营利组织的存货业务，民间非营利组织应设置“存货”科目，该科目下按照存货的种类和存在形式设置明细科目进行明细核算。有关存货的主要账务处理是：

（1）民间非营利组织外购存货时，按照采购成本，借记“存货”科目，贷记“银行存款”“应付账款”等科目。

（2）民间非营利组织收到捐赠存货时，按照确定的成本，借记“存货”科目，贷记“捐赠收入”科目。

（3）民间非营利组织发出存货时，可以采用加权平均法、先进先出法、个别计价法等方法计算其成本，借记“管理费用”“业务活动成本”等科目，贷记“存货”科目。

（4）民间非营利组织盘盈存货时，按照其公允价值，借记“存货”科目，贷记“其他收入”科目。如为盘亏或者毁损的存货，按照存货账面价值扣除残料价值、可以收回的保险赔偿和过失人的赔偿等后的金额，借记“管理费用”科目；按照可以收回的保险赔偿和过失人赔偿等，借记“现金”“银行存款”“其他应收款”等科目；按照存货的账面价值余额，贷记“存货”科目。

（5）期末，民间非营利组织应当对存货是否发生了减值进行测试，如果存货的可变现净值低于其账面价值，应将可变现净值低于账面价值的差额，借记“管理费用——存货跌价准备”科目，贷记“存货跌价准备”科目。

如果以前期间已经计提跌价准备的存货价值在当期得以恢复，即存货的期末可变现净值高于账面价值，按照可变现净值高于账面价值的差额，在原有已经计提跌价准备的范围内转回；或者可变现净值高于上期期末存货的可变现净值，但仍然低于账面价值，应将高于上期期末的可变现净值转回。转回时，借记“存货跌价准备”科目，贷记“管理费用——存货跌价准备”科目。

注意：存货跌价准备的转回数，最高不超过已经计提的跌价准备总额，至多“存货跌价准备”科目的余额为零，但不能出现借方余额。

除了非货币性交易外，民间非营利组织出售存货时可不结转相应的存货跌价准备，待期末时一并进行调整。

【例6-9】某民间收容站接受外单位捐赠产品一批，捐赠者提供的发票注明金额38 500元。该收容站又以现金支付运杂费620元。产品验收入库。根据有关凭证编制会计分录：

借：存货——库存存货　　39 120

贷：捐赠收入——非限定性收入　　38 500

现金　　620

【例6-10】某民间非营利组织对外捐赠存货500套，每套实际成本126元。根据有关凭证编制会计分录：

借：业务活动成本　　63 000
　贷：存货——库存存货　　63 000

【例6-11】某民间非营利组织月末对库存存货进行盘点，发现短缺A存货2件，价值500元。经核实予以核销。该民间非营利组织应编制如下会计分录：

借：管理费用　　500
　贷：存货　　500

【例6-12】某民间非营利组织会计期末对某项存货进行检查，其账面价值为35 400元，其可变现净值为33 000元。该项存货发生跌价损失，应计提跌价准备2 400元（35 400-33 000）。计提跌价准备的会计分录：

借：管理费用——存货跌价准备　　2 400
　贷：存货跌价准备　　2 400

4）长期投资

民间非营利组织的长期投资包括长期债权投资和长期股权投资。

（1）长期债权投资

长期债权投资，是指民间非营利组织购入的在1年内（不含1年）不能变现或不准备随时变现的债权投资和其他债权投资。按长期债权投资的还本付息方式不同，长期债权投资可以分为一次还本付息债权投资和分次付息债权投资。

为核算长期债权投资业务，民间非营利组织应设置"长期债权投资"科目。有关长期债权投资的业务处理如下：

①民间非营利组织取得长期债权投资时，按实际成本，借记"长期债权投资"科目，如果实际支付的价款中包含已到付息日但尚未领取的债券利息，则将支付的全部价款扣除应领取的利息金额后的差额，借记"长期债权投资"科目，按照应领取的利息金额，借记"其他应收款"科目，贷记"银行存款""捐赠收入"等科目。

②长期债权投资持有期间，按照票面金额与票面利率按期计算确认利息收入，如果是一次还本付息的债权投资，借记"长期债权投资"科目，贷记"投资收益"科目；如果是分期付息、一次还本债权投资，则借记"其他应收款"科目，贷记"投资收益"科目。

对于长期债权投资初始投资成本与债券面值之间的差额，在债权投资持有期间，于确认相关债券利息收入时，按照直线法摊销。如果初始投资成本高于债券面值，按照应分摊的金额，借记"投资收益"科目，贷记"长期债权投资"科目；如果初始投资成本低于债券面值，按照应分摊的金额，借记"长期债权投资"科目，贷记"投资收益"科目。

③期末，民间非营利组织应当对长期债权投资是否发生减值进行检查。如果长期债权投资的可收回金额低于其账面价值，则按长期债权投资可收回金额低于其账面价值的差额，借记"管理费用——长期投资减值损失"科目，贷记"长期投资减值准备"科目。如果以前期间已计提减值准备的长期债权投资的价值在当期得以恢复，即长期投资的期末可收回金额高于其账面价值，按照可收回金额高于账面价值的差额，在原有计提减值准备的余额范围内，借记"长期投资减值准备"科目，贷记"管理费用——长期投资减值损失"科目。

④处置长期债权投资时，按照实际取得的价款，借记"银行存款"等科目；按照已经

计提的减值准备，借记“长期投资减值准备”科目；按照所处置长期债权投资的账面余额，贷记“长期债权投资”科目；按照尚未领取的已宣告但尚未发放的现金股利或利润，贷记“其他应收款”科目；按照其差额借记或贷记“投资收益”科目。

【例6-13】某民间慈善组织以50 000元的初始投资购入面值42 000元的5年期一次还本付息债券，其中，尚有已到付息日但尚未领取的债券利息500元，该债券的票面利率为5%。

取得长期债权投资时：

借：长期债权投资——债券投资——面值　　42 000

　　　　　　　　——债券投资——溢价　　7 500

　　其他应收款　　500

　贷：银行存款　　50 000

收到债券利息时：

借：银行存款　　500

　贷：其他应收款　　500

【例6-14】承【例6-13】，该慈善组织持有该债权投资1年后，计算确认当年的利息收入为2 100元，并摊销债券溢价1 500元（7 500÷5）。

每年确认应收利息时：

借：长期债权投资——债券投资——应收利息　　2 100

　贷：投资收益　　2 100

每年进行溢价摊销时：

借：投资收益　　1 500

　贷：长期债权投资——债券投资——溢价　　1 500

【例6-15】承【例6-13】【例6-14】，长期债权投资到期，该慈善组织收到本息共计52 500元（42 000+2 100×5）存入银行，该债券持有期间并未计提长期投资减值准备。

借：银行存款　　52 500

　贷：长期债权投资　　52 500

（2）长期股权投资

长期股权投资是指民间非营利组织持有的时间准备超过1年（不含1年）的各种股权性质的投资，包括长期股票投资和其他长期股权投资。

为核算长期股权投资业务，民间非营利组织应设置“长期股权投资”科目。有关长期股权投资的账务处理主要有：

①民间非营利组织取得长期股权投资时，按实际支付的全部价款，借记“长期股权投资”科目，贷记“银行存款”科目。

②如果民间非营利组织由于长期股权投资业务对被投资单位具有控制、共同控制或重大影响，长期股权投资持有期间采用权益法进行核算。权益法下，如果被投资单位实现净利润，借记“长期股权投资”科目，贷记“投资收益”科目；如果被投资单位发生亏损，则借记“投资收益”科目，贷记“长期股权投资”科目，但以长期股权投资账面价值减记至零为限。被投资单位宣告分派利润或现金股利时，按照宣告分派的现金股利或利润中属

于民间非营利组织应享有的份额，调整长期股权投资账面价值，借记“其他应收款”科目，贷记“长期股权投资”科目。在实际收到现金股利或利润时，借记“银行存款”科目，贷记“其他应收款”科目。

③如果民间非营利组织对被投资单位不具有控制、共同控制或重大影响，长期股权投资持有期间采用成本法进行核算。成本法下，如果被投资单位宣告分派利润或现金股利时，按照宣告发放的现金股利或利润中属于民间非营利组织应享有的部分，确认当期投资收益，借记“其他应收款”科目，贷记“投资收益”科目。实际收到现金股利或利润时，按照实际收到的金额，借记“银行存款”科目，贷记“其他应收款”科目。

④期末，民间非营利组织应当对长期股权投资是否发生减值进行检查。如果长期股权投资的可收回金额低于其账面价值，则按长期股权投资可收回金额低于其账面价值的差额，借记“管理费用——长期投资减值损失”科目，贷记“长期投资减值准备”科目。如果以前期间已计提减值准备的长期投资的价值在当期得以恢复，即长期投资的期末可收回金额高于账面价值，按照可收回金额高于账面价值的差额，在原有计提减值准备的余额范围内，借记“长期投资减值准备”科目，贷记“管理费用——长期投资减值损失”科目。

⑤处置长期股权投资时，按照实际取得的价款，借记“银行存款”等科目；按照已经计提的减值准备，借记“长期投资减值准备”科目；按照所处置长期股权投资的账面余额，贷记“长期股权投资”科目；按照尚未领取的已宣告但尚未发放的现金股利或利润，贷记“其他应收款”科目；按照其差额借记或贷记“投资收益”科目。

【例6-16】某民间非营利组织接受某企业家捐赠的股票10 000股，捐赠凭证注明价值89 000元，其市价88 500元。该组织准备长期持有该股票。根据有关凭证编制会计分录：

借：长期股权投资——股票投资　　89 000

　贷：捐赠收入　　89 000

【例6-17】20×7年1月1日，某民间福利院购入B单位有表决权资本的10%，并准备长期持有（采用成本法进行核算）。实际投资成本200 000元，另支付相关费用3 000元。B单位于20×7年4月15日宣告发放现金股利100 000元。该福利院应编制如下会计分录：

（1）20×7年1月1日投资时：

借：长期股权投资——B单位　　203 000

　贷：银行存款　　203 000

（2）20×7年4月15日宣告发放现金股利时：

借：其他应收款——B单位　　10 000

　贷：投资收益　　10 000

【例6-18】承【例6-17】，如果该民间福利院对B单位的投资占B单位有表决权资本的60%，并对B单位具有重大影响，则持有期间应按权益法进行核算。那么当B单位于20×7年4月15日宣告发放现金股利100 000元时，应编制如下会计分录：

借：其他应收款　　60 000

　贷：长期股权投资——成本　　60 000

【例6-19】某民间非营利组织持有D单位的股票30 000股，占D单位有表决权资本的10%，因生产需要资金而出售。出售价格为每股6元，支付的相关费用为3 000元，所得款项存入银行。该股票的投资成本为135 000元，已经计提减值准备1 200元。

出售股票净收入=30 000×6−3 000=177 000（元）

借：银行存款　177 000

　　长期投资减值准备　1 200

　贷：长期股权投资　135 000

　　　投资收益　43 200

6.3 民间非营利组织的负债

6.3.1 民间非营利组织负债的概念与分类

1）民间非营利组织负债的概念

民间非营利组织负债是指过去的交易或者事项形成的现时义务，履行该义务预期会导致含有经济利益或者服务潜力的资源流出民间非营利组织。

2）民间非营利组织负债的分类

民间非营利组织的负债按照流动性可以分为流动负债和长期负债，此外还有受托代理负债。流动负债是将在1年内（含1年）偿还的负债，包括短期借款、应付款项、应付工资、应交税金、预收账款、预提费用、预计负债和一年内到期的长期负债等。长期负债是偿还期限在1年以上（不含1年）的负债，包括长期借款、长期应付款和其他长期负债等。受托代理负债，是民间非营利组织因从事受托代理业务、接受受托代理资产而产生的负债。

6.3.2 民间非营利组织负债的确认与计量

民间非营利组织负债的计量，其中流动负债和长期负债应当按照实际发生额确认和计量。受托代理负债应当按照相对应的受托代理资产的金额予以确认和计量。

6.3.3 民间非营利组织负债的核算

1）科目设置

对于流动负债，民间非营利组织会计应设置“短期借款”“应付票据”“应付账款”“预收账款”“应付工资”“应交税金”“其他应付款”“预提费用”“预计负债”等科目进行核算。

对于长期负债，民间非营利组织会计应设置“长期借款”“长期应付款”等科目进行核算。

对于受托代理负债，设置“受托代理负债”科目进行核算。

2）账务处理

对于上述民间非营利组织的各项负债，有些已经在前面章节中涉及，而且与营利性企业负债的核算没有太大差异，在此不再赘述。下面仅就几个未涉及且常用科目的核算简单介绍。

（1）短期借款

短期借款是指民间非营利组织向银行或其他金融机构等借入的期限在1年以下的各种借款。

民间非营利组织借入短期借款时，借记“银行存款”科目，贷记“短期借款”科目；发生的短期借款利息，借记“筹资费用”科目，贷记“预提费用”“银行存款”等科目；归还借款时，借记“短期借款”科目，贷记“银行存款”科目。

【例6-20】某民营医院欲向某银行借入一笔短期借款，借款金额为50 000元，借款期限为9个月，借款利率为6%，到期一次还本付息。

借入款项时：

借：银行存款　50 000

　贷：短期借款——××银行　50 000

月末计提该短期借款利息250元（50 000×6%÷12）时：

借：筹资费用　250

　贷：预提费用　250

该短期借款到期时，该民间非营利组织需要偿还借款本金50 000元，支付借款利息2 250元（50 000×6%÷12×9），其中已经预提的短期借款利息为2 000元，当月发生利息费用250元。

借：短期借款——××银行　50 000

　　预提费用　2 000

　　筹资费用　250

　贷：银行存款　52 250

（2）应付票据

应付票据是指民间非营利组织因购买材料、商品和接受服务等而开出或承兑的应予支付的商业汇票，包括银行承兑汇票和商业承兑汇票。

民间非营利组织开出或承兑商业汇票时，借记“存货”等科目，贷记“应付票据”科目；收到银行支付到期票据的付款通知时，借记“应付票据”科目，贷记“银行存款”科目；在计算应付票据的应付利息时，借记“筹资费用”科目，贷记“应付票据”科目。

【例6-21】某民间非营利组织购买材料一批，价款45 000元，开出银行承兑汇票，向银行支付银行承兑汇票的手续费100元。

开出银行承兑汇票时：

借：存货　45 000

　贷：应付票据　45 000

向银行支付银行承兑汇票的手续费时：

借：筹资费用　100

　贷：银行存款　100

【例6-22】承【例6-21】，该民间非营利组织收到银行支付到期票据的付款通知，从银行存款中支付应付票据款45 000元。

借：应付票据　45 000

　贷：银行存款　45 000

（3）应交税金

应交税金是指民间非营利组织按照有关国家税法规定应当缴纳的各种税费，如增值税、企业所得税、房产税、个人所得税等。

民间非营利组织发生纳税义务时，借记“业务活动成本”“其他费用”“应付工资”等科目，贷记“应交税金”科目；实际缴纳有关税款时，借记“应交税金”科目，贷记“银行存款”科目。

【例6-23】某民间非营利组织为小规模纳税人，本月对外销售商品共计10 000元（不含税），月末计算应交增值税（核定征收率为6%）。此外，本月末计算的应交企业所得税为5 000元。

借：业务活动成本　　600
　　其他费用　　5 000
　贷：应交税金——应交增值税　　600
　　　　　　　——应交企业所得税　　5 000

（4）长期应付款

长期应付款是指民间非营利组织付款期限在1年以上的各种应付款项，如融资租入固定资产的租赁费等。

民间非营利组织发生长期应付款时，借记有关科目，贷记本科目；支付长期应付款时，借记本科目，贷记“银行存款”等科目。

【例6-24】某民间非营利组织融资租入设备1台，价款120 000元，分2年付款，每月月末支付5 000元。

购入时：

借：固定资产　　120 000
　贷：长期应付款　　120 000

每月支付时：

借：长期应付款　　5 000
　贷：银行存款　　5 000

6.4 民间非营利组织的收入

6.4.1 民间非营利组织收入的概念与分类

1）民间非营利组织收入的概念

收入是指民间非营利组织开展业务活动取得的、导致本期净资产增加的经济利益或者服务潜力的流入。

2）民间非营利组织收入的分类

（1）按照来源不同分类：可分为捐赠收入、会费收入、提供服务收入、政府补助收入、投资收益、商品销售收入和其他收入等。

（2）按照业务的主次分类：可分为主要业务收入（捐赠收入、会费收入、提供服务收入、政府补助收入、投资收益、商品销售收入）和其他收入（固定资产处置净收益、无形资产处置净收益）。

（3）按照收入是否受到限制分类：可分为限定性收入和非限定性收入两种。如果资产提供者或法律法规对资产的使用设置了时间限制或者（和）用途限制，则此项收入为限定性收入；如果资产提供者或法律法规对资产的使用未设置任何限制，则此项收入为非限定性收入。如捐赠收入和政府补助收入，应当考虑相关资产提供者对资产的使用是否设置了限制，分为限定性收入和非限定性收入；而会费收入、提供服务收入、商品销售收入和投资收益等一般为非限定性收入。

（4）按照收入是否为交换交易形成的分类：可分为交换交易形成的收入（商品销售收入、提供服务收入和投资收益）和非交换交易形成的收入（捐赠收入和政府补助收入）。

6.4.2 捐赠收入

1）捐赠收入的概念

捐赠收入是指民间非营利组织接受其他单位或者个人捐赠所取得的收入。捐赠收入是民间非营利组织最重要的收入来源。捐赠收入按照资产提供者对资产的使用是否设置了时间限制或者（和）用途限制，区分为限定性捐赠收入和非限定性捐赠收入；按捐赠资产的形式可以分为货币资金捐赠、实物资产捐赠和无形资产捐赠。

2）捐赠收入的确认与计量

民间非营利组织接受的捐赠，应当在同时满足以下收入确认条件时确认捐赠收入：（1）经济利益或者服务潜力能够流入；（2）能够引起净资产的增加；（3）收入的金额能够可靠计量。

一般情况下，民间非营利组织应当在收到捐赠资产或取得资产的控制权时确认收入。对于无条件的捐赠，应当在收到捐赠资产时确认收入；对于附条件的捐赠，应当在取得捐赠资产控制权时确认收入。

民间非营利组织在确认捐赠收入时，还应该注意：（1）因受托代理业务收到的资产不应确认为捐赠收入，而应同时作为受托代理资产和受托代理负债核算。（2）捐赠承诺不确认为捐赠收入。因为收到捐赠承诺时，并不能确信经济资源能够流入组织，数额也不能可靠地计量，不满足收入的确认条件。捐赠承诺应通过其他形式记录。（3）劳务捐赠不确认为捐赠收入。志愿者向民间非营利组织提供的无偿劳务，可以减少费用支出，但其数额无法可靠地计量，也不符合收入的确认条件。劳务捐赠可以在会计报表附注中披露。

民间非营利组织因接受捐赠所取得的现金资产，应当按实际收到的金额入账，而对于所收到的非现金资产，如存货、投资、固定资产、无形资产等，应按照合理方法确认资产的价值：如果捐赠方提供了凭据，按凭据所标明的金额入账；如果捐赠方没有提供凭据，或凭据上所标明的金额与受赠资产公允价值相差较大，则按公允价值入账。

3）捐赠收入的核算

为核算捐赠收入，民间非营利组织应设置“捐赠收入”科目，该科目下设置“限定性收入”和“非限定性收入”两个明细科目。捐赠收入的主要账务处理有：

（1）民间非营利组织在收到捐赠资产或取得资产的控制权时，按收到捐赠资产的实际金额或公允价值，借记“现金”“银行存款”“短期投资”“存货”“长期股权投资”“长期债权投资”“固定资产”“无形资产”等科目，贷记本科目。

（2）如果限定性捐赠收入的限制在确认收入的当期得以解除，应借记“捐赠收入——限定性收入”科目，贷记“捐赠收入——非限定性收入”科目。

(3) 确定无法满足限制条件从而需要向捐赠人退还捐赠资产时，借记“管理费用”科目，贷记“其他应付款”科目。

(4) 期末，将“捐赠收入”科目各明细科目的发生额分别转入“限定性净资产”和“非限定性净资产”科目，即借记“捐赠收入——限定性收入”科目，贷记“限定性净资产”科目；借记“捐赠收入——非限定性收入”科目，贷记“非限定性净资产”科目。期末结转后，该科目应无余额。

【例6-25】某基金会20×6年发生如下经济业务：

(1) 收到社会捐赠的一笔款项50 000元，款项已存入银行，专门用来资助某地震灾区的失学儿童。该基金会应编制如下会计分录：

借：银行存款	50 000	
贷：捐赠收入——限定性收入		50 000

(2) 收到捐赠的汽车一辆，发票价值为110 000元，承担运杂费2 000元，用银行存款支付。该基金会应编制如下会计分录：

借：固定资产	112 000	
贷：捐赠收入——非限定性收入		110 000
银行存款		2 000

(3) 期末，该基金会将“捐赠收入——限定性收入”150 000元，“捐赠收入——非限定性收入”200 000元转入“限定性净资产”和“非限定性净资产”科目。该基金会应编制如下会计分录：

借：捐赠收入——限定性收入	150 000	
——非限定性收入	200 000	
贷：限定性净资产		150 000
非限定性净资产		200 000

6.4.3 会费收入

1) 会费收入的概念

会费收入是指民间非营利组织根据章程等的规定向会员收取的会费。一般情况下，民间非营利组织的会费收入为非限定性收入，除非相关资产提供者对资产的使用设置了限制。

2) 会费收入的确认与计量

在民间非营利组织中，会费收入可能属于交换交易收入，也可能属于非交换交易收入。如果会员与民间非营利组织在缴纳会费业务上存在等价交换关系，即民间非营利组织需要向会员提供相应的服务或物品，那么，这种会费收入属于交换交易收入；如果会员与民间非营利组织在缴纳会费业务上不存在等价交换关系，即会员是为了帮助民间非营利组织实现其组织目标，民间非营利组织也不需要向会员提供相应的服务或物品，那么，这种会费收入属于非交换交易收入。属于交换交易收入的会费收入，可以参照提供服务收入或商品销售收入的收入确认方法进行确认。属于非交换交易收入的会费收入，可以参照捐赠收入的收入确认方法进行确认。

会费收入以权责发生制为基础确认，在满足规定的收入确认条件时，按实际收到或应当收到的金额确认会费收入。

3）会费收入的核算

为了核算根据章程等的规定向会员收取的会费收入，民间非营利组织应当设置“会费收入”科目，同时设置“限定性收入”和“非限定性收入”两个明细科目。如果存在多种会费，可以进一步按照会费种类（如团体会费、个人会费等）设置明细账，进行明细核算。有关会费收入的主要账务处理是：

（1）向会员收取会费，如果确认为非限定性会费收入，借记“现金”“银行存款”“应收账款”等科目，贷记“会费收入——非限定性收入”科目；如果确认为限定性会费收入，应当贷记“会费收入——限定性收入”科目。

（2）期末，将本科目的发生额转入净资产时，借记“会费收入——非限定性收入”明细科目，贷记“非限定性净资产”科目，或借记“会费收入——限定性收入”明细科目，贷记“限定性净资产”科目。期末结转后，本科目应无余额。

【例6-26】某社会团体按照会员代表大会通过的会费收缴办法的规定，计算当期应收会费10 000元，该会费属于非限定性收入。该民间非营利组织应编制如下会计分录：

借：应收账款	10 000	
贷：会费收入——非限定性收入		10 000

【例6-27】某民间非营利组织收到协会会员一次性交纳的两年会费共计6 000元，其中明年使用会费为限定性收入，款项已经存入银行。该民间非营利组织应编制如下会计分录：

借：银行存款	6 000	
贷：会费收入——限定性收入		3 000
预收账款		3 000

【例6-28】某社会团体年终结账，“会费收入——非限定性收入”明细科目的发生额为12 000元，“会费收入——限定性收入”明细科目的发生额为3 000元。该民间非营利组织应编制如下会计分录：

借：会费收入——非限定性收入	12 000	
——限定性收入	3 000	
贷：非限定性净资产		12 000
限定性净资产		3 000

6.4.4 政府补助收入

1）政府补助收入的概念

政府补助收入是指民间非营利组织接受政府拨款或者政府机构给予的补助而取得的收入，如政府为支持社会公益事业的发展，对非政府举办的养老院提供补助、对民营研究机构提供科研资助等。

需要注意的是，如果政府向民间非营利组织提供款项，同时从民间非营利组织取得商品或劳务，那么不确认为政府补助收入，而为商品销售收入或提供服务收入。因此，政府补助收入属于非交换交易收入。

2）政府补助收入的确认与计量

民间非营利组织需要按照政府是否对其提供的补助在使用上（用途、时间）提出限制条件，将政府补助收入分别确认为非限定性政府补助收入和限定性政府补助收入两个种类。政府补助收入一般在收到政府拨入的补助款项时，按实际收到的金额计量。

3）政府补助收入的核算

为核算政府补助收入，民间非营利组织应设置“政府补助收入”科目，该科目下同时设置“限定性收入”和“非限定性收入”两个明细科目。有关政府补助收入的账务处理是：

（1）民间非营利组织确认政府补助收入时，借记“现金”“银行存款”等科目，贷记“政府补助收入——限定性收入”或“政府补助收入——非限定性收入”科目。

（2）如果限定性政府补助收入的限制条件在确认收入的当期得以解除，应当将其转为非限定性捐赠收入，借记“政府补助收入——限定性收入”科目，贷记“政府补助收入——非限定性收入”科目。

（3）如果无法满足限制条件，从而需要向政府退还政府补助款时，借记“管理费用”科目，贷记“其他应付款”科目。

（4）期末，将“政府补助收入”各明细科目的发生额分别转入限定性净资产和非限定性净资产，借记“政府补助收入——限定性收入”科目，贷记“限定性净资产”科目；借记“政府补助收入——非限定性收入”明细科目，贷记“非限定性净资产”科目。期末结转后，本科目应无余额。

【例6-29】某民间非营利组织收到政府部门的补助款20 000元，用于奖励在科研中取得优异成绩的科研人员。该民间非营利组织应编制如下会计分录：

借：银行存款	20 000	
贷：政府补助收入——限定性收入		20 000

【例6-30】年终，某民间非营利组织将政府补助收入中限定性收入150 000元和非限定性收入600 000元转入“限定性净资产”和“非限定性净资产”科目。该民间非营利组织应编制如下会计分录：

借：政府补助收入——限定性收入	150 000	
——非限定性收入	600 000	
贷：限定性净资产		150 000
非限定性净资产		600 000

6.4.5　提供服务收入

1）提供服务收入的概念

提供服务收入是指民间非营利组织根据章程等规定向其服务对象提供服务取得的收入，包括学费收入、医疗费收入、培训费收入等。一般情况下，民间非营利组织的提供服务收入为非限定性收入，除非相关资产提供者对资产的使用设定了限制条件。

2）提供服务收入的确认与计量

提供服务收入一般属于交换交易收入，对于因交换交易所形成的提供服务收入，应根据提供服务的结果（收入与成本）是否能够可靠计量进行确认。如果提供服务交易结果能够可靠估计，民间非营利组织应当按照如下方法确认提供服务收入：

（1）在同一会计年度内开始并完成的服务，应当在完成服务时确认收入。

（2）如果服务的开始和完成分属于不同的会计年度，可以按完工进度或完成的工作量确认收入。

如果提供劳务交易结果不能够可靠估计，暂不确认收入。

民间非营利组织应当在满足收入的确认条件时，按实际收到或应当收到的金额计量。

3）提供服务收入的核算

为了核算提供服务收入，民间非营利组织应设置“提供服务收入”科目，同时设置“限定性收入”和“非限定性收入”明细科目，如存在多种服务应当按照提供服务的种类设置明细账。提供服务收入的主要账务处理是：

（1）提供劳务取得收入时，按照实际收到或应当收取的价款，借记“现金”“银行存款”“应收账款”“预收账款”等科目，按照应当确认的提供服务收入金额，贷记“提供服务收入——非限定性收入”科目；如果存在限定性提供服务收入，应当贷记“提供服务收入——限定性收入”科目。

（2）期末，将本科目的发生额转入净资产，借记“提供服务收入——非限定性收入”科目，贷记“非限定性净资产”科目；或借记“提供服务收入——限定性收入”科目，贷记“限定性净资产”科目。期末结转后，本科目应无余额。

【例6-31】某民间技术协会20×6年发生如下经济业务：

（1）收到培训费6 000元，存入银行。

借：银行存款	6 000	
贷：提供服务收入——非限定性收入——培训费收入		6 000

（2）期末，将提供劳务收入中的培训费收入6 000元转入非限定性净资产。

借：提供服务收入——非限定性收入——培训费收入	6 000	
贷：非限定性净资产		6 000

6.4.6 商品销售收入

1）商品销售收入的概念

商品销售收入是指民间非营利组织销售商品所形成的收入，例如，杂志社、出版社等出版单位发行的报纸、刊物、图书等，医院、保健站等医疗单位提供的药品、器械等。一般情况下，民间非营利组织的商品销售收入为非限定性收入，除非相关资产提供者对资产的使用设定了限制条件。

2）商品销售收入的确认与计量

商品销售收入一般属于交换交易收入，对于因交换交易所形成的商品销售收入，民间非营利组织应当在下列条件同时满足时予以确认：

（1）已将商品所有权上的主要风险和报酬转移给了购货方。

（2）既没有保留通常与所有权相联系的继续管理权，也没有对已售出的商品实施控制。

（3）与交易相关的经济利益能够流入民间非营利组织。

（4）相关的收入和成本能够可靠地计量。

民间非营利组织应当在商品销售收入满足了规定的收入确认条件时，按实际收到或应当收到的金额计量。

3）商品销售收入的核算

民间非营利组织会计应当设置“商品销售收入”科目，核算民间非营利组织销售商品所取得的收入。“商品销售收入”科目按销售商品的类别设置明细账。有关商品销售收入的账务处理是：

（1）销售商品取得收入时，借记“银行存款”“应收账款”“应收票据”等科目，贷记“商品销售收入——非限定性收入”科目。如果同时结转成本，则借记“业务活动成本”科目，贷记“存货”科目。

（2）已确认收入的销售商品，因质量等原因发生的销售退回，一般情况下直接冲减退回当月的商品销售收入，即按减少的收入借记“商品销售收入——非限定性收入”科目，按应退回的价款贷记“银行存款”“应收账款”“应收票据”等科目。同时，按照退回商品的成本，借记“存货”科目，贷记“业务活动成本”科目。

在资产负债表日后、财务报告批准报出日前发生的报告年度的销售退回，应当作为资产负债日后事项的调整事项处理，调整报告期间会计报表的相关项目；按照应冲减的商品销售收入，借记“非限定性净资产”科目（如果所调整收入属于限定性收入，应当借记“限定性净资产”科目），按照已收或应收的金额，贷记“银行存款”“应收账款”“应收票据”等科目；按照退回商品的成本，借记“存货”科目，贷记“非限定期性净资产”科目。如果该销售已发生现金折扣，应一并处理。

如果销售退回属于以前年度的收入，应借记“以前年度净资产调整”科目，贷记“现金”“银行存款”等科目。

（3）现金折扣在实际发生时，直接计入当期筹资费用，借记“银行存款”“筹资费用”等科目，贷记“应收账款”科目。

（4）销售折让应当在实际发生时直接从当期实现的销售收入中抵减。

（5）期末结转时，将本科目的发生额转入非限定性净资产，借记“商品销售收入”科目，贷记“非限定性净资产”科目。如果存在限定性商品销售收入，则将其金额转入限定性净资产，借记“商品销售收入”科目，贷记“限定性净资产”科目。期末这两个科目均无余额。

【例6-32】某民间非营利组织20×6年3月15日销售商品一批，发票注明价款50 000元，为了尽早收回货款，合同规定全部款项的现金折扣条件为2/10，n/30。其会计处理如下：

（1）确认销售收入时，按销售总额计量收入：

借：应收账款	50 000	
贷：商品销售收入		50 000

（2）购货方于3月22日付款，则购货方享有2%的现金折扣，金额为：50 000×2%=1 000（元），实际收到款项49 000元（50 000-1 000）。

借：银行存款	49 000	
筹资费用	1 000	

贷：应收账款　　　　　　50 000

如果购货方于3月25日以后支付款项，则应按全部款项付款。

借：银行存款　　　　　　50 000

贷：应收账款　　　　　　50 000

【例6-33】某民间非营利组织于20×6年11月20日销售的一批商品因质量问题，于12月25日退回。该批商品价款120 000元已经收到。该商品成本为101 000元。该民间非营利组织应编制如下会计分录：

退回商品时：

借：商品销售收入　　　　　　120 000

贷：银行存款　　　　　　120 000

同时，转回已经结转的商品销售成本：

借：存货　　　　　　101 000

贷：业务活动成本　　　　　　101 000

【例6-34】承【例6-33】，如果该批商品于20×7年2月5日退货（上年度财务报告批准报出日为4月20日），则应作如下账务处理：

（1）冲减上年收入：

借：非限定性净资产　　　　　　120 000

贷：银行存款　　　　　　120 000

（2）转回上年成本：

借：存货　　　　　　101 000

贷：非限定性净资产　　　　　　101 000

【例6-35】年末，某民间非营利组织将"商品销售收入——限定性收入"明细科目贷方发生额1 500元转入"限定性净资产"科目贷方，"商品销售收入——非限定性收入"明细科目贷方发生额160 000元转入"非限定性净资产"科目贷方。

借：商品销售收入——限定性收入　　　　　　1 500

贷：限定性净资产　　　　　　1 500

借：商品销售收入——非限定性收入　　　　　　160 000

贷：非限定性净资产　　　　　　160 000

6.4.7 投资收益

1）投资收益的概念

投资收益是指民间非营利组织因对外投资取得的投资净损益。一般情况下，民间非营利组织的投资收益为非限定性收入，除非相关资产提供者对资产的使用设置了限制条件。

2）投资收益的确认与计量

投资收益属于交换交易收入。投资收益应当在同时满足下列条件时予以确认：

（1）与交易相关的经济利益能够流入民间非营利组织。

（2）收入的金额能够可靠地计量。

3）投资收益的核算

为核算投资收益业务，民间非营利组织应设置"投资收益"科目。民间非营利组织应当在满足规定的收入确认条件时确认投资收益，具体会计核算需要区分短期投资收益、长期股权投资收益和长期债权投资收益三种情况进行。

（1）短期投资收益

短期投资持有期间不确认投资收益。出售短期投资或到期收回债券本息，按照实际收到的金额，借记“银行存款”科目，按照已计提的减值准备，借记“短期投资跌价准备”科目，按照所出售或收回短期投资的账面余额，贷记“短期投资”科目，按尚未领取的现金股利或利息，贷记“其他应收款”科目，按照其差额，借记或贷记“投资收益”科目。

（2）长期股权投资收益

长期股权投资收益的确认方法要区分成本法和权益法两种情况。

①采用成本法核算的，被投资单位宣告发放现金股利或利润时，按照宣告发放的现金股利或利润中属于民间非营利组织应享有的部分，确认当期投资收益，借记“其他应收款”科目，贷记“投资收益”科目。

②采用权益法核算的，在期末，按照应当享有或应当分担的被投资单位当年实现的净利润或发生的净亏损的份额，调整长期股权投资账面价值，如被投资单位实现净利润，借记“长期股权投资”科目，贷记“投资收益”科目，如被投资单位发生净亏损，借记“投资收益”科目，贷记“长期股权投资”科目，但以长期股权投资账面价值减记至零为限。

③处置长期股权投资时，按照实际取得的价款，借记“银行存款”等科目，按照已计提的减值准备，借记“长期投资减值准备”科目，按照所处置长期股权投资的账面余额，贷记“长期股权投资”科目，按照未领取的现金股利，贷记“其他应收款”科目，按照其差额，借记或贷记“投资收益”科目。

（3）长期债权投资收益

①长期债权投资持有期间，应当按照票面价值与票面利率按期计算确认利息收入，如为到期一次还本付息的债权投资，借记“长期债权投资——债券投资——应收利息”科目，贷记“投资收益”科目，如为分期付息、到期还本的债权投资，借记“其他应收款”科目，贷记“投资收益”科目。

长期债权投资的初始投资成本与债券面值之间的差额，应当在债券存续期间，按照直线法于确认相关债券利息收入时摊销，如初始投资成本高于债券面值，按照应当分摊的金额，借记“投资收益”科目，贷记“长期债权投资”科目；如初始投资成本低于债券面值，按照应当分摊的金额，借记“长期股权投资”科目，贷记“投资收益”科目。

②处置长期债权投资时，按照实际取得的价款，借记“银行存款”等科目，按照已计提的减值准备，借记“长期投资减值准备”科目，按照所处置长期债权投资的账面余额，贷记“长期债权投资”科目，按照未领取的现金股利，贷记“其他应收款”科目或“长期债权投资——债券投资——应收利息”科目，按照其差额，借记或贷记“投资收益”科目。

期末，将本科目的发生额转入非限定性净资产，借记本科目，贷记“非限定性净资产”科目。如果存在限定性投资收益，则将其金额转入限定性净资产，借记本科目，贷记“限定性净资产”科目。期末结转后，本科目应无余额。具体运用需结合后面的情况处理。

【例6-36】某民间非营利组织收回短期债券，该短期投资本金100 000元，利息5 000

元，已计提短期投资跌价准备2 000元。

借：银行存款 105 000

短期投资跌价准备 2 000

贷：短期投资 100 000

投资收益 7 000

【例6-37】某民间非营利组织持有G公司股票1 000股（按成本法核算），G公司宣布发放股利每股100元。

借：其他应收款——G公司 100 000

贷：投资收益 100 000

【例6-38】年末，将“投资收益——非限定性收入”科目贷方发生额60 000元转入“非限定性净资产”科目贷方。

借：投资收益——非限定性收入 60 000

贷：非限定性净资产 60 000

6.4.8 其他收入

1）其他收入的概念

其他收入是指民间非营利组织除捐赠收入、会费收入、政府补助收入、提供服务收入、商品销售收入、投资收益等主要业务活动收入以外的收入，如确实无法支付的应付款项、存货盘盈、固定资产盘盈、固定资产处置净收入、无形资产处置净收入等。一般情况下，民间非营利组织的其他收入为非限定性收入，除非相关资产提供者对资产的使用设定了限制条件。

2）其他收入的核算

为了核算其他收入，民间非营利组织应设置“其他收入”科目，同时设置“限定性收入”和“非限定性收入”明细科目。其他收入的主要账务处理如下：

(1) 其他收入增加时，借记“现金”“存货”“固定资产”“固定资产清理”“无形资产”“应付账款”“文物文化资产”等科目，贷记“其他收入——非限定性收入”科目；如果存在限定性其他收入，应当贷记“其他收入——限定性收入”科目。

(2) 期末，将本科目的发生额转入非限定性净资产，借记“非限定性净资产”科目，贷记“其他收入”科目，如果其他收入是限定性的，将其转入限定性净资产。期末转账后，本科目无余额。

【例6-39】期末，某基金会存货盘盈，同类存货的公允价值为3 000元，按照有关管理权限批准记入“其他收入——非限定性收入”科目。

借：存货 3 000

贷：其他收入——非限定性收入——存货盘盈 3 000

【例6-40】某慈善机构处置一项固定资产，该固定资产原值200 000元，累计折旧50 000元，出售收入180 000元，存入银行。

(1) 借：固定资产清理 150 000

累计折旧 50 000

贷：固定资产 200 000

（2）借：银行存款　　180 000

　　贷：固定资产清理　　180 000

（3）借：固定资产清理　　30 000

　　贷：其他收入——非限定性收入——固定资产处置净收入　　30 000

【例6-41】某民间技术协会确认一项无法支付的应付款项10 000元。

借：应付账款　　10 000

　贷：其他收入——非限定性收入　　10 000

【例6-42】年末，将"其他收入"科目贷方发生额100 000元转入"非限定性净资产"科目贷方。

借：其他收入　　100 000

　贷：非限定性净资产　　100 000

6.5 民间非营利组织的费用

民间非营利组织的费用是指民间非营利组织为开展业务活动所发生的、导致本期净资产减少的经济利益或者服务潜力的流出。

费用有广义和狭义之分。广义的费用泛指民间非营利组织在业务活动中所发生的各种耗费。狭义的费用，仅指按配比性原则确认的与本期收入配比的耗费。民间非营利组织会计核算上所讲的费用是指狭义的费用。

民间非营利组织的费用按照其功能分为业务活动成本、管理费用、筹资费用、资产减值损失和其他费用等。民间非营利组织的费用一般不需要区分"限定性费用"和"非限定性费用"。

6.5.1 业务活动成本

1）业务活动成本的概念

业务活动成本，是指民间非营利组织为了实现其业务活动目标、开展其项目活动或者提供服务所发生的费用。与管理费用相比，业务活动成本的特点是民间非营利组织直接为服务对象发生的费用；而管理费用是民间非营利组织为组织和管理业务活动而发生的费用。业务活动成本可以分为提供服务成本和商品销售成本。如民办学校的教学成本、医疗机构的医疗成本等是提供服务成本，而刊物发行成本、药品成本则为商品销售成本。业务活动成本的构成内容，主要包括在业务活动中发生的人工费用、材料费用和其他费用。

2）业务活动成本的核算

民间非营利组织应设置"业务活动成本"科目，以核算民间非营利组织发生的各活动项目的耗费情况。民间非营利组织还应当根据单位的业务实际需要，设置业务活动成本的明细科目，如提供服务成本、商品销售成本等，以及按具体项目设置明细科目，如教学活动成本、医疗服务成本等。有关业务活动成本的主要账务处理有：

（1）民间非营利组织发生业务活动成本时，借记"业务活动成本"科目，贷记"现金""银行存款""存货""应付账款"等科目。

（2）期末，将本科目的发生额转入非限定性净资产，借记"非限定性净资产"科目，贷记“业务活动成本”科目。期末结转后，本账户应无余额。

【例6-43】某民间非营利组织为咨询机构，本期提供咨询服务所发生的人员费用为8 000元，款项尚未支付。

借：业务活动成本　　8 000

　贷：应付存款　　8 000

【例6-44】某民间非营利组织开出转账支票10 000元购买一批材料，直接用于业务活动之需。

借：业务活动成本　　10 000

　贷：银行存款　　10 000

【例6-45】某民间非营利组织按月计提某项目业务活动所使用的固定资产的折旧费用2 000元。

借：业务活动成本　　2 000

　贷：累计折旧　　2 000

【例6-46】某民间非营利组织年终结账，将“业务活动成本”科目借方发生额80 000元转入“非限定性净资产”科目借方。

借：非限定性净资产　　80 000

　贷：业务活动成本　　80 000

6.5.2　管理费用

1）管理费用的概念

管理费用，是指民间非营利组织为组织和管理其业务活动所发生的费用，具体包括：民间非营利组织董事会或理事会或类似权力机构经费；行政管理人员的工资、奖金、福利费、住房公积金、住房补贴、社会保障费；离退休人员工资与补助；办公费；水费、电费、邮电费、物业管理费、差旅费、折旧费、修理费、租赁费、无形资产摊销费、资产盘亏损失、因预计负债所产生的损失、聘请中介机构费、应偿还的受赠资产等。

2）管理费用的核算

民间非营利组织应设置“管理费用”科目，核算民间非营利组织为组织和管理其业务活动所发生的各项费用，民间非营利组织还应当按照管理费用类型设置管理费用明细账，进行明细核算。有关管理费用的账务处理主要包括：

（1）现金、存货、固定资产盘亏等，根据管理权限报经批准后，按照相关资产账面价值扣除可以收回的保险赔偿和过失人的赔偿等，借记本科目，按照可以收回的保险赔偿和过失人赔偿等，借记“现金”“银行存款”“其他应收款”等科目，按照已提取的累计折旧，借记“累计折旧”科目，按照相关资产的账面余额，贷记相关资产科目。

（2）提取行政管理用固定资产折旧时，借记本科目，贷记“累计折旧”科目。

（3）无形资产摊销时，借记本科目，贷记“无形资产”科目。

（4）发生的应归属于管理费用的应付工资、应交税金等，借记本科目，贷记“应付工资”“应交税金”等科目。

（5）对于因确认预计负债而确认的损失，借记本科目，贷记“预计负债”科目。

（6）发生的其他管理费用，借记本科目，贷记“现金”“银行存款”等科目。

（7）期末，将本账户的发生额转入非限定性净资产，借记“非限定性净资产”科目，贷记本科目。

【例6-47】20×6年12月，某慈善机构发生如下经济业务：

（1）本月计提行政管理用固定资产折旧2 000元，购买办公用品1 000元，用银行存款支付。

借：管理费用　3 000
　贷：累计折旧　2 000
　　银行存款　1 000

（2）当月应支付职工工资60 000元，其中，行政部门20 000元，服务部门40 000元。

借：管理费用　20 000
　　业务活动成本　40 000
　贷：应付工资　60 000

（3）因债务担保，很可能要负担10 000元的赔款。

借：管理费用　10 000
　贷：预计负债　10 000

（4）期末，将“管理费用”科目借方发生额50 000元转入“非限定性净资产”科目借方。

借：非限定性净资产　50 000
　贷：管理费用　50 000

6.5.3 筹资费用

1）筹资费用的概念

筹资费用，是指民间非营利组织为筹集业务活动所需资金而发生的费用，包括民间非营利组织为了获得捐赠资产而发生的费用，如举办募款活动费，准备、印刷和发放募款宣传资料费以及其他与募款或者争取捐赠资产有关的费用；以及应当计入当期费用的借款费用、汇兑损失（减汇兑收益）等。

2）筹资费用的核算

民间非营利组织对发生的筹资费用，应设置“筹资费用”科目进行核算，本科目还应当按照筹资费用种类设置明细账，进行明细核算。筹资费用所涉及的账务处理主要包括：

（1）为获得捐赠资产而发生的费用，应当在发生时按其发生额借记“筹资费用”科目，贷记“现金”“银行存款”等科目；发生借款费用时，借记“筹资费用”科目，贷记“预提费用”“银行存款”“长期借款”等科目，对于发生的应冲减筹资费用的利息收入，借记“银行存款”“长期借款”等科目，贷记“筹资费用”科目；发生汇兑损失时，借记“筹资费用”科目，贷记“银行存款”“长期借款”等科目，发生的应冲减的汇兑收益，借记“银行存款”“长期借款”等科目，贷记“筹资费用”科目。

（2）发生的应冲减筹资费用的利息收入、汇兑收益，借记“银行存款”“长期借款”等科目，贷记“筹资费用”科目。

（3）期末，将本科目的发生额转入非限定性净资产，借记“非限定性净资产”科目，贷记“筹资费用”科目。结转后，本科目应无余额。

【例6-48】某民间非营利组织为慈善基金会，20×6年12月发生如下业务：

（1）为募集捐赠资金发生活动费用1 000元，用银行存款支付。

借：筹资费用　　1 000

　贷：银行存款　　1 000

（2）预提当月长期借款利息费用1 200元。

借：筹资费用　　1 200

　贷：预提费用　　1 200

（3）年终结账，“筹资费用”借方发生额3 500元。

借：非限定性净资产　　3 500

　贷：筹资费用　　3 500

6.5.4 资产减值损失

民间非营利组织各项资产减值准备所形成的损失，通过“资产减值损失”科目进行核算。具体账务处理包括：（1）对短期投资、应收款项、存货、长期投资、固定资产、无形资产等资产计提减值准备时，借记“资产减值损失”科目，贷记相关资产减值准备科目。冲减或转回资产减值准备，借记相关资产减值准备科目，贷记“资产减值损失”科目。（2）期末，将“资产减值损失”科目本期发生额转入非限定性净资产，借记“非限定性净资产”科目，贷记“资产减值损失”科目。

6.5.5 其他费用

1）其他费用的概念

其他费用，是指民间非营利组织发生的、无法归属到上述业务活动成本、管理费用或者筹资费用中的费用，包括固定资产处置净损失、无形资产处置净损失等。需要注意的是，固定资产处置净收入、无形资产处置净收入计入其他收入。

2）其他费用的核算

民间非营利组织应设置“其他费用”科目，用来核算民间非营利组织发生的各项其他费用，本科目应当按照费用种类设置明细账，进行明细核算。有关其他费用的主要账务处理是：

（1）发生的固定资产处置净损失，借记“其他费用”科目，贷记“固定资产清理”科目；发生的无形资产处置净损失，按照实际取得的价款，借记“银行存款”等科目，按照该项无形资产的账面余额，贷记“无形资产”科目，按照其差额，借记“其他费用”科目。

（2）期末，将本科目的发生额转入非限定性净资产，借记“非限定性净资产”科目，贷记“其他费用”科目。结转后，本科目应无余额。

【例6-49】某民间非营利组织为咨询机构，20×6年12月发生如下业务：

（1）处置一项无形资产，无形资产账面余额21 000元，处置收入18 000元。

借：银行存款　　18 000

　　其他费用　　3 000

　贷：无形资产　　21 000

（2）报废固定资产一台，原值50 000元，已提折旧49 000元，以银行存款支付清理费用4 500元，获得清理收入2 000元存入银行。

①注销固定资产：

借：固定资产清理 1 000

累计折旧 49 000

贷：固定资产 50 000

②支付清理费用：

借：固定资产清理 4 500

贷：银行存款 4 500

③获得清理收入：

借：银行存款 2 000

贷：固定资产清理 2 000

④结转清理净损失：1 000+4 500−2 000=3 500（元）

借：其他费用 3 500

贷：固定资产清理 3 500

注意：固定资产清理净损失计入其他费用，但固定资产盘亏损失以及现金、存货的盘亏损失是计入管理费用的；其盘盈净收益与清理净收益一样，则均计入其他收入。

（3）年终结账，“其他费用”借方发生额6 500元。

借：非限定性净资产 6 500

贷：其他费用 6 500

6.6 民间非营利组织的净资产

民间非营利组织的净资产是指民间非营利组织资产减去负债后的余额，是民间非营利组织拥有的资产净值。民间非营利组织的净资产按照其是否受到条件限制，区分为限定性净资产和非限定性净资产两类。

6.6.1 限定性净资产

1）限定性净资产的概念

如果资产或者资产所产生的经济利益（如资产的投资收益和利息等）的使用受到资产提供者或者国家有关法律、行政法规所设定的时间限制或用途限制，那么，由此形成的净资产即为限定性净资产。

时间限制是指资产提供者或者国家有关法律、行政法规要求民间非营利组织在收到资产后的特定时期之内或特定日期之后使用该项资产，或者对资产的使用设定了永久性的限制。

用途限制是指资产提供者或者国家有关法律、行政法规要求民间非营利组织将收到的资产用于某一特定的用途。

民间非营利组织的董事会、理事会或类似权力机构对净资产的使用所做的限定性决策、决议或拨款限额等，属于民间非营利组织在内部管理上对资产的使用所做的限制，不属于本制度所界定的限定性净资产。

2）限定性净资产重分类

如果限定性净资产的限制条件已经解除，那么应当将限定性净资产重分类为非限定性净资产。通常，民间非营利组织存在下列情况之一时，可以认定为限定性净资产的限制条件已经解除：

（1）所限定的净资产的限制时间已经到期；

（2）所限定的净资产的规定用途已实现（或者目的已经达到）；

（3）资产提供者或者国家法律、行政法规撤销了所设定的限制。

如果限定性净资产受到两项或两项以上的条件限制，那么，民间非营利组织应当在最后一项限制条件解除时，才能确认为限定性净资产的限制条件已经解除。

因收到固定资产、无形资产形成的限定性净资产，应当自该资产在限定使用日期之后，或（和）用于规定用途开始，在资产预计剩余使用年限内，对相关限定性净资产金额平均地按期分摊，转为非限定性净资产。

3）限定性净资产的核算

为核算限定性净资产，民间非营利组织应设置"限定性净资产"科目。限定性净资产的主要账务处理如下：

（1）期末，将各收入类科目中属于"限定性收入"明细科目的发生额转入本科目中，即借记"捐赠收入——限定性收入""政府补助收入——限定性收入"等科目，贷记本科目。

（2）限定性净资产的限制条件解除时，借记本科目，贷记"非限定性净资产"科目。

（3）如果因调整以前期间收入、费用项目而需要调整限定性净资产时，借记或贷记有关科目，贷记或借记本科目。

本科目期末为贷方余额，反映民间非营利组织历年积存的限定性净资产。

6.6.2 非限定性净资产

1）非限定性净资产的概念

非限定性净资产是指民间非营利组织净资产中除限定性净资产之外的其他净资产。非限定性净资产主要来源于资产提供者的提供和从事交换交易产生的结余两个方面。尽管非限定性净资产没有明确而直接的使用限制条件，但非限定性净资产的使用仍然需要与民间非营利组织的使命或运行目的或总体目标相符合，而不能随意使用在不符合民间非营利组织运行目的的活动上。

2）非限定性净资产的核算

为核算非限定性净资产，民间非营利组织应设置"非限定性净资产"科目。有关该科目的主要账务处理是：

（1）期末，将各收入类科目所属"非限定性收入"明细科目的发生额转入本科目，借记"捐赠收入——非限定性收入""会费收入——非限定性收入""提供服务收入——非限定性收入""政府补助收入——非限定性收入""商品销售收入——非限定性收入""投资收益——非限定性收入""其他收入——非限定性收入"等科目，贷记"非限定性净资产"科目。

（2）期末，将各费用类科目的发生额转入本科目，借记"非限定性净资产"科目，贷记"业务活动成本""管理费用""筹资费用""其他费用"等科目。

（3）限定性净资产的限制条件解除时，借记"限定性净资产"科目，贷记"非限定性净资产"科目。

(4) 如果因调整以前期间收入、费用项目而需要调整非限定性净资产时，借记或贷记有关科目，贷记或借记“非限定性净资产”科目。

本科目期末为贷方余额，反映民间非营利组织历年积存的非限定性净资产。

【例6-50】20×6年12月，某民间非营利组织结账前，各项收入、费用类科目发生额见表6-2。表6-2中除捐赠收入和政府补助收入之外的收入均为非限定性收入。

(1) 将本月限定性收入结转至“限定性净资产”科目。

借：捐赠收入——限定性收入　　50 000
　　政府补助收入——限定性收入　　20 000
　贷：限定性净资产　　70 000

(2) 将本月非限定性收入结转至“非限定性净资产”科目。

借：捐赠收入——非限定性收入　　10 000
　　政府补助收入——非限定性收入　　10 000
　　会费收入——非限定性收入　　10 000
　　提供服务收入——非限定性收入　　60 000
　　商品销售收入——非限定性收入　　280 000
　　投资收益——非限定性收入　　220 000
　　其他收入——非限定性收入　　2 500
　贷：非限定性净资产　　592 500

表6-2　**收入、费用类科目发生额表**　单位：元

收入类科目	金额	费用类科目	金额
捐赠收入	60 000	业务活动成本	90 000
其中：限定性收入	50 000	管理费用	30 000
非限定性收入	10 000	筹资费用	5 000
政府补助收入	30 000	其他费用	2 000
其中：限定性收入	20 000		
非限定性收入	10 000		
会费收入	10 000		
提供服务收入	60 000		
商品销售收入	280 000		
投资收益	220 000		
其他收入	2 500		
合　计	662 500		127 000

（3）将本月发生的各项费用类科目结转至“非限定性净资产”科目。

借：非限定性净资产　　127 000

　贷：业务活动成本　　90 000

　　　管理费用　　30 000

　　　筹资费用　　5 000

　　　其他费用　　2 000

（4）将本期已经解除限制条件的限定性净资产转为非限定性净资产。

经过分析，本期限定性净资产中，有18 000元已经解除限制条件，将其转为非限定性净资产。

借：限定性净资产　　18 000

　贷：非限定性净资产　　18 000

6.7 民间非营利组织的财务报表

民间非营利组织会计报表是反映民间非营利组织财务状况、业务活动情况和现金流量情况等的书面文件。《民间非营利组织会计制度》规定，民间非营利组织的会计报表至少包括资产负债表、业务活动表和现金流量表三张基本报表，同时，民间非营利组织还应当编制会计报表附注。

6.7.1 资产负债表

1）资产负债表的概念和格式

资产负债表是反映民间非营利组织某一时点财务状况的报表。民间非营利组织资产负债表的格式见表6-3。

2）资产负债表的编制方法

“年初数”栏内各项数字，应当根据上年年末资产负债表“期末数”栏内数字填列。如果本年度资产负债表规定的各个项目的名称和内容同上一年度不一致，应对上年年末资产负债表各项目的名称和数字按照本年度的规定进行调整，填入本表“年初数”栏内。

“期末数”栏的数额根据本期各个账户的期末余额直接填列，或经过分析、计算后填列。具体如下：

（1）“货币资金”项目，反映民间非营利组织期末现金、存放银行的各类款项以及其他货币资金的合计数。本项目应当根据“现金”“银行存款”“其他货币资金”科目的期末余额合计填列。如果民间非营利组织的受托代理资产为现金、银行存款或其他货币资金且通过“现金”“银行存款”“其他货币资金”科目核算，还应当扣减“现金”“银行存款”“其他货币资金”科目中“受托代理资产”明细科目的期末余额。

（2）“短期投资”项目，反映民间非营利组织持有的各种能够随时变现，并且持有时间不准备超过1年（含1年）的投资，包括短期股票、债券投资和短期委托贷款、委托投资等。本项目应当根据“短期投资”科目的期末余额，减去“短期投资跌价准备”科目的期末余额后的金额填列。

表6-3 **资产负债表** 会民非01表

编制单位： 年 月 日 单位：元

资产	年初数	期末数	负债和净资产	年初数	期末数
流动资产：			流动负债：		
货币资金			短期借款		
短期投资			应付款项		
应收款项			应付工资		
预付账款			应交税金		
存货			预收账款		
待摊费用			预提费用		
一年内到期的长期债权投资			预计负债		
其他流动资产			一年内到期的长期负债		
流动资产合计			其他流动负债		
长期投资：			流动负债合计		
长期股权投资			长期负债：		
长期债权投资			长期借款		
长期投资合计			长期应付款		
固定资产：			其他长期负债		
固定资产原价			长期负债合计		
减：累计折旧					
固定资产净值			受托代理负债：		
在建工程			受托代理负债		
文物文化资产					
固定资产清理			负债合计		
固定资产合计			净资产：		
无形资产：			非限定性净资产		
无形资产			限定性净资产		
长期待摊费用			净资产合计		
受托代理资产：					
受托代理资产					
资产总计			负债和净资产总计		

(3)"应收款项"项目，反映民间非营利组织期末应收票据、应收账款和其他应收款等应收未收款项。本项目应当根据"应收票据""应收账款""其他应收款"科目的期末余额合计，减去"坏账准备"科目的期末余额后的金额填列。

(4)"预付账款"项目，反映民间非营利组织预付给商品或者服务供应单位等的款项。本项目应当根据"预付账款"科目的期末余额填列。

(5)"存货"项目，反映民间非营利组织在日常业务活动中持有以备出售或捐赠的，或者为了出售或捐赠仍处在生产过程中的，或者将在生产、提供服务或日常管理过程中耗用的材料、物资、商品等。本项目应当根据"存货"科目的期末余额，减去"存货跌价准备"科目的期末余额后的金额填列。

(6)"待摊费用"项目，反映民间非营利组织已经支出，但应当由本期和以后各期分别负担的、分摊期在1年以内（含1年）的各项费用，如预付保险费、预付租金等。本项目应当根据"待摊费用"科目的期末余额填列。

(7)"一年内到期的长期债权投资"项目，反映民间非营利组织将在1年内（含1年）到期的长期债权投资。本项目应当根据"长期债权投资"科目的期末余额中将在1年内（含1年）到期的长期债权投资余额，减去"长期投资减值准备"科目的期末余额中1年内（含1年）到期的长期债权投资减值准备余额后的金额填列。

(8)"其他流动资产"项目，反映民间非营利组织除以上流动资产项目外的其他流动资产。本项目应当根据有关科目的期末余额分析填列。如果其他流动资产价值较大的，应当在会计报表附注中单独披露其内容和金额。

(9)"长期股权投资"项目，反映民间非营利组织不准备在1年内（含1年）变现的各种股权性质的投资的可收回金额。本项目应当根据"长期股权投资"科目的期末余额，减去"长期投资减值准备"科目的期末余额中长期股权投资减值准备余额后的金额填列。

(10)"长期债权投资"项目，反映民间非营利组织不准备在1年内（含1年）变现的各种债权性质的投资的可收回金额。本项目应当根据"长期债权投资"科目的期末余额，减去"长期投资减值准备"科目的期末余额中长期债权投资减值准备余额，再减去本表中"一年内到期的长期债权投资"项目金额后的金额填列。

(11)"固定资产"项目，反映民间非营利组织的各项固定资产的账面价值。本项目应当根据"固定资产"科目的期末余额，减去"累计折旧"科目的期末余额后的金额填列。

(12)"在建工程"项目，反映民间非营利组织期末各项未完工程的实际支出，包括交付安装的设备价值、已耗用的材料、工资和费用支出、预付出包工程的价款等。本项目应当根据"在建工程"科目的期末余额填列。

(13)"文物文化资产"项目，反映民间非营利组织用于展览、教育或研究等目的的历史文物、艺术品以及其他具有文化或者历史价值并作长期或者永久保存的典藏等。本项目应当根据"文物文化资产"科目的期末借方余额填列。

(14)"固定资产清理"项目，反映民间非营利组织因出售、毁损、报废等原因转入清理但尚未清理完毕的固定资产的账面价值，以及固定资产清理过程中发生的清理费用和变价收入等各项金额的差额。本项目应当根据"固定资产清理"科目的期末借方余额填列；如果"固定资产清理"科目期末为贷方余额，则以"-"号填列。

（15）“无形资产”项目，反映民间非营利组织拥有的为开展业务活动、出租给他人或为管理目的而持有的没有实物形态的非货币性长期资产，包括专利权、非专利技术、商标权、著作权、土地使用权等。本项目应当根据“无形资产”科目的期末余额填列。

（16）“长期待摊费用”项目，核算已经发生但应由本期和以后各期负担的分摊期限在1年以上（不含1年）的各项费用，如以经营租赁方式租入的固定资产发生的改良支出等。本项目应当根据“长期待摊费用”科目的期末余额填列。

（17）“受托代理资产”项目，反映民间非营利组织接受委托方委托从事受托代理业务而收到的资产。本项目应当根据“受托代理资产”科目的期末余额填列。如果民间非营利组织的受托代理资产为现金、银行存款或其他货币资金且通过“现金”“银行存款”“其他货币资金”科目核算，还应当加上“现金”“银行存款”“其他货币资金”科目中“受托代理资产”明细科目的期末余额。

（18）“短期借款”项目，反映民间非营利组织向银行或其他金融机构等借入的、尚未偿还的期限在1年以下（含1年）的各种借款。本项目应当根据“短期借款”科目的期末余额填列。

（19）“应付款项”项目，反映民间非营利组织期末应付票据、应付账款和其他应付款等应付未付款项。本项目应当根据“应付票据”“应付账款”“其他应付款”科目的期末余额合计填列。

（20）“应付工资”项目，反映民间非营利组织应付未付的员工工资。本项目应当根据“应付工资”科目的期末贷方余额填列；如果“应付工资”科目期末为借方余额，以“-”号填列。

（21）“应交税金”项目，反映民间非营利组织应交未交的各种税费。本项目应当根据“应交税金”科目的期末贷方余额填列；如果“应交税金”科目期末为借方余额，则以“-”号填列。

（22）“预收账款”项目，反映民间非营利组织向服务和商品购买单位等预收的各种款项。本项目应当根据“预收账款”科目的期末余额填列。

（23）“预提费用”项目，反映民间非营利组织预先提取的已经发生但尚未实际支付的各项费用。本项目应当根据“预提费用”科目的期末贷方余额填列。

（24）“预计负债”项目，反映民间非营利组织对因或有事项所产生的现时义务而确认的负债。本项目应当根据“预计负债”科目的期末贷方金额填列。

（25）“一年内到期的长期负债”项目，反映民间非营利组织承担的将于1年内（含1年）偿还的长期负债。本项目应当根据有关长期负债科目的期末余额中将在1年内（含1年）到期的金额分析填列。

（26）“其他流动负债”项目，反映民间非营利组织除以上流动负债之外的其他流动负债。本项目应当根据有关科目的期末余额填列。如果其他流动负债金额较大的，应当在会计报表附注中单独披露其内容和金额。

（27）“长期借款”项目，反映民间非营利组织向银行或其他金融机构等借入的期限在1年以上（不含1年）的各种借款本息。本项目应当根据“长期借款”科目的期末余额减去其中将于1年内（含1年）到期的长期借款余额后的金额填列。

(28)“长期应付款”项目，反映民间非营利组织承担的各种长期应付款，如融资租入固定资产发生的应付租赁款。本项目应当根据“长期应付款”科目的期末余额减去其中将于1年内（含1年）到期的长期应付款余额后的金额填列。

(29)“其他长期负债”项目，反映民间非营利组织除以上长期负债项目之外的其他长期负债。本项目应当根据有关科目的期末余额减去其中将于1年内（含1年）到期的其他长期负债余额后的金额分析填列。如果其他长期负债金额较大的，应当在会计报表附注中单独披露其内容和金额。

(30)“受托代理负债”项目，反映民间非营利组织因从事受托代理业务、接受受托代理资产而产生的负债。本项目应当根据“受托代理负债”科目的期末余额填列。

(31)“非限定性净资产”项目，反映民间非营利组织拥有的非限定性净资产期末余额。本项目应当根据“非限定性净资产”科目的期末余额填列。

(32)“限定性净资产”项目，反映民间非营利组织拥有的限定性净资产期末余额。本项目应当根据“限定性净资产”科目的期末余额填列。

6.7.2　业务活动表

1）业务活动表的概念和格式

业务活动表是反映民间非营利组织在某一会计期间内开展业务活动取得的收入、发生的费用以及净资产增减变动情况的会计报表。

民间非营利组织业务活动表的格式见表6-4。

2）业务活动表的编制方法

“本月数”栏反映各项目的本月实际发生数；在编制季度、半年度等中期财务会计报告时，应当将本栏改为“本季度数”“本半年度数”等本中期数栏，反映各项目中期的实际发生数。在提供上年度比较报表时，应当增设可比期间栏目，反映可比期间各项目的实际发生数。如果本年度业务活动表规定的各个项目的名称和内容同上一年度不一致，应对上年度业务活动表各项目的名称和数字按照本年度的规定进行调整，填入本表上年度可比期间栏目内。

本表“本年累计数”栏反映各项目自年初起至报告期末止的累计实际发生数。

本表“非限定性”栏反映本期非限定性收入的实际发生数、本期费用的实际发生数和本期由限定性净资产转为非限定性净资产的金额；本表“限定性”栏反映本期限定性收入的实际发生数和本期由限定性净资产转为非限定性净资产的金额（以“-”号填列）。在提供上年度比较报表项目金额时，限定性和非限定性栏目的金额可以合并填列。

业务活动表中各项目的编制方法，以收入、费用和净资产账户的本期发生额为基础，按照报表格式的要求进行分析后填列。具体如下：

(1)“捐赠收入”项目，反映民间非营利组织接受其他单位或者个人捐赠所取得的收入总额。本项目应当根据“捐赠收入”科目的发生额填列。

(2)“会费收入”项目，反映民间非营利组织根据章程等的规定向会员收取的会费总额。本项目应当根据“会费收入”科目的发生额填列。

(3)“提供服务收入”项目，反映民间非营利组织根据章程等的规定向其服务对象提供服务取得的收入总额。本项目应当根据“提供服务收入”科目的发生额填列。

表6-4　　　　　　　　　　　　**业务活动表**　　　　　　　　　　　会民非02表

编制单位：　　　　　　　　　　　　　年　月　　　　　　　　　　　　　单位：元

项目	本月数			本年累计数		
	非限定性	限定性	合计	非限定性	限定性	合计
一、收入						
其中：捐赠收入						
会费收入						
提供服务收入						
商品销售收入						
政府补助收入						
投资收益						
其他收入						
收入合计						
二、费用						
（一）业务活动成本						
其中：A项目						
B项目						
C项目						
（二）管理费用						
（三）筹资费用						
（四）资产减值损失						
（五）其他费用						
费用合计						
三、限定性净资产转为非限定性净资产						
四、净资产变动额（若为净资产减少额，以“-”号填列）						
五、期初净资产						
六、期末净资产						

（4）“商品销售收入”项目，反映民间非营利组织销售商品等所形成的收入总额。本项目应当根据“商品销售收入”科目的发生额填列。

（5）“政府补助收入”项目，反映民间非营利组织接受政府拨款或者政府机构给予的补助而取得的收入总额。本项目应当根据“政府补助收入”科目的发生额填列。

（6）“投资收益”项目，反映民间非营利组织以各种方式对外投资所取得的投资净损益。本项目应当根据“投资收益”科目的贷方发生额填列；如果为借方发生额，则以“-”号填列。

（7）“其他收入”项目，反映民间非营利组织除上述收入项目之外所取得的其他收入总额。本项目应当根据“其他收入”科目的发生额填列。

上述各项收入项目应当区分“限定性收入”和“非限定性收入”分别填列。

（8）“业务活动成本”项目，反映民间非营利组织为了实现其业务活动目标、开展其项目活动或者提供服务所发生的费用。本项目应当根据“业务活动成本”科目的发生额填列。

民间非营利组织应当根据其所从事的项目、提供的服务或者开展的业务等具体情况，按照“业务活动成本”科目中各明细科目的发生额，在本表第12行至第21行之间填列业务活动成本的各组成部分。

（9）“管理费用”项目，反映民间非营利组织为组织和管理其业务活动所发生的各项费用总额。本项目应当根据“管理费用”科目的发生额填列。

（10）“筹资费用”项目，反映民间非营利组织为筹集业务活动所需资金而发生的各项费用总额，包括利息支出（减利息收入）、汇兑损失（减汇兑收益）以及相关手续费等。本项目应当根据“筹资费用”科目的发生额填列。

（11）“资产减值损失”项目，核算民间非营利组织各项资产减值准备所形成的损失，本项目应当根据“资产减值损失”科目的本期发生额分析填列。

（12）“其他费用”项目，反映民间非营利组织除以上费用项目之外发生的其他费用总额。本项目应当根据有关科目的发生额填列。

（13）“限定性净资产转为非限定性净资产”项目，反映民间非营利组织当期从限定性净资产转入非限定性净资产的金额。本项目应当根据“限定性净资产”“非限定性净资产”科目的发生额分析填列。

（14）“净资产变动额”项目，反映民间非营利组织当期净资产变动的金额。本项目应当根据本表“收入合计”项目的金额，减去“费用合计”项目的金额，再加上“限定性净资产转为非限定性净资产”项目的金额后填列。

6.7.3　现金流量表

1）现金流量表的概念和格式

现金流量表是反映民间非营利组织某一时期现金和现金等价物的流入、流出情况的报表。

本表所指的现金，是指民间非营利组织的库存现金以及可以随时用于支付的存款，包括现金、可以随时用于支付的银行存款和其他货币资金；现金等价物，是指民间非营利组织持有的期限短、流动性强、易于转换为已知金额现金、价值变动风险很小的投资（除特别指明外，以下所指的现金均包含现金等价物）。

民间非营利组织应当根据实际情况确定现金等价物的范围，并且一贯地保持其划分标准，如果改变划分标准，应当视为会计政策变更。民间非营利组织确定现金等价物的原则及其变更，应当在会计报表附注中披露。

现金流量表应当按照业务活动产生的现金流量、投资活动产生的现金流量和筹资活动产生的现金流量分别反映。本表所指的现金流量，是指现金的流入和流出量。

民间非营利组织现金流量表的格式见表6-5。

表6-5　　**民间非营利组织现金流量表**　　会民非03表

编制单位：　　年　月　　单位：元

项目	行次	金额
一、业务活动产生的现金流量		
接受捐赠收到的现金	1	
收取会费收到的现金	2	
提供服务收到的现金	3	
销售商品收到的现金	4	
政府补助收到的现金	5	
收到的其他与业务活动有关的现金	8	
现金流入小计	13	
提供捐赠或者资助支付的现金	14	
支付给员工以及为员工支付的现金	15	
购买商品、接受服务支付的现金	16	
支付的其他与业务活动有关的现金	19	
现金流出小计	23	
业务活动产生的现金流量净额	24	
二、投资活动产生的现金流量		
收回投资收到的现金	25	
取得投资收益收到的现金	26	
处置固定资产和无形资产收回的现金	27	
收到的其他与投资活动有关的现金	30	
现金流入小计	34	
购建固定资产和无形资产支付的现金	35	
对外投资支付的现金	36	
支付的其他与投资活动有关的现金	39	

续表

项目	行次	金额
现金流出小计	43	
投资活动产生的现金流量净额	44	
三、筹资活动产生的现金流量		
借款收到的现金	45	
收到的其他与筹资活动有关的现金	48	
现金流入小计	50	
偿还借款支付的现金	51	
偿还利息支付的现金	52	
支付的其他与筹资活动有关的现金	55	
现金流出小计	58	
筹资活动产生的现金流量净额	59	
四、汇率变动对现金及现金等价物的影响额	60	
五、现金及现金等价物净增加额	61	

2）现金流量表的编制方法

民间非营利组织采用直接法编制业务活动产生的现金流量。采用直接法编制业务活动现金流量时，有关现金流量的信息可以从会计记录中直接获得，也可以在业务活动表收入和费用数据的基础上，通过调整存货和与业务活动有关的应收应付款项的变动、投资以及固定资产折旧、无形资产摊销等项目后获得。具体填报情况如下：

（1）"接受捐赠收到的现金"项目，反映民间非营利组织接受其他单位或者个人捐赠取得的现金。本项目可以根据"现金""银行存款""捐赠收入"等科目的记录分析填列。

（2）"收取会费收到的现金"项目，反映民间非营利组织根据章程等的规定向会员收取会费取得的现金。本项目可以根据"现金""银行存款""应收账款""会费收入"等科目的记录分析填列。

（3）"提供服务收到的现金"项目，反映民间非营利组织根据章程等的规定向其服务对象提供服务取得的现金。本项目可以根据"现金""银行存款""应收账款""应收票据""预收账款""提供服务收入"等科目的记录分析填列。

（4）"销售商品收到的现金"项目，反映民间非营利组织销售商品取得的现金。本项目可以根据"现金""银行存款""应收账款""应收票据""预收账款""商品销售收入"等科目的记录分析填列。

（5）"政府补助收到的现金"项目，反映民间非营利组织接受政府拨款或者政府机构给予的补助而取得的现金。本项目可以根据"现金""银行存款""政府补助收入"等科目的记录分析填列。

(6)“收到的其他与业务活动有关的现金”项目，反映民间非营利组织收到的除以上业务之外的现金。本项目可以根据“现金”“银行存款”“其他应收款”“其他收入”等科目的记录分析填列。

(7)“提供捐赠或者资助支付的现金”项目，反映民间非营利组织向其他单位和个人提供捐赠或者资助支出的现金。本项目可以根据“现金”“银行存款”“业务活动成本”等科目的记录分析填列。

(8)“支付给员工以及为员工支付的现金”项目，反映民间非营利组织开展业务活动支付给员工以及为员工支付的现金。本项目可以根据“现金”“银行存款”“应付工资”等科目的记录分析填列。

民间非营利组织支付的在建工程人员的工资等，在本表“购建固定资产和无形资产支付的现金”项目中反映。

(9)“购买商品、接受服务支付的现金”项目，反映民间非营利组织购买商品、接受服务而支付的现金。本项目可以根据“现金”“银行存款”“应付账款”“应付票据”“预付账款”“业务活动成本”等科目的记录分析填列。

(10)“支付的其他与业务活动有关的现金”项目，反映民间非营利组织除上述项目之外支付的其他与业务活动有关的现金。本项目可以根据“现金”“银行存款”“其他应付款”“管理费用”“其他费用”等科目的记录分析填列。

(11)“收回投资收到的现金”项目，反映民间非营利组织出售、转让或者到期收回除现金等价物之外的短期投资、长期投资而收到的现金。不包括长期投资收回的股利、利息，以及收回的非现金资产。本项目可以根据“现金”“银行存款”“短期投资”“长期股权投资”“长期债权投资”等科目的记录分析填列。

(12)“取得投资收益收到的现金”项目，反映民间非营利组织因对外投资而取得的现金股利、利息，以及从被投资单位分回利润收到的现金；不包括股票股利。本项目可以根据“现金”“银行存款”“投资收益”等科目的记录分析填列。

(13)“处置固定资产和无形资产收回的现金”项目，反映民间非营利组织处置固定资产和无形资产所取得的现金，减去为处置这些资产而支付的有关费用之后的净额。由于自然灾害所造成的固定资产等长期资产损失而收到的保险赔款收入，也在本项目中反映。本项目可以根据“现金”“银行存款”“固定资产清理”等科目的记录分析填列。

(14)“收到的其他与投资活动有关的现金”项目，反映民间非营利组织除上述各项之外收到的其他与投资活动有关的现金。其他现金流入如果金额较大的，应当单列项目反映。本项目可以根据“现金”“银行存款”等有关科目的记录分析填列。

(15)“购建固定资产和无形资产支付的现金”项目，反映民间非营利组织购买和建造固定资产，取得无形资产和其他长期资产所支付的现金。不包括为购建固定资产而发生的借款利息资本化的部分，以及融资租入固定资产支付的租赁费。借款利息和融资租入固定资产支付的租赁费，在筹资活动产生的现金流量中反映。本项目可以根据“现金”“银行存款”“固定资产”“无形资产”“在建工程”等科目的记录分析填列。

(16)“对外投资支付的现金”项目，反映民间非营利组织进行对外投资所支付的现金，包括取得除现金等价物之外的短期投资、长期投资所支付的现金，以及支付的佣金、手续费等附加费用。本项目可以根据“现金”“银行存款”“短期投资”“长期股权投资”“长期债权投资”等科目的记录分析填列。

（17）“支付的其他与投资活动有关的现金”项目，反映民间非营利组织除上述各项之外，支付的其他与投资活动有关的现金。如果其他现金流出金额较大的，应当单列项目反映。本项目可以根据“现金”“银行存款”等有关科目的记录分析填列。

（18）“借款收到的现金”项目，反映民间非营利组织举借各种短期、长期借款所收到的现金。本项目可以根据“现金”“银行存款”“短期借款”“长期借款”等科目的记录分析填列。

（19）“收到的其他与筹资活动有关的现金”项目，反映民间非营利组织除上述项目之外，收到的其他与筹资活动有关的现金。如果其他现金流入金额较大的，应当单列项目反映。本项目可以根据“现金”“银行存款”等有关科目的记录分析填列。

（20）“偿还借款支付的现金”项目，反映民间非营利组织以现金偿还债务本金所支付的现金。本项目可以根据“现金”“银行存款”“短期借款”“长期借款”“筹资费用”等科目的记录分析填列。

（21）“偿付利息支付的现金”项目，反映民间非营利组织实际支付的借款利息、债券利息等。本项目可以根据“现金”“银行存款”“长期借款”“筹资费用”等科目的记录分析填列。

（22）“支付的其他与筹资活动有关的现金”项目，反映民间非营利组织除上述项目之外，支付的其他与筹资活动有关的现金，如融资租入固定资产所支付的租赁费。本项目可以根据“现金”“银行存款”“长期应付款”等有关科目的记录分析填列。

（23）“汇率变动对现金及现金等价物的影响额”项目，反映民间非营利组织外币现金流量及境外所属分支机构的现金流量折算为人民币时，所采用的现金流量发生日的汇率或期初汇率折算的人民币金额与本表“现金及现金等价物净增加额”中外币现金净增加额按期末汇率折算的人民币金额之间的差额。

（24）“现金及现金等价物净增加额”项目，反映民间非营利组织本年度现金及现金等价物变动的金额。本项目应当根据本表“业务活动产生的现金流量净额”“投资活动产生的现金流量净额”“筹资活动产生的现金流量净额”“汇率变动对现金的影响额”项目的金额合计填列。

6.7.4　会计报表附注

会计报表附注是对会计报表中的重要内容所做的注释，是会计报表的有机组成部分。会计报表附注侧重披露编制会计报表所采用的会计政策、已经在会计报表中得到反映的重要项目的具体说明和未在会计报表中得到反映的重要信息的说明等内容。民间非营利组织的会计报表附注至少应当披露以下内容：

（1）重要会计政策及其变更情况的说明；

（2）董事会（或者理事会或者类似权力机构）成员和员工的数量变动情况以及获得的薪金等报酬情况的说明；

（3）会计报表重要项目及其增减变动情况的说明；

（4）资产提供者设置了时间或用途限制的相关资产情况的说明；

（5）受托代理业务情况的说明，包括受托代理资产的构成、计价基础和依据、用途等；

（6）重大资产减值情况的说明；

（7）公允价值无法可靠取得的受赠资产和其他资产的名称、数量、来源和用途等情况的说明；

（8）对外承诺和或有事项情况的说明；

（9）接受劳务捐赠情况的说明；

（10）资产负债表日后非调整事项的说明；

（11）有助于理解和分析会计报表需要说明的其他事项。

本章小结

相对于行政事业单位来说，我国民间非营利组织的运营经费主要来自私人捐赠而非公共财政拨款。民间非营利组织会计核算、反映和监督民间非营利组织经济活动过程及其结果，具体核算时要遵循客观性、实质重于形式、相关性、一致性、可比性、及时性、明晰性、可理解性、权责发生制原则、配比原则、实际成本计量原则、谨慎性原则、合理划分资本性支出与收益性支出原则、重要性原则等。民间非营利组织的会计要素主要包括收入、费用、资产、负债和净资产5个。

收入是指民间非营利组织开展业务活动取得的、导致本期净资产增加的经济利益或者服务潜力的流入，主要包括：捐赠收入、会费收入、提供服务收入、政府补助收入、投资收益、商品销售收入和其他收入等种类。民间非营利组织的收入需要区分“限定性收入”和“非限定性收入”。

费用是指民间非营利组织为开展业务活动所发生的、导致本期净资产减少的经济利益或者服务潜力的流出，按照其功能分为业务活动成本、管理费用、筹资费用、资产减值损失和其他费用等。民间非营利组织的费用一般不需要区分“限定性费用”和“非限定性费用”。

资产是指过去的交易或者事项形成并由民间非营利组织拥有或者控制的资源，该资源预期会给民间非营利组织带来经济利益或者服务潜力，主要包括流动资产和非流动资产，此外还包括受托代理资产。

负债是指过去的交易或者事项形成的现时义务，履行该义务预期会导致含有经济利益或者服务潜力的资源流出民间非营利组织，主要包括流动负债和长期负债，此外还有受托代理负债。

净资产是指民间非营利组织资产减去负债后的余额，是民间非营利组织拥有的资产净值。民间非营利组织的净资产按照其是否受到条件限制，区分为限定性净资产和非限定性净资产两类。

会计报表是反映民间非营利组织财务状况、业务活动情况和现金流量情况等的书面文件，民间非营利组织的会计报表至少包括资产负债表、业务活动表和现金流量表三张基本报表，同时民间非营利组织还应当编制会计报表附注。

思考与练习题

一、简答题

1.简述民间非营利组织的特征。

2.民间非营利组织的会计核算应遵循哪些基本原则？

3.民间非营利组织的会计要素有哪些？与政府会计要素的区别是什么？

4.民间非营利组织收入包括哪些内容？如何进行会计核算？

5.民间非营利组织费用包括哪些内容？如何进行会计核算？

6.民间非营利组织资产包括哪些内容？如何进行会计核算？

7.民间非营利组织负债包括哪些内容？如何进行会计核算？

8.民间非营利组织净资产包括哪些内容？如何进行会计核算？

9.民间非营利组织需要提供哪些会计报表？

二、业务题

（一）单选题

1.民间非营利组织如果出现现金溢余，无法查明原因的部分正确的处理为（ ）。

A.冲减管理费用　　B.冲减财务费用

C.冲减其他费用　　D.计入其他收入

2.民间非营利组织如果出现现金短缺，无法查明原因的部分正确的处理为（ ）。

A.计入管理费用　　B.计入财务费用

C.计入其他费用　　D.冲减其他收入

3.20×6年年初，某民间非营利组织“限定性净资产”科目余额为200万元，20×6年年末，有关科目贷方发生额如下：“捐赠收入——限定性收入”800万元、“政府补助收入——限定性收入”150万元，不考虑其他因素，20×6年年末，民间非营利组织积存的限定性净资产为（ ）万元。

A.1 150　　B.1 000　　C.350　　D.950

4.民间非营利组织的费用种类不包括（ ）。

A.管理费用　　B.筹资费用

C.业务活动成本　　D.产品销售成本

5.民间非营利组织董事会或者理事会等权力机构发生的费用属于（ ）。

A.管理费用　　B.业务活动成本

C.筹资费用　　D.其他费用

6.民间非营利组织会计中，所拥有的用于展览、教育或研究等目的的历史文物、艺术品确认为（ ）。

A.固定资产　　B.无形资产

C.文物文化资产　　D.受托代理资产

（二）多选题

1.下列属于民间非营利组织的会计要素的有（ ）。

A.资产　　B.净资产　　C.费用　　D.所有者权益

2.下列属于民间非营利组织“管理费用”科目核算范围的有（　　）。

A.福利费　　B.物业管理费

C.应偿还的受赠资产　　D.因预计负债所产生的损失

3.民间非营利组织的特征有（　　）。

A.该组织为公益目的或者其他非营利目的成立

B.该组织不向出资人、设立人或者会员分配所取得利润

C.出资人对投入该组织的财产不保留或享有任何财产权利

D.不从事营利性质的活动

4.民间非营利组织的收入按照来源不同可以分为（　　）。

A.业务收入　　B.捐赠收入

C.会费收入　　D.政府补助收入

5.下列属于民间非营利组织财务会计报表的是（　　）。

A.资产负债表　　B.业务活动表

C.现金流量表　　D.所有者权益变动表

6.属于非营利组织的会计要素的是（　　）。

A.利润　　B.负债　　C.净资产　　D.收入

第6章思考与练习题参考答案

主要参考文献

[1] 中华人民共和国财政部. 政府会计准则制度（合订本 · 2021）[M]. 北京：财政经济出版社，2021.

[2] 常丽，何东平. 政府与非营利组织会计 [M]. 6版. 大连：东北财经大学出版社，2021.

[3] 贺蕊莉. 政府与非营利组织会计 [M]. 6版. 大连：东北财经大学出版社，2018.

[4] 彭志芳. 政府会计 [M]. 5版. 北京：高等教育出版社，2020.

[5] 田高良，曹文莉. 政府会计实务 [M]. 大连：东北财经大学出版社，2020.

[6] 王银梅. 政府会计 [M]. 3版.大连：东北财经大学出版社，2020.

[7] 杨洪，杨孙蕾. 政府与非营利组织会计 [M]. 3版. 北京：机械工业出版社，2019.

[8] 赵建勇. 政府与非营利组织会计 [M]. 4版. 北京：中国人民大学出版社，2018.